元代北方文学家族研究

张建伟　著

2019年·北京

图书在版编目(CIP)数据

元代北方文学家族研究 / 张建伟著. — 北京：商务印书馆，2019
ISBN 978-7-100-16416-0

Ⅰ.①元… Ⅱ.①张… Ⅲ.①文学家－家族－研究－中国－元代 Ⅳ.①K825.6

中国版本图书馆CIP数据核字（2018）第167536号

教育部人文社会科学研究青年基金项目
（编号：10YJC751116）最终成果

权利保留，侵权必究。

元代北方文学家族研究
张建伟　著

商 务 印 书 馆 出 版
（北京王府井大街36号　邮政编码100710）
商 务 印 书 馆 发 行
三河市尚艺印装有限公司印刷
ISBN 978-7-100-16416-0

2019年7月第1版　　　开本710×1000　1/16
2019年7月第1次印刷　印张23 3/4
定价：86.00元

序

牛贵琥

  《元代北方文学家族研究》是元代文学研究中的一项重要成果。作者严谨认真地搜集、分析、论证了元代的北方各民族的文学家族，得出切实、准确的结论，使人们很清晰地认识元代文学的特质，可以说圆满完成了该项目所约定的研究任务。

  家族研究，对于认识中国古代社会和文化有着重要的意义。元好问在《张君（澄）墓志铭》中说："士之有立于世，必藉国家教育、父兄渊源、师友讲习。三者备，然后可。杜牧之论唐虞以来，下迨列国之贤大夫，皆出于公侯之世。传记所载，有不可诬者。"正是由于家族在历史的发展中有着自身的稳定性，老子所言："以身观身，以家观家，以乡观乡，以国观国，以天下观天下"，才会产生切实的效应。文学家族更是如此。不过，长期以来，学术界对家族的研究，主要集中在六朝、唐宋、明清；对元代家族与文学的研究，主要集中在元代后期的江南，而且主要着眼点是军事、政治，对文学更是很少涉及。其实元代的文学家族以其特殊性更应给予关注。比如《至正直记》卷三"高昌偰哲"条就记载了色目家族受儒教濡染之深，为汉人折服的情况："高昌偰哲笃世南以儒业起家，在江西时，兄弟五人同登进士第，时人荣之。且教子有法，为色目本族之首。世南以金广东廉访司事被劾，寓居溧阳，买田宅，延师教子，后居下桥。世南有子九人，皆俊秀明敏。时长子焘（本名傲伯辽孙）年将弱冠，次子十五六，余者尚幼。每旦，诸子皆立于寝门之外省谒父母，非通报得命则不敢入，至暮亦如之。一日，予造其书馆，馆宾荆溪储惟贤希圣主之,见其子弟皆济济有序,且资质洁美,若与他人殊者。盖体既俊秀,又加以学问所习气化使之然也。予深羡慕之。"并言"他日归乡,当谨谨效之云"。这在中华文明发展史上有着特殊的意义。相比较而言,元代北方文学家族又是元代文学研究中的薄弱环节。而元代的北方文学家族更具有多民族的特点,并大多参与了政治,许多成员成为元政权的中坚力量,其影响和贡献不可忽视。因此,《元代北方文学家族研究》是第一次系统地、全面地对元代北方文学家族进行梳理、定位,其重要性不言而喻。

本成果在研究方法上的创新与突破,表现在不是孤立的、单纯的去罗列、考证元代北方各个文学家族,而是将元代的北方文学家族放在元代这一特殊时期的更为广阔的视野中去观照解析。对隩州白氏等家族的研究就是明显的例证。作者从隩州白氏世家与迁徙的考证着手,转入隩州白氏之文学的研究。既详尽探索了金元易代之际白华与白朴痛苦的心灵世界,又从地域文化和家族关系的角度加深对白氏家族的认识。作者还从家族史的角度来分析元代北方文学家族。不仅从纵向进行比较,而且从横向的比较中认识其差异。对于元代北方文学家族结合元代政治文化的特点进行研究,更是本成果的亮点。这些都使本成果显得很厚重。于是其核心和归结点——元代北方文学家族的文学创作和元代文学的关系,就有了坚实的基础,所得出的结论就很可靠并具有深远的影响了。

北方民族政权下的文学与文化,是 20 世纪 80 年代初姚奠中先生为山西大学古代文学研究选定的主要研究方向。长期以来逐渐形成了自己的特色。本书作者张建伟于 21 世纪初师从首都师范大学邓小军先生研究魏晋南北朝文学。博士研究生毕业之后,来到山西大学,根据需要从事金元文学的研究,并取得一系列可喜的成果。其特点是:文献工作十分扎实;学风严谨,文风平实,一步一个脚印,于考证辨析尤见功夫;不空疏,不虚浮,又善于接受不同学科的启示。这些在本成果中有所体现。比如:野云廉公的考证,既对前贤的结论提出质疑,又纠正了自己以前的推断,重新提出新的观点,认为应是廉恒。体现出慎之又慎的求实作风。再如对于白华之诗,在前人的基础上又重新补辑出十四首。这样的例子还有很多。

总之,本成果的学术价值在于:第一次全面、深入地研究元代北方文学家族,搜集、辨析其资料,揭示在元代这一特殊时期民族、地域、信仰等如何影响到家族的文学创作,对于元代文学和文化的研究奠定了坚实的基础。通过元代北方多民族文化融合所导致的民族大融合的研究,对于中华民族的文化特质的认识也有着重要的意义。因此,本成果势必产生深刻广泛的社会影响。如果要讲不足的话,可以在元代文学家族与文学部分再加强论证。我们期待着作者更多的元代文学研究系列成果的面世。

目 录

绪 论 1

第一章 元代北方地域文化与文学家族概况 14
  第一节 元代北方行政区划与各地文化 16
  第二节 北方文学家族的地域分布 28
  第三节 文学家族的新面孔：蒙古、色目家族 37
  第四节 文学家族的形成因素 47
    一、父兄教育 47
    二、师友教育 53
    三、姻亲影响 54

第二章 元代北方文学家族面临的困境与出路 58
  第一节 蒙古灭金与儒士困境 58
  第二节 科举中断与仕进出路 70

第三章 河北地区文学家族 87
  第一节 顺天张氏 89
    一、顺天张氏之世系 90
    二、顺天张氏与元代政治 94
    三、顺天张氏之文学 101

第二节　真定史氏 ·· 109
一、真定史氏之世系 ·· 110
二、史氏之军事与政治活动 ·································· 113
三、史氏与元初文学 ·· 119
四、史氏之婚姻及其家族文化倾向 ···························· 129

第四章　河南地区文学家族 ·································· 134
第一节　姚枢家族 ·· 135
一、姚氏之世系 ·· 136
二、姚氏之理学与政事 ······································ 139
三、姚氏之文学 ·· 142
四、地域文化与姚氏 ·· 144

第二节　汤阴许氏 ·· 148
一、许氏之世系与家族传统 ·································· 148
二、许氏圭塘唱和的功名情结 ································ 151
三、圭塘唱和与许有壬为政之艰难 ···························· 154

第五章　山西地区文学家族 ·································· 160
第一节　猗氏陈氏 ·· 163
一、陈氏之科举与仕宦 ······································ 164
二、陈氏之学术 ·· 167
三、陈氏之文学艺术 ·· 170

第二节　陵川郝氏 ·· 171
一、郝氏之世系 ·· 172
二、郝氏之理学 ·· 173
三、郝氏理学传统之渊源 ···································· 175
四、郝氏之文学艺术 ·· 176

五、郝氏理学传统与地域文化 ·· 178

第六章　山东地区文学家族 ·· 182
第一节　济阴商氏 ·· 184
  一、济阴商氏之世系 ·· 185
  二、济阴商氏与女真族政权 ·· 186
  三、济阴商氏与蒙古族政权 ·· 189
  四、商氏之散曲书画与北方民族政权 ····························· 193

第二节　东平王公渊家族 ·· 198
  一、王公渊家族世系考 ·· 198
  二、东平王氏的家族传统 ··· 201
  三、王氏家族与东平学风的转变 ··································· 207

第七章　高昌廉氏与贯氏家族 ·· 210
第一节　高昌廉氏 ·· 211
  一、廉氏之世系 ·· 211
  二、廉野云新考 ·· 218
  三、廉氏之政事 ·· 223
  四、廉氏之儒学 ·· 227
  五、廉氏园林之雅集 ·· 232

第二节　高昌贯氏 ·· 239
  一、贯氏的武功与政事 ·· 240
  二、贯氏的学术与文艺 ·· 242
  三、贯氏的婚姻关系与家族传统 ··································· 247

第八章　南北文化交融与北方文学家族 ····························· 250
第一节　白朴家族 ·· 252

一、隩州白氏世系与迁徙考 ⋯⋯⋯⋯⋯⋯⋯⋯⋯⋯⋯⋯⋯⋯⋯ 253
　　二、白华诗作考 ⋯⋯⋯⋯⋯⋯⋯⋯⋯⋯⋯⋯⋯⋯⋯⋯⋯⋯⋯ 254
　　三、隩州白氏之文学 ⋯⋯⋯⋯⋯⋯⋯⋯⋯⋯⋯⋯⋯⋯⋯⋯⋯ 256
　　四、金元易代之际白华与白朴之痛苦心灵 ⋯⋯⋯⋯⋯⋯⋯⋯ 257
　　五、地域文化与白朴家族 ⋯⋯⋯⋯⋯⋯⋯⋯⋯⋯⋯⋯⋯⋯⋯ 263
　第二节　大都宋氏 ⋯⋯⋯⋯⋯⋯⋯⋯⋯⋯⋯⋯⋯⋯⋯⋯⋯⋯⋯ 268
　　一、大都宋氏世系与宦游迁徙考 ⋯⋯⋯⋯⋯⋯⋯⋯⋯⋯⋯⋯ 269
　　二、地域文化与大都宋氏 ⋯⋯⋯⋯⋯⋯⋯⋯⋯⋯⋯⋯⋯⋯⋯ 270
　　三、元代南北文化交融背景下的宋氏兄弟之文学 ⋯⋯⋯⋯⋯ 273
　　四、北方文学家族与元初南北文学交流 ⋯⋯⋯⋯⋯⋯⋯⋯⋯ 275

第九章　北方文学家族与元代政治 ⋯⋯⋯⋯⋯⋯⋯⋯⋯⋯⋯⋯ 279
　第一节　北方文学家族与汉法治国和蒙古惯例之争 ⋯⋯⋯⋯⋯ 279
　第二节　北方文学家族与帝位继承 ⋯⋯⋯⋯⋯⋯⋯⋯⋯⋯⋯⋯ 292

第十章　元代北方各民族文学家族的交往与创作 ⋯⋯⋯⋯⋯⋯ 302
　第一节　元代前期北方文学家族的交往与创作 ⋯⋯⋯⋯⋯⋯⋯ 302
　第二节　元代后期北方文学家族的交往与创作 ⋯⋯⋯⋯⋯⋯⋯ 316
　第三节　北方文学家族与多族士人圈 ⋯⋯⋯⋯⋯⋯⋯⋯⋯⋯⋯ 328

结　语 ⋯⋯⋯⋯⋯⋯⋯⋯⋯⋯⋯⋯⋯⋯⋯⋯⋯⋯⋯⋯⋯⋯⋯⋯ 338
参考文献 ⋯⋯⋯⋯⋯⋯⋯⋯⋯⋯⋯⋯⋯⋯⋯⋯⋯⋯⋯⋯⋯⋯⋯ 357
后　记 ⋯⋯⋯⋯⋯⋯⋯⋯⋯⋯⋯⋯⋯⋯⋯⋯⋯⋯⋯⋯⋯⋯⋯⋯ 366

绪　论

一、研究的意义与内容

元代有中国历史上最具代表性、最广泛的诗坛，使用汉语写作传统诗文的除了汉族之外，还有几十个不同的民族。在元代诗坛除释、道诗人，还有伊斯兰教（答失蛮）、基督教（也里可温）诗人。元朝的建立是农耕与游牧两种文明冲突与融会的结果，有着民族融合所形成的特殊文化生态。元代又是诗歌、散文这两种传统文体，与小说、戏曲两种新兴文体并存并相互影响的时代。[①]

家族，是封建社会的基础与细胞，也是中国文化的一个最主要的柱石。"中国文化，全部都从家族观念上筑起的，先有家族观念乃有人道观念，先有人道观念乃有其他的一切。"[②]古代家族经过了长期的发展演变，元代处于古代封建家族的过渡阶段。[③]自唐代科举兴起以来，魏晋之后门第贵胄逐步被新兴士人取代，到宋代以科举为依托的士人家族成为基层社会的重要组成部分。元代处于古代社会家族发展的一个转折点，一方面，北方少数民族建立了统一政权，大量蒙古色目人内迁，并以家族的形式定居内地；另一方面，由于科举长期中断，汉族士人家族面临着如何延续发展的局面，他们或者积极参与新政权，或者努力保持自己的文化传统。经过长期的民族融合与文化交融，各民族共同形成了华夏民族。

"文学家族属于家族史的分支，研究它，具有独特的社会史价值；家族文

---

① 参见杨镰：《元代文学编年史·序论》，山西教育出版社 2005 年版。
② 钱穆：《中国文化史导论》（修订本），商务印书馆 1994 年版，第 51 页。
③ 刘晓《元朝的家庭、家族与社会》（中国社会科学院研究生院博士学位论文，1998 年）提出，宋、元为近代封建家族的兴起与过渡阶段，而明、清与民国为近代家族的稳定发展与定型阶段。

学又属于文学史的分支,研究它,当然也具有独特的文学史价值。"①因此,文学家族的重要性得到了越来越多学者的重视。罗时进先生谈到要建立"文学家族学",并阐发了其基本内涵:"包括家族文学的血缘性关联研究、家族文学的地缘性关联研究、家族文学的社会性关联研究、家族文学的文化性关联研究、家族文学与文人生活姿态及经济关联研究以及家族文学创作现场和成就研究等六个方面。"②可见,文学家族牵涉到历史、社会、文化及文学等各方面,值得从多个角度进行研究。

元代北方文学家族既具有古代文学家族共有的特点,又具有与前代、与明清不同的显著特点,值得深入研究。其中最引人关注的是蒙古、色目家族,他们由于征戍、任官、经商等逐渐留居汉地,在与汉族交游、通婚等过程中接受了汉文化,使用汉语写作传统诗文,多数民族最终与汉族共同融入了华夏民族。北庭廉希宪家族、贯云石家族就是其中典型的华化家族。元代虽然到仁宗朝才开科,但是极具特色的蒙古、色目进士促进了这些民族华化③,汪古马氏和高昌偰氏成为科举世家。除蒙古、色目家族外,汉人家族仍值得重视。蒙元时期的汉人包括汉族、契丹、女真等民族,耶律楚材家族等契丹家族成为文坛不可或缺的力量。北方汉人世侯逐步实现了由军功到文化的转变,比如保定张柔家族与真定史天泽家族。北方文学家族逐步适应蒙古族政权,汤阴许有壬家族、猗氏陈氏、济阴商氏及东平王公渊家族成为其中的代表。

元代虽然是版图辽阔的统一王朝,但元王朝的统一是分步骤多次实现的,其区域性表现得十分突出。元代之前,宋金长期对峙,南北文化有很大差异。金代通过百年的发展,将北方各民族文化重新整合,形成新的区域文化。蒙古人灭金,继承了这一成果。元朝灭南宋后,出现了南北文化的交流与融汇,而南方和北方各自的不同区域内又存在着差异。

---

① 张剑等:《宋代家族与文学研究·导言》,中国社会科学出版社2009年版,第10页。
② 罗时进:《关于文学家族学建构的思考》,《江海学刊》2009年第3期;又见氏著:《地域·家族·文学——清代江南诗文研究》,上海古籍出版社2010年版,第149页。
③ 色目人的划分与地位参见日本学者舩田善之的《色目人与元代制度、社会——重新探讨蒙古、色目、汉人、南人划分的位置》(《元史论丛》第九辑,中国广播电视出版社2004年版)。色目,有不同理解,或者指"各色名目",或者指种姓偏稀。本书取杨镰先生观点,《元诗史》第71页指出,色目指的是"来自西域、欧洲的与蒙古人种不同的人群"。

大都作为元朝的都城，是各民族与各种宗教汇聚之地，其文化特点是广博与包容。北庭廉希宪家族、贯云石家族在保持本民族文化的基础上，学习和接受中原文化，成为大都多元文化的表现之一。蒙元时期，治理东平的严实父子先后聘请金代词赋进士和文章名家元好问、徐世隆、王磐等人授课，从学术上看，聚集于此的文人形成了以金源遗风为主要特征的东平学派。王公渊家族在元代适应了东平学派由词章到理学的转变。真定在史天泽家族的治理下成为北方的乐土，聚集了元好问及白华、白朴父子等众多文人，也成为元曲的创作中心之一。平阳地区的河汾诸老是由金入蒙元的一群遗民诗人，他们中曾有人在金亡后潜往江南或者居延，但最终都回归故土，终老于河汾之间。段氏兄弟与陈氏兄弟就是这批文人的代表。

地域文化对文学家族的家学与家风产生影响，反过来，文学家族对地域文化的建构也存在影响。"当一个家族声名显赫、产生广泛影响时，人们常常会将其视为某个地域文化的代表甚至标志。"① 比如真定史氏，原籍永清县（今属河北），但是由于史天泽、史楫等人对真定多年的经营，以及他们家族根据地在真定的确立，元人经常将真定与史氏加以联系。

张剑等人认为，宋代文学世家"或处于文坛的中心位置，或与文坛中心人物交往密切，或其创作与文坛主流风尚有着密切的联系"②。元代的文学家族同样存在类似的情形，而且，由于蒙古、色目文学家族的出现，呈现出不同于宋代的特点，即多民族文人之间的文学活动，表现形式众多。有家族内部的诗歌唱和，比如耶律楚材家族、雍古马氏、汤阴许氏等；也有多民族文人之间的文学活动，甚至少数民族人士作为东道主的雅集，比如廉园文学集会。

本书以元代北方文学家族为研究对象，力图从政治、社会、文化与文学等多角度探讨其价值，既有整体考察，从共性方面探讨北方文学家族的几个重要问题，包括北方文学家族的地域分布、入元后的处境与仕进出路、文学家族与元代政治的关系、文学家族之间的交往与创作；又有个案研究，以代表性的文学家族为例，突出地域文化的特点。在个案研究中，有一定的模式，比如考证

---

① 张剑等：《宋代家族与文学研究》，第81页。
② 张剑等：《宋代家族与文学研究·导言》，第5页。

每个文学家族的世系；但更注重一种问题意识，对文学家族不做面面俱到的研究，而是针对各个家族的特点与价值，针对具体问题进行相应的探讨。其逻辑架构与各章要点如下。

第一章"元代北方地域文化与文学家族概况"，主要讨论北方地域文化的概况和文学家族的地域分布。北方各地文化既有很强的传承性，也随着朝代的更迭而呈现出一定的消长变化。元代文学家族值得注意的是出现的新面孔，即蒙古、色目家族，比如蒙古月鲁不花，雍古部马祖常，北庭廉氏、贯氏，康里部不忽木，乃蛮答禄与权等家族。此外，归属于汉人的契丹族耶律楚材家族、女真族孛术鲁翀家族也属知名的文学家族。

第二章"元代北方文学家族的困境与出路"，探讨北方文学家族面对朝代更迭，尤其是民族政权所遇到的挑战与应对。长达二十多年蒙古灭金的过程，使得北方陷入长期的战火之中，北方家族面临着巨大的考验，如何生存下来，成了他们不得不考虑的问题。其中有些家族积极投身蒙古政权，成为开国勋贵，为家族的发展打下了基础，如汉人世侯和忽必烈潜邸文人刘秉忠、姚枢等人。蒙古王朝长期中断科举，文人长期以来倚赖的仕进道路被阻塞。文学家族又面临着如何适应新王朝的困难。

第三章到第六章为个案研究，这四章从地域文化入手，探讨北方各地区文学家族的不同特色。

河北地区历来以悲歌慷慨、好勇尚斗出名。元代活跃在历史舞台上的是汉人世侯家族，其中又以真定史氏与顺天张氏为代表。这些汉人世侯在蒙古时期为专制一方的霸主，后来转变为高级官僚家族，在元代政治上享有较高的地位。真定史氏与顺天张氏尽管以武功和政事显名，但是家族成员史天泽、史樟、张弘范、张珪能诗善曲，成为极具特点的文学家族。此外，汉人世侯在元初保护了大量流离失所的金源文人，为金元文学的延续与发展做出了贡献。

河南地区在北宋为京师所在之地，文学较为发达，金元时期虽有所衰落，但毕竟属于文化底蕴深厚之地。本章选择姚枢家族与汤阴许有壬家族以做个案研究。洛阳姚枢家族原籍营州柳城（今辽宁辽阳），为北方各民族混居之地，尚武之风盛行，迁居河南后，姚枢家族受到地域文化的影响，在理学与文学等方面卓有建树，家族传统有了巨大的改变。汤阴许有壬家族则是本地人，许有壬兄弟通过科举入仕，许有壬在政治上发挥了重要作用，同时也遭到了蒙古、色目贵族的陷害打击。这种政治遭遇在家族的圭塘唱和中得到充分反映。

山西地区在北宋处于边境，文风不昌，尤其是晋北。入金以后变为内陆地区，文化教育有所发展，元代延续了这一良好势头。猗氏陈氏与陵川郝氏分属晋南与晋东南，他们不但为文学家族，还是承传关学的重要家族。

山东地区在元代以东平最为知名，在汉人世侯严实父子的经营下，在元初成为文化发达、文人荟萃之地。王公渊家族就是受益者，王构以词赋入选而为官，其子王士熙仕宦显达。济阴商挺家族在金元易代之际经历了痛苦的抉择，商衡在对蒙作战中自杀，其子商挺背负着杀父之仇出仕蒙古政权，为忽必烈登上汗位立下功勋，却成为忽必烈晚年排挤汉族大臣的牺牲品。

蒙古色目文学家族为元代特有的文学现象，第七章选取原籍北庭的廉氏与贯氏作为代表，探讨他们作为畏兀儿人，如何由军将之家逐步汉化，成为以诗书礼义传家的文人士大夫家族。

第八章为"南北文化交融与北方文学家族"。元代天下一统，结束了长达一百多年的南北分割，南北文化的交融汇合不断加强。南北文人的流动加速了这一趋势，其中既包括隩州白氏这样的北方文学家族南迁，又有像大都宋氏这样由于仕宦漫游而到南方的家族；无论是定居南方，还是最终北返，白朴、宋本、宋褧等人的创作既包含北方固有的雄浑豪迈，又受到南方地域文化的影响。

第九章"北方文学家族与元代政治"，研究北方文学家族与元代政治的关系。"汉法"治国和蒙古惯例之争贯穿了整个元代，北方文学家族的成员成为维护"汉法"的中流砥柱，比如早期的耶律楚材、廉希宪、姚枢、商挺，中期的孛朮鲁翀、马祖常，后期的许有壬等人。元代的帝位继承处在"汉法"嫡长子制与蒙古忽里台制交互作用之下，参与决策的主要是蒙古诸王、太后和蒙古色目权臣，几乎每次新帝即位都伴随着政变与杀戮，少有平稳过渡。除了廉希宪与商挺帮助忽必烈即位外，北方文学家族很少主动参与其中，反而是在文宗与天顺帝之争中顺天张氏与王士熙被动地卷入，深受其害。从这方面反映出元代四等人制下，汉人、南人在政治地位上的不公。

第十章为"元代北方各民族文学家族的交往与创作"。北方文学家族在元代文学活动中扮演着重要角色，他们或者组织家族诗词唱和，或是文学活动的核心人物或参与者，或者为新兴文学体裁的尝试者与代表人物。参与这些文学活动的文人涉及不同地域、不同民族，他们组成了元代的多族士人圈，不同种族的文人用汉语写作诗词、欣赏书画，构成了中国文学史上独特的风景。

二、目前国内外的研究现状和趋势

长期以来，元代文学的研究热点是元曲，自王国维、吴梅二位先生之后，元杂剧亦得到学者的关注，产生了很多重要成果，比如阿英《元人杂剧史》、李修生《元杂剧史》、郭英德《元杂剧与元代社会》、黄仕忠《中国戏曲史研究》、王永宽与王钢《中国戏曲史编年（元明卷）》、许金榜《中国戏曲文学史》、奚梅《元杂剧论》、田同旭《元杂剧通论》等。散曲方面，自任讷《散曲概论》之后，有赵义山《元散曲通论》、李昌集《中国古代曲学史》、杨栋《中国散曲史学研究》、羊春秋《散曲通论》等著作。近年来学者逐渐关注元代文人与诗文，出现了张晶《辽金元诗歌史论》、杨镰《元诗史》、幺书仪《元代文人心态》、云峰《元代蒙汉文学关系研究》、刘明今《辽金元文学史案》、王树林《金元诗文与文献研究》等著作。吴组缃、沈天佑二位《宋元文学史稿》及邓绍基主编《元代文学史》也非常重视元诗。元词方面则有赵维江《金元词论稿》、丁放《金元词学研究》、陶然《金元词学研究》、钟陵《金元词纪事会评》、刘静与刘磊《金元词研究史稿》等。文学批评方面有顾易生、蒋凡、刘明今著《宋金元文学批评史》。台湾学者包根弟著有《元诗研究》，香港学者黄兆汉著有《金元词史》。文学史料著作有查洪德、李军《元代文学文献学》及刘达科《辽金元诗文史料述要》等。这些论著为元代文学研究打下了坚实的基础，但对文学家族，尤其是北方文学家族关注不够。

目前学术界对于文学家族的研究主要集中于六朝、唐宋与明清，比如曹道衡《兰陵萧氏与南朝文学》、刘跃进《门阀士族与永明文学》、程章灿《世族与六朝文学研究》、丁福林《东晋南朝的谢氏文学集团》、李浩《唐代关中士族与文学》与《唐代三大地域文学士族研究》等。对宋代文学家族的研究较为充分，宏观方面有黄宽重《宋代的家族与社会》、张剑等《宋代家族与文学研究》、张兴武《两宋望族与文学》、王毅《宋代文学家庭》等，个案研究有马斗成《宋代眉山苏氏家族研究》、汤江浩《北宋临川王氏家族及文学考论：以王安石为中心》、张剑《宋代家族与文学——以澶州晁氏为中心》、何新所《昭德晁氏家族研究》、刘焕阳《宋代晁氏家族及其文献研究》、刘学《词人家庭与宋词传承——以父子词人为中心》、罗时进《地域·家族·文学：清代江南诗文研究》等。

  元代家族的研究主要集中在蒙古、色目家族，最早研究这一问题的是清代学者钱大昕的《元史氏族表》。当今相关论著也集中于蒙古色目人，比如张沛之《元代色目人家族及其文化倾向研究》等。汉人家族的研究主要集中于京兆贺氏、巩昌汪氏等少数几个家族，比如吴海涛《元代京兆贺氏与其他汉人官僚家族仕宦之比较》（《中国史研究》1998年第2期）、赵一兵《元代巩昌汪世显家族墓葬出土墓志校释五则》（《内蒙古社会科学》2006年第2期）、马娟《对元代色目人家族的考察——以乌伯都剌家族为例》（《回族研究》2003年第3期）等。此外还有台湾地区学者萧启庆先生的论文《论元代蒙古色目人的汉化与士人化》等。元代蒙古色目作家得到了学者的关注，相关论文有门岿《元代蒙古族及色目诗人考辨》、张晶《论少数民族诗人在元代中后期诗风丕变中的作用》、高人雄《古代少数民族诗词曲家研究》等，但是这些成果都未从家族的角度展开研究。杨镰先生在《元西域诗人群体研究》、《元诗史》等专著中用大量篇幅论述蒙古色目诗人的文集与文学成就，已经关注到北庭廉氏与贯氏、雍古马氏、乃蛮答禄氏、康里不忽木等家族。他在《元代江浙双语文学家族研究》中探讨了元代来自北庭而在江苏落地生根的双语文学家族。符海朝《元代汉人世侯群体研究》涉及真定史氏与顺天张氏，但主要是从政治角度着眼的。此外还有郭翠萍《元代东平王氏家族研究》（山东师范大学硕士学位论文，2012年）探讨王公渊家族，王旺祥《元代汉人世侯初步研究》（西北师范大学硕士学位论文，2006年）对巩昌汪氏、永清史氏、云南耶律氏与述律氏几大世侯等进行研究。

  元代地域文化与文学的研究主要集中于蒙古时期东平、真定、平阳等地的文学创作，比如李炳海《金、元之际的东平文坛》、晏选军《严实父子与金元之交的东平文化》等。赵维江《辽金元文学与北方地域文化关系概论》从北方特有的自然环境、民风人情以及学术传统等方面论述北方文化。徐永明《元代至明初婺州作家群体研究》对元代婺州地区作家群做了较为全面的研究。这些探讨元代东平、婺州等地文学的论著进一步丰富了这一领域的研究，但是家族、地域文化与元代文学的关系极为复杂，目前尚缺整体研究，迫切需要进行全面深入的探讨。

综上所述，有关元代家族的研究主要是从军事、政治方面着眼的，涉及文学家族的不多，更缺乏从地域的角度研究文学家族。

陈寅恪先生曾谓："盖自汉代学校制度废弛，博士传授之风气止息以后，学术中心移于家族，而家族复限于地域，故魏、晋、南北朝之学术、宗教皆与家族、地域两点不可分离。"[①] 陈先生虽然说的是魏晋南北朝，但也适用于唐以后。民族、文化、信仰等方面的差异造就了元代文学家族的复杂，家族的发展又和地域有着千丝万缕的联系。与南方相比，元代北方文学家族受到的关注更少，急需深入系统的研究。忽略了北方文学家族这一部分，有关元代政治文化的发展就会出现盲点，元代家族与元代文学的特点就不能得到充分体现。

研究元代北方文学家族，还需要联系元之前的宋、金和之后的明代。比如，浑源刘氏为金代的科举世家，其家族出了八个进士，金末元初，刘祁、刘郁兄弟还是文坛活跃人物。猗氏陈氏、陵川郝氏、白朴家族等都是绵延金、元两朝的文学家族。此外，有些元代北方文学家族延续到明代，比如汤阴许氏，到明代还出了两名进士。

本书借鉴文化地理学探讨人地关系、地理环境对文化的影响，研究地域山川、风俗、学术传统等因素对家族的影响。希望能从家族、地域这些新的角度探讨元代文学的发展，丰富文学史的表述。其意义体现在两个方面：一是学术意义，研究元代北方文学家族呈现出怎样的面貌，民族、地域、信仰等因素如何影响家族的文学创作，将有助于元代文学、文化研究向纵深发展；二是现实意义，通过对元代各民族家族汉化进程的分析，探讨元代的民族融合与文化融合，对当前各少数民族文化的研究也有借鉴意义。

---

① 陈寅恪：《隋唐制度渊源略论稿》（与《唐代政治史述论稿》合刊），生活·读书·新知三联书店2001年版，第20页。

三、家族文献及其考辨

研究文学家族与家族文学，需要的资料包括家族谱牒、家族成员碑传与别集，以及总集中的家族成员作品。北方文学家族成员的碑传主要载于元代文集中，包括别集与总集，《元史》及地方志中也有收录。保存下来的家族成员的别集主要有耶律楚材《湛然居士集》十四卷、耶律铸《双溪醉隐集》六卷、刘秉忠《藏春集》六卷、郝经《陵川集》三十九卷、王恽《秋涧先生大全文集》一百卷、姚燧《牧庵集》三十六卷、孛朮鲁翀《菊潭集》四卷、马祖常《石田集》十五卷、宋褧《燕石集》十卷、许有壬《至正集》八十一卷与《圭塘小稿》十三卷等。收录北方文学家族成员作品的元代总集有房祺编《河汾诸老诗集》、苏天爵编《国朝文类》、傅习与孙存吾编《元风雅》、顾嗣立等编《元诗选》等。方志中有详尽的地域文化资料，碑刻、出土文物等能提供新资料，可以弥补传世文献的不足，或与之相佐证。

北方家族编辑的家谱文献保存下来的较少，比如藁城董氏的《董氏传家录》、浑源刘氏的谱牒就佚失了。藁城董氏由于较早依附于忽必烈家族而成为蒙元新贵，自董俊传到七世，达二百余人，"内而居政府台阁，外而在藩阃风纪州县者不可胜纪，真可谓盛矣"。这一家族"严家法，重礼教，推贤荐士如恐不及"。董俊子文忠的曾孙董钥著《董氏传家录》："以谱系列于前，而复以墓道之碑、赠谥之制，与夫行述、谥议、遗爱、逸事之文纂辑比次，凡传谱之未备者于此有考焉。"[①] 这一家族文献包括的内容除家谱外，还有碑传、赠谥等众多家族文献。此外，燕山仇氏有《先迹卷》[②]，也散佚了。

浑源刘氏为金代最为成功的科举世家，自刘撝以来，家族出了一名状元，七名进士。虽然刘氏入元后官职不显，但是到后至元时期已传至九世，刘撝九世孙之彦编《浑源刘氏传家集》，记载其先世谱牒言行。[③] 王沂曾作《题刘南山翁五世画像赞》[④]，说明家族入元后还珍藏有先世之画像。然而，这些家族文献都佚失了。

---

① （元）吴师道：《董氏传家录序》，《礼部集》卷15，《文渊阁四库全书》本。
② 参见（元）贡奎：《题仇氏先迹卷》，《云林集》卷4，《文渊阁四库全书》本。
③ 参见（元）苏天爵：《浑源刘氏传家集序》，陈高华、孟繁清点校：《滋溪文稿》卷5，中华书局1997年版。
④ 参见（元）王沂：《伊滨集》卷7，《文渊阁四库全书》本。

元代北方文学家族存世的家谱极少，目前能看到的只有隩州白朴之《白氏宗谱》，为安徽省六安市苏埠镇白家庵白朴后裔所收藏，该谱从明景泰五年（1454）修成，至民国三十七年（1948），先后续修十次。《白氏宗谱》对于研究白朴的生平与家世，尤其是其子孙，具有重要的价值。①

编辑家族文集在元代也不罕见，尤其在南方。北方由于文化不及南方，而且文献存留较少，因此有关文学家族的文献记载也少于南方。比如冯岵将曾祖、祖父、父亲三代文集《白云集》、《松庵集》、《常山集》合编为《冯氏三世遗文》②，可惜未能流传下来。目前仅存的资料中，有稷山段氏兄弟《二妙集》、安阳许氏《圭塘欸乃集》等。值得关注的是元代西夏后裔濮阳唐兀崇喜（杨崇喜）所编《述善集》。自至正十八年（1358）杨崇喜初编成书后，经多次多人补编和续编，历经271年的时间才完成，在家族内部流传达六百余年。《述善集》分为三卷：《善俗卷》、《育材卷》、《行实卷》，共收记、序、碑铭、诗赋、题赞、杂著等110篇。③记录了西夏家族徙居濮阳并逐步汉化的过程。《述善集》所收《龙祠乡社义约》是仿照北宋《蓝田吕氏乡约》而作，反映了理学对这一西夏家族的深刻影响。④由此可见，当时汉化的蒙古、色目以至契丹、女真等家族数量极多，西夏唐兀崇喜只是其中之一，但留下的家族文献屈指可数，《述善集》的珍贵之处正在于此。⑤

元代北方家族文献存留不多，今天可以看到的只有《述善集》、《圭塘欸乃集》等少量典籍，因此对北方文学家族的研究更多依靠元代别集、总集、史传及方志等资料，文集中的碑传与史传是元人生平的基本资料，但是这些记载中既存在讹误，也不乏溢美之词，如何处理资料也需要斟酌。例如，元人王球《存耕处士汪公庭桂墓志铭》记载，至正十二年（1352），婺源（今属江西）汪

---

① 参见胡世厚：《白朴与〈白氏宗谱〉》，《文学遗产》2002年第5期。
② 参见（元）姚燧：《冯氏三世遗文序》，《牧庵集》卷3，查洪德编校：《姚燧集》，人民文学出版社2011年版。
③ 《述善集》有焦进文、杨富学《元代西夏遗民文献〈述善集〉校注》，甘肃人民出版社2001年版。
④ 参见（元）潘迪：《龙祠乡社义约序》，李修生主编：《全元文》第51册，凤凰出版社2004年版，第1页。
⑤ 张以宁《述善集序》(《翠屏集》卷3)记载，唐兀象贤氏家族文献包括记、序、碑铭、字说、诗词，多自著、褒嘉等内容。

德麟请中书平章政事张蔡公珪为其祖父汪庭桂的墓志铭碑石篆额。①张珪于仁宗延祐二年（1315），拜中书平章政事，至治二年（1322）也担任过中书平章，泰定初封蔡国公，泰定四年（1327）卒。②到至正十二年，他已经去世近三十年了，不可能为汪庭桂的墓志铭碑石篆额。此处所记或是出于误记，或是有意抬高墓主之声望，并不可信。

再如，《元史》卷128《阿里海牙传》承袭谀墓之文，说阿里海牙"取民悉定从轻赋，民所在立祠祀之"。屠寄《蒙兀儿史记》卷92考辨曰："即有立祠事，亦一时畏威之为，而非真怀其德也。"因此改写作阿里海牙"性凶忍贪酷，所至杀戮立威"。③还记载了他贼杀已降、奴虏无辜等恶行。④《元史》传记主要依据传主的行状、墓志铭，而这些文章等都是应传主的子孙朋友所作，不免存在掩恶与溢美之词。

除了有意地文过饰非，碑传材料还存在因疏忽大意或以讹传讹而导致的错误记载。比如苏天爵《元故中奉大夫江浙行中书省参知政事追封南阳郡公谥文靖字朮鲁公神道碑铭并序》记载，字朮鲁翀的老师李友端将女儿嫁于他为妻，《元史》卷183《字朮鲁翀传》记载姚燧向萧𣂏称说字朮鲁翀，萧𣂏以女妻之，是误李贞隐为萧贞敏。⑤《（嘉靖）邓州志》李友端小传说字朮鲁翀将女儿嫁给李友端为妻，与苏天爵神道碑铭所记正好相反。根据神道碑铭，字朮鲁翀"配李氏，贞隐先生之女"，与《河南通志》所记吻合。可见当以神道碑铭为准。《元史·字朮鲁翀传》与《（嘉靖）邓州志》为误记。⑥

在研究中，还需要广泛利用出土文物。例如，顺天张氏的出土碑刻就很多，包括弘范碑残石、张弘略碑等，这些碑石的发现与考订，为补充与校勘《元史》中的相关记载提供了第一手资料。比如张柔祖上三代之名史料缺载，

---

① 参见（元）汪球：《存耕处士汪公庭桂墓志铭》，（明）程敏政编：《新安文献志》卷92上，《文渊阁四库全书》本。
② 参见（元）虞集：《中书平章政事蔡国张公墓志铭》；《元史》卷175《张珪传》等。
③ 屠寄：《蒙兀儿史记》，中国书店1984年版，第601页。
④ 参见余大钧：《论屠寄〈蒙兀儿史记〉》，《元史论丛》第三辑，中华书局1986年版。
⑤ 贞隐先生为李友端的谥号，贞敏为萧𣂏的谥号。
⑥ 参见拙作《字朮鲁翀师长与门生考——兼论字朮鲁翀与元代文化传承》，《元史及民族与边疆研究集刊》第33辑，上海古籍出版社2017年版。

根据定兴县张柔墓出土的姚燧撰《元故参知政事张（弘略）公神道碑铭》，张柔曾祖名溱，祖父名辛，父亲名福宽。郝经第三子郝采麟在《元史·郝经传》中的仕历极为简略，由此碑可知，世祖末、成宗初，郝采麟曾入居翰林。① 再如，史天泽第四子史杠，生平仕历仅在姚燧《牧庵集》卷7《江汉堂记》等资料中有少量记载，在石家庄市后太保史家墓葬发掘出其墓志，极大地丰富了其生平资料。②

当然，无论是碑状墓志，还是正史、方志、碑刻，运用这些资料时，需要广泛收集文献，做必要的考辨。

四、研究的基本思路及概念界定

研究北方文学家族，首先需要从中提炼出具有代表意义的不同类型的家族，把握蒙古色目家族内迁、汉化直至融入中华民族这一历史过程。具体思路为以下几点：第一，探讨金元之际北方各民族武功家族如何向文化转化，在蒙元统治之下，北方文化家族如何保持其传统，他们身上体现了元代文学的哪些特点；第二，探究家族与地域的关系，地域文化对家族的传统和文学创作产生怎样的影响；第三，从元代多族士人圈的角度，探讨元代北方文学家族的交往与其创作的关系；第四，元代北方家族与金代有着千丝万缕的联系，需要紧密联系金代家族与金代文学。

最后需要界定文学家族、士人、士大夫、儒生、文人、文士几个概念。文学家族，指的是一个家族一代或数代出现了两位以上（包含两位）文人。③ 文人，对于汉族的要求，是擅诗词曲赋中之一种或多种，并有作品传世。对蒙古、色目家族以及划入"汉人"的契丹、女真等民族来说，由于其总体文学水平较汉族有差距，而且文献存留有限，因此条件放宽，只要留下任何用汉语写作的诗文作品都可，或者只要史籍记载能诗文即可列入文人。蒙古、色目等文

---

① 参见孟繁峰、孙待林：《张柔墓调查记》，《文物春秋》1996年第3期。
② 参见史杠墓志，王会民、张春长：《石家庄市后太保元代史氏墓群发掘简报》，《文物》1996年第9期。
③ 此处借鉴了张剑等人对文学家族的定义："一个家族一代数人或者两代、三代以上具有能文之名或以文学著称于世的成员。"参见张剑等：《宋代家族与文学研究》，第26页。

学家族有的在政治、军功、理学等方面更为突出，比如高昌廉氏、真定史氏、顺天张氏和姚枢家族等，但它们符合本书所列文学家族的定义，而且我们对这些家族的研究，并不局限于其家族的文学成就。这样不但不会埋没这些家族在文学之外的成就，反而能够凸显它们的特点。

士人、士大夫、儒生这几个概念需要借鉴史学界的研究成果。

士人，由士、农、工、商的说法而来，余英时认为，尽管士在不同历史阶段有着不同的面貌，但是，从总体上讲，"士"是基本价值的维护者，根据西方的标准，"士"作为一个承担着文化使命的特殊阶层，自始便在中国史上发挥着"知识分子"的功用。①

"士大夫是崛兴于两宋的一个社会阶层，取代南北朝以来的门阀贵族而主宰近世中国社会。近世型的士大夫具有读书人、官僚与地主（或商人）三位一体的性格。士大夫凭借以儒家经典为中心的文化道德修养而取得政治权力与社会地位，而土地拥有则为其学术修养及权力地位的经济基础或为其结果。这种三位一体的性格使得士大夫阶层的主宰地位历久不衰。"② 由科举、经济、刑罚、荣誉四个方面考察，宋代士人成为最受优遇的身份集团。③ 士大夫阶层的崛兴及延续与唐宋以来的科举制度具有密切的关联。元代文学家族如陵川郝氏、猗氏陈氏、济阴商氏、东平王公渊家族、大都宋氏、汤阴许氏等属于士大夫阶层。

儒生的称呼虽早已有之，但元代的儒生与儒户有关，因为元代依职业来划分户计并界定人民对国家的义务与权利，儒户尽管不能包括全部儒士，但作为"诸色户计"的一种，便于讨论其政治出路与社会地位。④

文人，一般指读书作文之人，是一个比较通俗的名称。文士，与文人士大夫含义接近，即读书能文之士，既包括文人的内涵，又侧重士人的身份。

---

① 参见余英时：《士与中国文化》自序，上海人民出版社 1987 年版。
② 萧启庆：《元朝科举与江南士大夫之延续》，《元史论丛》第七辑，江西教育出版社 1999 年版，第 1 页。
③ 萧启庆：《元代的儒户：儒士地位演进史上的一章》，氏著：《内北国而外中国：蒙元史研究》，中华书局 2007 年版。
④ 参见萧启庆：《元代的儒户：儒士地位演进史上的一章》。

第一章 元代北方地域文化与文学家族概况

中国文学与地域文化有着深远的联系,在中国诗歌的两大源头《诗经》与楚辞中就有充分表现。吴季札观乐作评,既有对政治美恶的评论,也涉及地理与风俗,比如评《邶》、《庸》、《卫》曰:"美哉渊乎!忧而不困者也。吾闻卫康叔、武公之德如是,是其《卫风》乎?"评《齐风》曰:"美哉,泱泱乎!大风也哉!表东海者,其大公乎?国未可量也。"① 浪漫瑰丽的楚辞作为极具地方色彩的诗体,带有鲜明的楚文化色彩,要理解它必须结合地域文化,宋人黄伯思在《校定楚辞序》中说:"屈宋诸骚,皆书楚语,作楚声,纪楚地,名楚物,故可谓之'楚辞'。"② 秦汉时期尽管天下一统,但据刘跃进先生《秦汉文学地理与文人分布》的研究,各地文学发展并不平衡,可分为三辅文化、河西文化、巴蜀文化、江南文化等八个文化区域。南北朝文学表现的地域差异极为明显,《隋书·文学传序》对此有过总结:"江左宫商发越,贵于清绮,河朔词义贞刚,重乎气质。气质则理胜其词,清绮则文过其意,理深者便于时用,文华者宜于咏歌,此其南北词人得失之大较也。"唐宋与明清作为统一王朝,地区发展有不平衡的情况,但地域文化的差异不及南北朝,也不及元代。因为文学的地域差异在国家分裂时期比统一时期表现得更为明显。元代虽然是版图辽阔的统一王朝,但元王朝的统一是分步骤多次实现的,其区域性表现得十分突出。元代之前是宋金长期对峙,南北文化有很大差异。金代通过百年的发展,将北方各民族文化重新整合融化,形成新的区域文化。蒙古人灭金,继承了这

---

① 杨伯峻编著:《春秋左传注》,中华书局1981年版,第1162页。
② (宋)陈振孙:《直斋书录解题》卷15《楚辞类》,上海古籍出版社1987年版,第436页。

一成果。元朝灭南宋后,出现了南北文化的交流与融汇,而南方和北方各自的不同区域内又存在着差异。

地理山川与气候水土对人有很大影响,《汉书》卷28《地理志》曰:"凡民函五常之性,而其刚柔缓急,音声不同,系水土之风气,故谓之风。"说的是地方水土与风俗的关系。刘师培《南北学派不同论》说:"大抵北方之地,土厚水深,民生其间,多尚实际。"①讲的就是山川对人们的生活及学术与文学的影响。各地不同的自然环境与文化传统对当地风俗、出产人物会有很大影响。"尝观夫民,戴仁而履义,负阴而抱阳,其生一也。而其水土之异,则质性亦殊。"②比如江东地区多才俊之士:"盖其山川风气磅礴而郁积,习俗好尚滋久而性成,有非他郡所可拟伦者。"③北方地区则多勇武豪杰之士,有个例子典型地反映出这种区别。古田(今属福建)人张以宁在汴梁(今河南开封)时,因为他是南方人士,行省诸生都担心他不善骑马。④

具体到文学艺术,同样受到地域环境的影响。"自然界有它的气候,气候的变化决定这种那种植物的出现;精神方面也有它的气候,它的变化决定这种那种艺术的出现。我们研究自然界的气候,以便了解某种植物的出现,了解玉蜀黍或燕麦,芦荟或松树;同样我们应当研究精神上的气候,以便了解某种艺术的出现,了解异教的雕塑或写实派的绘画,充满神秘气息的建筑或古典派的文学,柔美的音乐或理想派的诗歌。精神文明的产物和动植物界的产物一样,只能用各自的环境来解释。"⑤因此,文学家族的家风家学,包括文学艺术,都和地域环境有着密不可分的关系。正如元人陈基所说:"山川之秀,钟于物者为珠玉,钟于人者为文章。"⑥

当然,家族对地域文化的建构也有影响,比如汉人世侯对元初真定、东平等地的文化起到至关重要的作用。蒙古时期,东平在严实、严忠济父子的治理

---

① 邬国义、吴修艺编校:《刘师培史学论著选集》,上海古籍出版社2006年版,第203页。
② (元)梁寅:《醴溪记》,《全元文》第49册,第596页。
③ (元)李祁:《送吴俊杰归江东序》,《云阳集》卷3,《文渊阁四库全书》本。
④ 参见(明)张以宁:《杂记》,《翠屏集》卷4,《文渊阁四库全书》本。
⑤ 〔法〕丹纳著,傅雷译:《艺术哲学》,人民文学出版社1963年版,第9页。
⑥ (元)陈基:《夷白斋稿》卷13《送刘志伊序》,邱居里、李黎校点:《陈基集》,吉林文史出版社2009年版,第128页。

下,社会秩序稳定,文化繁荣①,甚至于元初的太常雅乐都是在东平由乐工完成的②。严氏父子先后聘请元好问、徐世隆、王磐等名士任教师授课词赋与文章,在此学习的文人很多进入了元初的翰林院,影响了当时的文风③,李谦、王构等人就是其中的佼佼者④。从学术上看,聚集于此的文人形成了以金源遗风为主要特征的东平学派。⑤此外,东平还是元初的杂剧中心之一,出现了高文秀、张时起等剧作家。⑥

元代北方不同地区的文化存在很大差别,文学家族的家学、家风深受地域文化的影响,呈现出不同的特点,例如陵川郝氏、猗氏陈氏、河北汉人世侯、东平王公渊家族等。家族的迁徙会引起家族传统的改变,这一点在姚枢家族、隩州白氏身上表现明显。随着元朝一统天下,北方文人白朴、宋本、宋褧等人的南下会合了南北文化,北方文学家族随之有了南方文化的烙印。北方文学家族的迁徙促进了南北文化的融合。本章将对北方地域文化与文学家族基本情况做一论述,并探讨文学家族的地域分布与形成因素。

第一节　元代北方行政区划与各地文化

元代疆域之广阔前所未有⑦,超越汉唐,《元史》卷58《地理志》曰:"若

---

① 参见陈高华:《大蒙古国时期的东平严氏》,《元史论丛》第六辑,中国社会科学出版社1997年版;晏选军:《严实父子与金元之交的东平文化》,《殷都学刊》2001年第4期等。
② 参见《元史》卷158《姚枢传》及王惟实《重新雅乐记》(《全元文》据《(道光)东平州志》卷19收入)。
③ 参见赵忠敏:《论金元之际东平文人的词赋之学》,《北京理工大学学报》2009年第5期。
④ 参见《元史》卷160《阎复传》及元好问《遗山先生文集》卷32《东平府新学记》等。
⑤ 参见〔日〕安部健夫:《元代的知识分子和科举》,《日本学者研究中国史论著选译》第5卷,中华书局1993年版。另见其遗作,〔日〕安部健夫著,孙耀译:《东平、真定等处的学风》,《晋阳学刊》1986年第2期。
⑥ 参见(元)钟嗣成:《录鬼簿》;李炳海:《金、元之际的东平文坛》,《东岳论丛》1989年第6期。
⑦ 黄文仲《大都赋》曰:"西至乎玉关,东至于辽水,北至于幽陵,南至于交趾。得从者失横,有此者无彼。大哉天朝,万古一时。渌江成血,唐不能师,今我吏之;辽阳高丽,银城如铁,宋不能窥,今我臣之;回鹘河西,汉立铜柱,马无南蹄,今我置府;交占云黎,秦筑长城,土止北陲,今我故境。阴山仇池,缺舌螺发,鬐面雕题,献犪效马,贡象进犀,络绎乎国门之道,不出户而八蛮九夷。谓之大都,不亦宜乎?"(《历代赋汇》卷35)

元,则起朔漠,并西域,平西夏,灭女真,臣高丽,定南诏,遂下江南,而天下为一。故其地北逾阴山,西极流沙,东尽辽左,南越海表。"元代北方主要为原金朝统治区域,还包括蒙古本土、西夏以及长江以南的原南宋领土等地。依据元朝的行政区域,属于北方的有中书省、岭北行省、辽阳行省、河南行省、陕西行省、甘肃行省。①

尽管说金朝经过一百多年的民族融合与文化融合,在整体上形成了统一的区域文化②,但各地的地域文化还是存在很大差别。

中书省又被称为"腹里",辖今北京、天津、河北、山东、山西五省市,以及河南的北部和内蒙古的东南部。

燕赵之地自古悲歌慷慨,好勇尚斗。史载该地:"俗重气侠,好结朋党,其相赴死生,亦出于仁义。"③"人性质厚少文,多专经术,大率气勇尚义,号为强伎。土平而近边,习尚战斗。"④燕赵人士好勇尚斗主要体现在动乱时代,一旦进入太平社会,其风俗也会发生变化。⑤金末蒙古时期北方战乱不断,文化教育受到很大破坏,燕赵地区更是严重。元好问《千户赵侯神道碑铭》说:"河朔用武之国。自金朝南驾,文事扫地,后生所习见唯驰逐射猎之事。莅官政者,或不能执笔记名姓,风俗既成,恬不知怪。"⑥在史天泽、严实、赵天锡等人的努力下,文化教育逐步恢复。

京师大都(今北京)自金代为中都,成为全国的政治文化中心,元代更是各地物产与人物荟萃之地。在元人眼中,"京师,士大夫之天池也"⑦。许有壬说:"京师据山川形胜,四方舟车之所会,风物繁富,古今莫加焉。北腊、西酿、东腥、南鲜,凡绝域异味,求无不获。九州风土所有,土人未及一见,而

---

① 征东行省情况特殊,行省位于高丽国,其最高长官由高丽国工兼任,行省仅有空名,谭其骧先生主编《中国历史地图集》作邻国处理,本文亦不列入。
② 参见杨镰:《元代文学编年史》;牛贵琥:《金代文学编年史》,安徽大学出版社2011年版。
③ 《隋书》卷30《地理志》,第859页。
④ 《宋史》卷86《地理志》,第2130页。
⑤ 苏天爵《志学斋记》(《滋溪文稿》卷4):"古称燕赵多感慨悲歌之士,盖周衰战国一时习俗所尚,非人性之本然也。夫以中国风气之高厚,朝廷政治之深淳,人生其间,鼓舞变化,又岂无所乎!"
⑥ 姚奠中主编,李正民增订:《元好问全集》(增订本)卷29,山西古籍出版社2004年版,第616页。河朔在中国古代指黄河以北的地区,大体包括今山西、河北和山东部分地区。
⑦ (元)陈基:《夷白斋稿》卷19《送陈希文北上序》,《陈基集》,第176页。

已飞聚于陆海矣。"①黄文仲《大都赋》这样评价大都的地理形胜："近则东有潞河之饶，西有香山之阜，南有柳林之区，北有居庸之口。"其经济之繁华、人口之众多更是超越以往，街市"重毂数百，交凑阛阓，初不计乎人之肩与骡之背。虽川流云合，无鞅而来，而随消随散，杳不知其何在"。至于皇亲国戚、达官显贵、富商豪贾，遍布城内，"歌馆吹台，侯园相苑。长袖轻裾，危弦急管"，一派歌舞升平的景象。②

大都既是全国的政治中心，也是理学中心、文学中心。③因此，各地文人都以游学大都为荣。元人唐肃说："京师，天下之本也。故天下之人，欲求礼乐法度之正者，必之京师；欲闻文章论议之大者，必之京师；欲事王公大人之贤、欲友豪杰忠厚博洽之士者，必之京师；欲览山河之雄、宫室之伟、车马戎兵之富强、仓庾府库之殷积，与夫百工技艺之精绝者，必之京师。"④

大都路其他地区在自然地理与文化发展两方面差异较大⑤，比如檀州（今北京密云），"厥土既多硗瘠，其民游食者众，力本者寡，故田莱荒芜"⑥。由于自然环境恶劣，导致农业落后，风俗不佳。再如蓟州玉田县（今属河北）"沃壤肥饶，鱼盐之利产焉"⑦。

内蒙古地区在金代属于西京路（治所在今山西大同），文化虽然比不上中原地区，但还有一些文人，比如大定（今内蒙古宁城西）人郑子聃、赵之杰。郑子聃本有赋声，已于海陵王天德三年（1151）词赋第三人登科，但他对此并不满意，以赋重新参加正隆二年（1157）科举并夺魁。⑧赵之杰为大定十六年（1176）进士，曾批评宋人文弊。⑨到了元代，内蒙古地区成为蒙古族本部，其文化较金代有所退步，几乎没有什么文人。比如丰州（今内蒙古呼和浩特东

---

① （元）许有壬：《如舟亭燕饮诗后序》，《至正集》卷32，《元人文集珍本丛刊》本。
② 黄文仲《大都赋》，参见元人周南瑞编《天下同文集》卷16及《御定历代赋汇》卷35。
③ 参见陈高华、史卫民：《元代大都上都研究》，中国人民大学出版社2010年版；杨镰：《元代文学的终结——最后的大都文坛》，《文学遗产》2004年第6期。
④ （元）唐肃：《送王子祯之京师序》，《丹崖集》卷6，《全元文》第58册，第27页。
⑤ 天津的飞跃发展始于明初天津卫的建立，元代有关天津地域文化的资料较为缺乏，暂不论列。
⑥ （元）危素：《檀州达鲁花赤瓮吉剌君去思碑》，《危太朴文续集》卷3，《全元文》第48册，第462页。
⑦ （元）郭贾：《建玉田县治记》，《全元文》据《（光绪）玉田县志》卷9收入，第47册，第343页。
⑧ 参见《金史》卷125、《中州集》卷9。
⑨ 参见《中州集》卷8。

南),"地名九原,云朔三辅,控御沙漠,方面之剧……风俗惟淳,民物尚朴,厥土惟瘠卤,厥田惟下中。原高且平,垦耕牧养,军民相参居止"①。丰州土地贫瘠,成为牧业与农业相杂,军民混居之地,所谓"风俗惟淳,民物尚朴",实际上说明文化落后。

元朝建立后,实行两都制,皇帝每年都要往返于大都与上都之间。上都在元代政治上与大都享有相同的地位,元朝幅员辽阔,"东西南北,犹肢体也;上都、大都,其首项也;自都以南,西际楚,东至越,其胸腹也"②。皇帝一般从二三月由大都出发至上都(遗址在今内蒙古正蓝旗),九月左右返回大都。上都既具备汉族传统城市的风貌,又带有蒙古族游牧生活方式的特色。③ 上都所在地区气候寒冷,便于放牧,而不利于农业种植。其手工业与商业也是服务于城市运行的。蒙古太祖时期,丘处机路过桓州(今内蒙古正蓝旗西北)时写诗,叙述见闻说:"坡坨折叠路弯还,到处盐场死水湾。尽日不逢人过往,经年惟有马回还。地无木植惟荒草,天产丘陵没大山。五谷不成资奶酪,皮裘毡帐亦开颜。"④ 尽管元朝建立后对上都的建设与经营极为重视,曾迁入大批人口⑤,但该地本土文化还是较为落后的,其出产文人目前仅知有杜翱,字云翰,登进士第,至正八年(1348)任长山尹⑥,入为翰林应奉、同知制诰兼国史院编修官,有两篇文章存世。

值得注意的是每年扈从皇帝巡幸的大臣所作的上京纪行诗。⑦ 除了上京纪行诗,开平的动植物如金莲、紫菊、地椒、白翎雀、阿蓝等,也是居庸以南所无的,吸引了画家的注意,钱塘潘子华特地摹写这些走飞草木之异品,他的作

---

① (元)李文焕:《丰城平治道路碑》,(清)胡聘之编:《山右石刻丛编》卷32,《续修四库全书》本。
② (元)姚燧:《上参政董孟起十策》,《全元文》第49册,第45页。
③ 陈高华、史卫民:《元代大都上都研究》,第141页。
④ (元)李志常著,党宝海译注:《长春真人西游记》卷上,河北人民出版社2001年版,第27页。《全元诗》题作"出明昌界以诗纪实"。
⑤ 参见葛剑雄主编,吴松弟:《中国移民史》第四卷第十八章第五节"京畿地区的汉族移民",福建人民出版社1997年版。
⑥ 参见《(嘉庆)长山县志》卷5《秩官志》,台北成文出版社影印本。
⑦ 参见李军:《论元代的上京纪行诗》,《民族文学研究》2005年第2期;邱江宁:《元代上京纪行诗论》,《文学评论》2011年第2期。

品引起其他画家的模仿。①

陕西行省，治奉元路（今陕西西安）。辖今陕西省及内蒙古河套南部、甘肃省的东南部和宁夏回族自治区的南部。

陕西在唐代为京师所在，为全国的文化中心，到了北宋，因与西夏相邻，地处边防，相较其他地区，文化事业并不发达。②金代时，由于金与西夏关系缓和，陕西的文教事业有所恢复，但是从文人数量而言，陕甘地区远不及燕云地区，也不及辽海与豫鲁地区。③当然，由于陕西深厚的文化积累，以及宋代张载"关学"的传播，在时人眼中，陕西仍然是令人向往的文化之地。元好问说："关中风土完厚，人质直而尚义。风声习气，歌谣慷慨，且有秦、汉之旧。至于山川之胜，游观之富，天下莫与为比。故有四方之志者，多乐居焉。"④欧阳玄也认为："雍土厚水深，其民性刚而尚气。刚则不挠而物，尚气则勇于趋向。"陕西风土民俗构成了教育的好基础，"学者用之，足以成其正大高明之学，近代横渠子张子是也"⑤。

陕西富庶繁荣的局面在金末蒙古时期被战乱破坏。到了蒙哥汗时期，忽必烈先后任用姚枢、杨惟中、廉希宪、商挺等人经营关中，改良政治，恢复经济与教育。廉希宪政事之余，还与商挺、姚枢、许衡、杨奂、来献臣、邳邦用等人举行诗酒聚会。⑥

元人笔下的陕西依然是土地肥沃、物产丰富、历史深厚、人文发达之地。"关中天府之邑，土居上游，古称天地奥区神皋。周及汉、唐都之，子孙皆数百岁。虽其积累深厚，亦神器之大揸之善也。"⑦"雍为九州之沃壤，……其地产则动植飞潜，充牣皆美，无所不备。"⑧比如宜川县，为古丹州地，世代有文雅

---

① 参见（元）危素：《赠潘子华序》，《说学斋稿》卷3，《文渊阁四库全书》本。
② 参见程民生：《宋代地域文化》第二章第一节，河南大学出版社1997年版。
③ 参见王万志：《金代区域文化研究》，吉林大学博士学位论文，2009年，第186页。
④ （金）元好问：《送秦中诸人引》，《元好问全集》卷37，第776页。
⑤ （元）欧阳玄：《赵氏乡记》（据《（乾隆）临潼县志》卷8收入），魏崇武、刘建立校点：《欧阳玄集》，吉林文史出版社2009年版，第272页。
⑥ 参见本书第七章第一节"高昌廉氏"。
⑦ （元）李好文：《长安志图序》，《长安志图》卷首，《文渊阁四库全书》本。
⑧ （元）李好文：《图志杂说》，《长安志图》卷中。

之风。① 除了物产众多，文化积累深厚，陕西出产人物亦多。"秦川素称多佳士，士之为诗者，率多以能鸣于时。数十年来，班班辈出。"② 如果说陕西历史深厚、物产丰富尚属实，那么，陕西诗人辈出则为溢美之词。

元代陕西的知名文人有杨奂、李庭、萧𣂏、同恕、蒲道源等。杨奂（1186—1255），字焕然，号紫阳，乾州奉天（今陕西礼泉）人。蒙古太宗九年（1238）东平就试，两中赋论第一。由耶律楚材推荐为河南路征收课税所长官，兼廉访使，蒙哥汗二年（1252）参议京兆宣抚司事。杨奂长于政事，还是"关学"传人。李庭，字显卿，华州奉先（今陕西蒲城）人，今存《寓庵集》八卷、《寓庵词》一卷。曾作《廉泉记》，歌颂廉希宪在陕西的善政。③ 李庭长期担任学官，"虽以文章名世，而沈潜于性理之学"④。萧𣂏（1241—1318），字维斗，号勤斋，奉元（今陕西西安）人。朝廷累召不赴，元武宗至大元年（1308）曾短暂担任太子右谕德。萧𣂏一生以教授为业，被称为一代醇儒。⑤ 今存《勤斋集》八卷。同恕（1254—1331），字宽甫，号矩斋，奉元人。元仁宗延祐年间曾任鲁斋书院山长，先后来学者近千人。⑥ 今有《矩庵集》十五卷。蒲道源（1260—1336），字得之，号顺斋，兴元南郑（今属陕西）人。初为郡学正，皇庆二年（1313）征为翰林编修，迁国子博士，仅一年多就辞归。后被召为陕西儒学提举，不赴。著有《闲居丛稿》二十六卷。萧𣂏、同恕主要以理学显名，士论并称为"萧同"，文学非其所长。蒲道源同样究心于理学。

除了以上诸人，陕西籍的诗人仅有京兆（今陕西西安）人李材、关中人李源道等几人⑦，存诗均不多。陕西文人少于他地，能称得上文学家族的更少。李源道与弟叔行喜欢成都风土，买田百余亩，植竹十万株，覆以白茅，颜曰"万

---

① 参见（元）任惟孝：《重修文庙碑记》，《全元文》据民国《续陕西通志稿》卷160收入，第58册，第346页。
② （元）李祁：《陈古春诗序》，《云阳集》卷4。秦川泛指今陕西、甘肃的秦岭以北平原地带。因春秋战国时地属秦国而得名。
③ 参见本书第七章第一节"高昌廉氏"。
④ （元）王博文：《故咨议李公墓碣铭并序》，《寓庵集》附录，《元人文集珍本丛刊》本。
⑤ 萧𣂏生平见苏天爵撰墓志铭（《滋溪文稿》卷8）、《元史》卷189等。
⑥ 同恕生平见贾仁撰《矩庵先生行状》、李尤鲁翀撰《同公神道碑》（均见《矩庵集》附录）等。
⑦ 李材生平见《元诗选·二集》小传，李源道生平见吴澄《李侍读诗序》等。

竹亭"，兄弟吟哦其中。① 当时元明善作《万竹亭记》，杨载写诗《寄题成都万竹轩为李仲渊作》诗。② 李氏兄弟的行为可谓典型的文人雅乐，但李叔行资料缺乏，更无诗歌传世，因此无从考究。③

甘肃行省，全称甘肃等处行中书省，治甘州路（今甘肃张掖）。辖今甘肃西部、宁夏北部、内蒙古西部、新疆东部和青海湟源以东地区，南与四川行省等接壤。

甘肃地区距离中原较远，在东汉末、西晋、北朝，尤其五胡十六国动乱时期，河陇地区曾经保存汉代中原之学术，并影响到北朝、隋唐之文化学术。④ 北宋时河西地区成为西夏的版图，宋朝诸州"秦、陇、仪、渭、泾、原、邠、宁、鄜、延、环、庆等皆分兵屯守，以备不虞云"⑤。甘肃地区多半归属于西夏，属于北宋的地区也处于边境，文化发展受到限制。该地文人出产较少，知名者为北宋末金初的安定（今甘肃宁县）人张中孚，与兄弟二人合著《三谷集》。⑥

蒙古灭西夏，甘肃地区遭受深重的战火，经济文化备受打击，出产人才也是武将多于文臣。元人说，秦陇西南"山川灵异之气，郁为神明，生为显人"⑦。所谓"显人"，主要指武将。巩昌（今甘肃漳县）汪氏家族在元代最为显赫。汪世显（1195—1243）系出汪古族，遂以汪为氏。原仕金，蒙古窝阔台汗七年（1235），归降蒙古，多有战功。其子七人，忠臣、德臣、直臣、良臣、翰臣、佐臣、清臣，其孙惟正、惟贤、惟和、惟明、惟能、惟纯、惟勤、惟简、惟永、惟恭、惟仁、惟新，曾孙嗣昌、寿昌等人，俱以武功、政事显名。⑧

整个元代甘肃的人才并不显著。杨维桢说："甘肃，古西戎地，自受国家

---

① 参见《元诗选·三集》，第287页。
② 参见（元）元明善：《万竹亭记》，（元）苏天爵编：《国朝文类》卷29，《四部丛刊》本；（元）杨载：《寄题成都万竹轩为李仲渊作》，《杨仲弘集》卷6，《文渊阁四库全书》本。
③ 陕西地区的京兆贺氏在元代仕宦显达，但这个家族存在蒙古化倾向，不属文学家族。参见吴海涛：《从元代贺氏家族的兴盛看两种文化之间的中介角色》，《元史论丛》第七辑。
④ 参见陈寅恪：《隋唐制度渊源略论稿·礼仪》，第22—23页。
⑤ 《宋史》卷87《地理志》，第2170页。
⑥ 参见《金史》卷79、元好问《中州乐府》。
⑦ （元）张仲舒：《新建西江灵济庙记》（据（乾隆）直隶秦州新志》卷11收入），《全元文》第47册，第74页。
⑧ 参见《元史》卷155《汪世显传》及所附子孙传，另有今人赵一兵《元代巩昌汪氏家族成员仕宦考论》（《元史及民族与边疆研究集刊》第21辑）等。

节制，为冠带之区，数十年来，兴材取士，其风一变，与诸夏等。"①此说过于夸大，事实上，甘肃的人才很多迁居到中原和江南。比如汪古部马氏家族曾迁居临洮（今属甘肃），马祖常在诗中还常提到洮河、西河、庆阳、河湟等地②，但是到元代马氏定居于光州（今河南潢川）。再如郏经，字仲谊，其先为陇右人，居海陵（今江苏泰州），后寓居杭州仁和县等地。③

甘肃的知名文人为河西张掖（今属甘肃）人沙剌班，汉名刘伯温，为唐兀氏，号学斋。他由宿卫起家，历任监察御史、江浙行省左右司郎中、江西肃政廉访使、秘书卿、西台侍御史等职④，著有《学斋吟稿》，虞集称其诗作"发感慨于情性之正，存忧患于敦厚之言"。诗集之外，沙剌班曾参与修撰《金史》。⑤沙剌班为虞集的门生，至正六年（1346），他担任江西湖东道肃政廉访使时，曾刊刻虞集的《道园类稿》。⑥沙剌班与元末文人多有交往，和吴师道、余阙、郑元祐、陈基、宋褧等人均有诗文赠答。⑦

宁夏与甘肃类似，西夏建国，"至于辽、宋，日事战伐，故其民多武勇而少文理"⑧。在西夏被蒙古灭亡后，宁夏的社会生产遭到很大破坏，忽必烈平定浑都海叛乱后，开展大规模屯田，随着各地军民的迁入，农业逐步恢复。⑨西夏被灭后，西夏人，即唐兀人归属于色目族群，散居于各地。目前可考的元代唐兀人大约三百三十一人⑩，其汉学成就不容忽视⑪。唐兀人中最著名的人物有高

---

① （元）杨维桢：《送甘肃省参政王公序》，《东维子文集》卷5，《四部丛刊》本。
② 参见李吉：《马祖常家世考》，《民族文学研究》2006年第21期；叶爱欣：《马祖常的超逸诗风与河西情结》，《民族文学研究》2005年第3期等。
③ 参见《元诗选·补遗》，第498页；孙楷第：《元曲家考略》甲集，上海古籍出版社1981年版，第36—41页。
④ 参见元人虞集《江西监宪刘公去思碑》（《道园类稿》卷39）、元人吴师道《送刘伯温之江浙省郎中》（《礼部集》卷8）等。
⑤ 参见（元）虞集：《刘公伯温〈雪斋吟稿〉序》，《道园类稿》卷19，《元人文集珍本丛刊》影印明初覆刊元刻本。
⑥ 参见元人虞集《道园类稿》欧阳玄序。
⑦ 参见王力春：《元人沙剌班考》，《北方论丛》2011年第3期。
⑧ （元）余阙：《送归彦温赴河西廉使序》，《青阳集》卷1，《文渊阁四库全书》本。
⑨ 参见邱树森：《论元代中国少数民族新格局及其社会影响》，《元史及北方民族史研究集刊》第15辑，南方出版社2002年版，第16页。
⑩ 参见汤开建：《西夏人物表》，《甘肃民族研究》1986年第1期；氏著：《增订元代西夏人物表》，《暨南史学》第2辑，暨南大学出版社2003年版。
⑪ 参见王明荪：《元代唐兀人的汉学》，《元代文献与文化研究》第1辑，中华书局2012年版。

智耀家族、杨崇喜家族、余阙、王翰等人,这些人由于从军、仕宦等原因都迁离了河西。高智耀被元世祖任用,离开贺兰山,其家族仕宦较为显达。① 杨崇喜家族迁居濮阳(今属河南),余阙家族与王翰家族迁居庐州(今安徽合肥)②,据余阙讲,该地戍军多西夏人,"人面多黎墨,善骑射,有长身至八九尺者。其性大抵质直而上义,平居相与,虽异姓如亲姻"③。

岭北行省,全称岭北等处行中书省,治和宁路(今蒙古国哈拉和林附近),统辖漠北诸地。行省辖境,东至哈剌温山(今大兴安岭),接辽阳行省;西至也儿的石河,接钦察汗国和察合台汗国;南隔大漠与中书省和甘肃行省辖境接界;北至北海(今西伯利亚北部)之地。辖境包括今俄罗斯西伯利亚大部、蒙古国、我国内蒙古与黑龙江一部分。岭北地区是元朝"祖宗根本之地",是原蒙古的中心区域,忽必烈定都燕京后,它虽然降为元朝的一个边区,但在政治上仍占有重要地位,在文化上与中原地区差距不小。岭北行省的经济以游牧畜牧业为主,农业虽然较之前有很大发展,但因地寒,农业的发展有限。戍军、居民所需粮谷主要还是依赖中原汉地供应。④ "朔漠不毛,例设和中五十余年。"⑤ 所谓"和中",以盐引募富民籴运粮粟。每岁收粮数十万石,以供应和林等地,并作备荒之用。⑥

元代岭北境内先后兴建了许多城市。由于各民族大批能工巧匠的迁入,岭北行省的手工业发展也达到历史上的空前规模。和林(今蒙古国中部鄂尔浑河上游的哈拉和林)、称海(今蒙古国科布多东南)等城是商业和手工业中心,也是文化生活的中心,建有各种寺院和儒、医学校。元政府还为诸王所部配备

---

① 参见(元)虞集:《重建高文忠公祠记》,《道园类稿》卷 25;《元史》卷 142《纳麟传》;陈广恩:《元唐兀高氏家族考略》,《元史及民族与边疆研究集刊》第 22 辑,上海古籍出版社 2010 年版。
② 参见(元)吴海:《王氏家谱序》,《闻过斋集》卷 1,《嘉业堂丛书》本。
③ (元)余阙:《送归彦温赴河西廉使序》,《青阳集》卷 2。元世祖也认为河西人"刚直守义",参见(元)吴海:《闻过斋集》卷 1《王氏家谱序》,《全元文》第 54 册,第 173 页。
④ 参见史卫民:《元代社会生活史》第一章"行政区划与生态环境",中国社会科学出版社 1996 年版。
⑤ (元)霍有孚:《岭北省右丞郎中总管收粮记》,《全元文》据《和林金石录》卷 1 收入,第 58 册,第 109 页。
⑥ 参见何启龙:《从和林碑文看元代和林城的回回与汉人》,《元史及民族与边疆研究集刊》第 18 辑,上海古籍出版社 2006 年版。

了儒学教授,对促进蒙汉两族的文化交流起了一定作用。①

辽阳行省治辽阳路(今辽宁辽阳)。辖地包括今辽宁、吉林、黑龙江三省及黑龙江以北、乌苏里江以东地区。元初辽阳地区遭受战火,后来成为两都的辅翼。②辽阳行省地广人稀,比如"开元路,地广万里,难于控治"③。比较金代,经济文化发展反而有所退步。金代出现了盖州熊岳(今属辽宁)王庭筠家族,以儒学、文学、绘画显名当世④,尤其是王庭筠,号黄华山主,其诗画到元代还很有影响⑤。其外甥高宪,博学强识,诗笔字画,俱有王氏之风。⑥金代辽阳(今属辽宁)出产文人较多,比如李石与李献可父子、张汝霖、庞铸、高德裔,多是能诗会画。其他地区的文人则有锦州(今属辽宁)李经、安东(今辽宁丹东)陈大任,都在今辽宁地区。值得注意的是女真族徒单镒,为上京路(治今黑龙江阿城)人,通女真字、契丹大小字及汉字,学问该贯。⑦到了元代,辽阳行省文化水平有所退步。辽阳行省生活的民族较为复杂,除了汉族、渤海、高丽之外,西南部有契丹与蒙古族,东半部主要为女直、水达达、吾者野人、吉里迷等女真族部落。女真社会生产、农业已有一定发展,但狩猎、捕鱼业仍占重要地位。⑧尽管女真族已经封建化,但仍残存奴隶制,甚至氏族社会。⑨

江苏、安徽、湖北三省长江以北地区在元代属河南江北行省,这些地区在宋金时期为边境地区,战争多发,民风强劲好勇。比如淮南之地,"宋之季时,其地专用武,故民多尚勇力而事格斗,有号为进士登科第者,往往皆武学也。

---

① 参见邱树森:《论元代中国少数民族新格局及其社会影响》,《元史及北方民族史研究集刊》第15辑,第16页。
② 元人危素《送札剌尔国王诗序》:"国朝初用兵,辽东西最受屠戮。……及建都开平、大兴,则视辽阳省为之左臂。"
③ (元)危素:《送札剌尔国王诗序》,《危太朴文续集》卷1,《全元文》第48册,第246页。
④ 参见(金)元好问:《王黄华墓碑》;李梅:《辽东王氏家族源流、谱系与文化传统研究》,牛贵琥、张建伟主编:《女真政权下的文学研究》,三晋出版社2011年版。
⑤ 元人倪瓒《题王澹游岁寒三友图》:"中州人物,独黄华父子诗画逸出毡裘之表,为可尚也。"
⑥ 参见《中州集》卷5。
⑦ 参见《金史》卷99《徒单镒传》。
⑧ 参见姚大力:《元辽阳行省各族的分布》,《元史及北方民族史研究集刊》第8辑,1984年。
⑨ 参见史卫民:《元代社会生活史》;王崇时:《元代东北女真族试探》,《延边大学学报》1982年第4期;杨保隆:《浅谈元代的女真人》,《民族研究》1984年第3期;邱树森:《元代的女真人》,《社会科学战线》2003年第4期等。

混一以来，其俗益降。民之贤者始安于农晦，其下则纷趋于末，以争夫鱼盐之利，其积而至大富者，舆马之华，宫庐之侈，封君莫之过也。故其俗益薄，儒以为不足以利己。朝廷设科以诱之，今三十年，民亦少出应诏"①。庐州路舒城（今属安徽）"山川盘礴，风气完固，故其俗朴茂刚劲而少文"②。元朝统一以后，淮南由崇尚武力转变为趋利好奢，甚至朝廷开科都对其习俗影响不大。徐州情况类似，"徐州之域风气悍劲，因以饥馑多寇盗，民困于昏垫"③。再如江陵（治所在今湖北荆州）"西巫峡，东洞庭，北汉沔，南鼎澧。……宋以江南之力，抗中原之师，荆湖之费日广，兵食常苦不足"④。由于宋金战争，优越的地理位置并没有为江陵带来经济与文化的发展。

元朝统一南方后，这些地区不再为边境，其风俗也有所变化。例如峡州（今湖北宜昌）庙学在元代多次修葺。⑤湖北如此，安徽、江苏也一样。元末明初人张以宁说："予行淮东西，睹其土厚以深，其俗庞以质，而其士多急义而强仁，盖其去中原之文献不远，而近也则然。"⑥比如舒郡（今安徽安庆），"其产有竹木之饶、鱼波之富，其俗厚靖而不浮，无怀襟珥笔之嚣"⑦。盱眙（今属江苏），"其壤淳厚，俗质果，易以义驱，难以力怵，距中原不远而近也，则宜治平百载，生聚浩穰"⑧。顺帝至元四年（1338），纳璘不花因汉代旧祠建崇圣书院。⑨有些地方文化教育尚比较落后，比如淮安郡天长县（今属安徽）。⑩

河北、河南、山西与山东地区文化情况详见第三章到第六章，此不赘述。

当然，地域文化受到朝代更迭、官长政策、私人教学等因素影响，也处于变化之中。陈樨将新城（今江西黎川）科举之盛归之为"山川英灵之气"与

---

① （元）余阙：《两伍张氏阡表》，《青阳集》卷4。
② （元）王章：《重建舒城县公署记》，《全元文》据《（万历）舒城县志》卷8收入，第58册，第460页。
③ （元）杨维桢：《送徐州路总管雷侯序》，《东维子文集》卷4。
④ （元）林元：《石首重开古穴记》，《全元文》据《（光绪）荆州府志》卷79收入，第35册，第88—89页。
⑤ 参见俞焯：《重修庙学记》，《全元文》据《（同治）宜昌府志》卷14收入，第45册，第94页。
⑥ （元）张以宁：《送刘濆廷在五河教谕序》，《翠屏集》卷3，《文渊阁四库全书》本。
⑦ （元）张以宁：《送刘廷修调安庆路诗序》，《翠屏集》卷3。
⑧ （元）张以宁：《送钱德元教谕盱眙序》，《翠屏集》卷3。
⑨ 参见（元）苏天爵：《盱眙县崇圣书院记》，《滋溪文稿》卷2。
⑩ 参见（元）张以宁：《天长县兴修儒学记》，《翠屏集》卷4。

"邑宰之功"①。苏天爵认为："古称燕赵多感慨悲歌之士,盖周衰战国一时习俗所尚,非人性之本然也。""以中国风气之高厚,朝廷政治之深淳,人生其间,鼓舞变化,又岂无所自乎！"②元人危素的一段话也很有道理,他说："然而人性之善,盖相近也,彼（广西人）岂生而好斗争哉？……计其民生长溪峒之间,曷尝一日而闻礼义之教？"③同样为人,由于没有受到儒家礼法的教育,广西地区的百姓就尚勇好斗。而儒学传播多年的北方风俗就好一些,"北方俗厚而教严,妇人多知礼义"④。

关于朝代更迭对地域文化的影响,前文所述内蒙古地区、东北地区在金元两代的变化就是典型的例证。国家制度与政策的变化对文化习俗会产生一定影响,比如延祐开科,"繇是薄海内外翕然向风,民俗丕变,释耒耜以谈经术,而六经之道皎然若行天日月"⑤。如果地方官能够加强教育,也可以收到移风易俗的效果。元人津津乐道的前贤典范有汉代文翁在蜀地、唐代韩愈在潮州（今属广东）、宋代安定先生胡瑗在湖州（今属浙江）兴教讲学,改善了当地的文化风俗。⑥元代也有很多类似的例子。靳孟亨于延祐三年（1316）为雩都县（今江西于都）尹,"思欲作新其俗,首捐己资大修学宫,士民胥劝。又建三皇祠宇,命乡社皆立义塾,择士之高年有闻者为之师,教以孝弟。又辑农书,导民稼穑。自是邑人渐知礼让,而哗讦之习亦少变焉"⑦。再如,延平旧俗尚气,在杨时（龟山）、李侗（延平）、朱熹等人的努力下,"遂以其学一变乡俗,至今号多学者"⑧。不仅南方这样,北方也是如此。蒙古初期,曹珏居襄阴（今河北阳原）,在庙学为师,"州人化君之德,文风为之一变"⑨。

---

① （元）陈桦：《新城县进士题名记》,《全元文》据《（正德）建昌府志》卷15收入,第54册,第590页。
② （元）苏天爵：《志学斋记》,《滋溪文稿》卷4,第49页。
③ （元）危素：《送曾君静从军广西序》,《危太朴文集》卷6,《全元文》第48册,第154—155页。
④ （元）苏天爵：《题丘母周夫人贞节传后》,《滋溪文稿》卷30,第517页。
⑤ （元）王寔：《台州路总管太中焦侯德元送行诗序》,《听雪先生集》卷3,《全元文》第49册,第70页。"薄"字疑误。
⑥ 参见（元）阳明复：《卓尔亭记》,《（嘉庆）湖广图经志书》卷12；（元）王彬：《兴文书院祠记》,《（光绪）续修庐州府志》卷17；（元）张世昌：《归安县尹魏侯生祠记》,《（光绪）归安县志》卷25等。
⑦ （元）苏天爵：《大元赠中顺大夫兵部侍郎靳公神道碑铭》,《滋溪文稿》卷7,第98页。
⑧ （元）朱德润：《送延平学录序》,《存复斋集》卷4,《全元文》第40册,第481—482页。
⑨ （金）元好问：《曹征君墓表》,《元好问全集》卷23,第520页。

第二节　北方文学家族的地域分布

文学家族与地域文化有着密切的关系，按照今天的行政区划，元代北方文学家族的分布如下。

北京和天津在元代属于大都地区。作为全国的政治文化中心，大都荟萃了各地之人才。这里只算其本土文学家族。[①]宋本家族是其中最为知名的，他与弟宋褧均为进士及第，诗文享有盛誉，"兄弟后先擢科第入馆阁，时人以大宋小宋拟之"[②]。大都费氏家族长于元曲。费君祥，字圣父，生活于金末元初，与关汉卿为友。曾作杂剧《才子佳人菊花会》，今只存一残句。君祥子唐臣，所作杂剧三种，《苏子瞻风雪贬黄州》今存，《斩邓通》、《汉丞相韦贤簋金》已佚。费氏父子的生平见钟嗣成《录鬼簿》、朱权《太和正音谱》。

此外，渔阳（今天津蓟县）鲜于枢家族也值得注意。鲜于枢（1246—1302），字伯机，自号困学民，又号直寄老人。原籍渔阳，后徙汴梁。至元间以材选为浙东宣慰司经历，改江浙行省都事。公卿以词翰屡次荐入馆阁，未果。后迁太常典簿。[③]鲜于枢喜吟咏，善书法，并长于鉴定书画古器物，声名甚重。鲜于枢《困学斋杂录》今存，《全元诗》据《元风雅》、《永乐大典》等收入其诗六十九首，他还有词、散曲存世。鲜于枢子鲜于必仁，字去矜，号苦斋，被称赞书法有父风，长于元曲，与海盐（今属浙江）杨梓之子杨国才、杨少中交游，对海盐腔的形成起了一定作用。[④]《全元散曲》据《乐府群珠》收入鲜于必仁散曲。值得一提的是，鲜于枢外孙高昌畏兀儿人伯颜不花的斤，工于画龙。[⑤]

山西重要的文学家族有：浑源刘氏、秀容元氏、陕州白氏、猗氏陈氏、陵川郝氏、稷山段氏、长子宋氏等。刘氏为金代科举世家，自刘撝释耒耜习进士

---

① 元代迁入的蒙古色目家族见后文。
② 《元诗选·二集》戊，第496页。
③ 鲜于枢生平见《书史会要》卷7、《元诗选·二集》小传。
④ 参见（元）姚桐寿：《乐郊私语》，《文渊阁四库全书》本。
⑤ 参见（明）朱谋垔：《画史会要》卷3，《文渊阁四库全书》本。

业以来，家族出了一名状元、七名进士①，并延续到蒙元时期。刘从益的儿子刘祁，字京叔，为太学生，甚有文名。值金末丧乱，作《归潜志》以纪金事，包括政治、文化、文学掌故，为金代重要史料。蒙古太宗十年（1238），诏试儒人，刘祁就试，夺魁西京（今山西大同），选山西东路考试官。弟刘郁字文季，与兄俱有名于时，蒙古世祖中统元年（1260）肇建中省，辟为左右司都事，出尹新河，召拜监察御史。刘祁族叔从稷，字贤卿，蒙古时期任济南路儒学教授。②不过，这一家族显达主要在金代，由于元代长期中断科举，家族再也不能重现金代时的显达。③秀容（今山西忻州）元氏以元好问为代表，他无可争议的成为金元之际的文坛领袖，其生父元格、兄好古俱能诗，其女元严也有诗歌存世。④元好问子叔仪，元贞元年（1295）任汝州知州，曾修缮郏城二苏先生墓碑⑤，但未见诗文传世。由于元好问的父兄都卒于金亡之前，且学术界对元好问的研究较为充分，因此本书对浑源刘氏与秀容元氏不列为专章研究。

与浑源刘氏兴盛于整个金代不同，隩州白氏崛起于金代后期，白华于金宣宗贞祐三年（1215）考中进士，历仕应奉翰林文字、枢密院经历官等职。金朝灭亡时，白华随邓州节度使移刺瑗降南宋，曾任宋官，后于蒙古太宗八年（1236）降蒙⑥，投靠真定的史天泽，与儿子白朴会和。南宋灭亡后，白朴移家建康（今江苏南京）。⑦白华今存诗二十首，主要载于《永乐大典》等书，白朴长于杂剧创作，为"元曲四大家"之一，今存《梧桐雨》、《墙头马山》等三种，王文才先生《白朴戏曲集校注》⑧收录其杂剧和散曲，另有词集《天籁集》，

---

① 李卫锋、张建伟《金代状元家族与文学》（《辽宁工程技术大学学报》2012年第6期），统计为一名状元、六名进士。另外，刘似为朝廷恩赐及第。
② 参见《金史》卷126《文艺传》及元人王恽《浑源刘氏世德碑铭并序》、苏天爵《浑源刘氏传家集序》等。
③ 参见刘祁相关研究论文及杜成慧《金元时期浑源刘氏家族研究》（中央民族大学博士学位论文，2005年）。
④ 参见牛贵琥：《元好问生父、叔父考》，《文献》2013年第5期；阎凤梧、康金声主编《全辽金诗》相关部分。
⑤ 参见（元）尚野：《二苏先生墓碑记》，《全元文》据《（正德）汝州志》卷8收入，第13册，第11页。
⑥ 参见《金史》卷114《白华传》。
⑦ 关于白朴的游历依据胡世厚：《白朴年谱》，《白朴论考》，中州古籍出版社1991年版。
⑧ 王文才校注：《白朴戏曲集校注》，人民文学出版社1984年版。

有徐凌云先生校注《天籁集编年校注》①。白朴弟白恪也有文名,著有诗文若干卷,可惜今不存。

猗氏陈氏以陈赓、陈庚兄弟文名较高,陈赓为文雄健雅丽,有《默轩集》二十卷,《坞西漫录》十二卷等,今均不存。《河汾诸老诗集》卷3陈赓存诗二十首,卷4陈庚存诗十九首。陈赓从子元凯尽管以政事显名,也能作诗文,可惜作品未保留下来。陵川郝氏以郝经成就最大。郝经父思温,生平喜为歌诗,但是诗篇多散佚,今只存佚句。

郝经(1223—1275),字伯常,年少时从元好问学习,蒙古宪宗二年(1252)受忽必烈赏识,为江淮荆湖南北等路宣抚副使。忽必烈中统元年(1260)为国信使,出使宋议和,被权臣贾似道秘密囚禁。至元十一年(1274),郝经北归。今存《续后汉书》九十卷、《陵川集》三十九卷。

稷山(今属山西)段氏有主要是二段兄弟,段克己(1196—1254),字复之,号遁庵,金亡不仕;弟成己(1199—1282),字诚之,人称菊轩先生。金哀宗正大七年(1230)进士,任宜阳主簿。元中统元年曾任职平阳路学。段氏兄弟合称"二妙",有《二妙集》八卷存世,为裔孙段辅于泰定年间合二人遗文刊刻。②段克己子三人,思永,字伯修;思诚,字仲明,号芹溪,诗文尤健,曾为河中府儒学教授;思温,字叔恭,贯通经史。三人都曾受学于叔父段成己。段成己子思义,字季方,号西溪,为文循雅平适。大德八年(1304)被推荐为晋宁路儒学教授,未赴。徙居韩城,教学以终。③段克己子思温,孙名段辅。段辅今存诗二首,即胡助《纯白斋类稿》附录卷1所收《春题杂兴》,与《元诗选·二集》所收《题李白观泰山图》。《全元文》收文两篇,即《二妙集跋》和《平原阡表》。猗氏陈氏兄弟与段氏兄弟都是河汾诸老之成员。④

长子宋氏为宋子贞、宋渤父子。宋子贞,字周臣,潞州长子(今属山西)人。工词赋,与族兄宋知柔同补太学生,人以大小宋称之。金末投东平行台严

---

① 徐凌云校注:《天籁集编年校注》,安徽大学出版社2005年版。
② 段氏兄弟生平资料参见元人虞集《段氏世德碑铭》、孙德谦《二妙年谱》、《元诗选·二集》小传及吴晓红《金代河东"稷亭二段"研究》(见牛贵琥、张建伟主编《女真政权下的文学研究》)。
③ 参见(元)郭思贞:《赠太平尹西溪先生段君墓表》,李裕民等点校:《(成化)山西通志》卷15,中华书局1998年版。
④ 稷山段氏参见吴晓红《金代河东"稷亭二段"研究》,本书未列为专章。

实，被辟为详议官，兼提举学校。窝阔台汗七年（1235），为行台右司郎中。中统元年（1260），授益都路宣抚使，拜右三部尚书。至元二年（1265），授翰林学士，参议中书省事，后拜中书平章政事。至元三年致仕，卒年八十一。子贞著《鸠水集》，元好问作序（《遗山先生文集》卷36），已佚。《元诗选·癸集》存《温泉》诗一首。子贞子宋渤，字齐彦，号柳庵，有才名，官至集贤学士。①《元诗选·癸集》存诗六题七首。

山东地区有东平王公渊家族、济阴商氏、寿张申屠氏等。

王公渊由金入元，他的第三子王构（1245—1310），字肯堂，自号安野②，又号瓠山③。弱冠以词赋中选，为东平行台掌书记。在元初仕宦显达，历任翰林国史院编修官，吏部、礼部郎中，淮东提刑按察副使，治书侍御史，侍讲学士，参议中书省事，翰林学士承旨等职。有文集三十卷④，已佚；《修辞鉴衡》二卷，今存⑤；另有诗文三十余篇存世。王构长子王士熙（？—1342），字继学，曾拜蜀郡邓文原为师，历仕翰林待制、中书省参知政事、江东廉访使、南台侍御史、南台御史中丞等职。王士熙《江亭集》已佚，顾嗣立《元诗选》二集存其诗一百一十六首，《全元文》收其文十六篇。二子王士点（？—1359），字继志，曾为通事舍人、翰林修撰、淮西宪佥、四川行省郎中、四川廉访副使等官。士点亦能诗，著有《禁扁》五卷，与商企翁合撰《秘书监志》十一卷。

济阴（今山东菏泽）商氏在政事与文学方面成就显著，商挺（1209—1288），是元初重臣，历任曹州判官，陕西、四川等路宣抚副使，中书参知政事等职。商挺文集散佚，《元诗选·癸集》存诗四首，《全元散曲》存散曲小令十九首。商挺子侄商琦、商璥为山水画名家，诗文亦有时名。商挺、商衢叔侄还是最早的元曲家。

---

① 参见《元史》卷159《宋子贞传》、《元史名臣事略》卷10等。
② 参见（元）程钜夫：《王肯堂遂慵轩说》，《雪楼集》卷23，张文澍校点：《程钜夫集》，吉林文史出版社2009年版。
③ 参见元人袁桷《祭王瓠山承旨》（《清容居士集》卷43）、姚燧《奉议大夫广州治中阎君墓志铭》（《牧庵集》卷29）。
④ 参见（元）袁桷：《翰林承旨王公请谥事状》，《清容居士集》卷32。
⑤ 王构生平见袁桷《翰林学士承旨赠大司徒鲁国王文肃公墓志铭》（《清容居士集》卷29）、《元史》卷164等。

寿张申屠氏先为汴京（今河南开封）人，金末迁东平寿张（今山东阳谷）。申屠致远（？—1298），字大用，号忍斋。世祖南征，荆湖经略使乞实力台荐为经略司知事。至元七年（1270）被聘为东平学官。十二年（1275）官太祝兼奉礼郎，南宋平，转临安府安抚司经历，迁总管府推官，改寿昌府判官。二十年（1283）为江南行台监察御史。大德二年（1298），佥淮西江北道肃政廉访司事，行部至和州，得疾卒。申屠致远清修苦节，耻事权贵，家里聚书万卷，名曰"墨庄"。所著有《忍斋行稿》四十卷、《释奠通礼》三卷、《杜诗纂例》十卷、《集验方》十二卷、《集古印章》三卷。今存《无弦琴》诗一首，见于《皇元风雅》前集卷4。申屠致远子七人。其中伯骐，为征事郎、岭北湖南道肃政廉访司知事，今存诗一首，即《饯郭侯诗》，见《类编运使复斋郭公敏行录》。申屠骥、骊，俱为学官，駧最显名。① 申屠駧，字子迪，登进士第，擢监察御史，累官奉政大夫、兵部员外郎、翰林待制，集贤直学士、福建廉访佥事。与虞集、萨都剌等唱和交好，为时人所推重，但诗文传世不多。② 《全元诗》据释来复《澹游集》等书收申屠駧诗三题五首。

河南地区有安阳杜氏、汤阴许氏、洛阳姚氏、河内许氏、汲县王恽家族、林州郭氏、汴梁孙氏等。

杜瑛（1204—1273），字文玉，先世为霸州信安（今属河北）人。读书讲学在缑氏（今河南偃师），故人称缑山先生。金亡，转授汾晋间。中书粘合珪开府于相州（今河南安阳），瑛赴其聘，遂迁于此。世祖即位，征为学官，辞不就，杜门著书以终。杜瑛著述甚多，在彰德生活期间所作诗歌基本以咏相州风景民情为主。子三人：处思，十岁能诗，可惜早卒；处立，睢州儒学教授；处愿，字荣季，号肃斋，任职地方有善政，能诗，尤喜长短歌行。有三孙，愚、坚、钦；七曾孙，秉彝、秉钧、秉直等。杜秉彝最为显达，曾为奎章典签，与修《经世大典》，官陕西行台监察御史。③

---

① 申屠致远生平见《元史》卷170本传等。
② 申屠駧生平见释来复《澹游集》卷上、《元史》卷170《申屠致远传》、《（隆庆）高邮州志》卷7、《元诗选·癸集》乙。
③ 杜氏资料见胡祗遹《缑山先生杜君墓志铭》(《紫山大全集》卷18)、马祖常《敕赐赠翰林学士杜文献公神道碑》(《石田文集》卷11)、苏天爵《元故征士赠翰林学士谥文献杜公行状》(《滋溪文稿》卷22)、祝恺《皇元东昌路总管府推官杜君墓碑》(《（嘉庆）安阳县志》卷10《金石录》)。

不同于杜氏由他处迁来，汤阴许氏世为本地人，家族最突出的为许有壬。许有壬（1287—1364），字可用，彰德汤阴（今属河南）人。许熙载子。元仁宗延祐二年（1315）登进士第，历任同知辽州事、吏部主事、江南行台监察御史、治书侍御史、中书参知政事、侍御史、中书参政、翰林承旨、御史中丞、河南左丞、集贤大学士等职。① 许有壬弟有孚，字可行，登元文宗至顺元年（1330）进士第，授湖广儒学副提举，历南台御史、太常院同金等职。入明后做了遗民。许有壬子桢，字元幹，以门功补太祝，至正间任秘书郎。许有壬著有《圭塘小稿》十三卷、别集二卷、续集一卷，《至正集》八十一卷等，他与许有孚、许桢唱和之诗集为《圭塘欸乃集》二卷。

洛阳姚氏祖籍营州柳城（今辽宁朝阳），元初迁到河南，初至许州（今河南许昌）②，姚枢曾讲学于辉州（今河南辉县），后定居在洛阳（今属河南）。姚枢一生的主要成就在理学与政事，他的文章今存三篇，《元诗选·二集》存其诗五题二十五首。姚燧为元代的散文大家，早期的台阁诗人，还有词与散曲存世。姚燧侄姚守中亦为元曲家。

河南知名的家族还有河内（今河南沁阳）许氏与汲县王恽家族。许衡（1209—1281），字仲平，号鲁斋，从赵复、姚枢处得朱熹之学，主张践履力行。蒙哥汗四年（1254）为京兆提举，忽必烈即位后为国子祭酒等职，教授蒙古、色目贵族子弟，影响甚大，他还与郭守敬等制定《授时历》。③ 许衡为理学大家，但诗文词亦有成就，其诗古朴坦诚。今存《读易私言》一卷，《鲁斋遗书》（有六卷、七卷、十卷、十四卷多种版本）。许衡长子师可，字可臣，由河内按察副使历卫辉、襄阳、广平、怀孟路总管，终通议大夫。欧阳玄称他"志趣端正，惜未究用，有文集遗后"④。四子许师敬，字敬臣，历任监察御史、治书侍御史、吏部尚书、中书参政、国子祭酒、太子詹事、中书左右丞、翰林承旨、御史中丞等职。许衡之子敬仁，"尚朔气，习国语"，"以门第自高，为袁

---

① 许有壬生平见《元史》卷182等。
② 据姚燧《中书左丞姚文献公神道碑》，姚枢父渊（仲宏）任许州（今河南许昌）录事判官，为姚氏进入河南之始。
③ 许衡生平见欧阳玄《许先生神道碑》（《圭斋文集》卷9）、《元史》卷158、《宋元学案》卷90等。
④ 参见《鲁斋遗书》卷13神道碑。

楠所嘲"①。许衡弟许衎,字仲和,号潜斋,其长子师义,字义臣,通书史医卜,尤其精于国字。②许衡孙辈知名者有从宸、从宪、从宜、从宣、从宗等,从宸子绍祖仕宦显达。③许从宣,字希文,为师敬次子,历官太保府长史、中书照磨、监察御史、福建廉访使、工部尚书、陕西行省左丞等职。曾为张弘范《淮阳集》作序④,《全元文》卷1784存其文三篇。

王恽(1227—1304),字仲谋,号秋涧,卫州汲县(今河南卫辉)人。中统元年(1260)姚枢辟为详议官。历仕翰林修撰、国史院编修官、监察御史、平阳路总管府判官、河南北道提刑按察副使、翰林学士等职。著有《秋涧先生大全文集》一百卷。生平见集中所附王公孺撰神道碑,及《元史》卷187本传。其弟王忱,字仲略,亦能诗,王恽《秋涧先生大全文集》卷18附王忱诗一首,为《上巳日禊饮林氏花圃舍弟仲略首唱》。此外,王恽文集同卷《秋栏四咏为仲略弟皆有和章时丁亥秋季也》,丁亥为至元二十四年(1287),从诗题可知,该诗也是王恽与弟王忱同作。王恽长子公孺,字绍卿,仕至翰林待制,曾编辑其父文集。《全元文》辑得佚文十篇。

林州郭氏自郭昂金末元初以战功显达而兴起。郭昂(约1234—1294),字彦高,彰德林州(今属河南)人。练习刀槊,能挽强弓,又稍通经史,尤其工于诗歌。至元二年(1265)上书言事,受到廉希宪的赏识,后被授山东统军司知事。元军南下攻宋,以汉军将领的身份率所部围困南宋襄阳守军数年之久。攻克襄阳之后,又转沅州安抚司同知,在南方民族聚居地区迁转十余年。至元二十六(1289),以万户之职镇守抚州,不久又调赴广东,监造战舰。⑤郭昂有诗名,据姚燧《牧庵集》卷3《郭野斋诗集序》,郭昂嗣子、杭州路镇守万户郭震将郭昂所作诗篇《野斋集》辑刊,该书已佚。《全元诗》据《诗渊》、

---

① 参见(元)孔克齐:《至正直记》卷4"敬仁祭酒"条,上海古籍出版社1987年版,第147页。《至正直记》的点校本署名作者为"孔齐",顾诚考证当为孔克齐,参见其《〈至正直记〉的作者为孔克齐》(《元史论丛》第六辑)。

② 参见(元)许从宣:《大元故务郎新济州脱脱禾孙副使许公墓志铭》,转引自索全星:《焦作市出土的二合元代墓志略考》,《文物》1996年第3期。

③ 许衡子孙生平参见《鲁斋遗书》卷12《谱传》。

④ 许师可等人生平参见《鲁斋遗书》卷12《谱传》、《宋元学案》卷90等。

⑤ 郭昂生平参见《元史》卷165本传。

《永乐大典》等书辑佚郭昂诗 276 首。郭昂子郭惠，亦以战功显。郭惠子郭嘉（？—1358），字元礼，徙家濮阳（今属河南），由国子生登泰定三年（1326）进士第，历任林州判官、翰林国史院编修官、监察御史、广宁路总管等职，至正十八年（1358）在辽阳战死。①《全元诗》辑得郭嘉诗二首，《全元文》收入郭嘉文五篇。

河南还有曲家孙周卿，其散曲存于《全元散曲》，孙周卿女孙淑有《绿窗遗稿》，载于《南村辍耕录》卷 13。今存诗 18 首。《太平乐府》卷 1 记载孙周卿为古邠人。邠在今陕西旬邑县东北。《南村辍耕录》卷 13《绿窗遗稿》载傅若金为其妻所作殡云："其先汴人"，寓居湘中。孙楷第《元曲家考略》据此认为，"邠"乃"汴"之误②，孙氏父女为汴梁人③。由于孙氏资料缺乏且存在争议④，未列专节研究。

许衡家族主要以理学与政事显名元代，除许衡外，子孙均无诗词传世。⑤王恽家族的文学创作主要集中于王恽一人，作为文学家族，河内许氏与汲县王恽家族不够典型，本书未列为专章论述。⑥

河北地区文学家族有顺圣魏氏、邢州刘氏、真定史氏、顺天张氏、邯郸张氏等。

顺圣魏氏为辽金元时期的世家，家族在金代出了多名进士。魏初曾祖魏允元，生七子，最显者为魏璠。⑦魏璠，宏州顺圣（今河北阳原）人，为魏初从祖。金宣宗贞祐三年（1215）进士，在朝积极献言，出使武仙，能以大义责之，不辱使命。金亡，北还乡里。元世祖居潜邸即闻魏璠名，蒙古海迷失后二年（1250），征至和林，访以当世之务。魏璠条陈便宜三十余事，推举名士六十余人，多为元世祖采纳。魏初（1232—1292），字太初，号青崖。好读书，

---

① 郭嘉生平参见《元史》卷 194《忠义传》。
② 孙楷第：《元曲家考略》，上海古籍出版社 1981 年版，第 10—11 页。
③ 曾大兴《中国历代文学家之地理分布》（商务印书馆 2013 年版，第 535 页）将孙氏籍贯定为益都，不知何据。
④ 隋树森《全元散曲》对曲家孙周卿是否为孙淑之父，尚存疑问。
⑤ 许师可有文集，但已佚失。
⑥ 林州郭氏较为特殊，留待日后研究。
⑦ 参见（元）姚燧：《金故甄官署令魏府君墓碣》，《牧庵集》卷 26。

尤长于《春秋》。为文简而有法。元世祖中统初辟中书省掾吏，亲老告归，隐居教授。后为国史院编修，监察御史，陕西、四川按察司事，陕西、河东按察副使，治书侍御史，南台御史中丞等职。①魏初能为诗文词曲，今存有《青崖集》五卷。《元诗选·癸集》收其诗一首，《元诗选·补遗》又收其诗八十余首。魏初子必复，官集贤学士、中奉大夫等职，《全元诗》第 28 册存其诗五首。邢州（今属河北）人刘秉忠（1216—1274）对元初政治影响很大，他与弟秉恕都能诗②，刘秉忠还名列《录鬼簿》，刘氏算得上文学家族。

河北地区的家族最突出的为汉人世侯，真定史氏与顺天张氏不仅功勋显赫，政治地位高，而且在文学上也有值得注意的表现。史天泽不仅能诗，还名列散曲家。其子史樟著有杂剧，今传有《庄周梦》。张弘范除了能征善战，而且兼善诗词曲，有《淮阳集》一卷、《淮阳乐府》一卷。其子张珪官至中书平章，也有诗文存世。这些汉人世侯凭借军功崛起于金末蒙古时期，成为元代汉族官僚家族的佼佼者，他们以武将而关注文事，算得上北方文学家族极具特色的一类。

邯郸张氏有张之翰及其子张埜。张之翰，字周卿，号西岩。中统初，任洺磁知事，至元十三年（1276），为真定总管府知事。以行台监察御史按临福建。因病后侨居高邮（今属江苏），名所居曰"归舟斋"，读书教授。起为户部郎中，迁翰林侍讲学士，除松江府知府，兼劝农事，颇有善政。张之翰有《西岩集》三十卷，原本不传，四库馆臣从《永乐大典》辑出二十卷。之翰子张埜（约1273—？），一作张野，字埜夫，号古山。官至翰林修撰，大德初居大都，武宗至大年间到仁宗皇庆年间久住钱塘。延祐五年（1318）前后在京任职。张埜有《古山集》，不传，词集《古山乐府》二卷今存。《皇元风雅》前集卷一、《元诗选·癸集》均收其诗《寿李秋谷》一首。③张之翰生平见《元诗选·癸集》乙小传等，张埜生平见李长翁《古山乐府序》、《元诗选·癸集》乙小传。

随着世代更替、朝代更迭，辽金时期显赫的四大族渔阳韩氏、河间（今

---

① 魏璠、魏初生平参见魏初《先君墓碣铭》(《青崖集》卷 5)、《元史》卷 164《魏初传》。
② 刘秉忠有《藏春诗集》六卷，刘秉恕存诗一首，即《元诗选·初集》所收《白云楼》。
③ 《元诗选·癸集》将张野（埜）编排在其父张之翰之前，说明编者不知其为张之翰之子。

属河北）刘六符、显州（今辽宁北宁）马人望、卢龙（今属河北）赵思温家族已经衰落，只有韩氏活跃在政治舞台，韩天麟官至兵部郎中，其子韩冲仕至奉元路总管，韩中为陕西行台治书侍御史。[①] 从政治上讲，元初北方崛起的家族为追随蒙古人作战的汉人世侯和跟随忽必烈于潜邸的士人家族，前者如真定史氏、顺天张氏、藁城（今属河北）董氏、东平严氏等，后者有邢台刘秉忠家族、洛阳姚枢家族、济阴商挺家族等。这些新崛起的家族中有不少属于文学家族，此外，金代文学家族猗氏陈氏、陵川郝氏、隩州白氏等也延续到元代。

第三节　文学家族的新面孔：蒙古、色目家族

除了汉族家族，蒙古、色目文学家族是元代文学，乃至整个文学史上的新面孔。蒙古、色目家族是伴随着蒙古军队的南征北战而崛起的，如蒙古四大家族博尔朮、木华黎、博尔忽、赤老温，以及北庭贯氏（即阿里海牙家族）、北庭廉氏、回回赛典赤、河西高智耀家族等。其中有些家族通过几代人的汉化而成为文学家族，其中一个重要原因在于国家的承平导致家族倾向由武而文，吴师道曾说："国朝以武定天下，垂五十年，民不识兵。老臣宿将传子若孙，变习而徙志，或挟册吟诵，操数寸管以与数行墨者竞于是时，方右文矣。"[②] 他说的是王朝之初家族由武而文的变化的普遍现象。戴良在《鹤年吟稿序》中讲："我元受命，亦由西北而兴。而西北诸国如克烈、乃蛮、也里可温、回回、西蕃、天竺之属，往往率先臣顺，奉职称藩，其沐浴休光，沾被宠泽，与京国内臣无少异。积之既久，文轨日同，而子若孙，遂皆舍弓马而事诗书。"[③]

蒙古帝室称得上是文学家族。清人赵翼《廿二史劄记》卷30曰："元诸帝

[①] 参见（元）苏天爵：《元故奉元路总管致仕工部尚书韩公神道碑铭》《元故陕西诸道行御史台治书侍御史赠集贤直学士韩公神道碑铭》，并见《滋溪文稿》卷12。
[②] （元）吴师道：《送北野萧侯序》，《礼部集》卷14，《文渊阁四库全书》本。
[③] （元）戴良：《九灵山房集》卷21，李军、施贤明校点：《戴良集》，吉林文史出版社2009年版，第238页。

多不习汉文。"①此说一出,反驳者不乏其人。根据罗贤佑、云峰、姜一涵、谢成林及日本学者吉川幸次郎、神田喜一郎等人的研究,元代蒙古帝室成员对汉族之文学、美术了解乃至精通者不乏其人。②蒙古帝室为孛儿只斤氏,其汉化始于忽必烈,他熟悉汉文典籍,甚至懂得诗歌。③忽必烈的后代中汉文水平较高者为元英宗硕德八剌,他自幼学习汉族典籍,即位后积极推行以汉法为主要内容的新政。他的诗仅仅在马祖常《石田集》中存一佚句。元文宗图帖睦尔即位后创建奎章阁,召集文士,讨论文艺书画,编修《经世大典》。其本人具有较高的汉文化修养,擅长诗书画,今存诗四首。他由建康(今江苏南京)赶往大都继位途中,曾写诗纪行。诗曰:"穿了蘷衫便着鞭,一钩残月柳梢边。两三点露滴如雨,六七个星犹在天。犬吠竹篱人过语,鸡鸣茅店客惊眠。须臾捧出扶桑日,七十二峰都在前。"④诗作清新质朴,没有什么雕琢,刻画了文宗披星戴月赶路的场景,也委婉地反映了他在即位之前内心的期盼与不安。

元顺帝妥懽帖睦尔也能写作诗文,有三首诗歌传世。顺帝的太子爱猷识理达腊及成吉思汗后裔巴匝拉瓦尔密与其女阿襟公主都有诗歌流传后世。⑤

元代帝室之外的蒙古人学习汉文化并有所成就者数量不少,萧启庆先生考得117人,包括儒学、文学、美术四个方面,文学又分为诗歌、散文、剧曲三类,共得52人。⑥根据元代蒙古人学习汉文化的情况,应该有一代多人或多代数人都用汉语写作的家族,但是,由于资料有限,只有月鲁不花家族等极少数蒙古家族可以称得上文学家族。月鲁不花(1308—1366),字彦明,号芝轩,谥忠肃。蒙古逊都思氏,为成吉思汗大将赤老温后裔,以燕山为籍贯,居于绍兴(今属浙江)。自幼受教于名儒韩性,为元顺帝元统元年(1333)进士,授台州路录事司达鲁花赤。至正元年(1341),为行都水监经历。历仕集贤待

---

① (清)赵翼著,王树民校证:《廿二史劄记校证》(订补本),中华书局1984年版,第686页。
② 参见罗贤佑:《元朝诸帝汉化述要》,《民族研究》1987年第5期;云峰:《元代蒙汉文学关系研究》,民族出版社2005年版。
③ 关于忽必烈的汉文水平,学术界尚有争议。白·特木尔巴根《古代蒙古作家汉文创作考》认为忽必烈对汉文不甚精通,杨镰、云峰则认可《陟玩春山纪兴》一诗为忽必烈所作,认为其汉文水平较高。
④ (明)叶子奇:《草木子》卷4上,中华书局1959年版,第72页。杨镰《元代文学编年史》认为,原文"梁王",是"怀王"之误,第347页。
⑤ 参见《元诗选·癸集》及云峰《元代蒙汉文学关系研究》第一章第三节相关内容。
⑥ 参见萧启庆:《元代蒙古人的汉学》,氏著:《内北国而外中国:蒙元史研究》。

制、吏部员外郎、吏部侍郎、保定路达鲁花赤、南台中丞等职。至正二十六年（1366），除浙西廉访使，寻改为山南道，浮海北行，为倭寇所害。他与当时的文人王冕、高明、释来复等人交往，其诗存于释来复所编《澹游集》中。① 《元诗选·三集》录其诗十一首，《全元诗》收录十三首。月鲁不花弟笃烈图（又作笃列图），字彦诚，号敬斋，至正五年（1345）进士②，曾任御史③。《元诗选·癸集》存其诗二首，《全元诗》据释来复《澹游集》辑出四首。月鲁不花家族算得上是文学家族。

再如，蒙古捏古台氏笃烈图（1312—1348），字敬夫，元文宗至顺元年（1330）右榜进士第一，授集贤修撰，累迁南台御史，终内台御史。笃烈图工诗，善书法，今存诗三首。④ 笃烈图赴任南台御史时，宋褧曾作诗相送。⑤ 笃烈图娶雍古部马祖常之妹为妻⑥，其子揭毅夫，顺帝至正二十年（1360）登进士第，官江西行省郎中⑦，也应该通晓汉文化，甚至能诗，今仅存《郎中余德让墓表》⑧。由于文献缺乏，蒙古文学家族不能详细论述。

比起蒙古家族，北方色目家族的史传与诗文资料比较丰富，知名的文学家族有雍古部马祖常家族、北庭廉氏家族、贯氏家族⑨、康里部不忽木家族、乃蛮答禄与权家族等。属于汉人的契丹族则以耶律楚材家族为代表，女真族突出的是宇亦鲁翀家族。

马祖常先世为西域雍古部贵族，基督教聂思脱里派（景教）信徒。高祖锡里吉思是金代凤翔兵马判官，为国捐躯，死后封恒州刺史，子孙按照以官为姓

---

① 月鲁不花生平参见《元统元年进士录》卷上、《元史》卷145本传及杨镰《元诗史》第二卷第二章"蒙古诗人"。
② 笃烈图生平参见释来复：《澹游集》；刘基：《敬斋铭》，《诚意伯文集》卷8；杨镰：《元代蒙古色目双语诗人新探》，《民族文学研究》2004年第2期。《元人传记资料索引》第2706页将逊都思笃列图与笃列图彦诚列为二人。
③ 参见释来复《澹游集》所收月鲁不花《四明定水寺天香室见心禅师居之弟彦诚御史为索诗勉赋一首》。
④ 笃烈图生平参见王逢《故内御史捏古氏笃公挽词》（《梧溪集》卷3）、陶宗仪《书史会要》卷7等。
⑤ 参见（元）宋褧：《送笃烈图敬夫南台御史时予居闲》，《燕石集》卷7。
⑥ 参见（元）王逢：《故内御史捏古氏笃公挽词》序，《梧溪集》卷3，明景泰七年陈敏政重修本。
⑦ 参见《（嘉靖）永丰县志》卷1《选举表》，天一阁藏明代方志选刊。
⑧ 《全元文》据《（同治）广丰县志》卷9之12收入，第58册。
⑨ 北庭偰氏家族诗人辈出，因其占籍江苏溧阳，不属北方文学家族。

的惯例改姓马。曾祖月合乃，随从元世祖忽必烈攻宋，留居开封，累官礼部尚书。父马润，同知漳州总管府事，移居光州（今河南潢川），任光州监军。马祖常（1279—1338），字伯庸，元仁宗延祐二年（1315）进士，授应奉翰林文字，拜监察御史。铁木迭儿为丞相，专权用事，马祖常率同列劾奏其十罪，因而累遭贬黜。自元英宗硕德八剌朝至顺帝朝，历任翰林直学士、礼部尚书、参议中书省事、江南行台中丞、御史中丞、枢密副使等职。① 马祖常著有《石田文集》十五卷，是个有特色的台阁诗文家，他擅长七绝，其上京纪行诗与无题诗值得重视。② 马祖常从弟世德，字元臣，亦登进士第，历任翰林应奉、枢密都事、中书检校、淮西宪佥、刑部尚书等职。③ 马世德亦能诗，《元诗选·癸集》存其诗三首。

　　高昌三大家族廉氏、贯氏、偰氏为元代最显名的畏兀儿家族。廉氏在蒙元的崛起始自布鲁海牙。布鲁海牙，既善其国书，更精通骑射，因扈从元太祖西征而走向显达。④ 布鲁海牙子十三人，孙五十三人，登显仕者每代有之。其子廉希宪（1231—1280），字善甫，侍奉元世祖，官至中书平章政事，在政治上颇有建树。⑤ 他服膺儒学，自称"受孔子戒"，被元世祖称为"廉孟子"。廉希宪还广收图书，以儒家忠孝之道教育子弟。他的儿子六人俱为高官，其中，第六子廉惇官至江西等处行中书省参知政事，他以师礼事熊朋来，还是萧勤斋门人。⑥ 廉惇不仅熟谙儒学，还是重要的色目诗人，其《廉文靖集》虽然散佚，今可从《诗渊》、《永乐大典》等书中辑出其诗歌270多首。⑦ 廉希宪从子廉惠山海牙，字公亮，登元英宗至治元年（1321）进士第，仕至江浙行宣政

---

① 马祖常生平见许有壬《敕赐故资德大夫御史中丞赠摅忠宣宪协正功臣河南行省右丞上护军魏郡马文贞公神道碑铭并序》（《至正集》卷46）、苏天爵《元故资德大夫御史中丞赠摅忠宣宪协正功臣魏郡马文贞公墓志铭》（《滋溪文稿》卷9）、《元史》卷143等。
② 参见杨镰：《元诗史》第三章"馆阁名臣马祖常与也里可温"。
③ 马世德生平见黄溍《马氏族谱》、《元诗选·癸集》小传等。
④ 布鲁海牙生平见《元史》卷125本传。
⑤ 廉希宪生平政绩载元明善《平章政事廉文正王神道碑》（《国朝文类》卷65）、《元史》卷126、匡裕彻《元代维吾尔族政治家廉希宪》（《元史论丛》第二辑，中华书局1983年版）。
⑥ 参见《元史》卷190《儒学传·熊朋来传》、《宋元学案补遗》卷95萧同诸儒学案等。
⑦ 参见《元史》卷126、《秘书监志》卷9、《全元诗》第28册及杨镰《元诗史》第二卷第四章"贯云石与回鹘诗人"。

院使,翰林学士承旨。他曾预修《英宗、仁宗实录》及辽、金、宋三史①,有诗文存世。

贯氏家族汉化的进程晚于廉氏,贯云石祖父阿里海牙为元朝灭宋的主将之一,但他居功自傲,又掠民为奴,受到世人指责。②贯云石父贯只哥为政宽仁,多与汉族文人交往。③贯云石(1286—1324)将世袭的官爵让与兄弟,他学习儒家与佛教,追求一种中国传统文人的恬静自在的生活。贯云石曾完成《孝经直解》,诗文词曲俱享有盛名。④贯云石子贯子素作有《程孺人汪氏节孝传》,表彰女子为夫守节,教子成人。⑤他以"静乐"名其燕居之庭,与吴师道、汪克宽、李祁等汉族文人交往,并有诗歌唱和。⑥北庭贯氏到贯云石之后,已经成为典型的具有深厚文化修养的文士之家。

不忽木家族为康里部人,属信仰基督教的也里可温。不忽木(1255—1300),受学于大儒许衡,曾上书忽必烈,请求推行蒙古、色目子弟学习儒家经典的制度。历任利用少监、燕南河北道提刑按察使、参议中书省事、吏部尚书、工部尚书、刑部尚书、平章政事等职。不忽木政事之暇,以读书写作为乐,自号"静得"。他名列《录鬼簿》,今有诗、文、散曲各一篇传世。⑦不忽木二子亦知名。回回(1291—1341),字子渊,号时斋。曾任太常少卿,大司农,南台治书侍御史,淮西、河南等道廉访使,户部尚书,江浙行省右丞及中书右丞等职。他好学能文,书法宗颜真卿。今存诗二首,分别载于《御选元诗》与《元诗选·癸集》乙。⑧巎巎(1295—1345),字子山,号正斋,又号恕叟、蓬累叟。早年入学国子监,从吴澄学。由宿卫授承直郎、集贤待制,历仕右司郎中、集贤直学士、礼部尚书、大学士、翰林承旨等职。巎巎博学,工书

---

① 廉惠山海牙生平见《元史》卷145本传。
② 阿里海牙生平事迹见姚燧《湖广行省左丞相神道碑》(《牧庵集》卷13)、《元史》卷128《阿里海牙传》。
③ 参见(元)欧阳玄:《元故翰林学士中奉大夫知制诰同修国史贯公神道碑》,《圭斋文集》卷9。
④ 参见杨镰:《元诗史》第二卷第四章"贯云石与回鹘诗人"。
⑤ 参见(元)贯子素:《程孺人汪氏节孝传》,《新安文献志》卷98。
⑥ 参见(元)吴师道:《吴礼部集》;杨镰:《元西域诗人群体研究》,新疆人民出版社1998年版,第213—215页。
⑦ 不忽木生平见赵孟頫《追封鲁国公谥文贞康里公碑》(《松雪斋集》卷7)、《元史》卷130等。
⑧ 回回生平见宋濂撰神道碑铭(《宋文宪集》卷41)、《元史》卷143本传等。

法，诗文亦有时名，《元诗选·癸集》录其诗三首。① 巎巎从子拜住，字闻善②，元亡时自言："今吾生长中原，读书国学，而可不知大义乎？"③ 遂投井殉难。其忠孝节义不逊于汉族士大夫。

答禄与权家族属西域乃蛮部，答禄与权（约1311—1382），字道夫，为乃蛮太阳汗太亦不合的后裔。本为西域人，入明占籍永宁（今河南洛宁）。元顺帝至正二年（1342）进士，历任秘书监管勾、河南江北道肃政廉访司佥事等。入明累仕秦王府纪善、监察御史、翰林应奉。④ 答禄与权博学强记，著述丰富，除文集十卷外，还有解析儒家经典的专著《窥豹管》及《雅谈》一卷，今《永乐大典》等书存其诗文数十篇。答禄与权的祖父名文圭，字章瑞，号横溪，他与汉族文人密切交往，注重学习汉族的传统文化。⑤ 答禄与权的叔父答禄守恭、答禄守礼分别为至顺元年（1330）、泰定四年（1327）进士。⑥ 答禄与权家族为元代典型的华化家族，但现在只有答禄与权的诗文存世，因材料有限，很难作为文学家族加以详论。

对于西域文人大量涌现这一元代特有的文学现象，《元诗选》的编者顾嗣立在萨都剌小传中评论道："有元之兴，西北弟子尽为横经。涵养既深，异才并出。云石海涯、马伯庸以绮丽清新之派振起于前，而天锡继之。……于是雅正卿、达兼善、迺易之、余廷心诸人，各逞才华，标奇竞秀，亦可谓极一时之盛者欤！"顾嗣立所举的这些蒙古色目文人，云石海涯即贯云石，马伯庸即马祖常，都属元代典型的华化家族。迺易之即葛逻禄人迺贤，其先世"在西北金山之西，与回纥壤相接，俗相类。其人便捷善射，又能相时居货，媒取富贵"。迺贤世出其族，而所好独异，喜中原文化而弃其民族习俗⑦，即戴良《鹤年吟稿

---

① 巎巎生平见《元史》卷143本传等。不忽木父子的文学成就参见杨镰《元诗史》第二卷第一章"元诗坛的新群体"。
② 参见（元）迺贤：《送康里闻善之猗氏长》，《金台集》卷1。
③ 《元史》卷196《忠义传》，第4431页。
④ 答禄与权生平见黄溍：《答禄乃蛮先茔碑》，《金华黄先生文集》卷28；《明史》卷136本传；杨镰：《答禄与权事迹勾沉》，《新疆大学学报》1993年第4期。
⑤ 参见杨镰：《元西域诗人群体研究》第四部第四章"乃蛮诗人答禄与权"。
⑥ 参见（元）黄溍：《答禄乃蛮先茔碑》，《金华黄先生文集》卷28，《四部丛刊》本。
⑦ （元）贡师泰：《葛逻禄易之诗序》，《全元文》据明汲古阁本《金台集》卷首收入，第45册，第189页。

序》所说"舍弓马而事诗书"。

被蒙古政权划入汉人的契丹、女真等民族，有些家族的汉化也在元代，类似于蒙古、色目家族。比如契丹人述律杰，字存道，别号鹤野。本辽东贵族，曾祖石抹氏居太原阳曲（今属山西），从太祖征战。他好文学，与虞集、许有壬等文人广泛交往。①因元末战死，所作散佚，今《元诗选·癸集》仅存其诗一首。女真人孛朮鲁翀，原籍上京路隆安（今吉林农安），祖父孛朮鲁德从元宪宗蒙哥汗南徙，戍守邓州（今属河南）之顺阳川，家族从此定居中原。孛朮鲁翀父名居谦，元世祖至元十六年（1279），为江西行省参政贾恩贞作掾至江西，孛朮鲁翀生在赣江舟中。后来孛朮鲁居谦因顺阳偏僻而迁家至邓州，孛朮鲁翀家族占籍邓州。他在此受到良好的教育，广求名师学习，成为元代著名的大儒与散文家，今存《菊潭集》四卷及佚文佚诗若干篇。其子孛朮鲁远从小学习儒家经典，全家在元末殉难。南阳孛朮鲁家族在元末还出了一文人孛朮鲁子升。②

不同于蒙古、色目家族与孛朮鲁翀家族，耶律楚材家族则是历经辽金数百年，早已华化的家族。耶律楚材八世祖耶律倍（909—946）为辽太祖长子，是契丹皇族中较早接受汉文化的成员，他被迫将皇位让与其弟后流亡后唐，其《海上诗》为今存最早的契丹人用汉语写作的诗篇。耶律倍后人中第四子平王耶律隆先、孙宁王耶律长没、辽圣宗耶律隆绪、辽兴宗耶律宗真、辽道宗耶律洪基等人都能赋诗属文。耶律楚材父耶律履（1131—1191），字履道，号忘言居士。历仕金世宗、章宗两朝，官至尚书右丞。他学识渊博，长于诗词绘画。③耶律楚材（1190—1244），字晋卿，号湛然居士。在金朝任开州同知、左右司员外郎。金亡降元，侍奉元太祖、太宗三十余年，积极促成蒙古政权接受汉法，包括防止屠城、制定礼仪制度、设路课税、倡导儒学等方面。④耶律楚材

---

① 述律杰生平见虞集：《题萧氏家世事状》，《道园学古录》卷10；方龄贵：《元述律杰事迹辑考》，《元史丛考》，民族出版社2004年版。
② 参见（元）苏天爵：《元故中奉大夫江浙行中书省参知政事追封南阳郡公谥文靖孛朮鲁公神道碑铭并序》，《滋溪文稿》卷8；拙作《孛朮鲁翀家世论考》，《南阳师范学院学报》2015年第11期。
③ 耶律履生平见元好问《故金尚书右丞耶律公神道碑》、《金史》卷95本传等。
④ 参见（元）宋子贞：《中书令耶律公神道碑》；《元朝名臣事略》卷5；《元史》卷146《耶律楚材传》；陈得芝：《耶律楚材、刘秉忠、李孟合论——蒙元时代制度转变关头的三位政治家》，《元史论丛》第九辑。

著有《湛然居士集》十四卷及《西游录》二卷,其西域诗最具特色。① 楚材子耶律铸(1221—1285),字成仲,号双溪,累任中书左丞相、平章政事等职,今存《双溪醉隐集》六卷。② 他的儿子耶律希逸、希亮承继家学工于翰墨,希逸号柳溪,曾官淮东宣慰使,有《耶律柳溪诗集》,已佚,《全元诗》从《析津志辑佚》等书中辑出其诗歌十九首。胡祗遹有《奉和耶律监司柳溪别墅韵》③,可知耶律希逸曾作过柳溪别墅诗。耶律希亮(1247—1327),字明甫,历仕符宝郎、礼部尚书、翰林承旨等职,有《愫轩集》三十卷,可惜已佚失。④ 元代耶律氏的重要人物还有耶律铸从子耶律有尚(1236—1320),字伯强,曾受学于许衡,任秘书监丞、国子司业、国子祭酒等职,继许衡之后振兴儒风。⑤

目前学术界对耶律楚材家族的研究比较充分,有刘达科《金元耶律氏文学世家探论》、贾秀云《辽金元时期耶律楚材家族的文学文化研究》等⑥,尽管这一文学家族具有重要意义,但由于前人研究较为深入,因此本书不做专章探讨。

杨义先生曾提出"边缘的活力"命题,他认为,当中原文化变得模式化、僵化的时候,"少数民族的文化带有原始性、带有流动性、带有不同文明板块结合部特有的开放性,就可能给中原地区输进一些新鲜的,甚至异质的、不同于原来的文明的新因素"⑦。这一点在金元时期非常突出,《西厢记》的出现就是一个典型的例证。《莺莺传》演变为《西厢记》,崔莺莺与张生的幸福结合代替了始乱终弃的悲剧结局。董解元《西厢记诸宫调》这样的改编,与金代女真族政权有很大关系,金代的男女关系比汉族政权下的社会开放得多。"董西厢"为崔张爱情赋予合理性的依据是施恩报德,而这恰好是女真统治者的传统观念和重要原则。⑧ 到了蒙古族建立的元代,王实甫《西厢记》沿袭了"董西厢"

---

① 参见杨镰:《元诗史》第三卷第二章"主流诗人耶律楚材"。
② 耶律铸生平见《元史》卷146《耶律楚材传》等。
③ 《紫山大全集》卷6,胡祗遹还作有《寄耶律监司》,亦见《紫山大全集》卷6,《文渊阁四库全书》本。
④ 参见刘达科:《金元耶律氏文学世家探论》,《民族文学研究》2003年第2期。
⑤ 耶律有尚生平见苏天爵所撰神道碑铭(《滋溪文稿》卷7)、《元史》卷174本传等。
⑥ 参见刘达科:《金元耶律氏文学世家探论》,《民族文学研究》2003年第2期;贾秀云:《辽金元时期耶律楚材家族的文学文化研究》,安徽师范大学博士学位论文,2009年。
⑦ 杨义:《重绘中国文学地图与中国文学的民族学、地理学问题》,《文学评论》2005年第3期;又见氏著:《重绘中国文学地图通释》,当代中国出版社2007年版,第70页。
⑧ 参见牛贵琥:《金代文学编年史·前言》。

的情节并进一步发扬光大,与蒙古作为马背上的民族对婚姻亲子的态度有关。①不只是戏剧文学,传统的诗文词在元代同样带有民族融合的烙印。最终,"汉胡多民族文化的碰撞融合,形成此处有汉化迹象,彼处有胡化现象,最终走向中华化的综合功能"②。

再如,马祖常的边塞诗《庆阳》、《河湟书事》等独具特色,《庆阳》曰:"苜蓿春原塞马肥,庆阳三月柳依依。行人来上临川阁,读尽碑词野鸟飞。"③杨镰先生认为:"这已经就是没有传统的边塞感的边塞诗了。"作为雍古家族,马祖常的祖上曾迁居临洮(今属甘肃)、净州(今内蒙古四子王旗西)等地。"在他们的心中,传统的边塞已经置换成诗人的家乡!"④作为来自西域雍古部的也里可温世家之后代,"马祖常血管里流淌的是铁血,骨髓里渗透的是勇猛剽悍,即使濡染了中原文化的浓彩,祖根赋予的豪纵之气也是泯灭不了的"⑤。正是这种西域民族的品格造就了马祖常不同凡响的诗歌品质,同样,耶律楚材与贯云石等人以特殊的民族与地域背景为文学史增添了新的色彩,他们都属元代北方文学家族的重要成员。由此可见北方各民族的文学家族在民族交融与文化融合方面起到极为重要的作用。

杨义先生说:"少数民族入主中原刺激了文化总体结构的振荡,或它在'文化地震'中加速了文化交流与文化结构的重组,一方面少数民族更深程度地接受了汉化,另一方面汉族的文学、文化在浸染胡化风气中得以延续,是一个双向互动的融合过程。不光是汉族影响了少数民族,少数民族也影响了汉族。"⑥元代各族混居产生的文化影响同样值得关注。蒙古、色目家族因征戍、宦游、经商等因素,迁居到中原,与汉族居民混居,并通婚交往。比如铁可,为乞失迷儿部人,生于浑源;蒙古族人僧家奴同样居晋。⑦这些蒙古、色目各

---

① 参见杨义:《重绘中国文学地图与中国文学的方法论问题》,氏著:《重绘中国文学地图通释》。
② 杨义:《重绘中国文学地图通释》,第73页。
③ (元)马祖常:《庆阳》,《石田先生文集》卷4,《元人文集珍本丛刊》本。
④ 杨镰:《元西域诗人群体研究》,第335页。
⑤ 叶爱欣:《马祖常的超逸诗风与河西情结》,《民族文学研究》2005年第3期,第31页。
⑥ 杨义:《重绘中国文学地图通释》,第33页。
⑦ 铁可生平参见蔡文渊《大元故太傅录军国重事宣徽使领大司农太医院事铁可公墓志铭》,僧家奴生平参见钱大昕《元史氏族表》、《元诗纪事》卷18等。

民族中的很多人学习了中原文化，同时汉族也受到这些民族文化的影响，出现蒙古化现象。明初文人曾痛心疾首地说："元既有江南，以豪侈粗戾变礼文之俗。未数十年，薰渍狃狎，骨化成风，而宋之遗风消灭尽矣。为士者辫发短衣，效其语言容饰，以附于上，冀速获仕进，否则讪笑以为鄙怯，非确然自信者，鲜不为之变。"① 为了仕进前途而效仿统治民族的装扮和语言，以致失却汉族旧俗。江南如此，更早并入蒙元王朝版图的北方在这方面更为明显。

汉族蒙古化的主要表现有语言、名字、婚姻、服饰等方面。② 比如大名南乐（今属河南）人刘忽里罕，字子殷，善国言。③ 再如高苑县（今山东高青）人郝青，其子起名千家奴、万家奴④，真定获鹿（今河北鹿泉）人，贾居贞之孙贾实烈门⑤。京兆贺氏更为典型，他们与蒙古、色目家族通婚，贺仁杰、贺惟一、贺均皆懂蒙古话，元顺帝曾赐贺惟一姓而改其名为太平，贺均蒙古名为也先忽都。⑥ 除了皇帝赐蒙古名之外，有些汉族人以取蒙古名为荣。⑦ 北方风俗也受到了蒙古、色目各族的影响，同州（今陕西大荔）人员炎《马酮》诗曰："谩说千杯不醉人，清光压倒洞庭春。携行何用紫丝络，渴饮不烦乌角巾。摇动革囊成醍醐，封藏花盎作逡巡。坐中一混华夷俗，或有豪吞似伯伦。"⑧ 蒙古时期，北方人已经在饮用马奶酒，员炎所说"坐中一混华夷俗"，说明当时出现了北方各民族习俗的交融景象。

北方处于各种不同民族、不同文化的交汇融合之中，其中各族人学习中原文化成为主流，出现了所谓"双语诗人"群体⑨，同时汉族也吸收了北方各族的

---

① （明）方孝孺：《俞先生墓表》，《逊志斋集》卷22。明人王祎《时斋先生俞公墓表》文字略同，《王忠文集》卷24。
② 蒙古、色目人迁居到南方的也不在少数，但南方的蒙古化现象不及北方严重。参见李治安：《元代汉人受蒙古文化影响考述》，《历史研究》2009年第1期。
③ 参见（元）李繁：《新蔡县创建钟楼记》，《全元文》据《（成化）河南总志》卷13收入，第46册，第51页。
④ 参见（元）刘元：《大元郝公墓铭》，《全元文》据民国《重修新城县志》卷22收入，第46册，第81页。
⑤ 参见《元诗选·癸集》乙上小传、元人释来复《澹游集》卷上等。
⑥ 参见吴海涛：《从元代贺氏家族的兴盛看两种文化之间的中介角色》，《元史论丛》第七辑。
⑦ 参见（清）赵翼：《廿二史劄记》卷30"汉人多作蒙古名"；陈高华：《论元代的称谓习俗》，《浙江学刊》2000年第5期。
⑧ （元）王恽：《员先生传》，《秋涧先生大全文集》卷49，《四部丛刊》本。
⑨ 参见杨镰：《元代蒙古色目双语诗人新探》，《民族文学研究》2004年第2期。

文化习俗，呈现出多元化的倾向。

第四节　文学家族的形成因素

　　钱穆先生论及魏晋南北朝世家望族对于子弟的要求时说："一则希望其能具有孝友之内行，一则希望其能有经籍文史学业之修养。此两种希望，并合成为当时共同之家教。其前一项之表现，则成为家风；后一项之表现，则成为家学。"① 陈寅恪先生也讲："所谓士族者，其初并不专用其先代之高官厚禄为其唯一之表征，而实以家学及礼法等标异于其他诸姓。"② 不只是魏晋南北朝的士族如此，元代的士族，包括北方文学家族，对子弟同样有着这样的要求。那么，怎样培养优秀的子弟呢？

　　在文学家族中，一个人的成才往往需要诸多因素。元好问说："士之有立于世，必籍国家教育、父兄渊源、师友讲习，三者备然后可。"③ 所谓国家教育，即各级官学机构，比如中央国子学对培养各族子弟，尤其是蒙古、色目人的汉化起了重要作用，再如地方官兴学重教，也会达到移风易俗、教化百姓的效果。这些内容前文已有论述，此处主要讨论"父兄渊源"与"师友讲习"，以及元好问没有提到的姻亲影响。

一、父兄教育

　　所谓"父兄渊源"即父兄教育，对文人成长的影响至关重要。文学家族中父子兄弟互为师友，共同学习经典、切磋文艺的现象极为普遍。比如安熙的高祖安全广，买书万余卷。其祖滔在金代曾登经童第，金亡，由离石（今属山西）迁居真定。安熙父安松被称为恕斋先生，归隐后教授于家。安熙从小受到父亲良好的教育，五六岁时，父亲出以诗句，安熙都能应口而对。安熙与

---

① 钱穆：《略论魏晋南北朝学术文化与当时门第之关系》，《中国学术思想史论丛》（三），生活·读书·新知三联书店2009年版，第179页。
② 陈寅恪：《唐代政治史述论稿》（与《隋唐制度渊源略论稿》合刊），第259页。
③ （金）元好问：《张君墓志铭》，《元好问全集》卷24，第537页。

弟煦等人"一家父子兄弟自为师友"。安熙私淑刘因，崇尚朱子学，他"首建祠堂以奉四世神主，冠昏丧祭一遵文公礼书"①。最终成为北方大儒，求学者甚众。这种父兄子弟共同学习儒学与文学的情况在南方家族中更为多见，比如东阳（今属浙江）郑氏一家多任书院山长、教谕等职，子弟皆习举子业，"家庭之间，《诗》、《礼》之训，断断如也"②。此外，父子兄弟自为师友的情形还有金华（今属浙江）闻梦吉与父亲桂山翁刘诜，金坛（今属江苏）张监与子张经、张纬及孙张元度③，临江（今江西樟树）刘有定与父美中等④。

汉族之外的民族同样重视对子弟的教育，女真人孛朮鲁居谦安排儿子孛朮鲁翀跟随虞集父虞汲、乡里名儒李友端学习。⑤孛朮鲁翀重视儿子孛朮鲁远的教育，作味经堂以教子⑥，明确提出以经术传家。畏兀儿人布鲁海牙改汉姓，以廉为氏，既符合蒙古色目汉化的传统，又包含美好的寓意与对子孙的期盼，对后代产生潜移默化的影响。

家族教育除了父兄的教学研习外，还包括创立家庙祠堂、订立族规家规等形式。⑦比如，真定史氏就建立家族祠堂与义塾。史权之孙、史烜之长子元亨，自金华归乡里，即为曾祖金紫公史天倪构建祠堂，示敦报本。而且准备建立义塾，以训史氏之子姓、群从及乡里之乐学者。他还筑堂贮书，号曰万卷，其经度皆有次序。⑧再如，蒲城（今属陕西）王氏同居已七世，被称为"义门"。至顺三年（1332）族长王理与家族子弟及乡贤创建祠堂，王氏家族成员多力本务学，有出任校官与应进士举者⑨，与著名的浦江郑氏义门南北相映。浏阳（今属

---

① （元）苏天爵：《默庵先生安君行状》，《滋溪文稿》卷22，第364—365页。
② （元）蒋易：《送郑希孔之建宁学录序》，《鹤田蒋先生文集》卷上，《全元文》第48册，第71页。
③ 参见《元诗选·癸集》，第317、848页。
④ 参见（元）危素：《处士刘公墓志铭》，《危太朴文集续》卷5。
⑤ 参见拙作《孛朮鲁翀师长与门生考——兼论孛朮鲁翀与元代文化传承》，《元史及民族与边疆研究集刊》第33辑。
⑥ 参见（元）陈旅：《味经堂赋（有序）》，《安雅堂集》卷1。
⑦ 张剑等提出："敬宗收族以及家谱、族田、祠堂在宋元时代虽有发展，但同时兼备者并不普遍。"见其《宋代家族与文学研究·导言》，第2页。
⑧ 参见（元）邓文原：《巴西集》卷下《故朝散大夫同知饶州路总管府事史公墓铭》，《文渊阁四库全书》本。
⑨ 参见（元）危素：《义门王氏祠堂碑》，《全元文》据《（光绪）蒲城县新志》卷7收入，第48册，第460页。

湖南）陈氏创立尚德堂，定家规十六条，其内容包括："读书必由小学、大学循序而进。讲明修身、齐家之道，当见诸行事，毋徒事文辞以钓声利……"① 陵川郝氏同样重视礼法，也订立过严格的家规。② 蔚州蜚狐（今河北蔚县）人赵时勉，稽司马氏、朱氏祭仪家礼，率家族作祠堂，行丧祭婚冠诸礼，又建立家塾，聘请老师教育宗族子弟中无所依靠者。③

创建家族祠堂、订立族规家规对于规范家族子弟的行为，加强家族的凝聚力，无疑起到至关重要的作用。北方文学家族中创建祠堂、订立族规的应该不在少数，可惜文献阙如，可考者只有保定张氏、陵川郝氏、蔚州蜚狐赵氏、濮阳唐兀崇喜家族等几个。家族成员的祭祀活动既能反映家族文化，又是家族教育的好机会。比如山西的杨黄许氏，余阙《梯云庄记》记载：

> 杨黄许氏以儒称于乡，三时力田，一时为学，褒衣博带，出入里巷之间。其族数十家化之，皆敦于礼。每岁时上冢，族人各具酒馔，群至墓下，推长者一人主祀，以次奠荐。既竣，长者坐，少者以序罗拜之，然后皆坐，相与行献酬之礼。子弟有为小不善者，则长者进而诮让之，众皆进曰："长者言然，请改是。"乃已。至于再、至于三而终不能改也，则众相与摈绌之，不与同祭祀。如是者已三世矣。④

杨黄许氏通过岁时祭祀，对子弟进行礼仪、道德的教育，甚至有一定的惩罚措施。加强了家族凝聚力，促进了家族文化的发展。

广泛收藏图书，对于家族子弟增强文化修养也有裨益。畏兀儿人廉希宪在出镇陕西时，在京兆樊川少陵原的别业聚书二万卷，号曰读书堂，他的儿子廉恂、廉恒、廉惇等都在此学习，刘岳申《读书岩记》说："公迈（廉惇字）读书愈多，愈益忠孝、恭俭、退让。使万世子孙世守此三言，即万世子孙世读此

---

① （元）危素：《陈氏尚德堂记》，《危太朴文集》卷5，《全元文》第48册，第328页。
② 参见（元）郝经：《先伯大父墓铭》；拙作《论金元陵川郝氏的理学传统》，《晋阳学刊》2012年第5期。
③ 参见（元）苏天爵：《故曹州定陶县尹赵君墓碣铭》，《滋溪文稿》卷18。
④ （元）余阙：《青阳集》卷3。

数万卷，将与廉泉相为无穷，岂可与平泉草木同年而语哉。"廉惇表示："惇敢不佩服，以毋为先太师羞，且以昭示子孙孙子永永无斁。"① 申屠致远"聚书万卷，名曰墨庄。家无余产，教诸子如师友"②。济阴商氏"藏书数千卷，古今金石遗文，人所不能致者，往往有之"③。申屠氏、商氏这样的环境必定有助于子孙的成长。保定张柔、真定史格及史元亨等人藏书也有万卷。④

除了这些成文的族规家规，家族长辈平日对子弟的教育也很重要。比如史天泽经常以孝与义教育家族成员，他曾经会集子侄辈，戒之曰："史氏起龙干，际风云，德凉效薄，今身名显赫，宗族昌炽如是，何以答乾坤大造累朝之恩私乎？若以王事殁边，裹马革归葬，吾素愿也。汝等异时策名委质，尽忠所事，以图报国。"⑤ 东平王公渊晚年教子读书，经常告诫儿子不要忘记家族为儒业传家的仕宦之家。⑥ 许衡对儿子提出的希望是："大儿愿如古人淳，小儿愿如古人真。平生乃亲多苦辛，愿汝苦辛过乃亲。身居畎亩思致君，身在朝廷思济民。但期磊落忠信存，莫图苟且功名新。"⑦ 许衡要求儿子学习古人的淳真，能够经得起辛苦的考验，无论做官与否，都不忘朝廷与人民，以忠信作为立身之道。廉希宪不但自己践行儒家之道，还以此来要求子孙，他临终戒其子要见义勇为，以儒家圣贤皋、夔、稷、契、伊、傅、周、召等为榜样⑧，还嘱咐儿子们要多读书，以承父志⑨。廉希宪弟希尹在临终前也以忠孝勉励其弟与子。⑩

保定张弘略临终前告诫儿子张玠曰："吾仕四十余年，逮事宪宗、世祖、今皇三朝，人固不以善政称，而累吾宗俾他日及汝者，无有也。所学，惟静而

---

① （元）刘岳申：《读书岩记》，《申斋集》卷6，《文渊阁四库全书》本。
② 《元史》卷170《申屠致远传》，第3990页。
③ （金）元好问：《曹南商氏千秋录》，《元好问全集》卷39，第820页。
④ 参见《元史》卷157《郝经传》；（元）姚燧：《平章政事史公神道碑》，《牧庵集》卷16；（元）邓文原：《巴西集》卷下《故朝散大夫同知饶州路总管府事史公墓铭》等。
⑤ （元）王恽：《开府仪同三司中书左丞相忠武史公家传》，《秋涧先生大全文集》卷48。
⑥ 参见（元）胡祗遹：《王忠武墓碑铭》，《紫山大全集》卷16。
⑦ （元）许衡：《训子》，《鲁斋全书》卷11，《文渊阁四库全书》本。王成儒点校《许衡集》标点有所不同，东方出版社2007年版，第232页。
⑧ 参见《元史》卷126《廉希宪传》。
⑨ 参见（元）元明善：《平章政事廉文正王神道碑》，《清河集》卷5，《元人文集珍本丛刊》本。
⑩ 参见元人鲜于枢《困学斋杂录》及陶宗仪《说郛》卷25下。《元人传记资料索引》第1507页廉希尹小传认为《困学斋杂录》将廉希尹讹作廉希贡，《说郛》卷53讹作廉希贤，杨镰《元西域诗人群体研究》与王梅堂《元代内迁畏吾儿族世家——廉氏家族考述》都认为《困学斋杂录》所记为廉希尹之事。

已。我死，无厚为葬，虚地上以实地下。"①张弘略的临终叮嘱除了不要厚葬外，主要也是为人处事方面，他的要求言简意赅，即"静"。结合张弘略的生平事迹，所谓"静"，主要在于能安于自己的职位，不躁进，不与别人结仇，甚至遭到诬陷也不去辩驳；做到即使不能光宗耀祖，起码不要为家族惹来祸端。

在父亲早逝的情况下，长兄对兄弟的教育也能起到同样的效果。例如，藁城董文炳在去世前，召集兄弟文忠等人，嘱托说："吾以先人死王事，恨不为国死边，今至此，命也。愿董氏世有男能骑马者，勉力报国，则吾死瞑目矣。"②这些叮嘱，尤其是临终嘱托对家族子弟培养忠孝节义的品格至关重要。

家族晚辈常常追慕父祖，比如倪豫在父亲死后，"读父之书，守父之清介不少变"③。张用道每得到父亲的遗墨，即使是片言只字，也要珍藏，并请名士题跋。④父亲耶律履去世时，耶律楚材年仅二岁，按照常理，他对父亲的印象比较模糊，但他仍然仰慕和怀念父亲，作了《过东胜用先君文献公韵二首》、《过青冢用先君文献公韵》等多首诗篇。《湛然居士文集》卷3《过东胜用先君文献公韵二首》其一说："偶忆先君旧游处，潸然不奈此情何"，面对父亲当年曾经游览之地，楚材感慨万分，不禁潸然泪下。魏初曾作《顺圣先茔拜祀后有述十首》，其一"谱牒从姬旧有传，移家桑水忆当年。只缘遗泽今仍在，留得诸孙拜墓前"。谱牒为家族历史的载体，代代相传。魏初回忆家族过去的历史，希望诸孙不忘先世留下的恩泽。其五"两魁文赋今仍在，正是诸孙堕泪碑"，其九"殷勤著就三千字，留与诸孙见典刑"，都是希望子孙通过祖上的著述文稿，牢记家族的光荣。其二"力田桑梓供租了，孝弟读书事最难"⑤，讲的是家族"耕读"传家、忠孝节悌的传统。雍古部马祖常回忆父亲马润对他的教诲："吾祖有德未尽发，吾官州郡，不得施。今汝颇树立，其大将在汝也。"祖常佩父训不忘，虽然仕宦显达，仍然夙夜忧惧，唯恐违父之教而坠其曾祖

---

① 元人姚燧所撰张弘略碑，孟繁峰、孙待林：《张柔墓调查记》，《文物春秋》1996年第3期，第13页。
② 《元史》卷156《董文炳传附董士选传》，第3674页。
③ （元）乌斯道：《介石斋记》，《春草斋文集》卷1，《全元文》第57册，第68页。
④ 参见（元）王恽：《题张氏所藏先世手泽后》，《秋涧先生大全文集》卷72。
⑤ （元）魏初：《青崖集》卷2，《文渊阁四库全书》本。

之业。①

　　家族内部成员不仅自为师友，还编辑了家族文献，既包括家谱及祖先的传记资料，还有家族成员文学作品集。宋元纂修族谱的宗旨是：奠世系，序昭穆，尊祖，敬宗，收族。②家谱及家族文献有助于加强家族的凝聚力，也有利于保持家学家风。例如，至正十六年（1356）江西乡贡进士龙子元，汇录其祖撲斋翁，伯父贯斋翁宋时两科科诏、试题、榜名，及元代这一科江西乡贡帘内外百执事名，与乡试题名，及所中选三场之文，编为《书香世科》一书。③这是荟萃宋元以来家族科举资料的文献。再如，刘锷极其重视先世的文翰书牍，收集考订唐宋以来四百余年的词章事业、族里坟墓资料，编为《先德录》一卷，并将家传、先代告身、敕黄、日历等文簿，珍藏于家。④《先德录》属于家族综合文献。北方家族同样编辑家谱，只不过很少保存下来，比如浑源刘氏为金代最为成功的科举世家，刘撝九世孙之彦编《浑源刘氏传家集》，记载其先世谱牒言行。⑤宁晋王氏在金末战乱中失去族谱，因此"细列世系，刻之碑阴，使为子孙者，有所考焉"。在祭祀先祖的过程中，便于了解本支源委，长幼次序。⑥

　　编辑家族文集在元代也不罕见，尤其在南方。贵溪（今属江西）桂庸编曾祖父、祖父、父亲三世之文为《广信桂氏三世文集》。⑦莆田（今属福建）洪希文《续轩渠集》卷末附录其父岩虎诗⑧，这些是父子诗文合集。武夷（今属福建）蓝明之《蓝涧诗集》与兄蓝靖之《蓝山诗集》，合为《二蓝集》⑨。奉化（今属浙江）人陈观与兄陈著连唱属和，成《棣萼集》。⑩这些是兄弟诗集合刊。

　　北方由于文化不及南方，而且文献存留较少，因此有关文学家族的文献

---

① 参见（元）马祖常：《故礼部尚书马公神道碑铭》，《石田文集》卷13。
② 参见赵华富：《宋元时期徽州族谱研究》，《元史论丛》第七辑，第82页。
③ 参见（元）李祁：《龙子元书香世科序》，《云阳集》卷3。
④ 参见（元）李祁：《刘快轩先生墓志铭》，《云阳集》卷8。
⑤ 参见（元）苏天爵：《浑源刘氏传家集序》，《滋溪文稿》卷5。
⑥ （元）胡祗遹：《宁晋王氏本支图记》，《紫山大全集》卷11。
⑦ 参见（元）危素：《广信桂氏三世文集序》，《危太朴文集》卷10。
⑧ 参见（元）林以顺：《续轩渠集序》，光绪刊本《续轩渠集》卷首。
⑨ 参见（元）蒋易：《蓝涧诗集序》、《蓝山诗集序》，清咸丰刻、光绪补刻《二蓝集》，《全元文》第48册，第135、137页。
⑩ 参见（元）袁桷：《陈县尉墓志铭》，《清容居士集》卷28。

记载也少于南方。目前仅存的资料中，有稷山段氏兄弟《二妙集》、安阳许氏《圭塘欸乃集》等。值得关注的是元代西夏后裔濮阳唐兀崇喜所编《述善集》。唐兀崇喜家族建有书院和家庙①，其祖孙三代还创建澶渊官人寨庙学②，其讲室名亦乐堂，请密州儒学正唐兀彦国主讲席，教诲各家子弟③。由此可见，当时汉化的蒙古、色目以至契丹、女真等家族数量极多，只不过保存下来的太少，《述善集》成为吉光片羽。

二、师友教育

元好问所讲的"师友讲习"与元代北方文学家族的形成与发展同样关系密切。除了重视家庭教育，文学家族还建立家塾，延请师长，令子弟就学。比如汉人世侯张柔曾请郝经教授其子④，史天泽致礼延请赵郡武城人武震为诸孙师。史灼即为其中之一。⑤ 马祖常祖父月合乃请原金朝进士敬铉"授业馆下"⑥。官僚子弟可进入中央或地方官学跟随老师学习，比如元初许衡的国子学就有不忽木、耶律有尚、姚燧与弟姚燉等学生，在他的培养下，这些门生成为儒学传人，在政治上维护汉法，同时在文学创作方面也卓有成就。

除了父兄安排，也有家族成员个人四处漫游求学。比如廉希宪第六子廉惇以师长之礼对待熊朋来，他还是萧勤斋门人。⑦ 再如孛朮鲁翀游历南北，先后跟随新喻（今江西新余）人萧克翁、姚燧、萧㪺、同恕、元明善等人学习理学与古文，最后成长为元代的儒学宗师与古文大家。⑧

这种师友教育对于元初勋贵之家家族传统的改变以及家族成员文化素养与文学创作的提高起了很大作用，尤其是蒙古色目家族。畏兀儿人廉希宪曾跟从

---

① 参见（元）张颐：《崇义书院记》，《全元文》据《（乾隆）曹州府志》卷8收入，第58册，第92页；汤开建、王建军：《元代崇儒书院论略》，《元史论丛》第九辑。
② 参见（元）潘迪：《思本堂记》、《有元澶渊官人寨创建庙学记》，《全元文》第51册，第17、10页。
③ 参见（元）潘迪：《亦乐堂记》，《全元文》第51册，第14页。
④ 参见（元）郝经：《公夫人毛氏墓铭》，《陵川集》卷35，《文渊阁四库全书》本。
⑤ 《宋元学案补遗》卷95萧同诸儒学案补遗，《丛书集成续编》第251册，第632、635页。
⑥ 《元史》卷134《月合乃传》，第3245页。
⑦ 参见《元史》卷190《儒学传·熊朋来传》、《宋元学案补遗》卷95萧同诸儒之学案。
⑧ 参见拙作《孛朮鲁翀师长与门生考——兼论孛朮鲁翀与元代的文化传承》，《元史及民族与边疆研究集刊》第33辑。

著名学者王鹗学习,他自称受孔子戒,元世祖目之为廉孟子①,家族由此转变为具有儒学与文学修养的文人士大夫之家。汉人世侯由武转文也得益于师友教育。比如保定张氏之张弘范,在伐宋过程中得到了南宋礼部侍郎邓光荐,遂请其教其子张珪。②真定史天泽之子史樟长于元曲,也得益于依附于史天泽的元好问、杨果等人。

元代这种家族间的师友教育形成一个网络,比如元好问曾跟随陵川郝天挺学习,天挺孙郝经又学于元好问。元好问曾勉励郝经说:"子貌类汝祖,才器非常,勉之。"③再如,姚燧受学于杨奂、许衡,学得古文与理学,他又指导了李尤鲁翀、贯云石等人,提高了他们的文学水平。④姚燧在郢(今湖北荆州)与姬文龙交友,遣子弟执经受学。⑤这种多族间的师友网络极大地促进了元代的儒学传播和文学创作。

三、姻亲影响

除了家族教育与师长传授外,姻亲对北方文学家族的发展也很重要。

洛阳姚氏与乾州(今陕西乾县)杨氏联姻,姚燧娶杨奂女为妻,姚燧散文崇尚韩愈即是受到杨奂的影响。⑥再如许有壬父亲熙载娶万年县尹高荣之女为妻,"鲁公(许熙载)待客好丰,诸子隆师蓄书,(高氏)尝鬻簪珥以继其资。虽居中馈,经营弥缝,能使夫子处约之久不失令名,有古贤媛之风焉"⑦。高氏积极支持丈夫的事业,对许氏的发展起了很大作用,他们的两个儿子有壬、有孚双双考中进士,得益于父母的悉心教育。⑧藁城董俊死时,长子文炳才十六

---

① 参见《元史》卷126《廉希宪传》、卷134《阔阔传》。
② 参见《元史》卷156《张弘范传》。
③ 《元史》卷157《郝经传》,第3698页。
④ 参见萧启庆:《元代多族士人网络中的师生关系》,《历史研究》2005年第1期。
⑤ 参见(元)苏天爵:《姬先生墓碣铭》,《滋溪文稿》卷14。
⑥ 参见本书第四章"河南地区文学家族"。
⑦ (元)欧阳玄:《有元赠中奉大夫湖广等处行中书省参知政事护军追封鲁郡公许公神道碑铭(有序)》,魏崇武、刘建立校点:《欧阳玄集》,吉林文史出版社2009年版,第211—212页。
⑧ 欧阳玄《有元赠中奉大夫湖广等处行中书省参知政事护军追封鲁郡公许公神道碑铭(有序)》记载,直到许有壬中进士做官后,许熙载"身教严厉,安阳公(有壬)出入必咨,凛然前修家法"。

岁,董俊妻李夫人"有贤行,治家严,笃于教子"①。李氏培养董俊八子,后俱登显位。②白朴弟白恪妻子卢氏为中书架阁管勾卢顺之女,翰林承旨卢挚之妹。③卢挚为元初极为活跃的文人,在文坛享有盛名。联姻卢氏对于白氏延续家族的文学传统极有裨益。

再如燕名族周氏,周安贞为金熙宗皇统五年(1145)进士,累官中议大夫、咸平路转运使。其弟周安吉为宣武将军、河间草场使,生子周璧,为镇国上将军、祁县令,周璧子天禧,任蔡州节度判官,入元,燕京行省辟为详议官。天禧子周铎,为奉政大夫右侍仪使。周铎夫人为王鹗女,受到良好的教育,她读书贤明,嫁给周铎后,教子有法。其子周之纲官至翰林侍讲学士、中顺大夫,之翰官至奉训大夫、冠州知州。④周氏又与易水(今河北易县)敬氏联姻,敬氏在金代为科举世家,仕宦显达。周之翰妻为燕京提举学校官、大宁先生敬铉从孙、太常博士敬元长之女,中书平章政事敬俨之妹。⑤周氏正因为与王鹗、敬俨这些家族联姻,家族在元代的仕宦地位与文化品格才能得以保持。

对于蒙古、色目各族,以及契丹、女真等民族,与汉族联姻对家学家风的影响更为明显。由于以上各民族与汉族混居,而且蒙古、色目等族的社会地位高于汉族,导致汉族与其他民族间通婚较为普遍。⑥

蒙古哈儿柳温台氏人哈八秃,生于将家,以力大善射闻名,因从伯颜灭宋而立功。娶黄州黄冈县(今属湖北)张泰鲁之女为妻,张泰鲁为诗书之家,张氏嫁到夫家后,去奢靡,务蚕绩,教育子孙严格而有法。延祐开科后,她以汉族奉行的读书中举之路教导孙子哈剌台,说:"我昔居父母家,岁时亲戚小儿来者,吾亲必祝之曰'长大作状元'。自我为汝家妇,恒在军旅,久不闻是言矣。幸今朝廷开设贡举,汝能读书登高科,吾复何恨!"张氏使哈剌台从师受

---

① 《元史》卷156《董文炳传》,第3667页。
② 参见《元史》卷148《董俊传》等。
③ 参见(元)袁桷:《朝列大夫同金太常礼仪院事白公神道碑铭》,《清容居士集》卷27。
④ 参见(元)苏天爵:《元故奉训大夫冠州知州周府君墓志铭》,《滋溪文稿》卷17。
⑤ 敬氏资料参见《元史》卷175《敬俨传》。
⑥ 参见元人孔克齐《至正直记》卷3"不嫁异俗"条,从反面反映出当时汉族与其他民族通婚的普遍性。

业，终于考中进士，为泰定三年（1326）第二甲第一人。哈剌台为徐州同知、方城县监，祖母张氏常以居官清慎加以教育。①娶汉族女子为妻尽管没能彻底改变哈八秃家族的家学家风，但是在张氏的影响下，一孙中进士，另外两个孙子哈睦、那海也在研习进士业，这一军将家族逐步转换为官僚士大夫之家。

乃蛮答禄氏同样得益于汉族母亲的教育。抄思妻子张氏抚养抄思与康里夫人之子别的因，训之曰："人有三成人：知畏惧成人，知羞耻成人，知艰难成人。否则，禽兽而已。"在她的教育下，别的因在军功与政事方面卓有成就，而且节俭务本。张夫人去世时，别的因放弃简陋的北俗丧礼，而行中原礼俗。别的因妻子梁氏，出自大名贵族，儿时喜欢诵读佛教书，他们的长子不花，居官廉介而宽简。次子曩加䚟笃学而尚志。孙子答禄守恭、守礼和曾孙答禄与权均考中进士。②答禄氏由武勇的军将之家转变为科举世家，张氏与梁氏这两位汉族母亲居功至伟。

色目家族和汉族通婚更为多见。何伯翰本西夏人，因祖息简礼仕宦而占籍杭州，他早丧父亲，依附于舅氏，姓母姓，其母砺节操，通文史，命子从学，夜归课其业。何伯翰十六岁从学于杨维桢，学该识广，曾补注吴复所编杨维桢《古乐府集》，并考中乡试。③这些例子中母亲对子孙教育所起的作用至为重要。占籍濮阳（今属河南）的西夏唐兀崇喜家族与汉族通婚呈现出随代不断增多的趋势，对其家族的汉化起到了重要作用。

女真孛术鲁家族，自孛术鲁德起，家族四代与汉族通婚，孛术鲁翀的祖母成氏、母亲王氏都为汉族，这为他接受汉文化打下较好的基础。他的妻子为名士李友端之女，其子孛术鲁远之妻雷氏，亦均为汉族。孛术鲁氏与蒙古、色目家族类似，同样在元代完成了汉化进程，同样得益于与汉族通婚。④

还有这样一种情况值得注意，就是先汉化的蒙古色目家族通过姻亲，促进尚未汉化的蒙古色目家族汉化。比如，贯云石的母亲为廉希宪弟希闵之女，她对贯氏家族文化的转变起了很大作用。再如，捏古氏笃列图中至顺元年

---

① （元）苏天爵：《元故赠长葛县君张氏墓志铭》，《滋溪文稿》卷21，第361页。
② 参见（元）黄溍：《答禄乃蛮先茔碑》，《金华黄先生文集》卷28。
③ 参见（元）杨维桢：《送何生序》，《东维子文集》卷8。
④ 参见拙作《孛术鲁翀家世考论》，《南阳师范学院学报》2015年第11期。

（1330）进士第，他娶马祖常之妹为妻，后以揭为姓，其子揭毅夫同样考中进士。这些汉化家族的女子起到了和汉族女子一样的作用。

文学家族，无论是属于汉族，还是蒙古、色目、契丹、女真等北方各民族，都想通过家族教育、师长传授、姻亲影响等条件，促进家族形成遵循礼法、忠孝友爱的良好家风，培养出政治、博学、诗书、文艺等家学，使家族能够长久兴旺。

第二章 元代北方文学家族面临的困境与出路

第一节 蒙古灭金与儒士困境

蒙古灭金经历了一个长期而艰苦的过程,金卫绍王大安三年(1211),成吉思汗亲率大兵攻金,逼近中都。金宣宗贞祐二年(1214)被迫把都城从中都(今北京)迁往汴京(今河南开封),并向蒙古求和。成吉思汗再次带兵南下,攻破中都,大掠汴京近畿而还。此后,蒙古军主力转向西征,灭金事宜交由木华黎指挥,双方进入拉锯战,互有胜负,金朝得到喘息之机。窝阔台继承汗位,继续对金战争,他采取"联宋攻金"的策略,与南宋结成同盟,约定灭金以后黄河以南的地方归南宋。金哀宗天兴元年(1232),金朝主力在钧州(今河南禹州)三峰山之战中被蒙古消灭。蒙古军假道南宋,绕过金的军事重镇潼关,于天兴二年(1233)占领汴京,哀宗之前已出走归德(今河南商丘),又逃到蔡州(今河南汝南)。次年,南宋军与蒙古军联合攻占蔡州,哀宗自杀,金朝灭亡。①

伴随着蒙古军队的攻城掠寨,广大的北方地区生灵涂炭。蒙古军队对定居人口进行了惩罚性的蹂躏与残害,北方人口锐减,1207—1290 年这八十多年内,河北和山东的人口灾难性地降至此前人口水平的三分之一略强。② 北方家族面临着前所未有的考验,如何生存下去成为首要的问题。

---

① 关于蒙古灭金的过程,参见《金史》宣宗纪、哀宗纪,及李锡厚、白滨《辽金西夏史》上编第六章"金的衰亡"(上海人民出版社 2003 年版)。

② 参见〔德〕傅海波、〔英〕崔瑞德编:《剑桥中国辽西夏金元史》,中国社会科学出版社 1998 年版,第 37—38 页。

蒙古军队在早期攻金的时候，尚未意识到占地治民的重要性，主要以掠夺为主，因此对社会生产的破坏极为严重。在文献中，记载了金元之际大量城毁人亡的惨烈景象。比如元好问《广威将军郭君墓表》："然自北兵长驱而南，燕、赵、齐、魏，荡无完城。"①例如涞阳（今河北涞水），在金代因人物繁多，公务杂沓，还分出定兴（今属河北）另立一县。"贞祐金主播迁，悉为灰烬。"到了元初，才重建县衙。②兖州宁阳县（今属山东），宋代为名县，经历金末战乱，元初仅有四百八十四户，因户不满千而并入滋阳乡。③息县（今属河南）自金亡废为丘墟。④般阳（今山东淄博淄川）人焦氏兄弟，金末避乱离乡，返回时发现"城郭隳夷，无复阡陌，旧时田庐，漫不可踪迹矣"⑤。贞祐元年（1213），"天兵南下，所在云扰。加之以饥馑荐臻，人至相食"⑥。南宋灭亡后入北的汪元量看到的景象是"前年走河北，荆榛郁丘墟。夜宿古战场，鬼物声呜呜"⑦。

战争带来的祸难给北方文人留下惨痛的记忆，蒙古宪宗三年（1253）中秋会饮，段克己作诗，回忆往事，写到蒙古人入侵带来的灾难，诗曰："无何陵谷忽迁变，杀气黯惨缠九州。生民冤血流未尽，白骨堆积如山丘。比来几见中秋月，悲风鬼哭声啾啾。"生民流血，白骨如山的场景使得克己见月伤感。"遗黎纵复脱刀戟，忧思离散谁与俦。"⑧即使幸存下来的人，其生活之艰难也让人在中秋佳节心情沉重。

在蒙古灭金的过程中，不只是北方百姓，文人士大夫死于战乱的也很多，比如高守约、侯挚、郭昂、石抹世勣、李献甫、宋九嘉、康锡、杨达夫、李

---

① 《元好问全集》卷28，第602页。
② （元）张仲仁：《创建县衙记》，《全元文》据《（康熙）涞水县志》卷9收入，第47册，第386页。
③ 参见（元）韩珪：《宁阳历代沿革记》，《全元文》据《（光绪）宁阳县志》卷18收入，第46册，第13页。
④ 参见（元）董珪《息县钟楼记》，《（成化）河南总志》卷13。
⑤ （元）归旸：《般阳焦氏世德碑铭并序》，《全元文》据《（嘉庆）长山县志》卷14收入，第51册，第107页。
⑥ （元）李鉴：《寂照禅师道碑》，熊梦祥：《析津志辑佚》，北京古籍出版社1983年版，第86页。
⑦ （元）汪元量：《南归对客》，《湖山类稿》卷4，《文渊阁四库全书》本。
⑧ （金）段克己：《癸丑中秋之夕与诸君会饮山中感时怀旧情见乎辞》，《二妙集》卷6，《文渊阁四库全书》本。

汾、张邦直、雷琯、田锡等人。① 高守约、侯挚、郭昂等人是守城不屈而殉金,石抹世勣、李献甫死于蔡州之难,宋九嘉、康锡等人则是在逃难中死去。雷琯在逃难途中为兵士所杀,张邦直、田锡等人则是病殁于路途。② 李汾的经历极为典型,他本为平晋(今山西太原)人,金末避乱入关中,后至汴京,武仙委任他为尚书省讲议官,因卷入武仙与参知政事完颜思烈的矛盾斗争中,李汾逃命到泌阳(今属河南),被武仙追获,绝食而死。③ 李汾多年处于逃难奔波中,其诗《避乱西山作》曰:"三月都门昼不开,兵尘一夕卷风回。"蒙古军队如同旋风,转瞬复至,使得城门白昼也要紧闭。"也知周室三川在,谁复秦庭七日哀",面对王室残破,却没有救楚难的申包胥那样的人物出现。"鸦啄腥风下阳翟,草衔冤血上琴台"④,更是写尽当时在战争中无端被杀之人的冤屈。

面对这种局面,北方家族不得不想办法躲避战乱,保存生命。比如邹平(今属山东)张氏,在金末动乱,人绝食的情况下,张克忠祖父十四公差点因一斗多黑豆被恶少所劫杀,父亲张顺当年六岁,藏到蓬蒿中躲避兵士才得以死里逃生。战后生活艰难,二人辛勤劳作,延师教育子孙。张克忠后以军功入仕。⑤ 东平(今属山东)王公渊家族也有类似的经历。当战乱来临之时,王公渊兄长三人南逃避难,只有王公渊坚持留守宗庙。最终南逃的三位兄长不知下落,而留守的王公渊一家存活了下来。⑥ 已经同居五世的蒲城(今属陕西)王氏,在金宣宗元光兵乱时,举族奔窜,仓促相失。后来王毅返乡才延续了家族。⑦ 华州奉先(今陕西蒲城)人李庭十六岁应词赋进士举,弱冠已经两次乡荐,正当取得功名之际,赶上金末战乱。他逃难到商、邓山中。当时"岁歉无食,人相鱼肉",李庭靠煮木芽溪毛充饥。⑧ 从临沂(今属山东)迁徙到许州

---

① 参见《金史》卷 121《高守约传》、卷 108《侯挚传》、卷 126《文艺传》、卷 124《杨达夫传》;符海朝:《元代汉人世侯群体研究》第二章,河北大学出版社 2007 年版。
② 参见牛贵琥:《金代文学编年史》,第 666、661 页。
③ 参见《中州集》卷 10,元人刘祁《归潜志》卷 2,《金史》卷 17《哀宗纪》、卷 126《文艺传·李汾传》及《御定全金诗增补中州集》卷 43 等。
④ 《中州集》卷 10,第 496 页。
⑤ 参见(元)张临:《河沟阡表》,民国重印本《邹平县志》卷 9。
⑥ 参见元人胡祗遹《王忠武墓碑铭》、《元史》卷 164《王构传》及《(民国)东平县志》卷 11《人物志》。
⑦ 参见(元)危素:《义门王氏祠堂碑》,《(光绪)蒲城县新志》卷 7。
⑧ (元)王博文:《故咨议李公墓碣铭并序》,《寓庵集》附录。

（今河南许昌）的张琮、张雄飞家族同样是死里逃生，"国兵屠许，惟工匠得免。有田姓者，（张）琮故吏也，自称能为弓，且诈以雄飞及李氏为家人，由是获全"①。

邹平张氏等族人历经坎坷总算保全了家族，还算幸运；很多家族妻离子散，家破人亡，背井离乡。原籍陈留县（今河南开封）许思孝的曾大父金末被杀，年仅十二岁的祖父许德逃难到赵州高邑县（今属河北）。②陕州白氏同样经历了生离死别，白华跟随金哀宗出奔，困在汴京城的白朴母子情势危急，最终白朴在元好问的庇护下保全性命，而其母则失散。广平肥乡（今属河北）人窦默也有同样凄苦的经历，他被蒙古军队俘虏，同时被俘者三十人皆被杀，只有他得以脱身返乡。结果家里也是一片残破，仅有母亲独存。惊吓之余，母子俱得疾，最终母亲病死，窦默扶病草草安葬了母亲。而蒙古军队又至，他南走渡河，依托于母党吴氏。后转徙蔡州，金主迁蔡，窦默害怕蒙古兵将至，又南走德安（今湖北安陆），后逃归大名（今属河北）。③

金末蒙初，文人四处逃难的现象极为普遍。临晋（今山西临猗）人麻革于金亡后从雁门关越过代岭，曾一度避处居延（今内蒙古额济纳旗）。④他曾作《庐山兵后得房希白书知弟谦消息》，房希白即河汾诸老之一的房皞，金末逃难到南方，可能麻革弟与房皞一起避难，因此麻革从房皞处得到其弟的消息。诗曰："军行万里速如鬼，风惨一川愁杀人"⑤，无论是逃到北方还是南方，蒙古军队总是如影随形，难以摆脱，尽管骨肉分隔，好在兄弟尚存，略可宽慰。杨弘道《哭刘京叔》慨叹刘祁英年早逝，死后光景凄凉，"无儿为继世，有弟托孤孀"，使得他"伤时复自伤"。⑥直到元末，蒋易还感慨道："金元氏之季，中原板荡，士大夫流离转徙，衣冠之裔，不绝如线。"⑦

---

① 《元史》卷163《张雄飞传》，第3819页。
② 参见（元）危素：《故封奉政大夫礼部郎中骁骑尉高邑县子奉先墓志铭》，《（民国）高邑县志》卷9。
③ 参见《元史》卷158《窦默传》。
④ 麻革生平见刘祁《归潜志》卷12及《元诗选·三集》小传等。
⑤ （元）房祺编：《河汾诸老诗集》卷1，中华书局1958年版，第7页。
⑥ （元）杨弘道：《小亨集》卷3，魏崇武等校点：《杨弘道集》（与《李俊民集》、《杨奂集》合刊），吉林文史出版社2010年版，第429页。
⑦ （元）蒋易：《题藁城李氏族谱序》，《鹤田蒋先生文集》卷上，《全元文》第48册，第83页。

侥幸存活下来的文人士大夫，其处境也极为难堪。《黑鞑事略》记载，宋使徐霆于窝阔台汗七年（1235）左右出使燕京，发现悲惨的景象："亡金士大夫混于杂役，堕于屠沽，去为黄冠，皆尚称旧官。王宣抚家有推车数人，呼'运使'，呼'侍郎'。长春宫多有亡金朝士，既免跋焦，免赋役，又得衣食，最令人惨伤也。"①即便金朝存在民族歧视，士大夫阶层也属社会中上层，金亡后尽然被掠为奴，或者沦落底层，或者托身道观②，让同为士大夫的南宋人徐霆感伤不已。许多儒士同普通百姓一样，沦为蒙古贵族的驱口，驱口，即奴隶。"自天兵南牧，大夫士衣冠之子孙陷于奴虏者，不知其几千百人。"③

　　这种状况直到蒙古太宗十年（1238）的戊戌试确定儒户，才得到改观。所谓"戊戌试"，实际上起始于太宗九年丁酉（1237）。《元史》卷81《选举志》记载："太宗始取中原，中书令耶律楚材请用儒术选士，从之。九年秋八月，下诏命断事官术忽鯣与山西东路课税所长官刘中，历诸路考试。以论及经义、词赋分为三科，作三日程，专治一科，能兼者听，但以不失文义为中选。其中选者，复其赋役，令与各处长官同署公事。得东平杨奂等凡若干人，皆一时名士，而当世或以为非便，事复中止。"此次考试的倡议者为耶律楚材，在《元史》卷146《耶律楚材传》中对考试始末有更为详细的记载：

　　　　丁酉，楚材奏曰："制器者必用良工，守成者必用儒臣。儒臣之事业，非积数十年，殆未易成也。"帝曰："果尔，可官其人。"楚材曰："请校试之。"乃命宣德州宣课使刘中随郡考试，以经义、词赋、论分为三科，儒人被俘为奴者，亦令就试。其主匿弗遣者死。得士凡四千三十人，免为奴者四之一。

　　蒙古人以武力得天下，漠视中原文化，对于汉族儒士可以发挥的社会作

---

① 《黑鞑事略笺证》，《王国维遗书》上海古籍出版社1983年版，第13册，第15页。跋焦，王国维解释为剃发。
② 元人王鹗《玄门掌教大宗师真常真人道行碑铭》记载："时河南新附，士大夫之流寓于燕者，往往窜名道籍。"
③ （金）段成己：《创修栖云观记》，《（成化）山西通志》卷15，第1088页。

用缺乏应有了解,甚至认为儒生的作用不及工匠。①事实上,蒙元时期,各类能工巧匠确实得到朝廷的重用。比如浑源(今属山西)人孙威,从妻兄杜伸处得制甲胄之法,深得太宗窝阔台汗的宠幸,仕至平阳河南怀州顺天诸路工匠都总管,太宗赐以金符,并赏赐锦衣。其子孙公亮历仕监察御史、山北辽东道副使、彰德路总管等职,家族也由此走向显达。②即使是一般的手工业工匠,在蒙元社会也得到了较之以往更高的社会地位和福利保障。③耶律楚材以工匠为比,希望朝廷给流离失所、甚至沦落为奴的儒生应有的地位,因此建议太宗窝阔台汗,比照金代科举的模式,举行甄别儒生的考试,使得四千三百人获得儒籍,其中脱离奴隶身份的多达一千多人。

蒙古太宗丁酉年八月下诏决定举行科举,具体举行的时间为第二年,即戊戌年,个别地区举行考试到了第三年,即己亥年(1239)。得中的四千三百人中可考者只有二十多人,包括杨奂、刘德渊、石璧、荆国器、张著、刘祁、郭时中、兀林答儃、赵友、解政祥、赵倩龄、张葵轩、王天挺、徐之纲、砚弥坚、张㬎、安滔、张文谦、赵良弼、宋规、郝鼎臣、麻革、孟攀鳞等人。④笔者新考得二人。第一,董珏《薛大猷墓碣》记载汤阴(今属河南)人薛天麟在蒙元初期的考试中中选,占儒籍,被授予曹州教授。⑤蒙古时期确定儒籍的考试仅有这一次,薛天麟参加的应该是戊戌试。第二,据黄溍《金华黄先生文集》卷23《元故中奉大夫湖南道宣慰使于公行状》,云中(今山西大同)于九思的祖父尚书府君,以经义试中程,得隶于儒籍,当为戊戌试。

这些通过戊戌试的儒生中不少属于北方文学家族,刘祁为浑源刘氏成员,安滔为藁城(今属河北)人,是著名学者安熙之祖父⑥,麻革为临晋(今山西临

---

① 《元史·耶律楚材传》记载,耶律楚材曾对元太祖说:"治弓尚须用弓匠,为天下者岂可不用治天下匠耶!"
② 参见(元)刘因:《中顺大夫彰德路总管浑源孙公先茔碑铭》,《静修先生文集》卷16,《四部丛刊》本;〔日〕饭山知保:《"孙公亮墓"碑刻群的研究》,Journal of Asian and African Studies,No.85,2013。
③ 参见高荣盛:《元代匠户散论》,《南京大学学报》1997年第1期;胡小鹏:《元代的系官匠户》,《西北师大学报》2003年第2期。
④ 参见郭磊:《元太宗丁酉、戊戌科举选试辨析》,《晋中学院学报》2013年第2期。
⑤ 参见(元)董珏:《薛大猷墓碣》,《全元文》据《(乾隆)汤阴县志》收入,第54册,第43页。
⑥ 参见(元)苏天爵:《默庵先生安君行状》,《滋溪文稿》卷22。

猗）人，其父麻秉彝为金熙宗皇统九年（1149）进士，官兵部侍郎，有诗文存世。浑源刘氏、藁城安氏与临晋麻氏都属金元北方重要家族。北方文学家族成员参加戊戌试的一定不少，可惜，由于文献散佚，其余不可详考。

戊戌试的科目是沿用金代科举，但它并不是一次完全意义上的科举考试，考试只有路试而无会试。在考试得中的儒生并未授予官职，只有杨奂、刘祁、郭时中三人授考试官之职，也是宣德课税使刘用之、监试官术虎等人征辟而非朝廷任命。这次考试"不在于选拔官吏，而在于救济流离失所及陷于奴籍的儒士，使他们以'儒户'的身份，取得优免赋役的特权"①。戊戌试等考试使得儒户到了等同于僧人、道士的地位，其义务为入学以备选用；其权利一是可享有廪给，二在于赋役方面的优待，可以免除部分赋役。②甚至于这次难得的考试儒生还是朝廷试僧道的附属产物，因为元太宗试僧道也是丁酉年进行的。③实际上，蒙古时期僧道的地位高于儒生，甚至于孔子后裔孔元措恢复衍圣公地位也得益于全真道士萧元素与禅僧海云的帮助。④

尽管如此，这次考试毕竟使得四千三百人获得儒籍，其中一千多人脱离奴隶身份，意义极为重大。读书人得到儒户这种身份，虽不及宋代地位尊崇，比起其他元代户计，也算待遇不差了。到了元末，陕西老儒李扩、王及等人提及蒙元确立儒户时还充满感激，他们说："吾侪先世涉金季，归皇元，由亡国末裔，为起家始祖，以颂法孔子获占儒籍，遂复其家。"家族获得儒籍后，可以通过学习，等待入仕机会。"幼则群居庠序，肄业讲学，熏陶德性，而涵养气质；长则乡举里选，论材□官，策名天朝，而荣居禄位。"退一步讲，"虽或不学无术，而混于农工商贾，亦获免于追呼笞诟之辱，奔走服役之劳，眡编氓□□□□困于里胥社吏之征需者，盖不啻十百位相悬也"。⑤相比于农工商贾，儒户能够摆脱多种赋役的纠缠，也算是不幸中的万幸了。

---

① 萧启庆：《元代的儒户：儒士地位演进史上的一章》，氏著：《内北国而外中国：蒙元史研究》，第384页。
② 参见萧启庆：《元代的儒户：儒士地位演进史上的一章》，氏著：《内北国而外中国：蒙元史研究》，第384、391—392页。
③ 参见元人宋子贞《中书令耶律公神道碑》、郭磊《元太宗丁酉、戊戌科举选试辨析》。
④ 参见萧启庆：《大蒙古国时代衍圣公复爵考实》，氏著：《内北国而外中国：蒙元史研究》。
⑤ （元）董立：《大元重修宣圣庙记》，《全元文》据《中国历代石刻拓本汇编》第50册收入，第58册，第526页。《全元文》第56册，第339页重收此文。

陷身于奴隶的儒生，如果未能通过戊戌试，就很难摆脱奴籍了。段成己曾作诗叙述冯生获脱奴役之事，诗中说冯成之"自云衣冠后，家破偶不死。失身坑井中，摇尾凡几禩。过者日千百，藐焉不一止。忽逢盘谷翁，引手惟力致。力极势未回，既出几复委。不知何因缘，又入先生耳。一见不忍遗，即命加冠履。奴虏岂所安，推己乃知彼。恻然动于中，弃金犹弃粃。少属豺虎场，永谢泥与滓"①。读书人出身的冯成之在动乱之际沦落为奴，如果不是寂照先生出手相救，屈辱的经历不知还要忍耐多久。

蒙古时期，不能获得儒籍的文人要承担繁重的赋役，《元史》卷2《定宗纪》记载："是岁大旱，河水尽涸，野草自焚，牛马十死八九，人不聊生。诸王及各部又遣使于燕京迤南诸郡，征求货财、弓矢、鞍辔之物，或于西域回鹘索取珠玑，或于海东楼取鹰鹘，驲骑络绎，昼夜不绝，民力益困。"史学家认为，蒙古政权"只要需求增加，他们就从臣民那儿征收他们需要的东西。这样，赋税征收只是一特定的没有规范的做法，实际上是为了满足战争的应急需要而实行的一系列无止境的极度征用与勒索"②。

如果不能取得儒户的资格，就要承受蒙古朝廷及权贵的各类赋役与索取。李善长的经历就很典型，他流寓济南，以小学为生，抚养家族十余口人，由于被定为军户，又赶上母老子幼，只得由母之侄魏氏子从军，又恐伤母之心，复抛家舍业相随，希望求得有司，置其表弟于优处，好告慰于母亲。③甚至于已经取得儒籍的文人有时也未能免除杂役，《庙学典礼》记载："有不问投下是何诸色户计，指挥被县吏不问元系免役儒户，亦作投下户计，与民一体科差勾扰。"④"投下"指蒙古诸王、勋臣所属的封地与人户，"投下户"须向朝廷及所属的领主纳赋服役。⑤

总体来说，手工业者、医生、科学家等在中国历朝未得到优待的职业阶

---

① （金）段成己：《冯生成之自燕归平阳，赖寂照先生获脱奴役，复齿士列。将复归燕，主吾友济夫。来谒诗，姑序其概以答云》，《二妙集》卷1。
② 《剑桥中国辽西夏金元史》，第375页。
③ 参见杨弘道：《送李善长序》，《小亨集》卷6。
④ 王颋点校：《庙学典礼》，浙江古籍出版社1992年版，第79页。
⑤ 参见李治安《元代投下考述》（《民族研究》1989年第3期）、《元代政治制度研究》第三章"投下与蒙古诸王制度"（人民出版社2003年版）。

层，在蒙元时期获得更多的利益，并且得到朝廷更多的关心。忽必烈还保证不剥削农民，并且实际上鼓励农业的发展。"受到蒙古人损害的主要阶层是地主精英，从这个阶层中涌现出大量的士大夫统治阶级。忽必烈和蒙古人作为国家的统治者取代了他们。"①这在中国历代王朝是绝无仅有的。丘葵所言"天翻地覆纲常灭"②，虽然说的是南宋儒士的感受，未尝不能代表元代儒士的共同心声。

金亡前后，有些北方家族为躲避战乱逃到南宋，比如洛阳吕氏，吕膺挈子伟入宋，吕伟改名文蔚，以经义登进士第。吕膺兄吕庭避地河南，当敌兵大至时，令其子佑自己求生，吕佑由河南、山东，转到云、代（今山西大同、朔州），定居于京兆。③河东绛州（今山西新绛）人姬德，由河东绛州迁襄、邓间（今河南南部、湖北北部），后渡江居鄂州，子文龙中宋咸淳四年（1268）进士，仕至承直郎，兼金书判官厅事，入元归隐。④不同于吕伟、姬德等人安于南方，白华、房暭、王磐、杨弘道等人入南宋后又北返。白华在金亡之前随邓州节度使移剌瑗降宋，曾任宋官，后又于蒙古太宗八年（1236）降蒙。⑤平阳（今山西临汾）人房暭曾于金亡之际流寓荆楚，还曾游览西湖，隐于庐山。⑥广平永年（今河北邯郸）人王磐也曾避难淮襄间⑦，淄川（今属山东）人杨弘道逃到南宋还曾担任襄阳（今属湖北）府学教谕、唐州（今河南唐河县）司户等职，但随着唐州被蒙古所占，杨弘道只得北返。⑧白华等人在南宋不能长久，回到北方后也难在新王朝找到自己的位置。他们除了王磐仕宦显达外，其余三人都未能在政治上有所建树。白华依附于真定史天泽，可能因为降宋的不光彩经历，之后未得到蒙古朝廷的征辟。房暭、杨弘道北还故里后再未出仕，隐居以终。

---

① 《剑桥中国辽西夏金元史》，第461页。
② （元）丘葵：《七歌效杜陵体》其三，《钓矶诗集》卷1，《续修四库全书》第1321册，第170页。
③ 参见（元）苏天爵：《元故翰林侍读学士赠陕西行省参知政事吕文穆公神道碑铭》，《滋溪文稿》卷7。
④ 参见（元）苏天爵：《姬先生墓碣铭》，《滋溪文稿》卷14。
⑤ 参见《金史》卷114《白华传》。
⑥ 房暭生平参见《（光绪）山西通志》卷155、《元诗选·三集》小传。
⑦ 王磐生平参见《元史》卷160等。
⑧ 杨弘道生平参见杨弘道《赠仲经》诗序、王恽《儒士杨弘道赐号事状》（《秋涧先生大全文集》卷87）、《元诗选·癸集》小传。

由金入元的文士不得不考虑自己的出处问题,蒙古窝阔台汗七年(1235),刘祁返乡作归潜堂,元好问等二十位文人先后为归潜堂题诗,这一同题集咏反映了各自的出处观念。由刘祁《归潜堂记》可知,"他之所以潜,目的在于显,在鼓吹潜的同时已迫不及待地要寻找新的可以依附的皮了"①。元好问在《归潜堂诗》中说"却恐声光埋不得,皇天久矣付斯文",认为刘祁做不到隐居以终。元好问为金宣宗兴定五年(1221)进士,曾做过镇平、内乡、南阳等地县令。入朝任尚书省掾、左司都事、左司员外郎、翰林知制诰等职。金亡不仕蒙古,但是上书耶律楚材,保护亡金士人,谒见忽必烈,与汉人世侯交往,以自己的方式保护中原文化不因王朝更迭而断裂。②张特立的态度与元好问类似,他在诗中说:"才大到头潜不得,已传华萼出蓬门。"张特立(1159—1253),字文举,号中庸先生,曹州东明(今属山东)人,金章宗泰和三年(1203)进士,曾任偃师主簿、宣德州司侯、洛阳令、监察御史等职。晚年从教,忽必烈赐号中庸。③张特立在归潜堂诗中是不认同刘祁的归隐行为的。他出仕金朝,秉公执法,违逆权贵而不改其刚毅作风,金亡后不再出仕,晚年从教而终。由忽必烈赐号,可见他也是一位与蒙古政权有限合作者。

白华、麻革赞赏刘祁的归隐,白华在诗中说:"不须辛苦上龙门,秋水寒沙鱼得计"④,主张隐逸比干禄要好。麻革说:"逃渔鱼深处,避弋鸿冥飞。古来贤达士,亦复咏采薇。"白华、麻革都劝说刘祁不要出仕。赵著、高鸣、刘德渊、刘肃等人在《归潜堂诗》中是认同刘祁的归潜行为的。高鸣说:"我无玄豹姿,亦欲事隐沦。"薛玄对于刘祁的归隐行为有些矛盾,他一方面赞赏归隐山林的安逸闲适,另一方面又不认为归隐会是刘祁的最终归宿。赵著、高鸣、刘肃、薛玄都曾出仕蒙古,而麻革、刘德渊等人仅仅参加过戊戌试,但并未做官,也属与蒙古政权有限合作者。从诗歌与行为的矛盾,可以看出诗歌未必是其肺腑之言,金元易代使得文人们有些无所适从。

没有出仕的杨弘道等人,过着贫苦的隐居生活,杨弘道死后,房暤作诗缅

---

① 牛贵琥:《金代文学编年史》,第688页。
② 元好问生平参见郝经《遗山先生墓铭》(《陵川集》卷35)及《金史》卷126《文艺传》等。
③ 张特立生平参见《金史》卷128及《归潜志》卷9等。
④ (金)刘祁:《归潜志》卷14,中华书局1983年版,第176页。

怀,诗曰:"风尘末路尤多难,山泽癯儒只合贫。"① 既是感伤杨弘道之不幸,也是述说自己的苦处。北方文士生活贫困是极为普遍的。段克己《仲坚见和,复用韵以答》其四曰:"一饱不易得,身谋方信迂。家徒四壁立,囊至一钱无。"② 虽有些夸张,但其贫困也是不争的事实,可是封仲坚的处境比他更差。段克己的诗友张汉臣去世后,家贫不能葬,只得由乡邻帮忙办丧事,张汉臣贫困到"储粟无儋石"、"衣衾不掩尸",这种悲惨之景使得克己"抚膺呼苍天,淫淫涕如雪"③。麻革同样生活无着,"家贫全仰卖碑钱"④。段成己的朋友萧某穿着敝衣败絮,死之日母亲尚在,"行道之人闻之,为之出涕"⑤。

文士们并非甘于贫困,他们本有壮志,无奈生不逢时,赶上金亡蒙兴,功名富贵都成了一场空梦。段克己《赠答封仲坚》说:"念昔始读书,志本期王佐。时哉不我与,触事多轗轲。归来濯尘缨,羸装聊觧驼。"在乱世保身尚且不易,克己对生活的要求变为"誓求十亩田,于此养慵惰"。就是这种较低的生活要求都难以实现,克己甚至渴望富贵之人"粟帛救寒饿"。即使贫困至此,克己仍然不愿出仕蒙古政权,只是壮志难酬的感慨仍然萦绕心中,"尘埋剑锋缺,弹铗悲无奈"⑥。成己诗曰:"既无宠辱惊,又不至寒饿。自量亦云幸,到此能几个。更欲希世荣,所望毋乃过。"⑦ 以平静安宁的生活自我安慰,抵御世间荣名利禄的诱惑。"功名梦亦无"、"功名于我非所愿"⑧,这些诗句,未必能说明他们真的已经泯灭了功名之念。

支持文人固守的信念为儒家之道,段克己说"道行不得且栖迟,一唯谁传

---

① (金)房皞:《哭杨叔能》,《河汾诸老诗集》卷5。
② 《二妙集》卷3。
③ (金)段克己:《岁己酉春正月十有一日,吾友张君汉臣下世。家贫不能葬,乡邻办丧事诸君皆有谏章,且邀余同赋。每一忖思,辄神情错乱,秉笔复罢。今忽四旬矣,欲绝不言,无以表其哀。因作古意四篇,虽比兴之不足,观者足知予志之所在,则进知吾汉臣也无疑》,《二妙集》卷1。
④ (金)陈庚:《吊麻信之》二首之一,《河汾诸老诗集》卷4,第25页。
⑤ (金)段成己:《萧少府挽词并序》,《二妙集》卷4。
⑥ 《二妙集》卷1。
⑦ (金)段成己:《余懒日甚,不作诗者二年矣。间者二三子以歌咏相乐,请题于吾兄遁庵,遂以岁月坐成晚命之。因事感怀,成五章,以自遣志之所之,不知其言之陋也。览者将有取焉》其三,《二妙集》卷1。
⑧ (金)段克己:《枕上再赓前韵》、《再用渠字韵(二首)》其一,《二妙集》卷3、卷4。

鲁仲尼"①,道不可行而不得不归隐,成己说兄长克己"有才无用且藏身"②,生不逢时,只好隐居以保全自己。段克己说:"不求羽化为飞仙,不愿双持将相权。愿天早锡太平福,年年人月长团圆。"③ 生逢乱世的文人不求长生与富贵,只愿天下天平,家人团圆。段成己的愿望也是"何当洗甲兵,倒挽幽溪水"④。

文士们在诗中常常以道义互相勉励,房皞《寄段诚之》说:"陋巷箪瓢分所甘",段氏兄弟聊以自慰的只有"但能道义追渊骞,何妨坐客寒无毡"⑤。

金亡元兴带来的重大政治变故使得北方文人不得不思考出处问题,为刘祁归潜堂题诗为金源文士一次规模较大的同题集咏,讨论隐居还是出仕问题。由于出身不同、经历不同,文士做出的选择迥异,但是如何适应新王朝是每个文人、每个家族面临的考验。

段克己成了坚守节操的金遗民,尽管他对蒙古政权的态度也存在矛盾。其弟段成己做了路学提举,这种学官严格意义上并不算出仕。⑥ 猗氏陈氏显示出较为灵活的态度,陈赓做过张德辉、张仲一的参议,后为河东两路宣慰司参议;二弟陈庚做过郡教授、平阳路提举学校官等职;五弟陈廙为东平路劝农使。这样积极的态度为子孙在元代的仕宦打下了基础。⑦ 麻革、刘祁等人参加了蒙古政权组织的戊戌试,元好问等人也与蒙古政权做了有限合作。

金源文士的这种选择反映出他们复杂而微妙的心态,其原因可以归结为几点:

第一,这些金源文士与金朝的感情并不是很深。因为金朝政权主要掌握在女真人手里,汉人真正参与到政治当中的并不是很多。⑧ 刘祁反思金亡原因时,

---

① (金)段克己:《寿家弟诚之》,《二妙集》卷4。
② (金)段成己:《寿尊兄遁庵先生》,《二妙集》卷4。
③ (金)段克己:《癸丑中秋之夕,与诸君会饮山中,感时怀旧,情见乎辞》,《二妙集》卷6。
④ (金)段成己:《蒲城董公余素不识其何如人也。一日袖横轴所谓龙窝图者,同仲景来过,而以诗见谒。余雅不能文,诗尤非所长者,加之老病日久,纵不避拙恶,亦安能为他人雕肝肾邪?渠请益坚,余重违封意,且念其勤,姑因所见以叙之云尔》,《二妙集》卷1。
⑤ (金)段克己:《寿家弟诚之》(二首)其一,《二妙集》卷6。
⑥ (元)戴表元说:"钱塘数友皆不免以学正之禄糊口"(《钱塘数友皆不免以学正之禄糊口邓善之得杭……》,《剡源逸稿》卷4,《续修四库全书》第1322册,第522页),表明担任学官是儒士谋生的手段。
⑦ 参见本书第五章"山西地区文学家族"。
⑧ 参见吴晓红:《金代河东"稷亭"二段研究》,牛贵琥、张建伟主编:《女真政权下的文学研究》。

说:"由高琪执政后,擢用胥吏,抑士大夫之气不得伸,文法棼然,无兴复远略。大臣在位者亦无忘身徇国之人,纵有之,亦不得驰骋。又偏私族类,疏外汉人,其机密谋谟,虽汉相不得预。人主以至公治天下,其分别如此,望群下尽力难哉。"① 这段话反映了金代汉族文人的处境,既不能参与到政治决策中,还得忍受民族歧视,胥吏压制,使得"气不得伸",因此,金亡后为其守节的汉族文士不多,也就是情理中的事了。

第二,北方文人长期生活在民族政权之下,他们的华夷观念更为通达,有利于认可蒙古政权。金元鼎革,"随着契丹贵胄耶律楚材和方外道士丘处机率先摆脱华夷困惑与蒙古人合作,修端在金朝灭亡八个月后提出辽、金亦可为正统和尊蒙尊金的观点"。郝经与许衡从道统、君统等理论实践结合的层面推出"今日能用士,能行中国之道,则中国主也"② 的新认识,"使这种华夷正统观念逐步演进升华,它既敦促忽必烈为首的元朝统治者比较积极地吸收汉法,又鼓励广大汉族士大夫打消顾虑、勇敢地参与进入元朝各级政权,因而逐渐成为元王朝官方和士大夫都能接受的正统观念,无形之中成了忽必烈所建元王朝的政治文化纲领,并构建起了以蒙古贵族为核心、联合汉族士大夫的统治体制"③。比如在金朝并未做过官的营州柳城(今辽宁朝阳)人姚枢,出仕蒙古王朝,积极推行以汉法治国。这符合当时汉族文士在政治上的大趋势。

当然,文人愿意为蒙古王朝做官,解决的是王权正统性的问题④,但是还有另外一个重要问题没有解决,就是能否参与到新政权之中。这需要联系元代的仕进道路来谈。

第二节 科举中断与仕进出路

如果说段克己为守节不仕蒙元,白朴拒绝出仕主要在于国破家亡的惨烈景

---

① (金)刘祁:《归潜志》卷12,第136—137页。
② (元)郝经:《与宋国两淮制置使书》,《陵川集》卷37。
③ 李治安:《华夷正统观念的演进与元初汉文人仕蒙》,《学术月刊》2007年第4期。
④ 参见魏崇武:《论蒙元初期的正统论》,《史学史研究》2007年第3期。

象不能忘怀。那么，像关汉卿等人混迹于勾栏瓦肆之中，很大程度上在于科举中断与仕进道路狭窄不公的制度。

元代"官员的选拔途径，主要有科举、国学贡举、荫叙和承袭、宿卫出职和吏员出职等"①。其中，科举是最受世人瞩目的途径。

元朝中断科举，不仅当时儒生对此极为不满，后世史家也多有批评。自蒙古太宗六年（1234）灭金，至元仁宗延祐二年（1315）开科，科举中断八十年，使得宋金时期主要的仕进道路堵塞，令儒生感觉仕途无着。邯郸（今属河北）人张之翰在《题太原贺氏双桂楼》中不无感慨地说："簿书衮衮觅封侯，文笔区区委下流。底事君家不知变，尚将双桂揭高楼。"②蒙元中断科举，在金朝引以为豪的科举折桂，如今已经毫无意义。由宋入元的顾逢愤慨地说："科场久废不曾开，一扫千军谩有才。今日毛锥无用处，功名不自此中来。"③儒生们极端失落，"腐儒乖世用"④等感慨比比皆是。

尽管儒户比起农、军、站、盐等诸户有优待，但是元代儒户的出路窄而职位低，他们主要靠补吏和充当教官，但这二者品级低，升迁难，相比于宋金儒学独尊，儒生的地位和所受的尊敬大不如前。⑤汪元量不无解嘲地说："释氏掀天官府，道家随世功名。俗子执鞭亦贵，书生无用分明。"⑥吏的地位低，待遇差，比如卫州（今河南卫辉）人刘仲宪，"以儒掾台省者十余年，清苦如一日"⑦。甚至于元朝初期江南官吏没有俸钱。⑧儒生为了做官还要远赴他乡，江西人李时毅就是如此，揭傒斯说他："穷士得官如得仙，卿卿一去今五年。纵得蛮夷最穷处，犹胜更教卿久住。"⑨虽有谐谑的成分，却是儒生的尴尬处境的真

---

① 白钢主编，陈高华、史卫民：《中国政治制度通史》第八卷《元代》，人民出版社1996年版，第358页。
② （元）张之翰：《西岩集》卷9，《文渊阁四库全书》本。
③ （元）顾逢：《赠笔工》，《全元诗》据《诗渊》收入，中华书局2013年版，第10册，第67页。
④ （元）仇远：《有感》，《金渊集》卷3，《文渊阁四库全书》本。
⑤ 参见萧启庆：《元代的儒户：儒士地位演进史上的一章》。
⑥ （宋）汪元量：《自笑》，《湖山类稿》卷2。
⑦ （元）张养浩：《赠刘仲宪并引》，《归田类稿》卷17，《文渊阁四库全书》本。
⑧ 参见（元）程钜夫：《吏治五事·给江南官吏俸钱》，《雪楼集》卷10，《程钜夫集》，第104页。
⑨ （元）揭傒斯：《远归曲戏赠李九时毅还江西》，《全元诗》据《豫章丛书》本《揭文安公诗集》卷1收入，第27册，第262页。

实反映。

儒官虽然名誉上强于做吏，但也仅是儒生们不得已的选择。曾任职儒官的仇远对此感受颇深，他做这样的官，只为糊口①，因此欲罢不能，"儒冠误我欲投簪"②，就是他尴尬处境的流露。仇远《送许君起赴余干教授二首》之二提起他们任职教授时说"八品一官俱独冷"，《酒边》诗说："儒官冷落似村居。"③对于儒生，不论南方北方，都是一片慨叹之声，胡一桂说："儒冠误我知多少。"④刘秉忠《戏宋义甫》曰："欲着儒冠替僧帽，而今直得几文钱。"⑤在戏言中揭示了儒生处境的尴尬。

关于元朝儒与吏的仕进，王寔曰：

> 国朝用人之法有二，曰儒，曰吏。儒者，读经史数千万言，试有司，有得失之患，或数举不荐，或荐而不第。吏则不然，涉猎古今，期会簿书而已。宪台以俸吏历三考升各道宪司书吏，由宪司而察院，若行省、行台掾史，循资而上，不数十年间，登显要者班班焉。⑥

王寔所言，对吏的升迁之易有夸大的成分，毕竟登显要的吏屈指可数，大多数吏沉抑下僚，王寔的愤激之言与他试于有司未中的经历有关。但王寔所说的儒生入仕之难确是实情，他作为儒生所发的牢骚倒是代表了多数人的看法。

元代"仕进有多歧，铨衡无定制"，除了学校、荐举外，"捕盗者以功叙，入粟者以赀进，至工匠皆入班资，而舆隶亦跻流品。诸王、公主，宠以投下，俾之保任。远夷、外徼，授以长官，俾之世袭。凡若此类，殆所谓吏道杂而多端者欤"⑦。这样并无一定标准的铨选体制带来的是官员组成之身份、修养的驳杂不齐。⑧至于吏的选用，名目繁多："曰掾史、令史，曰书写、铨写，曰书吏、

---

① 参见（元）仇远：《言怀》"微官只为斗升谋"，《金渊集》卷6，《文渊阁四库全书》本。
② （元）仇远：《和南仲见寄》，《金渊集》卷5。
③ 分别见（元）仇远：《金渊集》卷5、卷6。
④ （元）胡一桂：《重阳》，《双湖先生文集》卷4，《续修四库全书》第1322册，第573页。
⑤ （元）刘秉忠：《藏春集》卷2，《文渊阁四库全书》本。
⑥ （元）王寔：《送刘景贤调江东宪司书吏序》，《听雪先生集》卷3，《全元文》第49册，第72页。
⑦ 《元史》卷81《选举志》，第2016页。
⑧ 参见郭万金：《元代文化生态平议》，《民族文学研究》2008年第1期。

典吏，所设之名，未易枚举。曰省、台、院、部，曰路、府、州、县，所入之途，难以指计。虽名卿大夫，亦往往由是跻要官，受显爵；而刀笔下吏，遂致窃权势，舞文法矣。"①对此，很多文人表示了强烈的愤慨，比如元末孔克齐说：

> 世祖能大一统天下者，用真儒也。用真儒以得天下，而不用真儒以治天下。八十余年，一旦祸起，皆由小吏用事。自京师至于遐方，大而省院台部，小而路府州县以及百司，莫不皆然。纵使一儒者为政，焉能格其弊乎？况无真儒之为治者乎？故吾谓坏天下国家者，吏人之罪也。②

孔克齐认为，元朝走向衰落，主要原因在于治国用小吏而不用真儒。③这种抨击是否有道理需要进一步思考，但文人这种对吏的仇视与轻蔑是普遍的。

然而，尽管存在仇视与轻蔑小吏的普遍心理，但是儒生在寻求出路时，补吏也是不得不考虑的一条途径。元人傅若金说："国初定令，儒生愿试吏郡县者优庸之，而不屑为者有矣。及比年，幸进既多，正涂日塞，持法者病其壅于治也，则闭之门而固拒之。冀杜其滥，而儒者亦缘是而胥厄焉。凡子弟之有志禄仕者，苟非藉世胄之资，其不由刀笔发身，则不能以达。"④儒生由吏入仕，存在不愿为，和不能为的情形。但是，如果不是出身于"大根脚"之家，想要仕途发达就只有投身刀笔之吏中了。此外，一些科举失利的士人不得不通过补吏而做官，比如临海人董思贤，参加进士考试，屡次为有司所抑，只得补吏做巡尉。⑤儒生做巡检这样的事例在元朝并不鲜见。⑥

然而，吏员职低俸薄，走这条路有时不免陷入贫困，比如昆山（今属江

---

① 《元史》卷81《选举志》，第2016页。
② （元）孔克齐：《至正直记》卷3"世祖一统"条，上海古籍出版社1987年版，第99页。点校本署名"孔齐"，顾诚考证当为"孔克齐"，参见《〈至正直记〉的作者为孔克齐》（《元史论丛》第六辑）。
③ 当然，并不是所有的吏员掾属都能得到尊重与重用，参见元人虞集《赠徐元度》诗序（《道园类稿》卷8）。
④ （元）傅若金：《送习文质赴辟富州吏序》，《傅与砺文集》卷5，《文渊阁四库全书》本。
⑤ 参见（元）朱右：《董府史墓铭》，《白云稿》卷8，《全元文》第50册，第672页。
⑥ 参见（元）揭傒斯：《李将军歌一首送李天民赴邵武军口巡检》及诗末注，《揭文安公全集》卷2，《四部丛刊》本。

苏）人傅翼，"业吏事，犹不免贫窭"。原因在于他不愿通过为吏而谋利。由于秉持儒家君子固穷的信念，傅翼不愿让儿子习吏事，而是培养他成为儒者。①北方家族也有同样的要求，济南章丘（今属山东）王氏劝诫"子孙专儒术，刀笔吏不可为"②。

"吏员出职"，即由吏入官，是元代吏员升迁的唯一途径。然而，"中央和地方，上级和下级，吏员出职的高低差别是很大的"③。中书省的吏员出职最优，而各地州县的吏员入官可能要耗费十几年甚至数十年光阴了。

即使有些吏能够达到"跻要官，受显爵"的地步，由于吏的形象不佳，有"吏治文书刻深"、"贪而慢"、"习刀笔，以坏心术"的说法④，以至于"吏以刀笔，为谭仁义者所贱久矣"⑤。坚守本分，不愿做吏的儒生大有人在。"延祐初，诏天下郡县选用诸生为吏。诸生多学官子弟，习俎豆，修诗书之业，一旦起家，持簿书筐箧，与刀笔吏伍，或不愿也。"⑥比如《录鬼簿》的作者，大梁（今河南开封）人钟嗣成，为邓文原、曹鉴的弟子，累试不中，从吏则有司不能辟，自己也不屑于为吏。⑦同样，女真人孛尤鲁翀推辞做河南行省掾属，而愿意为学正，甚至不愿做御史台掾，就在于他恪守传统文人的价值取向。⑧

也有一些人则为求出路而为吏，蒋易曾感慨地说："时科举已废，士舍其所业而就吏役者，吾见亦多矣。"⑨甚至为吏者获得权势利益后反而嘲笑轻视儒生，"吏术既用，大者列台省，小者佐州县，为世所贵，人争习之，睹儒冠则姗笑而嫚易"⑩。

---

① 参见（元）殷奎：《故处士傅君墓志铭》，《强斋集》卷4，《文渊阁四库全书》本。
② （元）刘敏中：《济南王氏先德碑铭》，《中庵先生刘文简公文集》卷9，《全元文》第11册，第638页。
③ 陈高华、史卫民：《中国政治制度通史》第八卷《元代》，第368页。
④ （元）贡师泰：《福建道都元帅府奏差潘积中墓志铭》，《玩斋集》卷10，明嘉靖重修本；（元）陆厚：《吏索和事钱》，《诗渊》，第79页；（元）赵汸：《题吴君仪教授植芸轩卷后》，《全元文》据《东山赵先生文集·文补》收入，第54册，第529页。
⑤ （元）程钜夫：《跋立孝字后》，《雪楼集》卷24，《程钜夫集》，第305页。
⑥ （元）胡翰：《送胡正辞叙》，《胡仲子文集》卷4，《文渊阁四库全书》本。
⑦ 参见（元）朱凯：《录鬼簿序》，（元）钟嗣成：《录鬼簿》（外四种），上海古籍出版社1978年版，第3页。
⑧ 参见《元史》卷183《孛尤鲁翀传》。
⑨ （元）蒋易：《送宪掾徐伯度序》，《鹤田蒋先生文集》卷上，《全元文》第48册，第58页。
⑩ （元）蒋易：《送郑希孔之建宁学录序》，《鹤田蒋先生文集》卷上，《全元文》第48册，第70页。

但补吏作为儒生的主要出路也使得他们不得不考虑前途问题。如何抉择困扰着元代的儒生,儒吏关系成为元代文人讨论的热门话题。① 东原(今山东东平)人陈泽民试吏不合而弃,其弟润民后任学官,数年不调。旁人为润民的遭遇惋惜,杨翮不认可这种说法,理由是"师道尊,吏人役"②。多数人主张将刀笔与儒术加以结合,比如释道惠《送刘生试吏》曰:"欲试笔曹新事业,莫忘周孔旧时书。"③ 刘敏中认为:"儒以经术专,而吏以文法行。言之于学,则经术本也,文法其末也。专其本而遗其末,则其敝也,或失之牵泥而不通,迂阔而难用。行其末而遗其本,则其敝也,或失之陷刻而少仁,巧倖而不贞。"因此,他强调,"必儒焉而达乎吏,吏焉而达乎儒,则本末相资,而后可以无二者之敝"。④

蒙元时期,不但儒学的地位受到挑战,从前作为唯一的政府语言的汉语,也遭受到了前所未有的挑战。⑤ 蒙古人起初使用畏兀儿人的字母文字书写蒙古语。中统元年(1260)元世祖委托帝师、吐蕃的八思巴喇嘛创制蒙古新字。⑥ 至元六年(1269),又下令诸路设立蒙古字学,专门教授蒙古新字⑦,以便进一步推行这套语言。多种语言的混合使用为儒生开辟了一条新的入仕道路,即充当译史。译史虽然也属掾,但是仕途发展更为便利快捷,远远优于以儒学文史入仕者,成为做官之捷径。⑧ 许衡子敬仁、侄师义都精通国语,所谓"国语",即蒙古文字。东明(今属山东)人彭仲德,练习儒吏,兼通译语,延祐年间由典瑞院译史入仕。⑨

当然,对儒生影响最大的还是恢复科举。蒙元王朝建立之初,亡金士大夫

---

① 参见元人王沂《送刘仲栗序》(《伊滨集》卷14)、李继本《送知县刘侯秩满序》(《一山文集》卷4)、蒲道源《送刘彦让山北宪史》(《闲居丛稿》卷3)。
② (元)杨翮:《送陈润民教谕序》,《佩玉斋类稿》卷5,《文渊阁四库全书》本。
③ (元)释道惠:《庐山外集》卷3,《全元诗》第20册,第371页。
④ (元)刘敏中:《承事郎西蜀四川道肃政廉访司经历赵君墓道碑铭》,《中庵先生刘文简公文集》卷8,《全元文》第11册,第617页。
⑤ 参见《剑桥中国辽西夏金元史》,第32页。
⑥ 参见《元史》卷202《释老传·八思巴传》,第4518页。
⑦ 参见《元史》卷6《世祖纪》,第122页。
⑧ 参见(元)虞集:《顺德路总管张公神道碑》,《道园类稿》卷43;李治安:《元代汉人受蒙古文化影响考述》,《历史研究》2009年第1期。
⑨ 参见(元)宋克笃:《彭侯遗爱碑》,《全元文》据《(乾隆)直隶绛州志》卷14收入,第59册,第10页。

就积极倡议实行科举,除了太宗时期的戊戌试之外,元世祖至元初年,有旨命丞相史天泽条具当行大事,也曾涉及科举,但未能实行。《元史》卷81《选举志》记载:

> (至元)四年九月,翰林学士承旨王鹗等,请行选举法,远述周制,次及汉、隋、唐取士科目,近举辽、金选举用人,与本朝太宗得人之效,以为"贡举法废,士无入仕之阶,或习刀笔以为吏胥,或执仆役以事官僚,或作技巧贩鬻以为工匠商贾。以今论之,惟科举取士,最为切务,矧先朝故典,尤宜追述"。

王鹗等议行的选举法,主要是远学隋、唐取士科目,近仿辽、金选举用人之法,以及太宗时之戊戌试。如果不能恢复科举,儒生的命运就远远不及前代了,他们"或习刀笔以为吏胥,或执仆役以事官僚,或作技巧贩鬻以为工匠商贾",已经沦落到吏胥、仆役、工匠、商贾的地步了。

元代几次议行科举都未成功,直至仁宗延祐二年(1315)才真正开科取士。然而,恢复科举以后,由于录取人数过少,每次取士不足百人,而且汉人、南人仅占一半,相对于汉人、南人应试者的数量而言,考中的概率微乎其微。比如江西行省,"江西岁就试且数千人,而预贡礼部,南人才二十有二,于是不能无遗才焉"①。元末明初人叶子奇感慨地说:"仕途自木华黎等四怯薛大根脚出身分任台省外,其余多是吏员。至于科举取士,止是万分之一耳。殆不过粉饰太平之具,世犹曰无益,直可废也。岂时运使然耶?何唐宋不侔之甚也!"②他对比唐、宋科举之盛,认为取士过少的元代科举几乎沦为粉饰太平的工具。姚大力先生认同这种观点,并做了更为精细的研究,他的统计结果是元朝"由科举入仕者,包括国子监应贡会试中选者共计1200.5人,占仕途总额的4.3%。这个比率,大致只相当于唐代和北宋的十分之一"③。

---

① (元)傅若金:《送习文质赴辟富州吏序》,《傅与砺文集》卷5,《文渊阁四库全书》本。
② (明)叶子奇:《草木子》卷4下《杂俎篇》,中华书局1959年版,第82页。
③ 姚大力:《元朝科举制度的行废及其社会背景》,《元史及北方民族史研究集刊》第6辑,1982年,第48页。

至于有司取士的标准亦不无可议之处,比如祁门(今属安徽)人汪克宽,字德辅,长于《春秋》之学,得到吴仲迂、吴朝阳等先生的肯定,泰定四年(1327),他会试京师,"论《春秋》与主司不合,又兼对策切直,遂见黜于中书"。这样的结果,使得贡师泰都为之不平,感慨道:"德辅年妙而质纯,才优而学博。贾勇秋闱,即中高等。上之春官,辄不偶于主司,是得之于数千人之中,而失之于数千人之外,天道之无常也。"由此,汪克宽厌弃科举之文,致力于经史文章。①

元人董复礼就以自己的经历述说了心中的不平。他于延祐四年(1317)与瞿士弘参加江浙省试,他见士弘属文立就,以为定能高中,没想到与自己同样名落孙山。之后董复礼托身家塾,九年后见士弘学业大进,而依然在不断参加进士举,他感慨道:

> 贡举固可以得士,亦未可以得士。自兴贤能之法坏,有司以声病剽劫之文程天下士,其或一铢黍不中权度,则斥弃弗省录,国家惩创若是!策之经术以端其本,玩之辞章以博其华,卒考其德行道艺以求其素,庶几乎西汉、成周之盛。凡今之登是科者,余悉取其书而读之,或识其为人,得副其实而无慊者,百仅得一二。噫!岂非所黜之不当,而所升之非其人耶?②

董复礼并不是一味反对科举,但有司未能甄别良窳,得中的未必贤能,而落第者亦多良骏。巩县(今河南巩义)人张惟贤的经历极为典型。他博学强识,百氏之言都可入诗,追踪六朝,效仿李商隐,诗歌意度不凡,他人难及。张惟贤还长于书法,尤善行草。延祐末年,他在京师太学生中每次月试,都以赋著称。王士熙、马祖常等文坛领袖都对他极为器重。然而,张惟贤参加乡贡进士考试,却未能考中。因为亲老急于入仕,勉强赴河南宪府为掾。张惟贤"以不得志于科名,耻操简牍事",年仅二十九岁就病死了。③当时,像张惟贤这样

---

① (元)吴国英:《环谷汪先生克宽行状》,《新安文献志》卷72。
② (元)董复礼:《送瞿士弘归武林序》,《全元文》第49册,第5页。
③ (元)宋褧:《张才子传》,《燕石集》卷15。

满腹经纶却难求一第的大有人在,有司黜陟不当影响了多少举子的前程。河南人陈时甫的遭遇更令人惋惜,他师从黄溍,自己在东阳以明经授徒,弟子上百人。可是他的弟子都考中了,陈时甫本人的文章却被主司怀疑是南人代笔之作,由此而科举失利。①

况且,侥幸取得一第者,三甲进士所叙不过正八品而已。②李祁曾讲述了进士为官者的尴尬,他在《送陈元善赴海北宪掾序》中说:

> 科目行,士皆蕲一第以行其志。然其初入官,率多得州县,又往往居佐贰下僚。守长肆行,奸吏无检,加以大府把握于上,一失其意,立蹈祸机。而豪猾之民,又从而窥伺之。盖有终日忧勤,而无益于事功者。回视昔时读书谈道之乐,反不可得。噫!士志此而求以行其志,难矣哉!惟进士之举而第者,得为宪府掾史,秩虽卑,而其谋谟赞画,能与宪府官相可否。③

元代进士得第者所授官职低,一般屈居下僚,常常为人所制,只有宪府掾史,秩卑而能参与谋划。由此可见,恢复科举,虽然让很多儒生欣喜若狂,实际上,并未使他们的地位得到多大提高,也不见得使他们在国家事务中发挥多大的作用。

不过,延祐开科对于儒生来说还是至关重要的,甚至对于社会风气也产生一定影响。"时科举制行,学者争先慕效,为举子业。"④学子多从保定容城李问求学。热衷于科举并不限于北方,南方的热情更高,晋陵锡山(今江苏无锡)人王寰说:"繇是薄海内外翕然向风,民俗丕变,释耒耜以谈经术,而六经之道皎然若行天日月。"⑤很多家族闻风而动,训导子弟学习举业,比如"汝其学焉,以袭世科,以绳祖武"⑥。

---

① 参见(元)金涓:《送杨仲章归东阳诗卷序》,《青村遗稿》,《文渊阁四库全书》本。
② 参见《元史》卷81《选举志》,第2019页。
③ (元)李祁:《云阳集》卷4。
④ (元)李继本:《李樞翁传》,《一山文集》卷6,《全元文》第60册,第1033页。
⑤ (元)王寰:《台州路总管太中焦侯德元送行诗序》,《全元文》第49册,第70页。
⑥ (元)胡炳文:《中斋记》,《云峰集》卷2,《文渊阁四库全书》本。

宋本的儒士经历较为典型,据宋褧《燕石集》卷15《故集贤直学士大中大夫经筵官兼国子祭酒宋公行状》记载:

> 时仁庙诏以科举取士,公曰:"朝廷待士如此,吾志决矣。"河南司宪凡四檄辟之,竟不赴。

由于仁宗开科,宋本竟然放弃了河南司宪的数次征辟。延祐六年(1319)宋本北返大都,时任礼部尚书的张养浩非常欣赏宋本的才华,再次推荐宋本:

> 录公(宋本)著述,移文吏部,乃腾章上中书荐试馆阁之职,吏部以科举方兴,不肯官儒士之由他道进者为辞。张复三移文,曰:"科举所取皆时文,宋某所述乃科举所未有。乞移文翰,考核用之。"竟不许。张怒曰:"何天官泥法之如是,宋某岂终不用者邪?"

由于延祐开科,吏部竟然不肯从其他渠道任用儒士,使得张养浩大怒。好在宋本不但工于文辞,也擅长科举考试。到了第二年,英宗即位,他在大都乡试夺魁,至治元年(1321)廷试为天下第一,由此步入仕途。更为荣耀的是,"宰相命京尹给仪卫驺从导至所居,实自公始"。宋本享受了科举状元的尊荣显耀,他作《殿试罢赋》曰:"玉堂松桧带晨霞,遥望宸严共拜嘉。逢掖诸生袍立鹄,未央清问墨翻鸦。扶摇九万风斯下,礼乐三千日未斜。从此君王识名姓,烟波惭愧旧渔家。"字里行间充满着自豪之感。其弟宋褧登泰定元年(1324)进士第。

雍古马氏同样出了两名进士,马祖常为延祐二年(1315)会试第一,廷试第二,其弟祖孝与他同登进士第,此外弟祖义为乡贡进士,祖信为国子生。① 与大都宋氏、雍古马氏相同,汤阴许有壬与弟有孚也都考中了进士。

北方文学家族成员不仅有出身进士者,而且更有知贡举者,即主持科举考

---

① 参见(元)袁桷:《漳州路同知朝列大夫赠汴梁路同知骑都尉开封郡伯马公神道碑铭》,《清容居士集》卷26。

试。既有在地方举行的乡试，也有在京师进行的礼部考试与廷试。北方文学家族成员利用来之不易的科举考试，认真为朝廷选拔人才，同时也帮助有才学的儒生通过科举进入仕途。宋本、马祖常、宋褧、李㞞鲁翀等人都主持过科举考试。

宋本和马祖常泰定三年（1326）曾考试大都乡贡进士，第二年，宋本为考试官，马祖常同知礼部贡举，取士85人，被评为精当，马祖常还担任廷试读卷官。① 马祖常至顺元年（1330），再次知礼部贡举，取士97人。史称他"择士务求实学，空言浮词悉弃不取，中选者多知名于时"②。

宋本还积极维护考生的利益。至顺三年（1332），本当会试天下进士，中书命权停以俟新君即位，各地来京参加考试的士人多数生活贫苦，不能长久在京城等待，都想离开。宋本提议说："会试乃常事，不奏题，不廷对，何以俟为？且进士一舍去四方，将以为废科举矣。"于是定在三月一日开试，宋本再次知贡举。"初科举条制有云，天下选合格者三百人赴会试，内取中选者百人，概言之也。由前知举官泥条制之人，止凭赴会试数中三取一，故累举中选者恒不及百。沿袭至是，举会试进士亦不及三百。"宋本坚持要求取中选者百人。自科举之兴，两榜第一甲只放一人，宋本举前代典故，请示宰执应放三人。③ 宋本弟宋褧也主持过各级科举考试，"齐鲁号称多士。公两被命考其乡贡，又尝为廷试读卷官，选择精详，士论推服"④。女真人李㞞鲁翀在泰定元年（1323）、至顺元年（1330）两次主持科举考试，宋褧就是他所取进士中的佼佼者。⑤

除了利用科举选拔人才，北方文学家族成员为官期间利用各种机会，积极推荐贤才，比如王士熙、宋本兄弟。元统年间，江东廉访使王士熙曾推荐倪渊为风宪之职。⑥ 汴梁处士吴炳，字彦辉，有德业才学，声誉极高，宋本力荐，

---

① 参见（元）苏天爵：《元故资德大夫御史中丞赠摅忠宣宪协正功臣魏郡马文贞公墓志铭》，《滋溪文稿》卷9。
② （元）苏天爵：《元故资德大夫御史中丞赠摅忠宣宪协正功臣魏郡马文贞公墓志铭》，《滋溪文稿》卷9，第141—142页。
③ 参见（元）宋褧：《故集贤直学士大中大夫经筵官兼国子祭酒宋公行状》，《燕石集》卷15。
④ （元）苏天爵：《元故翰林直学士赠国子祭酒范阳郡侯谥文清宋公墓志铭并序》，《滋溪文稿》卷13，第206页。
⑤ 《元诗选·二集》宋褧小传曰："显夫亦擢第，出于曹元用、虞集、李㞞鲁翀之门，士论荣之。"
⑥ 参见（元）黄溍：《承务郎杭州路富阳县尹致仕倪公墓志铭》，《金华黄先生文集》卷32。

朝廷以翰林编修之职征吴炳入朝。① 宋褧为官风纪时，推荐士人更多。潮州孝子段懋，父没，执丧哀苦，庐墓三年不归，负土筑坟，寒暑不懈。宋褧核实其行，旌表其门闾。蒙古人托寅，屏居读书，不事进取，荆襄士多称誉他，宋褧表其行于朝，果然被朝廷征用。②

此外，参加国子学贡举考试（国学贡举）也是入仕的一条路径。苏天爵《元故太史院赠翰林学士齐文懿公神道碑铭》记载，元代中期时，"国子岁贡六人。蒙古二，官从六品；色目二，官从七品；汉人二，官从七品"③。由于贵族和高级官僚子弟可以通过怯薛或荫叙谋取高官，国子学的学生主要是中下级官员的子弟。④ 对于一般家族的子弟，不大可能进入国子学。何况，从生员定额四百人的国学中选拔汉族学生二名⑤，这种入仕途径竞争激烈，也不是容易取得的。

荫叙与承袭也是元代官员的选拔录用途径之一。元代的武官依靠世袭，比如贯云石袭父贯只哥官爵，为两淮万户府达鲁花赤⑥；张柔死时，命第八子弘略袭职⑦。张珪十六岁，摄管军万户，为世袭家族的武职。其孙张昌为明威将军保定等路管军上万户佩金虎符⑧，也是世袭武职。文官则以荫补为主，制举、保举为辅。世袭和荫补主要看家庭背景，即所谓"根脚"，和学问全无关系。凡在蒙古建国、伐金、灭宋过程中立下功勋的蒙古、色目、汉人家庭，便是大根脚家庭，世享荫袭特权，垄断了绝大多数五品以上的职位。⑨ 中层官僚也享受荫补之特权，雍古马润孙、马祖常子武子，以祖父荫，授将仕郎监、常州路宜兴州税。⑩ 燕都人赵绳祖，字嗣宗，以荫补入仕，至正十一年（1351），为阳城县

---

① 参见（元）宋褧：《故集贤直学士大中大夫经筵官兼国子祭酒宋公行状》，《燕石集》卷15。
② 参见（元）苏天爵：《元故翰林直学士赠国子祭酒范阳郡侯谥文清宋公墓志铭并序》。
③ （元）苏天爵：《滋溪文稿》卷9，第130页。
④ 参见（元）苏天爵：《滋溪文稿·前言》，第2页。
⑤ 当然，这种国学贡举完全排斥南人，更为不公。
⑥ 参见（元）欧阳玄：《元故翰林学士中奉大夫知制诰同修国史贯公神道碑》，《圭斋文集》卷9。
⑦ 参见《元史》卷147《张柔传》。
⑧ 参见（元）虞集：《中书平章政事蔡国张公墓志铭》，《道园学古录》卷18。
⑨ 萧启庆：《元代的儒户：儒士地位演进史上的一章》，氏著：《内北国而外中国：蒙元史研究》，第399页。
⑩ 参见（元）袁桷：《清容居士集》卷26《漳州路同知朝列大夫赠汴梁路同知骑都尉开封郡伯马公神道碑铭》。

尹。① 元明善之子元晦荫受峡州路同知。②

所谓"宿卫出职",即元代优待勋贵子弟的一种极为特殊的制度——担任怯薛。蒙古时期的怯薛不仅是皇家的卫队、家务机构和帝国的中央军,也是主要的中央行政机构,此外还兼具质子营和军官学校的性质。忽必烈建立元朝后,怯薛的行政职能显著衰退,只从事较单纯的宫廷服侍和宿卫的本职工作。然而,怯薛在内廷仍有影响御前决策、参与帝位继承等干预政权的情形。元代的怯薛多达一万人,太祖成吉思汗的四杰——博尔忽、博尔朮、木华黎、赤老温四人及其后代组成轮值班,按照一定的干支轮值。怯薛成员的父兄多为各行政军事单位的负责人,他们大多是经受考验的忠诚于蒙古皇室的家族,服役怯薛在蒙古社会是飞黄腾达的捷径,因此,贵族子弟担任怯薛,是对贵族的恩惠延及子孙。③ 最早加入怯薛的当然是蒙古贵族,后来不免有色目、汉人、南人参加。比如海迷失后二年(1250),拖累孀妻唆鲁禾帖尼命择藁城邑中子弟入侍,董俊子文用受征,后来侍忽必烈于潜藩,"主文书,讲说帐中,常见许重"④。

《经世大典序录·入官》曰:

> 及得中原,损益古今之制度而行之,而用人之途非一。亲近莫若禁卫之臣,所谓怯薛者。然而任使有亲疏,职事有繁易,历时有久近,门第有贵贱,才器有大小。故其得官也,或大而宰辅;或小而冗散,不可齐也。国人之备宿卫者,浸长其属,则以自贵,不以外官为达。⑤

元代的宿卫即怯薛作为政治上的特权阶级,享受到的特权与门第因与帝室的亲疏而有所不同。然而,终元一代,怯薛作为入仕的捷径不容忽视。姚燧曾说:

---

① 参见(元)李聪:《阳城县尹赵侯兴学记》,《全元文》据《(乾隆)阳城县志》卷12收入,第58册,第678页。
② 参见《元史》卷181《元明善传》。
③ 萧启庆:《元代的宿卫制度》,氏著:《内北国而外中国:蒙元史研究》。
④ 《元史》卷148《董文用传》,第3495页。
⑤ (元)苏天爵编:《国朝文类》卷40。

> 大凡今仕惟三途：一由宿卫，一由儒，一由吏。由宿卫者，言出中禁，中书奉行，制敕而已，十之一。由儒者，则校官及品者提举、教授，出中书；未及者则正、录而下，出行省、宣慰，十分一之半。由吏者，省、台、院，中外庶司、郡县，十九有半焉。吏部病其自九品而上，宜得者绳绳来无穷，而吾应者员有尽，故为格以扼之，必历月九十始许入品；犹以为未也，再下令：后是增多至百有二十月。①

相比于深受压制、需要十年才能入品阶的吏，"由宿卫者，言出中禁，中书奉行，制敕而已"，说明怯薛歹这一特殊团体是置身于官僚制度之外的。

具体到北方文学家族，能够担任怯薛，由宿卫而入仕的主要有北庭廉氏、真定史氏、保定张氏等少数几个家族。廉希宪十九岁时，就与从弟希贤一起入侍皇弟忽必烈，由此得到忽必烈的信任。②希宪弟希恕孙阿年八哈也是二十多岁时宿卫禁中。③然而，对宿卫这一仕途捷径，有人反而不愿走，廉希宪从子惠山海牙年弱冠，大臣欲使其入宿卫。廉惠山海牙推辞说："吾大父事世祖，以通经号廉孟子。今方设科取士，愿读书以科第进。"乃入国学积分，后考中至治元年（1321）进士。④惠山海牙不愿依靠祖先的勋贵入仕，而是想努力学习汉族文化典籍，通过科举而做官。可见廉氏已经汉化成为传统的文人士大夫家族了。

除了廉氏，真定史氏、保定张氏等家族也有人通过宿卫而做官。至元二十九年（1292），真定史天倪曾孙、史权之孙、史烜之长子元亨以大臣荐，入见皇太子向于隆福殿，遂给宿卫。过了三年，龙兴路守臣请用元亨为佐，乃权其郡同知⑤，由此走上仕途。保定张氏几代多人担任过宿卫，比如至元二十九年（1292），张弘略见世祖于龙虎台，请曰："臣之子玠长矣，愿备宿卫。"世

---

① （元）姚燧：《送李茂卿序》，《牧庵集》卷4，查洪德编校：《姚燧集》，人民文学出版社2011年版，第71页。
② 参见《元史》卷126《廉希宪传》及所附《廉希贤传》。
③ 参见（元）胡助：《廉侯遗爱传》，《纯白斋类稿》卷18，《文渊阁四库全书》本。阿年八哈，原译为"额琳巴哈"。
④ 参见《元史》卷145《廉惠山海牙传》，第3447页。"大父"当作"从父"。
⑤ 参见（元）邓文原：《巴西集》卷下《故朝散大夫同知饶州路总管府事史公墓铭》。

祖从之。① 除了长子张玠，他的次子张瑾、三子张琰均备宿卫。② 张珪子景元、长孙张旭也曾担任过宿卫。③ 济阴商挺第五子商琦于大德八年（1304）被成宗召备宿卫。④

元代另外两条入仕途径为保举与制举。保举有赖达官贵人的援引，至于制举，只有名满天下之硕儒名士如刘因、赵孟頫、吴澄才能获此特达之机遇，一般儒士很难问津。⑤

北方文学家族成员有不少是通过保举与荐引而做官者。姚枢是窦默推荐给世祖的。⑥ 商挺长子商琥是在至元十四年（1277），由姚枢、许衡推荐，拜江南行御史台监察御史。⑦ 孛朮鲁翀也是由人推荐入仕的，至大四年（1311），他以书谒河南行省右丞王约，王约大奇之，即署为郡学正。后又将孛朮鲁翀推荐至中书，擢为翰林国史院编修官。⑧

除了根脚问题，儒生入仕的另一障碍是元代特有的种族阶级制度。元朝将人分为四等，即蒙古、色目、汉人、南人。蒙古人为国人，是统治民族，为第一等；色目指的是西域各种族，他们因为归附蒙古较早，成为蒙古统治者的助手；汉人包括原金朝统治下的各族人，包括汉族、女真、契丹等；南人指原南宋统治区域内包括汉族和西南少数民族在内的人。元廷奉行所谓"内北国而外中国，内北人而外南人"⑨的政策，优待蒙古人、色目人，轻视汉人，尤其歧视南人。蒙古、色目人数甚为有限，但却占据了将近三分之一的职位，而且多数为上层职位。⑩ 至于一般汉人、南人，是很难染指这些高级职位的。"天下治平

---

① 《元史》卷147《张柔传附张弘略传》，第3478页。
② 元人姚燧所撰张弘略碑，见孟繁峰、孙待林《张柔墓调查记》（《文物春秋》1996年第3期）。
③ 参见（元）虞集：《中书平章张公墓志铭》，《道园类稿》卷46。
④ 参见《元史》卷159《商挺传附商琦传》。
⑤ 萧启庆：《元代的儒户：儒士地位演进史上的一章》，氏著：《内北国而外中国：蒙元史研究》，第399页。
⑥ 参见《元史》卷158《窦默传》。
⑦ 参见《元史》卷159《商挺传附商琥传》。
⑧ 参见（元）苏天爵：《元故中奉大夫江浙行中书省参知政事追封南阳郡公谥文靖孛朮鲁公神道碑铭并序》，《滋溪文稿》卷8。
⑨ （明）叶子奇：《草木子》卷3上《克谨篇》，第55页。
⑩ 萧启庆：《元代的儒户：儒士地位演进史上的一章》，氏著：《内北国而外中国：蒙元史研究》，第399页。

之时，台、省要官皆北人为之，汉人、南人，万中无一二。其得为者，不过州县卑秩，盖亦仅有而绝无者也。"①在具体所任官职方面，蒙古、色目人与汉人、南人也有差异，叶子奇说："元朝天下，长官皆国人是用。至于风纪之司，又杜绝不用汉人南人，宥密之机，又绝不预闻矣。"②元代朝廷重要或涉及机密的职位基本上不用汉人、南人。

元人对此多有不满，梁寅在《史论》中论及元代时说："世祖之约，不以汉人为相，故为相皆国族，而又不置谏官，使忠直路塞。文学之士虽世世不乏，而沉于下僚，莫究其用，所赖以为用者，惟吏师而已。"梁寅这段议论，既批评了民族不公，又指出重吏也是汉族文学之士沉抑下僚的主要原因。最后导致朝政腐败的局面，"朝皆苟且之政，而士无謇谔之风，官有贪婪之实，而吏多欺诞之文"③，成为元朝灭亡的原因之一。

具体到北方文学家族，存在所谓大根脚家族，其中既有追随蒙古人而发迹的汉人世侯，也有较早拥护协助蒙古政权而崛起的家族。汉人世侯开始为专制一方的诸侯，在李璮谋反事件后，转变为中央集权制度下的官僚家庭④，真定史氏与保定张氏就位列其中，但是他们也因为与元朝政治过于紧密而付出代价。北庭贯氏因追随忽必烈征战也成为勋贵之家。北庭廉希宪和刘秉忠、商挺、郝经、姚枢、许衡等人先后加入忽必烈潜邸，为其继承汗位和统一天下积极谋划，在元初也拥有了较高的政治地位，为家族的发展打下了基础。耶律楚材加入蒙古政权较早，金亡后得到蒙古太祖、太宗的任用，其子耶律铸在中统、至元年间多次出任中书左丞相。其他家族通过推荐、科举、荫补等渠道进入仕途。但是，对于汉族家族而言，由于元朝的四等人制，他们入仕之后仍然面临着政治上的歧视与不公，面临着汉法治国与蒙古惯例之间的矛盾斗争。

综合考量，北方文学家族算得上元代的精英阶层⑤，他们中的蒙古、色目家族自然享有入仕的特权，汉人世侯和其他一些汉族勋贵同样在仕宦方面享有

---

① （明）叶子奇：《草木子》卷3上《克谨篇》，第49页。
② （明）叶子奇：《草木子》卷4下《杂俎篇》，第81页。
③ （元）梁寅：《新喻梁石门先生集》卷8，《全元文》第49册，第509页。
④ 萧启庆：《元代几个汉军世家的仕宦与婚姻》，氏著：《内北国而外中国：蒙元史研究》。
⑤ 所谓"精英"，为海外学者常用之名词，"用来指帮助最高统治者建国或进行统治的群体"（《剑桥中国辽西夏金元史·中译本前言》，第3页）。

优势。相对弱势的家族如猗氏陈氏、陕州白氏及女真宇朮鲁翀家族等，也通过荐举等途径保持家族成员的入仕之路。元代中后期，大都宋氏与汤阴许氏通过科举进入仕途，使得家族有所发展。北方文学家族在仕宦方面远远高于一般家族，也高于多数屈居下僚或隐居不仕的南方文学家族。

第三章　河北地区文学家族

河北地区在元代包括兴和路（治所在今河北张北）、保定路（治所在今河北保定）、河间路（治所在今河北河间）、永平路（治所在今河北卢龙）、真定路（治所在今河北正定）、顺德路（治所在今河北邢台）、广平路（治所在今河北永年东南）、大名路（治所在今河北大名东）等。

金末蒙古时期，由于战乱频繁，河北人刚强尚勇的特色发挥出来，出现了顺天张氏、真定史氏等汉人世侯。以卢龙地区为例，"以枣栗之利、车骑之盛言之，则为用武之国；以太行、恒山挟右碣石入于海言之，则为天地之藏。海山沉雄，通贯斗极。人禀其气而生，或客于其乡，或仕于其国，率多魁伟敦庞宏杰之士。至于游谈剑侠，倔起闾巷间而掉臂于王公之门，排难解纷，遂以功名显者，往往而在"①。元好问所说的卢龙军，即永平路，领卢龙、迁安、抚宁、昌黎四县与滦州，在蒙古时期多出豪侠之士。易州"河山钜丽，风气劲武，而民物富繁"②。当然，河北地区也不全是崇尚武勇之地，比如"河间古称礼乐之国，在今三辅之内，文物衣冠之盛，比于邹鲁，国家仁义《诗》、《书》之泽，陶濡百年"③。顺德路南和县，"土沃易稻，民用以饶，加以乡先生董征君德化，裕变几鲁，在邢为礼义邦，号称易治。人多好善，罔有吝"④。保定"土壤肥夷，习俗敦朴，而民蹈信谊之行，士子洁修，佩服儒素，而城郭田里间，弦诵之声

---

① （金）元好问：《归德府总管范阳张公先德碑》，《元好问全集》卷28，第596页。
② （元）李继本：《送易州奇峰口朱巡检秩满序》，《一山文集》卷3，《全元文》第60册，第950页。
③ （元）李继本：《送内史金院董公景宁赴河间路总管序》，《一山文集》卷4，《全元文》第60册，第967页。
④ （元）杨朴：《土地庙碑记》，《全元文》据《（乾隆）南和县志》卷10收入，第58册，第192页。

相闻也"①。

蒙古时期,河北地区涌现出了很多杰出人物,除了顺天张氏与真定史氏外,还有藁城董氏,这个家族和忽必烈渊源久远,关系紧密②,家族成员在元代一直享有较高的政治地位③。邢台集团也值得注意。邢州(今属河北)人刘秉忠与弟秉恕、张文谦(1216—1283)、马亨等同乡,在金莲川幕府辅佐忽必烈,积极实行汉法,使得邢州大治。这些人物多不是正统儒家,他们为学驳杂,不专一格,多善术数,长于吏事。④ 同乡郭守敬(1231—1316),字若思,其卓越成就在水利、历法、数学等方面。比他们晚一些的大名路人齐履谦(1263—1329),虽说研究性理,但为学博恰,除了六经诸史、天文地理、礼乐律历,对阴阳五行、医药卜筮等无不精通,尤其擅长历法,体现的还是邢台学派的特点。⑤ 保定路容城人刘因则与他们不同,他研习理学,淡泊仕途,在家开馆教学,其弟子梁师恭与弟师安,在容城县沙河里创建孔子庙。⑥ 广平肥乡人窦默(1196—1280),在理学与政事方面卓有成就,广平永年人王磐(1202—1293),助元建立礼仪制度,在政事与文学等方面颇有影响,真定人高鸣(1209—1274),长于裁定风宪条章,荐举人士,栾城人李治(1192—1279)⑦,登金进士第,入元不愿做官,教授生徒,著述丰富。⑧ 即便一个宁晋县(今属河北),也出了不少人才。⑨ 赵州宁晋人王玉,金季为万户,镇赵州。降蒙后英勇善战,屡立战功。其子王忱长于政事,曾审理不少疑难案件。⑩ 王椅,至

---

① (元)李继本:《送旦侯官判秩满序》,《一山文集》卷3,《全元文》第60册,第939页。
② 藁城为拖雷孀妻唆鲁和帖尼的分地,董文炳长期担任藁城令,和忽必烈家族建立亲密的主从关系。
③ 萧启庆:《元代几个汉军世家的仕宦与婚姻》,氏著:《内北国而外中国:蒙元史研究》,第291页。
④ 萧启庆:《忽必烈"潜邸旧侣"考》,氏著:《内北国而外中国:蒙元史研究》。
⑤ 参见(元)苏天爵:《元故太史院使赠翰林学士齐文懿公神道碑铭》,《滋溪文稿》卷9。
⑥ 参见(元)贾垕:《容城县沙河里创建孔子庙记》,《全元文》据《(弘治)重修保定志》卷24收入,第47册,第20页。
⑦ 李治,《元史》等作"李冶",其兄名澈,弟名滋,其偏旁均从水,冶当作治。参见余嘉锡:《四库提要辨证》卷12"《测圆海镜》十二卷"条,中华书局1980年版,第716页。
⑧ 参见《元史》卷158《窦默传》,卷160《王磐传》、《高鸣传》、《李治传》等。
⑨ 元人苏天爵《宁晋张氏先茔碑铭》(《滋溪文稿》卷16)曾提到宁晋人王忱、王椅、荆幼纪、陈佑与弟天祥等。
⑩ 参见《元史》卷151《王玉传》及附《王忱传》。

元二十年（1283），曾任中书参知政事。① 荆幼纪，至元二十五年（1288），御史中丞董文用曾举荐他为按察使。② 陈祐博通经史，仕历显耀，多有善政。其弟陈天祥仕至江南行台御史中丞、集贤大学士、商议中书省事等职，他坚持汉法，勇于和权要卢世荣、桑哥斗争。③ 河北在元初可谓人才济济。

下面以顺天张氏与真定史氏这两个汉人世侯为例，探讨河北地区文学家族的特点，这样更能反映该区域文化的特质。

第一节　顺天张氏

顺天张氏原籍易州定兴（今属河北），因张柔受封于顺天，对破败的城垣重新修建，因此顺天成为家族的根据地。顺天，又称为保州，即今河北保定，张氏家族的墓地都在保定的满城县、易县等地。因此，张柔家族被称为顺天张氏，又称为保定张氏。

学术界主要关注汉人世侯在元初的政治、军事和文化等方面的作用，政治和军事方面的论文有到何之《关于金末元初的汉人地主武装问题》（《内蒙古大学学报》1978年第1期）、唐长孺与李涵《金元之际汉地七万户》（《文史》第11辑，中华书局1981年版）、黄时鉴《关于汉军万户设置的若干问题》（《元史论丛》第二辑）、王颋《蒙古国汉军万户问题管见》（《元史论丛》第四辑，中华书局1992年版）、赵文坦《金元之际汉人世侯的兴起与政治动向》（《南开学报》2000年第6期）、张金铣《汉人世侯的兴起及其同蒙古汗廷的关系》（《民族史研究》[5]，民族出版社2004年版）、赵文坦《大蒙古国时期的顺天张氏》（《元史论丛》第十辑，中国广播电视出版社2005年版）与《汉人世侯与蒙元关系的演变——以世侯征伐镇戍为中心》（《文史哲》2010年第2期）、赵琦《大蒙古国时期的河北世侯与士人——兼论这一时期汉文化的遭际》（《元史论丛》第九辑）等。汉人世侯对元初文化也有贡献，相关研究有田同旭

---

① 参见《元史》卷12《世祖纪》。
② 参见《元史》卷148《董俊传附董文用传》。
③ 参见《元史》卷168《陈祐传》及附《陈天祥传》。

与刘树胜《论元杂剧的兴盛与金元汉人世侯之关系》(《晋阳学刊》2003 年第 2 期)、田同旭《论元杂剧四大活动中心的形成与金元汉人世侯之关系》(《南京师范大学文学院学报》2003 年第 3 期)、门岿《元初"世侯文化"的特点及其对元代文学的影响》(《东南大学学报》2004 年第 2 期)等。

具体到顺天张氏,主要集中于文物考证与张弘范文学成就两个方面。文物考证方面的论文有罗原觉《元张弘范碑残石》(《考古》1936 年第 2 期)、张洪印《河北易县发现元代张弘范墓志》(《文物》1986 年第 2 期)、沈海波《河北易县元代张弘范墓志跋》(《文物春秋》1991 年第 4 期)、孟繁峰与孙待林《张柔墓调查记》(《文物春秋》1996 年第 3 期)等。这些碑石的发现与考订,为校勘《元史》中的相关记载提供了第一手资料。台湾地区与日本学者也有张氏家族的研究成果。[①] 关于张弘范的文学成就,李剑亮认为,张弘范诗歌是乱世英雄的内心矛盾的表现[②],在《张弘范其人其诗》中,李剑亮概述了张弘范的生平,分析了他诗歌的内容与善用典故的特点[③]。刘万川以为,张弘范慷慨诗风源自其乱世建功、兼济天下的儒家入世心态,江湖诗风源自对南方文化的推崇心理。[④] 此外,符海朝从勇、仁、智、义四个方面分析了张柔、弘范父子的人格特质,肯定了他们的历史功绩。[⑤] 晏选军《金元之际的汉人世侯与文人》对顺天张氏、真定史氏、东平严氏涵育文化、保护文人的历史作用做了探讨。[⑥] 本节从考证顺天张氏的世系入手,探究这一元初显赫的汉人世侯家族与元代政治的关系,以及张氏的文学传统与这一家族对元初文学的影响。

一、顺天张氏之世系

根据王磐《蔡国公神道碑》,元好问《遗山集》卷 26《顺天万户张公勋德

---

① 例如,台湾地区学者孙克宽《元初汉军张柔行实考》、日本学者野沢佳美《张柔军团的建立及其构成》。
② 参见李剑亮:《出处辞受之间的沉吟——张弘范诗词的文化解读》,《浙江学刊》2001 年第 4 期。
③ 参见李剑亮:《张弘范其人其诗》,《漳州师院学报》1998 年第 4 期。
④ 参见刘万川:《元代诗人张弘范的诗风与创作心态》,《廊坊师范学院学报》2006 年第 3 期。
⑤ 参见符海朝:《试析金末元初汉人世侯的人格特质——以张柔、张弘范父子作为个案》,《内蒙古社会科学》2004 年第 2 期。
⑥ 参见晏选军:《金元之际的汉人世侯与文人》,《中南大学学报》2007 年第 1 期。

第二碑》，郝经《陵川集》卷35《公夫人毛氏墓铭》，李谦《故镇国上将军江东道宣慰使蒙古汉军都元帅张公墓志铭并序》，虞集《道园学古录》卷14《淮阳献武王庙堂之碑》及卷18《中书平章政事蔡国张公墓志铭》，《元史》卷147《张柔传》及所附《张弘略传》、卷156《张弘范传》、卷175《张珪传》，以及张洪印《河北易县发现元代张弘范墓志》等文献资料，将顺天张氏世系成员考证如下。

顺天张氏在元朝的第一代为张柔（1190—1268）[1]，字德刚，易州定兴人，尚气任侠，工于骑射。金末率众自保，以功授定兴令，累迁青州防御使、中都路经略使、中都留守、行元帅府事兼大兴府尹等职。后兵败降蒙，平定武仙叛乱，降附三十余城，加荣禄大夫、河北东西等路都元帅，赐号拔都。太宗时，伐金有功，被赐金虎符，升军民万户。将兵伐宋，每战身先士卒，战无不胜。中统二年（1261）乞致仕，封安肃公。至元三年（1266），修建大都城，加荣禄大夫，判行工部事。四年进封蔡国公，五年卒。十年，朝廷谥曰武康。[2]

张柔有李氏、靖氏、毛氏、马氏四位夫人。其中毛氏对其帮助很大。毛氏（1198—1259），临清（今属山东）人，广威将军潞州录事毛伯朋之女，大兴尹明昌名臣涿郡王翛然之甥，生于科第世家，长于名门望族。攻下北京后，张柔纳以为夫人，其姊嫁乔惟忠。毛氏"资婉淑明彻，沈郁有策略"，喜为学，阴阳之术、老佛之书、诗文之义，靡不能究。[3] 故持家有道，教子有方。张柔戎马倥偬，无暇内顾，夫人资宾客、飨士卒、抚伤员、慰家属、教子女，实为张柔之贤内助。享年六十有二。

据王磐《蔡国公神道碑》记载，张柔有子十二人，福寿、弘基、明山、松山、弘道皆早卒，弘略、弘彦、弘规、弘范、弘正、弘庆、弘毅俱登显秩。其知名者有：

张弘彦，张柔第四子，尝从郝经学，善骑射。从伐宋，战荆山有功，授新

---

[1] 据定兴县张柔墓《元故参知政事张（弘略）公神道碑铭》，张柔曾祖张溱，祖父张辛，父亲张福宽。
[2] 参见（元）王磐：《蔡国公神道碑》，《畿辅通志》卷107，《全元文》第2册，第267页；（金）元好问：《遗山先生文集》卷26《顺天万户张公勋德第二碑》；（元）苏天爵：《万户张忠武王》，《国朝名臣事略》卷6；《元史》卷147《张柔传》等。
[3] （元）郝经：《公夫人毛氏墓铭》，《陵川集》卷35。

军总管。中统元年（1260），扈驾上都，改顺天路新军总管；三年，授新军万户，佩金虎符。至元二年（1265），授鄂州万户；十六年，真金在东宫，召为侍卫亲军副都指挥使。年四十告老，八十而卒。①

张弘略（？—1296），字仲杰，张柔第八子。曾从郝经学习，博览群书，"有谋略，通经史，善骑射"。袭父职，授金虎符、顺天路管民总管、行军万户。平李璮反，朝廷削夺诸侯权，遂解除弘略兵职，宿卫京师。佐其父修建大都城，授中奉大夫、淮东道宣慰使。至元二十九年（1292），请致仕，特命为河南行省参知政事。元贞二年（1296）卒。②

张弘范（1238—1280），字仲畴，张柔第九子。素善马槊，能为歌诗。中统初任行军总管，平济南李璮有功，授顺天路管民总管，佩金虎符，移守大名。至元六年（1269）授益都行军万户，围攻襄阳，襄阳既下，率部渡江直驱建康，屡败宋师。改亳州万户，赐名拔都。宋亡，拜镇国上将军、江东道宣慰使。十五年，授蒙古汉军都元帅，往平宋室残余势力。十六年，岭海悉平，勒石纪功而还。未几，瘴疠疾作而卒，年四十三。谥武略，改谥忠武，再改谥献武。③

张柔有女十人。他与毛氏之长女名不详，嫁于乔惟忠之子顺天路人匠总管乔琚。"幽闲执礼，有母氏之风，赋诗弹琴，窈窕物外人"，号曰"静华君"④，长于画竹⑤，元好问、郝经等人见其墨竹，作诗赋以比其品德，夫家乔氏集成一卷⑥。张文婉，字丽卿，张柔与毛氏之次女。深得其母"贤而好礼"之传，故"生而有仪"。十五岁嫁易州太守郭弘敬，奉老侍亲，相夫教子，堪为楷模。夫亡，"复能以礼自将，纲纪家政，内而养老抚孤，使丧祭婚宦皆以时。外而事母夫人，病尽忧，至三刲股肉以进。痈溃，则亲为吮之，无难色"⑦。张柔第八女，小字度娥，年少习礼学诗，可惜早卒。

---

① 参见《蒙兀儿史记》卷51。
② 参见元人姚燧所撰张弘略碑（孟繁峰、孙待林：《张柔墓调查记》，《文物春秋》1996年第3期）、《元史》卷147《张柔传附张弘略传》。
③ 参见元人虞集《淮阳献武王庙堂之碑》（《道园学古录》卷14）及《元史》卷156《张弘范传》等。
④ （元）郝经：《公夫人毛氏墓铭》，《陵川集》卷35。
⑤ 参见（元）郝经：《静华君墨竹赋》，《陵川集》卷1。
⑥ （元）刘因：《静华君张氏墨竹诗序》，《静修先生文集》卷19。
⑦ （元）刘因：《郭夫人张氏墓志铭》，《静修先生文集》卷17。

张氏第三代张玠、张瑾、张琰，三人均为弘略之子。① 其中张玠官中顺大夫、卫辉路总管，兼本路诸军奥鲁总管，兼管内劝农事。② 张珪为弘范之独子，仕宦最为显达。张珪（1264—1327），字公瑞，自号澹庵，年少可以挽强弓。至元十七年（1280），拜昭勇大将军、管军万户，镇建康，屡著战功；二十九年入朝，拜镇国上将军、江淮行枢密副使。大德三年（1299）擢江南行御史台侍御史，迁浙西肃政廉访使；弹劾贪官、追缴赃款有功，大德八年（1304）拜江南行台御史中丞③，后因进言久不报，遂谢病归。至大间召拜御史中丞，皇庆元年（1312），迁荣禄大夫、枢密副使。延祐二年（1315），拜中书平章政事，直言议政遭杖，谢病家居。至治二年（1322）起为集贤大学士，复拜中书平章。泰定年间朝纲紊乱，与百官上疏极论当世得失，帝终不能从，以病归。泰定三年（1326），复召拜翰林学士承旨、知制诰兼修国史。次年卒。④

张氏第四、五代有文献记载的主要是张珪一系，虞集《道园学古录》卷18《中书平章政事蔡国张公墓志铭》记载，张珪有子六人，分别为：张景武，定远大将军、保定等路管军上万户、佩虎符；张景鲁，泰定二年（1325）任亚中大夫、海北广东道肃政廉访使⑤；张景哲，奉政大夫，佥浙东海右道肃政廉访司事；张景元，资政大夫，河南江北道肃政廉访使；张景德，未仕，早卒；张景诚，文林郎，内政司丞。此六兄弟中，除张景德早卒外，其余五人皆在文宗与天顺帝的帝位争夺中被也先捏杀害。

张珪有女五人，"长适朝列大夫太常礼仪院判官董守悫，次适中顺大夫秘书监丞赵伯忽，次继室董守悫，次未行。次适武德将军保定翼管军上千户忽都帖木儿"⑥。其未嫁之女为也先捏强娶。⑦

张氏第五代，虞集《中书平章政事蔡国张公墓志铭》记载了张珪一系："孙男十一人，长曰旭，宿卫。次曰昌，明威将军、保定等路管军上万户、佩

---

① 参见《元史》卷147《张柔传附张弘略传》。
② 参见姚燧所撰张弘略碑（孟繁峰、孙待林：《张柔墓调查记》，《文物春秋》1996年第3期）。
③ 参见（元）张铉：《至正金陵新志》卷6下《官守志》，《宋元方志丛刊》本。
④ 参见元人虞集《中书平章政事蔡国张公墓志铭》及《元史》卷175《张珪传》等。
⑤ 参见（清）阮元修：《广东通志》卷17《职官表》，《续修四库全书》第669册，第319页。
⑥ （元）虞集：《中书平章张公墓志铭》，《道园类稿》卷46。另见《道园学古录》卷18。
⑦ 参见《元史》卷32《文宗纪》。

金虎符。曰昆，曰昇，曰昭，曰晟，曰曜，曰旺，余皆幼。"张旭于元顺帝至正十年（1350）担任江南诸道行御史台监察御史，曾重刊曾祖张弘范之《淮阳集》。① 张旺至正二年（1342）任海北海南道宣慰副使。②

二、顺天张氏与元代政治

顺天张氏自张柔降蒙之后，助蒙古灭金平宋，立下赫赫战功。诚如忽必烈之评价：

> 此家父子相继，自太祖皇帝以来，定中原，取江南，汉人有劳于国者，是为最。张氏、史氏俱称拔都。史徒以筹议，不如张氏之百战立功也。③

张柔参加的灭金重要战役包括祁州（今河北安国）、汴京（今河南开封）、汝南（今属河南）等地，张弘范则在灭宋战争中发挥了重要作用。中统三年（1262），征讨李璮时，张柔曾告诫弘范："汝围城勿避险地。汝无怠心，则兵必致死。主者虑其险，苟有来犯，必赴救，可因以立功，勉之。"④ 弘范牢记父亲的教训，作战勇猛，长于谋略。他担任益都淄莱等路行军万户时，通过研究襄阳地形和分析以往战例，建言"宜城万山以断其西，栅灌子滩以绝其东"，以进一步孤立和隔绝襄阳，又在襄阳和樊城之间筑起"一字城"，把本属一个整体的襄樊军事防区切割成两部分。攻打樊城时，元军采纳弘范"截江道，断其援兵，水陆夹攻"⑤之计，顺利攻下这座坚固的堡垒，襄阳守将吕文焕投降。元军攻克襄阳后，僵持了六年之久的襄樊战役胜利结束，这场战役打开了南进临安的大门。起初南宋王朝不肯投降，只愿与蒙元王朝保持伯侄之礼，弘范入城劝降。⑥ 之后，张弘范继续带兵攻灭南宋残留势力。至元十五年（1278），弘

---

① 参见（元）许从宣：《淮阳集原序》，《淮阳集》卷首，《文渊阁四库全书》本。
② 参见（清）阮元编撰：《广东通志》卷17《职官表》，第669册，第319页。萧启庆《元代几个汉军世家的仕宦与婚姻》（见氏著：《内北国而外中国：蒙元史研究》）一文中有"保定张氏世系表"。
③ （元）虞集：《淮南宪武王庙堂碑（应制）》，《道园类稿》卷37。
④ 《元史》卷156《张弘范传》，第3679页。
⑤ 《元史》卷156《张弘范传》，第3681页。
⑥ 参见（元）李谦：《故镇国上将军江东道宣慰使蒙古汉军都元帅张公墓志铭并序》。

范被任命为蒙古汉军都元帅率水陆兵将两万前往征讨宋将张世杰与广王赵昺，沿海攻克漳、潮、惠等州（今福建漳州、广东潮州与惠州），俘获了宋丞相文天祥、礼部侍郎邓光荐。第二年，在崖山一举歼灭宋室余党，宋丞相陆秀夫抱着年仅七岁的幼主赵昺投海自尽，南宋最终灭亡。① 张柔子弘彦、弘略、弘正等人也为蒙元统一全国立下战功。

张氏不但摧城拔寨，还极力恢复经济。重建顺天（今河北保定）城在当时具有重要的意义。② 元好问《顺天万户张公勋德第二碑》记载：

> 丁亥之春，以满城隘狭，移军顺天。顺天焚毁之后，为空城者十五年矣。公置行幕荒秽中，日以营建为事。继得计议官毛居节，共为经度，民居、官府，截然一新。遂引鸡距、一亩二泉，穴城而入。为亭榭，为池台。方山阳，则无蒸郁之酷；比历下，则无卑湿之患。此州遂为燕南一大都会，无复塞垣之旧矣。③

丁亥为金哀宗正大四年、蒙古太祖二十二年（1227），正是蒙古与金交战之时，张柔重建被兵火焚毁的顺天城，使得当地由废墟重新成为都会。

除了重建顺天城，张柔还主持修建大都城。至元三年（1266），朝廷下诏修建大都城，张柔加荣禄大夫，判行工部事，他的第八子弘略辅佐其父担任筑宫城总管。④《圭斋集》卷9《元赠效忠宣力功臣太傅开府仪同三司上柱国追封赵国公谥忠靖马合马沙碑》记载，至元三年十二月，"命光禄大夫安肃张公柔、工部尚书段天佑暨也黑迭儿同行工部，修筑宫城"⑤。十三年，大都城建成。

张柔营建新城时不忘重修庙学。之前，保州（今河北保定）庙学在城北，居于闹市，喧嚣嘈杂。再建时张柔将其迁到城东南清爽僻静之地，新建的庙学

---

① 参见《元史》卷147《张柔传》、卷156《张弘范传》。
② 元人虞集《淮南宪武王庙堂碑（应制）》（《道园类稿》卷37）曰："顺天者，故保州，以忠武故，升府，名后有所避，又改今名曰保定云。"
③ 《元好问全集》卷26，第556—557页。另参同书卷33《顺天府营建记》。
④ 参见《元史》卷147《张柔传》及所附《张弘略传》；陈高华、史卫民：《元代大都上都研究》上篇第二章"大都城的修造过程"。
⑤ 《欧阳玄集》，第121页。

"殿庑一新,讲肄之舍,庖藏之所,游息之地,以次具举,高广其旧,几于倍蓰"①。移镇亳州时,除修建民居、府第、桥梁以外,还建起孔子庙并设立了学校。②张弘范同样重视文教事业,至元十四年(1277),他为江东道宣慰使,发现太平当涂(今属安徽)"好勇尚斗,遂成其俗",建采石书院。③

据王磐《蔡国公神道碑》记载,张柔关心百姓疾苦,曾释放家中驱口数千人为良民。针对百姓所受羊羔利之苦,他想办法减轻百姓负担。元好问《顺天万户张公勋德第二碑》曰:

> 军兴以来,贾人出子钱致求赢余,岁有倍称之积。如羊出羔,今年而二,明年而四,又明年而八,至十年则累而千。调度之来,急于星火,必假贷以输之,债家执券,日夕取偿,至于卖田业、鬻妻子,有不能给者。公哀而怜之,与真定史侯论列上前,乞债家取赢,一本息而止。

羊羔利害得百姓倾家荡产,妻离子散,张柔与史天泽的上书消减了这种危害。张柔胸怀宽广,甚至对仇敌之家属也加以扶助。元好问所撰碑记载:

> 初,移剌众哥、张甫、牛显皆尝与公为敌,既殁,其妻子流离,无所于托。公求得之,皆厚为存恤。……自余完复离散、婚嫁孤幼、周急继困、扶病助丧者,日月不绝,盖不可以十百计也。④

张弘范继承了张柔的仁爱宽厚。至元二年(1265),他移守大名,立即整顿治理租税加倍的问题。赶上水灾,弘范当即免除了所有赋税。朝廷要治他"擅权"之罪,弘范借此向忽必烈宣扬民本思想。《元史》卷156《张弘范传》记载:

---

① (元)郝经:《顺天府孔子新庙碑》,《陵川集》卷34。
② 参见《元史》卷147《张柔传》。
③ (元)周仁荣:《太平路采石书院记》,《全元文》据《(民国)安徽通志稿·金石古物考五》收录,第46册,第190页。并参(元)张兑:《太平路采石书院增修置田记》,《全元文》第52册,第55页。《全元文》第58册,第251页重收该文。
④ 《元好问全集》卷26,第559—560页。

（张弘范）进曰："臣以为朝廷储小仓，不若储之大仓。"帝曰："何说也？"对曰："今岁水潦不收，而必责民输，仓库虽实，而民死亡殆尽，明年租将安出？曷若活其民，使不致逃亡，则岁有恒收，非陛下大仓库乎！"帝曰："知体，其勿问。"①

张弘范以国家长久利益最终说服了忽必烈。他为官清正，常告诫其子"居官律己廉慎，则公明自生。御众赏罚信用，则人致力。不怀抱怨之心，怨亦自释"②。

弘范子张珪也能秉承父祖之传统，他忠心耿耿，敢于直言进谏。成宗朝，面对贪官横行之状上疏，张珪"极言天人之际、灾异之故，其目有修德行、广言路、进君子、退小人、信赏必罚、减冗官、节浮费、以宪法祖宗者，累数百言"③。大德三年（1299），张珪被派往川、陕一带巡行，途中赈济鳏寡孤独，罢免冗员贪官。

仁宗朝，张珪直言进谏，甚至不惜惹怒皇帝。虞集《道园学古录》卷18《中书平章政事蔡国张公墓志铭》记载：

上命道士刘志清，以其法为醮事，近侍分其所用金币，道士讼之台，而近侍谮道士于上，前当杀者六人，公力辩道士无死罪。上怒曰："汝以台纲胁我耶？"公曰："御史台，陛下之台，则台纲，陛下之纲也。陛下奈何欲自坏其纲乎？"上怒未解，顾左右扶出。明日，复叩头苦谏曰："陛下必欲用谮言杀无罪，臣请先死。"上即不杀六道士，亲解衣以赐公。明日上谓近臣曰："人言中丞忠臣乎，张中丞乃张忠臣，非官中丞也。"

张珪坚持以律治罪，甚至惹得仁宗大怒，在他的苦谏下，仁宗不但听从其意见，还称赞其为忠臣。适逢天灾，英宗敕廷臣集议弭灾之道，张珪和中书参议回回为被铁木迭儿冤杀的萧拜住、杨朵儿只平反。④泰定元年（1324），张珪

---

① 《元史》卷156《张弘范传》，第3680页。
② （元）虞集：《淮阳献武王庙堂之碑》，《道园学古录》卷14。
③ 《元史》卷175《张珪传》，第4072页。
④ 参见《元史》卷175《张珪传》、卷179《杨朵儿只传》。

与左右司员外郎宋文瓒等上疏几千言,讽谏帝王任用汉法,重振朝纲。泰定三年(1326),张珪病笃之日,泰定帝召见他,问及民生,张珪曰:"臣老,寡宾客,不足远知。真定、保定、河间,臣乡里也。民饥甚,朝廷幸出金粟赈之,而惠未及者十五六。惟陛下念之。"①泰定帝听后,命有司赈之。张珪在其生命垂危之际,仍然心系百姓。

张氏为元代朝廷尽心竭力,得到蒙元王朝的信任与重用,甚至于张弘范在至元十五年(1278)征讨张世杰与宋幼主昺时,打破蒙古惯例,以汉人身份统帅蒙古军。②他面辞元世祖时上演了一出君臣之间的信任与托付的场景,让人感动。虞集《道园学古录》卷14《淮阳献武王庙堂之碑》记载:

> 上曰:"尔忆而父与察罕之事乎?其破安丰也,汝父欲留兵守之,察罕不肯。师既南,而城复为宋有。进退几失据。汝父至不胜其悔恨也,由委任不专。今岂可使汝复有汝父之悔乎?尚能以汝父宣力国家之心为心,则予汝嘉。今付汝大事,勖之哉!"面赐锦衣玉带。又辞曰:"遗孽未息,延命海渚。奉词远征,无所事于衣带也。苟以剑甲为赐,则臣也得以仗国威灵,率不听命者,则臣得其职矣。"上壮之,上方宝剑名甲听自择其善者。既拜赐,又谕之曰:"剑,汝副也,有不用命者,以此处之。"

元世祖以弘范父张柔当年委任不专的教训告诫弘范,让他安心掌军讨敌,甚至赐上方宝剑给予专杀之权。

然而,民族的隔阂、君对臣的猜忌这双重阻碍使得这种信任与重用既有限度,也处于不断变化之中。张氏几代人在蒙元的政治斗争中不断遭受打击。《元史》卷147《张柔传》记载:

> 燕帅屃赤台数凌(张)柔,柔不为下,乃谮柔于中都行台曰:"张柔骁勇无敌,向被执而降,今委以兵柄,战胜攻取,威震河朔,失今不图,

---

① 参见(元)虞集:《中书平章政事蔡国张公墓志铭》,《道园学古录》卷18。
② 参见(元)虞集:《淮阳献武王庙堂之碑》,《道园学古录》卷14。

后必难制。常欲杀我,我不敢南也。"行台召柔,幽之土室,屑赤台施帐寝其上,环以甲骑,明日将杀之,屑赤台一夕暴死,柔乃得免。①

屑赤台仅仅因为个人意气之争,就谗毁张柔不忠于蒙古,如果不是屑赤台暴亡,张柔可能就蒙冤被杀了。张柔受诬陷并不止这一次,他驻守杞州(今河南滑县)时,"帐下吏夹谷显祖得罪亡走,上变诬柔,执柔以北。大臣多以阖门保柔者,卒辨其诬,显祖伏诛"②。张柔这次被部下夹谷显祖诬陷,多亏众多大臣以身家性命相保,他才幸免于难。

不只是张柔,其子张弘略、张弘范都曾遭到不公正待遇。李璮之乱后,朝廷追查当时与李璮通书信的人,唯独张弘略在信中以忠义劝李璮,但因朝廷削世侯兵权,弘略还是被解兵职而宿卫京师。至元二十三年(1286),弘略居亳州(今属安徽)。

> 有谗贵臣子在江南买田宅乐而忘归者,词引弘略。或谓弘略曰:"公但居亳,未尝在江南,入见宜自明。"弘略曰:"明之,则言者获谴矣,吾宁称疾家居。"③

张弘略面对别人的诬陷,为了不得罪人,忍辱负重,宁愿辞官家居。同时被谮的还有真定史天泽第四子史杠,他于至元二十一年(1284)任江东建康道提刑按察使,二十三年因有人进谗贵臣子孙多在江南买田宅,被召回朝廷。④

至元初,张弘范任职大名时,也被牵扯入他人的案子。虞集《道园学古录》卷14《淮阳献武王庙堂之碑》记载:

> 其监郡有爱鲁者,先在郡任计吏不当,至使自经死。僚吏不悦于爱鲁,发其事,王不与之,则爱鲁无援,必败。王曰:"同官也。"力为之

---

① 《元史》卷147《张柔传》,第3473页。
② 《元史》卷147《张柔传》,第3475页。
③ 《元史》卷147《张柔附张弘略传》,第3477—3478页。
④ 参见张弘略碑(孟繁峰、孙待林:《张柔墓调查记》,《文物春秋》1996年第3期)。

解，不得，而爱鲁抵罪，王亦为之免官，归乡里。

因为同僚大名路达鲁花赤爱鲁犯错，弘范因"盗用官钱"被罢官。① 尽管张弘范面对冤屈，同样"退然闲居，不以介意"。然而，他和弘略的隐忍最终并未给家族带来长久繁荣。

到了张氏第三代，其忠心换来的是更大的屈辱。大德年间，张珪任职浙西肃政廉访使时，"劾罢郡长吏以下三十余人、府史胥徒数百，征赃巨万计。珪得盐司奸利事，将发之，事干行省，有内不自安者，欲以危法中珪，赂遗近臣，妄言珪有厌胜事，且沮盐法"。② 多亏成宗派遣的官员得行省大小吏及盐官欺罔状，张珪才重获清白。到仁宗朝，张珪以社稷为重，直谏铁木迭儿不宜做太师，别薛无权执政，惹怒了皇太后，遭辱被杖。③ 到文宗与天顺帝争夺帝位时，张氏子孙更是遭到全家杀戮。两都之战有些将领烧杀抢掠，趁火打劫，支持文宗的紫荆关溃卒南走保定时，肆意剽掠，同知路事阿里沙及张珪子武昌万户景武等奋起反抗，率民众击死数百溃卒。之后遭到也先捏的报复，他率军至保定，杀阿里沙等及张景武兄弟五人，张氏全部家产被籍没，张珪之女也被也先捏霸占。④ 由于也先捏为文宗乳母之子，又做过文宗卫士，文宗出于私情，竟然百般庇护，不但未予追究，反而以张珪之女归也先捏。后来尽管处罚了杀害张氏的元凶也先捏，但是并未对张氏平反，反而把张氏的田业赐予大承天护圣寺⑤，张氏走向衰落成为必然。

古语云，为将三代，道家所忌。开国将领到了承平时期就该弃武从文，"太平不复事弓马，秋雨高堂闻读书"⑥。张弘范却忘记了先哲的告诫，他临终前，拿出南征时世祖所赐之剑甲，嘱咐张珪曰："汝父以是立功，汝佩服勿忘也。"⑦ 然而，家族的勇武传统既能建立丰功伟业，最终也葬送了家族。

---

① 《元史》卷6《世祖纪》，第115页。
② 《元史》卷175《张珪传》，第4072页。
③ 参见《元史》卷175《张珪传》、卷116《后妃传二·顺宗后答己传》。
④ 参见《元史》卷32《文宗纪》。
⑤ 参见《元史》卷34《文宗纪》及本书第九章"北方文学家族与元代政治"。
⑥ （元）虞集：《题李受益承旨作东平章万户继志堂记后》，《道园类稿》卷4。
⑦ 《元史》卷156《张弘范传》，第3684页。

三、顺天张氏之文学

顺天张氏的第一代张柔虽然以能征善战出名，却懂得在战乱中保存文化。汴京降，他"于金帛一无所取，独入史馆，取《金实录》并秘府图书"，并于致仕之前将《金实录》献与朝廷。① 这套《金实录》，为元朝提供了编写《金史》的第一手资料，为日后史官修史打下了基础。② 蒙古海迷失后二年（1250），元好问到张柔处，可能与看《金实录》有关。③ 张柔在政事之暇，"日与文儒考论今古"④，但他仅仅"读书略通大意"⑤，未必会作诗文。张柔第八子弘略"通经史"⑥，但他主要表现仍在武功方面，尚不能吟诗填词。

张弘范和张柔一样尊崇节义之士，优礼文人，征讨南宋时，在潮州之五坡岭俘获宋丞相文天祥，待以客礼，部下劝他"敌国之相，居心叵测，不可亲近"，弘范却说"忠义之人，保无它"，并将俘虏的文天祥族人亲属全部释放。⑦ 崖山决战之前，弘范请文天祥写信招降宋主帅张世杰，文天祥写下《过零丁洋》，誓死以明志，弘范读后，对其人格与才情更加钦慕，连声感叹："好人！好诗！"竟不能逼。⑧ 在海上，得礼部侍郎邓光荐，"礼之，于家塾以为子师"⑨。

张弘范"幼尝学于郝公伯常，而友邓光荐，恒与巨儒、学士大夫交，故属意文字为甚"⑩。他在戎马倥偬之余，不忘作诗填词，今存《淮阳集》一卷，附录诗余一卷，有《文渊阁四库全书》本。诗集名《淮阳集》取自元仁宗时朝廷追封他为淮阳王。《淮阳集》前有许从宣序，又邓光荐序，后有周钺序。杨镰先生主编《全元诗》从《皇元风雅》、《诗渊》、《永乐大典》等书又辑得七首。张弘范所留诗词不多，内容却很丰富，主要包括以下四个方面：一是述怀，经常在诗中抒发自己的建功立业的人生理想和政治抱负；二是咏史怀古，从侧面

---

① 参见《元史》卷147《张柔传》及元人苏天爵《二史质疑》(《滋溪文稿》卷25)。
② 元人欧阳玄《进金史表》(《圭斋文集》卷13)说："张柔归金史于其先。"
③ 参见牛贵琥：《金代文学编年史》，第783页。
④ （金）元好问：《顺天万户张公勋德第二碑》，《元好问全集》卷26，第560页。
⑤ （元）苏天爵：《万户张忠武王》，《国朝名臣事略》卷6，《文渊阁四库全书》本。
⑥ 《元史》卷147《张柔传附张弘略传》，第3476页。
⑦ 参见（元）苏天爵：《元帅张献武王》，《国朝名臣事略》卷6。
⑧ 《文山先生文集》卷19《过零丁洋》诗注，《文渊阁四库全书》本。
⑨ （元）苏天爵：《元帅张献武王》，《国朝名臣事略》卷6。
⑩ （元）许从宣：《淮阳集原序》。

折射出诗人的人生追求与反思；三是闲适遣兴，从泛舟、饮酒、赏花、打球、读书、对弈、行游等内容反映出诗人的生活情趣；四是写景咏物，大多境界狭小，成就不高。①

关于张弘范诗歌的风格，前人有过这样的评论。邓光荐《淮阳集序》认为，张弘范"天分英特，少从郝经学士。虽观书大略，率意吐辞，往往踔厉奇伟。据鞍纵横，横槊酾酒，叱咤风生，豪快天纵。其诗类楚汉烈士语"。他的诗"绝非营度出吻、笔下辄止者所能学，亦非凌烟阁上进贤冠、大羽箭所能尽。存之穹壤，要是古今一奇"②。邓光荐以为张弘范作诗词为"率意吐辞"、"豪快天纵"，绝非一般文人吟诗填词者可比。许从宣序曰："盖王以事业之余适其性情，而聊以见之吟咏。往往托物感兴为多，而在于射猎击毬之事者无几。况夫雅韵清辞，雍容谐协，固非服介胄者所能及。至其读韩信、李广传诸作，英气伟论，卓荦发扬，又岂拘拘律度之士所能道哉？"许从宣则补充说，张弘范既能超越带兵打仗之将领，又不同于拘于诗词格律的普通文人。他们都在一定程度上指明了张弘范诗词的特色。

四库馆臣认为张弘范诗歌有南宋江湖诗派的意味，杨镰先生指出，张弘范诗歌有着不同风格，除了江湖派，还有北方豪士的特色。《淮阳集》诗歌的江湖派色彩，与邓光荐的指点，甚至润色有关。③

弘范子张珪"读书不尚章句，务求内圣外王之道"。他师南宋名臣邓光荐，光荐授以《相业》一书，成为他为政的指导。英宗时，拜住为相，问他："宰相之体何先？"张珪回答说："莫先于格君心，莫急于广言路。"④张珪被列入《宋元学案》卷88《巽斋学案》。

和父亲张弘范类似，张珪也以诗是为政之余事。《元诗选·二集》录其诗七首，《全元诗》又辑得二首。我们仅能就九首诗来探讨张珪诗歌特色。《题曹娥庙》曰："一夕为亲犹尽孝，若为男子事君何。江淮多少英雄将，厚禄肥家学

---

① 张弘范诗歌内容参见李剑亮《张弘范其人其诗》(《漳州师院学报》1998年第4期)，侯计先《保定张氏与元初文学》第三章"张氏家族之文学"(山西大学硕士学位论文，2013年)。
② 杨镰《元诗史》指出，为《淮阳集》作序的邓光荐为庐陵人邓剡，他本人就是江湖派诗人。
③ 参见杨镰：《元诗史》第三章"纵横天下"。
④ (元)虞集：《中书平章政事蔡国张公墓志铭》，《道园学古录》卷18。

倒戈。"颂扬孝女曹娥的同时，批评那些倒戈投降的将领。《登茅山》曰："久矣厌朝市，心栖岩壑幽。"虞集有《次韵张蔡国公淡庵青山寺诗》，可见张珪同题诗作在先，这些诗作反映出张珪晚年"稍进方外之士，以悦生佚老焉"①。类似的作品还有《阴阳井》、《展子虔游春图卷》等。张珪的诗歌多抒情言志，蕴含较深。比如《喜客泉》在写景之余，慨叹"嗟余时所忌，而泉喜何为"，流露出宦海浮沉、多遭忌讳的感受。《晋桧》："一笑媚时荣，朝盛夕已衰。"在对历史的咏叹中，蕴含着现实的感慨。

张珪佚诗可考者尚有两首。第一，张珪曾向休宁（今属安徽）人黄一清赠诗，张珪结识黄一清，相见恨晚，本想擢置于馆阁，黄一清以葬母辞，张珪为诗以送之。②第二，据虞集《道园类稿》卷6《次韵蔡国公张淡庵香山寺》，淡庵为张珪之号，可见张珪作过《香山寺》诗。

顺天张氏不仅男性成员能作诗词，还涌现出了女性诗人。张柔第八女很小就诵读经史诗文，学习作诗，元好问《续夷坚志》卷3"张女凤慧"记载：

  顺天张万户德明第八女，小字度娥，资质秀爽，眼尾入鬓。丙午秋，入小学，生七年矣，日诵数百言。比戊申二月，女史属词，《孝经》、《论语》、《孟子》、《易·乾传》至《下系》、《诗·二南》、《曲礼·内则》、《少仪》、《中庸》、《大学》、《儒行》、《祭统》、《祭义》、《经解》、《冠》、《婚》诸篇、班氏《女诫》、郝氏《内则》、《内训》、《通丧记》六卷，皆成诵。日兼二诗，古律至十篇。学书下笔，即有成人之风。旦夕家居，见家人或不整肃，以礼责之。又所诵书多能通大义，时为讲说。其对属才思敏捷，无小儿女子语。"睡思昏昏如醉思，归心寂寂似禅心。桃李东风蝴蝶梦，关山明月杜鹃魂。"识者谓此诗不佳，后日果得病。又四日亡，甫九岁。郝伯常为诗吊之。③

---

① （元）虞集：《中书平章政事蔡国张公墓志铭》。
② 参见（元）黄溍：《秋江黄君墓志铭》，《金华黄先生文集》卷38。
③ （金）元好问：《续夷坚志》（与《湖海新闻夷坚续志》合刊），人民文学出版社2006年版，第62页。

元好问曾多次到顺天拜访张柔,并为其撰写《顺天府营建记》、《顺天万户张公勋德第二碑》等文,他所记张女早慧的事比较可靠。《续夷坚志》所记"德明",当为德刚,张柔字德刚。丙午即蒙古定宗贵由汗元年(1246),张女七岁,当生于窝阔台汗十二年(1240)。戊申为贵由汗三年(1248),她诵读《孝经》、《论语》、《孟子》、《周易》、《诗经·二南》、《曲礼·内则》、《少仪》、《中庸》、《大学》、《儒行》、《祭统》、《祭义》、《经解》、《冠》、《婚》诸篇、班氏《女诫》、郝氏《内则》、《内训》、《通丧记》等古代儒家经典,尤其是教育女子的著作班昭《女诫》等。使得张女成为恪守礼仪的典范,对于家人违反礼仪的行为予以责备。她每日还学习作诗和书法,对于所读书籍通其大义,能够讲说。张女作诗属对才思敏捷,其诗句不类儿童所为。传世诗篇"睡思昏昏如醉思,归心寂寂似禅心。桃李东风蝴蝶梦,关山明月杜鹃魂",有识者认为该诗有诗谶,因得病,九岁而亡。郝伯常即郝经,曾在张柔府中教授诸子七年^①,其吊诗不见于今本《陵川集》。

关于张氏女度娥,还有一则资料,宋褧《张女挽诗》序曰:"女讳阿庆,汝南忠武王第八女,今翰林待制郝陵川□□□。日诵数百言,尤工属对。十岁而逝。元遗山《续夷坚志》记其事。"诗曰:"三生常侍玉晨君,想像文姬一样人。露气清凝仙掌夜,天葩秀吐上林春。木兰歌怨征行苦,柳絮才高老大身。却是贞魂埋不得,彩鸾同与驾飚轮。"诗歌赞美张女的才华,比之为蔡文姬,感叹其短命而亡。宋褧还将张女阿庆所属对附于诗后,除了元好问《续夷坚志》所记外,还有以下几句:"洗砚黑云浮水面,折花红雨落墙头。""满地梨花三月暮,隔墙杨柳两家春。""秋水芙蓉妆镜晓,暖烟杨柳画屏春。""关山明月子规画,花柳东风蝴蝶梦。""江头鸥鹭,不关名利也风波;野外荆榛,有底功勋承雨露。""骤雨翻空,涤世间之尘垢;飞虹饮海,收天下之风云。"^②这些称得上元代难得的女性文学的资料。

张柔子女能诗文与夫人毛氏的教育有关,据郝经《公夫人毛氏墓铭》,毛氏"出教之书而勉以义,故皆有成资。喜为学,阴阳图传药石之术,老佛之

---

① 参见元人郝经《公夫人毛氏墓铭》(《陵川集》卷35)及《元史》卷157《郝经传》。
② (元)宋褧:《燕石集》卷7,"收天下之风云","之"字原阙,据《文渊阁四库全书》本补。

书，诗文之艺皆能究"①。

除了诗词，顺天张氏还长于书法，张珪学书，"腕力尤健，端重严劲，无惭笔谏之臣"②。张弘略也会书法，《安徽金石略》卷8存有"元张弘略手书碑"。张柔第八女"学书下笔，即有成人之风"。

顺天张氏除了家族文学外，他们对元初文学的发展也有很大贡献。张氏拯救、收留、推荐了很多金源文士。太宗五年（1233），张柔随蒙军攻下汴京，访求德高望重的金朝遗老和燕赵故族十余家，将他们护送北归。有户部尚书高夔，南京部转运使李特立，礼部尚书赵思文的三子赵贽、赵克刚和赵克基，翰林学士杨云翼之子杨恕及婿贾庭扬等人。③后来这些人大多托庇于张柔门下，成为他的"门下客"。汝南城破，蒙军下令屠城，一小校缚十人准备诛杀，中有一人相貌奇特，张柔问知是状元王鹗，即解其缚，以礼待之。随后，"辇之北渡，馆于保州者余十年"④。魏初《青崖集》卷5《故总管王公神道碑铭》记载："蔡国武康张公……亦喜收养士类。……前状元王鹗，监察御史乐夔，进士敬铉皆在其门下。馆客则陵川郝经，掌经书记则公（王汝明）也。"据王磐《蔡国公神道碑》，张柔"性喜宾客，每闲暇，辄引士大夫与之谈论，终日不倦。岁时赡给，或随其器能任使之"。张氏拯救与征辟的文士可考者如下。

王鹗（1190—1273），字百一，东明人（今属山东）。幼而颖悟，日诵千言，长工词赋。金正大元年（1224），考中状元。累擢金尚书省右司员外郎。金亡，被万户张柔救于刀下，馆于保州。岁甲辰，由世祖召居藩邸。中统元年（1260），授翰林学士承旨，制定典章，推举贤能，加资善大夫。奏立翰林国史院与十路提举学校官，皆被采纳。至元五年（1268），致仕。十年，卒，年八十四，谥号文康。⑤有笔记《汝南遗事》四卷，《论语集义》一卷，《元诗选·癸集》、《全元文》存其诗文若干篇。

---

① （元）郝经：《公夫人毛氏墓铭》，《陵川集》卷35。
② 参见（元）虞集：《中书平章政事蔡国张公墓志铭》，《道园学古录》卷18。
③ 参见（元）苏天爵：《万户张忠武王》，《国朝名臣事略》卷6。
④ （元）苏天爵：《内翰王文康公》，《国朝名臣事略》卷12。
⑤ 参见元人苏天爵《内翰王文康公》（《国朝名臣事略》卷12）及《元史》卷160《王鹗传》。

乐夔，字舜咨，武安（今属河北）人，曾任金郎中、中京副留守、监察御史等职。①

敬铉，字鼎臣，易州（今属河北）人，金兴定五年（1221）进士，为郏城主簿，改白水令。值元初访求前贤，宣授中都提举学校官。著《春秋备忘》四十卷，仁宗朝命刻其书。②

李特立，永平人，在金官至南京都转运史行六部事，吏治严明，"号半截剑"。③今存《归潜堂诗》等。

杨恕，字诚之，金名臣杨云翼之次子，平定乐平（今山西昔阳）人。登金正大四年（1227）经义进士第，曾任左司都事，后为翰林待制，国子监司业，终易州尹。④

贾庭扬，字升之，平定（今属山西）人。金正大四年（1227）经义状元。⑤

高嶷，字士美，遂州（今河北徐水）人。郝经说他才干精绝，学术纯正，拔为枢密院都事，后转为监察御史。⑥

郭仲礼，讳弘敬，易州定兴人。其父郭彦成与张柔同乡且为柔之姐夫，深得张柔信任，尝摄行元帅事。弘敬"性警敏，美姿容，读书善射"，张柔很是器重，以女妻之，并任之为易州太守。⑦

郝经，字伯常，泽州陵川人（今属山西）。家世业儒。金亡，徙顺天，"为守帅张柔、贾辅所知，延为上客。二家藏书皆万卷，经博览无不通"。宪宗二年（1252），为世祖召至潜邸，后授江淮宣慰司副使。中统元年（1260），拜翰林侍读学士，充国信使，使宋，被宋人馆于真州十六年。至元十二年（1275）北返，年五十三卒，谥号文忠。⑧

---

① 参见（元）魏初：《故总管王公神道碑铭》，《青崖集》卷 5。
② 参见（元）魏初：《故总管王公神道碑铭》，《青崖集》卷 5；《元史》卷 175《敬俨传》；（元）吴澄：《春秋备忘序》，《吴文正集》卷 11。
③ 参见金人刘祁《归潜志》卷 7、《金史》卷 102 及符海朝《元代汉人世侯群体研究》。
④ 参见（金）元好问：《内相文献杨公神道碑》，《遗山集》卷 18；（元）王恽：《中堂事记》，《秋涧集》卷 80；《（雍正）山西通志》卷 65 等。
⑤ 参见（元）王鹗：《汝南遗事》卷 4。
⑥ 参见（元）郝经：《哭高监察》，《陵川集》卷 13。
⑦ 参见（元）刘因：《易州太守郭君墓铭》，《静修先生文集》卷 17。
⑧ 元人苏天爵《国信使郝文忠公》（《国朝名臣事略》卷 15）及《元史》卷 157《郝经传》。

元好问，字裕之，太原秀容（今属山西）人，曾受业于郝经之祖郝天挺，二十几岁以诗作名震京师。金兴定五年（1221）中进士第，历任内乡令、南阳令、尚书省掾、左司都事、行尚书省左司员外郎。金亡不仕。①

王汝明，字宜之，燕人，善于论辩，凛然有战国魁士之风。曾赴元廷奏陈军机，得到大汗赏识。在张柔幕府任掌经书记，军旅、屯戍之事悉参谋议，后从张柔南征，戍杞、戍亳。乃张柔手下文武兼备之得力谋臣。②

毛居仁，毛伯朋之子，张柔妻之弟兄，临清人。进武校尉，通许醋监。北渡之后，以名德被征为参陕右宣抚司事。③

赵氏三兄弟为赵赟、赵克刚、赵克基。为永平赵思文之子，赵赟，尚书省令史；赵克刚，奉职；赵克基，行中书省左右司员外郎。思文女嫁浑源刘从益子刘郁为妻。④

诚如魏初《青崖集》卷5《故总管王公神道碑铭》云："壬辰北渡后，诸侯各有分邑，开府忠武史公之于真定，鲁国武惠严公之于东平，蔡国武康张公之于保定，地方二三千里，胜兵合数万，如异时齐晋燕赵吴楚之国，竞收纳贤俊，以系民望，以为雄夸。"顺天张氏凭借其卓著的功勋和雄厚的实力跻身三大汉人世侯的行列，成为元代的"上层统治精英"⑤，他们保护了大批金源文士，这些人物很多为元初的政治与文化建设做出杰出贡献，也是元初文学的主力军。

文士对张氏充满崇敬与感激之心，他们撰写诗文歌颂张氏安定百姓、保护文士之功绩。⑥

郝经曾在张柔府第教授其诸子，他曾为张柔作《大宛二马》（天厩所育，

---

① 参见元人郝经《遗山先生墓铭》（《陵川集》卷35）及《金史》卷126《文艺传》。
② 参见（元）魏初：《故总管王公神道碑铭》，《青崖集》卷5。
③ 参见（元）郝经：《广威将军潞州录事毛君墓志铭并序》，《陵川集》卷35。
④ 参见《元好问全集》卷18《通奉大夫礼部尚书赵公神道碑》。张氏幕僚参见符海朝《元代汉人世侯群体研究》及侯计先《保定张氏与元初文学》第一章第二节。
⑤ 萧启庆：《元代几个汉军世家的仕宦与婚姻》，氏著：《内北国而外中国：蒙元史研究》，第278页。
⑥ 胡传志：《宋金文学的交融与演进》附录《读书札记》"张仲杰"条，根据元好问《内翰王公墓表》、《与张仲杰郎中论文》，王若虚《答张仲杰书》，提出张弘略（字仲杰）为元好问门人，并与王若虚有过交往，此说似有误。据刘祁《归潜志》卷8，刘从益任长葛簿时，与张仲杰、李纯甫联句，刘从益去世于金哀宗正大三年（1226），而张弘略出生于1238年之前一二年。张仲杰所任郎中、县令之职与张弘略也不同。从时间和官职两方面看，与元好问、王若虚、刘从益交往之张仲杰为金代后期另一人，并非张弘略。

诏锡张蔡公）。张蔡公即张柔，至元三年（1266），张柔进封蔡国公，诗作于该年之后，元世祖赏赐张柔大宛马两匹，郝经歌咏之，在描绘了马的神采之后，歌颂了张柔的功业。

白朴不属张氏幕僚，蒙哥汗二年（1252）他游览顺天，曾为张柔妻毛氏作词①，其序曰："壬子冬，薄游顺天，张侯毛氏之兄正卿，邀予往拜夫人。既而留饮，撰词一《咏梅》，以《玉耳坠金环》歌之；一《送春》，以《垂杨》歌之。词成，惠以罗绮四端。夫人大名路人，能道古今，雅好客。自言幼时，有老尼，年几八十，尝教以旧曲《垂杨》，音调至今了然。事与东坡《补洞仙歌》词相类。中统建元，寿春榷场中，得南方词编，有《垂杨》三首，其一乃向所传者，然后知夫人真承平家世之旧也。"《秋色横空·摇落初冬》，题作"顺天张侯毛氏以早梅命题索赋，时壬子冬"②，亦为同时之作。因毛氏之兄正卿的邀请，白朴拜见了毛氏，为其写了词作，白朴了解到毛氏幼时就学过《垂杨》曲，具有一定的文艺修养。白朴的词《凤凰台上忆吹箫》（茄鼓秋风）当是蒙哥汗四年（1254）在顺天（今北京）所作，也与张氏有关。③

郭昂与顺天张氏也有诗词赠答。《元诗选·二集》收录郭昂《寄张九万户》，张九万户，为张柔第九子张弘范，至元六年（1269）任益都行军万户。郭昂与张弘范都属蒙元时期的汉族将领，又一同参与灭南宋的战争，诗中提到的淮楚，正是当时战争的前线，郭昂勉励张弘范和自己并力作战，早日平定天下。庐山僧人释道惠曾赠诗给张弘范，他在诗中颂扬弘范所率元军体恤百姓、所向披靡，祝愿弘范"名登麟阁上"。④

作为元代北方文学家族之一，顺天张氏不仅自身的创作显示了独特性，他们保护、推荐了大量文士，与文坛有着广泛联系，对元初文学的发展做出了贡献。

---

① 参见牛贵琥：《金代文学编年史》，第796页。
② 徐凌云校注：《天籁集编年校注》，第3—5页。
③ 参见徐凌云校注：《天籁集编年校注》，第8页。李修生《白仁甫及其创作》（《北京师范大学学报》1981年第6期）认为，史格代张弘范为亳州万户时，白朴作该词颂之。
④ （元）释道惠：《送张仲畤将军南征》，《庐山外集》卷2，《全元诗》第20册，第402页。

第二节　真定史氏

史氏原籍永清县（今属河北），史天泽、史楫等相继受封于真定，真定成为家族的根据地，家族成员死后归葬真定，因此被称为真定史氏。史氏为元代显赫的世侯家族，由于及早投靠蒙古政权，并在灭金伐宋过程中屡立战功，史氏也跻身上层，领受到与蒙古勋臣相似的待遇，享有世代兼统军民之特权。在李璮之乱后，忽必烈采取措施，全面废除世侯制，史天泽率子侄主动解除军职，由世侯转变为中央集权制度下的官僚家庭。①史氏的生平资料主要有崔铉《史氏庆源之碑》、刘祁《故北京路行六部尚书史公神道碑铭并序》（《金文最》卷55，《续修四库全书》本）、段绍先《义州节度使行北京路兵马都元帅史公神道之碑》、《史丞相神道碑》（均收录在乾隆《永清县志·文征》）、王磐《中书右丞相史公神道碑》（《国朝文类》卷58）、王恽《开府仪同三司中书左丞相忠武史公家传》（《秋涧先生大全文集》卷48）、《大元故真定路兵马都总管史公神道碑》（《秋涧先生大全文集》卷54）、虞集《江西省左丞史公神道碑》（《道园类稿》卷42）、《元史》卷147《史天倪传》与卷155《史天泽传》等。

目前对真定史氏的研究主要包括史实考证与文化影响两个方面。关于真定史氏的考证有刘化成《廊坊市永清县发现的史天泽家族墓地碑》（《文物春秋》1995年第3期）、孟繁峰《谈新发现的史氏残谱及史氏元代墓群》（《文物春秋》1999年第1期）、萧启庆先生《元代的几个汉军世家的仕宦与婚姻》（收入氏著《内北国而外中国：蒙元史研究》）等。对真定史氏文化影响的研究有门岿《真定元曲十家》（《河北师范学院学报》1979年第4期）、黄宗健《元杂剧在真定的崛起与史天泽》（《河北学刊》1991年第6期）、田同旭《论元杂剧四大活动中心的形成与金元时代汉人世侯之关系》（《南京师范大学文学院学报》2003年第3期）等。②此外，台湾学者孙克宽有《元代汉军永清史

---

① 萧启庆：《元代几个汉军世家的仕宦与婚姻》，氏著：《内北国而外中国：蒙元史研究》。
② 此外还有李瑞杰：《元朝唯一的汉族中书右丞相——史天泽》，《张家口师专学报》1999年第4期；赵玉敬、翟应荣：《史天泽与真定元曲的繁荣》，《乡音》2003年第5期；耿光华：《元代父子曲家史天泽和他的九公子——河北真定元曲作家探析》，《河北北方学院学报》2008年第5期。

氏本末——元代汉军三世家考之一》,日本学者野沢佳美、池内功等人也有相关研究。

一、真定史氏之世系

真定史氏原籍河北永清,史天倪、泽曾祖史伦在金代以多财与侠义称于河朔,经常发粟赈饥,有士族陷为奴虏者,他出金赎之,因此士人都争相趋附于他。天倪祖成珪,亦秉袭父风。其父史秉直,读书尚气义。金宣宗贞祐元年(蒙古太祖成吉思汗八年,1213),太师、国王木华黎统兵南伐,为保全家族,史秉直率里中老幼数千人投降。木华黎以史天倪为万户,为蒙古从事征讨。

史秉直有三子,长子天倪、次子天安、三子天泽。史伦死后,河朔诸郡结清乐社四十多个,每社将近千人,岁时以史伦像祠之。史天倪选其壮勇万人为义兵,号清乐军,以从兄天祥为先锋,所向无敌。史天倪(1197—1225),字和甫,成吉思汗九年(1214),被授为马步军都统,管领二十四万户。从木华黎攻高州,又从攻北京,皆不战而克。次年,为右副都元帅,攻山东、河东诸地,十五年(1220),还军真定,武仙降,天倪为金紫光禄大夫、河北西路兵马都元帅,行府事。二十年(1225),武仙叛乱,天倪被杀。①

史天倪五子,其妻程氏与三幼子在武仙之乱中遇难。天倪长子史楫(1214—1272),字大济,蒙古窝阔台汗十一年(1239),知中山府事,迁征南行军万户翼经略。乃马真后元年(1242),为真定兵马都总管,中统元年(1260),授真定路总管、同判本道宣抚司事。史楫二十一子,知名者有史炫,常德管军总管。史辉,知孟州。史燧,同知东昌府事。史煊,潼关提举。史炀,金广西按察司事。② 史煊,字正明,为史天泽之从孙③,根据王恽《秋涧先生大全文集》卷54《大元故真定路兵马都总管史公神道碑铭并序》,史煊为史楫之子。史煊为官重视儒学,喜欢推荐贤能之士。清人史简编《鄱阳五家集》

---

① 参见《元史》卷147《史天倪传》。
② 参见《元史》卷147《史天倪传附史楫传》。
③ 元人牟应龙《乐器记》称他为镇阳王之孙,当为从孙。柳贯《元故大司农史义襄公墓志铭并序》(《待制集》卷10)曰:"中书右丞相赠太尉镇阳忠武王大勋在盟府,不朽在史牒,世称真定史氏。"史耀于太尉为从孙,太尉镇阳忠武王无疑是指史天泽。

卷 4 吴存小传记载，延祐元年（1314），史烜任职饶州路（治所在今江西波阳），看到吴存未来参加科举考试，派人盛意邀请，中选后赴试礼部。史烜后来担任广德路（治所在今安徽广德）总管，曾修葺庙学大成殿，并在延祐五年（1318）制成乐器，使子弟练习，次年演奏雅乐。①

史楫弟权，字伯衡，勇而有谋。蒙哥汗二年（1252），代天泽为万户，对宋作战。中统元年（1260），世祖赐金虎符，授真定河间滨棣邢洺卫辉等州路并木烈乣军兼屯田州城民户沿边镇守诸军总管万户。以战功授河南等路宣抚使，充江汉大都督，总制军马，总管屯田万户。后任职镇国上将军、真定等路总管，兼府尹。转东平路、河间路总管。②史权生烜③，为大中大夫、同知两淮都转运司事。史烜长子元亨，字太初，元亨子名镇④。史权子史耀过继给史格。

史天安（1199—1255），史秉直次子，字全甫。蒙古太祖成吉思汗二十年（金哀宗正大二年，1225），以功授行北京元帅府事，抚治真定。窝阔台汗六年（金哀宗天兴三年，1234），为权真定等路万户。⑤天安有子桢、枢、桓、常山、众家奴。史枢（1221—1287），字子明。以勋臣子知中山府，有治绩。蒙哥汗四年（1254），为征行万户，配以真定、彰德、卫州、怀孟新军，戍唐、邓。在伐宋与平定李璮叛乱中立功，至元七年（1270），为昭勇大将军、凤州经略使，平定高丽人金通精叛乱。十二年，以万户从丞相伯颜伐宋，宋平，署安吉州安抚使。二十三年，拜中奉大夫、山东东西道宣慰使，治济南，后又治益都。史枢子史焕，为昭勇大将军、后卫亲军都指挥使，佩金虎符。史辉，为奉训大夫、秘书少监。⑥史桓，至元十六年（1279）任镇江路达鲁花赤。⑦

天倪被武仙杀死后，其三弟史天泽接管军队。史天泽（1202—1275），字

---

① 参见（元）牟应龙：《乐器记》，《全元文》据《（乾隆）广德州志》卷 30 收入，第 13 册，第 226 页。
② 参见《元史》卷 147《史天倪传附史权传》。
③ 史楫之子也名烜，二者必有一误。
④ 参见（元）邓文原：《巴西集》卷下《故朝散大夫同知饶州路总管府事史公墓铭》。
⑤ 参见李冶（李治）：《史天安神道碑》，《全元文》据《（光绪）获鹿县志》卷 3 收入，第 2 册，第 43 页；《元史》卷 147《史天倪传附史枢传》。
⑥ 参见《元史》卷 147《史天倪传附史枢传》。萧启庆认为，史枢次子与史楫次子皆名辉，必有一误。
⑦ 参见《（至顺）镇江志》卷 15。

润甫,太宗窝阔台汗即位,授真定、河间、大名、济南、东平五路汉军万户,从蒙古灭金有功。元世祖时,拜中书右丞相,从征阿里不哥,平定李璮叛乱。至元四年(1267),改中书左丞相,十年,征伐南宋。①

史天泽有八子,史格(1234—1291),字晋明,号裕斋,以亳州万户从征宋襄阳、潭州、静江,为广西宣抚使。宋亡,历任参知政事、广西宣慰使、湖广行省平章政事等职。②史樟,真定顺天新军万户。史棣,历官中山知府、卫辉路转运使。史杠,字柔明,号橘斋,历任提刑按察使、湖广行省左丞。③至元二十一年(1284),史杠任江东建康道提刑按察使,二十三年,因有人进谗贵臣子孙多在江南买田宅,被召回朝廷,二十四年,改任保定路总管。④史杞,历官卫辉路总管,淮东道廉访使。史梓,澧州同知。史楷,南阳府同知。史彬,中书左丞。⑤

史格以史权子耀为后。史耀(1256—1305),字焕卿,从史格抚定两广,授靖江路同知,历广东、浙东宣慰副使,福建行省平章政事。成宗时为江浙右丞,迁江西左丞,入为大司农。子塏,大德九年(1305)为枢密院断事官,至大三年(1310)迁瑞州路总管,延祐元年(1314)改常州路,泰定间累官江西左丞。史塏四子,长史钧,承务郎籍田署令。次银山、长安、金山。⑥据虞集《道园类稿》卷42《江西史公神道碑》,史塏三子为钧、鑑、钺,萧启庆先生认为,柳贯所记银山、长安、金山当为乳名,鑑、钺必当其二,另一人当早夭。⑦史格子史荣,为邓州旧军万户。⑧

史秉直有二弟:史进道、史怀德。史进道(1179—1243),以战功为义州

---

① 参见(元)王恽:《开府仪同三司中书左丞相忠武史公家传》,《秋涧先生大全文集》卷48;(元)王磐:《中书左丞相史公神道碑》,(元)苏天爵:《国朝文类》卷58;《元史》卷155《史天泽传》。
② 参见(元)姚燧:《平章政事史公神道碑》,《牧庵集》卷16。
③ 参见(元)姚燧:《江汉堂记》,《牧庵集》卷7;史杠墓志,王会民、张春长:《石家庄市后太保元代史氏墓群发掘简报》,《文物》1996年第9期。
④ 参见元人姚燧所撰张弘略碑(孟繁峰、孙待林:《张柔墓调查记》,《文物春秋》1996年第3期)。
⑤ 参见《元史》卷155《史天泽传》。
⑥ 参见(元)姚燧:《荣禄大夫福建等处行中书省平章政事大司农史公神道碑》,《牧庵集》卷16;(元)柳贯:《元故大司农史义襄公墓志铭并序》,《待制集》卷10。
⑦ 参见萧启庆:《元代几个汉军世家的仕宦与婚姻》,氏著:《内北国而外中国:蒙元史研究》,第296页。
⑧ 参见(元)姚燧:《平章政事史公神道碑》,《牧庵集》卷16。

节度使、行北京路兵马都元帅。史进道有四子,为天英、天钧、天祚,还有一个儿子名字失载。① 史天英有一儿二女,其子小字潭阳。史怀德二子天瑞、天祥。史天祥,以战功累迁为左副都元帅、都元帅。天祥长子史彬②,为江东提刑按察副使;次子史槐,袭职霸州御衣居人匠都达鲁花赤③。

史天泽有侄子名史椿,可能为天安子常山、众家奴中的一个,为萧启庆先生文所遗漏。至元十三年(1276),他任职河中府,访民疾苦,兴复经济,在此基础上修建庙学。④

二、史氏之军事与政治活动

真定史氏的崛起得益于金亡蒙兴,他们在这场朝代更迭中发挥了家族长于谋略与战斗的优势,使得家族由地方豪强成为元朝的高级官僚世家。在蒙古灭金伐宋的战争中,史氏参与了很多重要战役,立下赫赫战功。

史天泽征讨武仙时,成吉思汗二十年(金哀宗正大二年,1225),力战其部将葛铁枪,斩杀宋将援军彭义斌。中统三年(1262),李璮叛乱,史天泽进说于亲王曰:"(李)璮多谲而兵练,不宜力角,当以岁月毙之。"于是以深沟高垒围困济南。果然,叛军溃败出降,李璮被生擒。⑤

天倪子史权,蒙哥汗四年(1254)屯军邓州,败宋将高达于樊城。至元七年(1270),宋将夏贵,以船万艘载壮士,欲夺江面,史权攻破之。⑥ 天倪二弟天安之子史枢同样智勇双全,蒙哥汗八年(1258),宪宗由蜀伐宋,史枢为前锋。宋立剑州,侨治于苦竹崖,前阻绝涧,深数百尺,恃险而不备,帝使史枢侦察。史枢率健卒数十,缒而下,了解宋军军队情况后攻取,宋人惧而降。宪

---

① 参见(元)段绍先:《义州节度使行北京路兵马都元帅史公神道之碑》,《永清县志》附永清文征(征实第二)。
② 史天泽第八子亦名彬,其中之一有误,待考。
③ 参见《元史》卷147《史天祥传》。史氏家族成员参见崔媛《真定史氏与元初文学》(山西大学硕士学位论文,2012年)。
④ 参见(金)段成己:《河中府新修庙学碑》,《(成化)山西通志》卷13。萧启庆先生《元代几个汉军世家的仕宦与婚姻》列有真定史氏世系,见氏著《内北国而外中国:蒙元史研究》(第295页)。
⑤ 参见(元)王恽:《开府仪同三司中书左丞相忠武史公家传》。
⑥ 参见《元史》卷147《史天倪传附史权传》。

宗命皇后劝酒以奖其功。①

真定史氏虽然战功卓著，但这一家族并不仅仅是赳赳武夫，而是长于理政。他们家族成员无论是做地方官，还是为官中央，政绩都很突出。其中最突出的还是史天泽，王磐《中书右丞相史公神道碑》这样评价史天泽：

> 房杜受帷幄之寄，而不亲汗马之劳。耿贾著钟鼎之勋，而弗践秉钧之任。岂不以将相殊器而军国异宜，非仁勇兼备而才德两全者，未易当之欤？②

房杜，唐名相房玄龄、杜如晦的并称。唐人刘肃《大唐新语》卷1《匡赞》曰："二人相须以断大事，迄今言良相者，称房杜焉。"③耿贾，东汉初名将耿弇和贾复的并称。杜甫《述古三首》其三曰："耿贾亦宗臣，羽翼共徘徊。"耿弇和贾复都能征善战，名列"云台二十八将"之中。王磐认为，史天泽既具有耿弇、贾复那样开国大将的丰功伟绩，又像房玄龄、杜如晦一样擅长治理国家。在武功方面，"丞相史公弱冠从军，年未三十已为大将。自太祖、太宗、睿宗、宪宗四朝，每有征伐之事，未尝不在军中。身经百战，伟绩丰功，不可胜纪"。在治国方面史天泽也政绩显然，《中书右丞相史公神道碑》记述：

> 逮今上御极，置之相府，授以政柄，即从容闲暇，不动声色而纪纲法度粲然一新，内立省部以杜绝政出多门，斜封墨敕之权，外设六道宣抚司以削夺郡县官吏世袭专擅之弊，给百官俸禄，使在官者有以自赡而得保清廉之节。禁贿赂请托，使官吏一心奉公，而不敢为徇情枉法之私。又奏罢诸色占役五十余万户，均其赋税，以苏民力。天下欣然，咸有太平之望，非所谓仁勇兼备而才德两全者，能如是乎？

元世祖中统二年（1261），史天泽为中书右丞相，其施政措施主要有以下

---

① 参见《元史》卷147《史天倪传附史枢传》。
② （元）苏天爵编：《国朝文类》卷58。
③ （唐）刘肃：《大唐新语》，中华书局1984年版，第3页。

几个方面：第一，内立省部，外设六道宣抚司，解决政出多门、郡县官吏世袭专擅的弊端；第二，给百官俸禄，禁止贿赂请托，使为官者保持清廉之节，不敢为徇情枉法之私；第三，奏罢诸色占役者五十余万户，还为民籍，均其赋税，减轻百姓负担。王恽《开府仪同三司中书左丞相忠武史公家传》说史天泽为政注重实际，"言必虑其所终，行必稽其所敝，不强时之不能，不禁民之必犯，体时顺势，通变制宜。……论思之际，处国相儒臣间，调谐弥缝，必使情通理得，期于事集功成，泽被生民而已"。经过史天泽的努力，使得历经多年战乱的北方逐步恢复昔日的太平与繁荣。因此，侯克中将史天泽的功业与诸葛亮与谢安相比，说他："貔虎军中拥将坛，凤凰池上侍金銮。三分功业归诸葛，两晋风流属谢安。"①

事实上，安定百姓一直是史天泽为政之中心，他在真定之时，发现金亡蒙兴之后，政烦赋重，急于星火，民间萧条疲敝。存在的问题很多，首先是西域人包办赋税对百姓生活影响甚巨，"有司贷贾胡子钱代输，积累倍称，谓之羊羔利。岁月稍集，验籍来征，民至卖田业鬻妻子有不能给者"。其次是赋役重复，扰民至甚，"时兵民未分，赋役互重复，遇征戍则趋办，一时中外骚屑，殆不聊生"。史天泽奏请朝廷，都予解决。又赶上当时蝗灾旱灾频仍，他出家资，倡导族属官吏均配以偿民间所欠赋税。最后是蒙古军队扰民问题，史天泽奏请太后悉徙居岭北。他的一系列为政举措使得真定民力复苏，人口增加。史天泽为经略使治理河南也是如此，他"举贤能，汰冗滥，抑豪强，均赋役。信赏明罚，训农劝兵，列堡戍以绝寇冲，实屯廪以给边饷。凡政之不便及民所欲而未得者，率更张而立行之"。在他的努力下，"不二三年，方数千里之间，行于野，民安其乐郊；出于涂，商免其露处。观善俗，既庶而有教"。②王恽评价说："公以大忠致谨，乃心王室。敛众人之责为己责，以天下之忧为己忧。虽困于跋疐，一身利害，略不为恤也。盖欲俾朝廷上存公恕，下不失民心为重，其大节有如此者。"③

---

① （元）侯克中：《史丞相拜开府》，《艮斋诗集》卷5，《文渊阁四库全书》本。
② （元）王恽：《开府仪同三司中书左丞相忠武史公家传》，《秋涧先生大全文集》卷48。
③ （元）王恽：《雅歌一十二首》诗序，《秋涧先生大全文集》卷30。

安抚百姓为史氏的家族传统,史天泽曾祖伦在金末中原涂炭之时,建家塾招徕学者,救助的豪士甚多。史天泽父秉直屯霸州(今属河北)时,"拊循有方,远近闻而附者,十余万家。寻迁之漠北,降人道饥,秉直得所赐牛羊,悉分食之,多所全活"①。史天泽的后代虽然不像他官职显要,但也秉承了他耿直中正、廉洁爱民之风。比如其侄史楫,蒙古太宗时期继史天泽后为真定兵马都总管,元世祖中统元年(1260),被授为真定路总管、同判本道宣抚司事。史楫同样致力于减轻百姓负担②,他提请建立银钞相权法,方便了贸易。

史楫为官不仅积极为百姓减轻负担,而且宽厚仁慈。当时有人枉诉他的僚属,史楫不仅不予惩处,还救之免死,他说:"诛之固足以惩后,未若宥之,以愧其心。况人命至重,岂宜以妄言之故,而加以极刑。"史楫这种宽宏大量的做法赢得了民心。史称他"谨身率先,明政化,信赏罚,任贤良,汰贪墨,恤茕独,民咸德之。所举州县佐史有文学者三十余人,后皆知名"③。经史天泽叔侄举荐后显达者包括张德辉、杨果等多人。

蒙古灭金时,汴京、郑州之人多迁到真定,为真定的繁荣打下基础④,加上史氏家族的治理,尤其是史天泽任用王昌龄、王守道等人,使得"真定治效高视他郡,四方为之训"⑤,成为北方的典范。真定的繁荣一直延续到元代后期,晋人李子充因喜欢真定之风土而迁入定居。⑥

史天泽礼贤纳士,比如在归德(今河南商丘)时,从蒙古官的俘虏中救出金近侍局官李正臣,署万户府参谋,委以幕府留务。河南流寓人王显之来投奔,史天泽留置门下,署万户参议,委以行军事务,对二人极为信任。⑦燕人姜迪禄为友养孤,以义烈闻名燕赵间,史天泽认为他是贤士,待以宾客之

---

① 《元史》卷147《史天倪传附史伦传》、《史天倪传附史秉直传》,第3478页。
② 《元史·史天倪传附史楫传》记载:宪宗蒙哥元年(1251),"朝廷始征包银,(史)楫请以银与物折,仍减其元数,诏从之,著为令"。
③ 《元史》卷147《史天倪传附史楫传》,第3482页。
④ (元)迺贤:《河朔访古记》卷上:"大抵真定极为繁丽者,盖国朝与宋约同灭金。蔡城既破,遂以土地归宋,人民则国朝尽迁于北。故汴梁、郑州之人多居真定,于是有故都之遗风焉。"
⑤ (元)王恽:《开府仪同三司中书左丞相忠武史公家传》,《秋涧先生大全文集》卷48。
⑥ 参见(元)苏天爵:《志学斋记》,《滋溪文稿》卷4。
⑦ 参见(元)王恽:《开府仪同三司中书左丞相忠武史公家传》,《秋涧先生大全文集》卷48。

礼。① 史天泽曾寄书于滕安上，聘请滕安上为其子讲学，滕安上《题史开府书后》说他："辞意殷勤首尾名，相君爱子聘明经。一封尺牍天留在，犹与人间作典刑。"② 史天泽对文士王恽多有提携，蒙哥汗二年（1252），史天泽在卫州时就加以录用。世祖中统二年（1261），王恽馆于天泽门下，被推荐为翰林修撰。③ 平棘（今河北赵县）人武震好学，史天泽请来府第为诸孙之师。④ 天泽第四子史杠同样尊敬贤能，他宣慰荆南时，对谢端数加延礼，荐之姚燧。⑤ 史杠任职郢（今湖北江陵）时，拜访宋遗民姬文龙，与之宴饮谈笑。⑥

史天泽不但信任僚属，还经常告诫下级与后辈，王恽就得到过史天泽的指点。至元九年（1272）春，王恽以御史除平阳路判官，向人请教临民处己之事。史天泽曰："汝读书年长，久在朝行。今官外郡，寅奉之心当常若在朝野时。至于事机变转，不可预料，临时制宜，可也。"⑦

史天泽去世后，无论是百姓还是文士都很怀念。真定东岳庙侧有他的祠，每年当地父老恭敬地祭祀。文士多作诗文悼念，侯克中《艮斋诗集》卷6《挽史丞相开府》曰：

> 早驱貔虎定封疆，晚握枢机坐庙堂。名重一时羊叔子，功高千古郭汾阳。历朝事业麒麟画，遗表精诚日月光。义胆忠魂何处见，太行山色郁苍苍。

侯克中盛赞史天泽的武功与文治，比之为羊祜与郭子仪，歌颂他的"义胆忠魂"。

除了真定，史氏子孙在他处有善政者也不少，史天泽子史格以能征善战著

---

① 参见（元）王恽：《义士姜侯歌并序》，《秋涧先生大全文集》卷8。
② 参见（元）滕安上：《题史开府书后》，《东庵集》卷4，《文渊阁四库全书》本。
③ 参见（元）王恽：《故开府仪同三司中书左丞相赠太尉谥忠武史公挽词》诗序，《秋涧先生大全文集》卷27。
④ （元）程钜夫：《濮州临清县主簿武先生墓表》，《雪楼集》卷22。
⑤ 参见《元史》卷182《谢端传》，原作姚枢，校改为姚燧。
⑥ 参见（元）苏天爵：《姬先生墓碣铭》，《滋溪文稿》卷14。
⑦ （元）王恽：《政问》，《秋涧先生大全文集》卷45。

称，攻下宋之静江（今广西桂林）后留治，发现战争之后官舍民屋尽于焚毁，他大力修治，"学校、祠庙，大其故制，犹不能实。……民始劳之，断手则屋，取佣鬻直，已相什百，旋为通都"①。尽快使当地在战后归于安定。史格为荣禄大夫平章政事时，同僚不顾朝廷赦令强取赋税，他不愿加重百姓负担，表示反对。史天倪孙史耀于成宗元贞初年为江浙行省右丞，也多有善政，他减征、缓征临安（今浙江杭州）赋税，"又禁官市恶盐，镌损江东金额"②。史耀子史埙，为官瑞州（今江西高安）时，"修耕桑之本，申孝悌之义"，在常州（今属江苏），"禁游惰，罪豪强"，"增学田，谨讲课"，为陕西行中书省参知政事，免除诖误者一千四百余家，发廪仓救济灾民。③天倪曾孙史元亨为官能惩治豪强、体恤百姓。④

　　史氏家族成员为政重视教育，在各地兴修庙学，使得当地风俗向学。金末战乱使得各地的学校多被毁坏，蒙古海迷失后元年（1249），史天泽与张德辉主持重修真定庙学，为当地文化教育的发展打下了基础。⑤史格攻下广西，曾修桂郡府学。⑥天泽侄史椿曾修建河中府庙学。⑦史耀子埙，为官同样重视文化教育，延祐元年（1314），他任职常州路时，为路学重建尊经阁。史埙说："二千石视古卿大夫，职司教令，曷敢不钦承以帅多士。"他对教授李敏之说："前阁石既亡，盍即尊经阁故基而刻之，以表其檐，且示讲习者有所宗也。"尊经阁始修于延祐二年（1315）冬十月，至第二年秋落成。既而史埙又买书梽阁上，为当地儒生读书提供方便。⑧

　　综上所述，真定史氏家族自史天泽曾祖伦始就乐于救助学者，其父秉直为官致力于安抚百姓，抑豪强、纾民力，这一家族传统绵延几代，一直延续至元

---

①（元）姚燧：《平章政事史公神道碑》，《牧庵集》卷16，《姚燧集》，第239页。
②（元）姚燧：《荣禄大夫福建等处行中书省平章政事大司农史公神道碑》，《牧庵集》卷16，《姚燧集》，第246页。
③（元）虞集：《江西省左丞史公神道碑》，《道园类稿》卷42，《元人文集珍本丛刊》本。
④参见（元）邓文原：《巴西集》卷下《故朝散大夫同知饶州路总管府事史公墓铭》。
⑤参见（金）元好问：《令旨重修真定庙学记》，《元好问全集》卷32。
⑥参见（元）梁遹：《重修府学记》，《全元文》据《（光绪）广西通志》卷133收入，第58册，第70页；（元）胡梦魁：《修大成殿记》，《全元文》据《（嘉庆）广西通志》卷133收入，第9册，第140页。
⑦参见（金）段成己：《河中府新修庙学碑》，《（成化）山西通志》卷13。
⑧（元）邓文原：《巴西集》卷下《常州路学重建尊经阁记》。

末,其中史天泽以丞相之位政绩最显,其子孙也能秉持家族这一优良传统。史氏的善政很大程度上解救了金末蒙古时期饱受战乱之苦的广大北方百姓,在元朝建立之后,各地百姓也从中受益。尤其是蒙古时期的真定,在史氏家族的治理下,成为北方避难的乐土。①

三、史氏与元初文学

真定史氏不仅以军事、政治成就彪炳史册,这一家族在诗文与元曲方面也有建树。

史秉直曾为李俊民《庄靖集》作序,时为乃马真后二年(1243)四月十五日。李俊民(1176—1260),字用章,号鹤鸣,泽州晋城(今属山西)人。金章宗承安五年(1200)经义榜第一,为应奉翰林文字。很快弃官不仕,以所学教授乡里。宣宗南迁,李俊民隐于嵩山、怀州、西山等地。在河南时,隐士荆先生授以邵雍《皇极》数卷,其学可比刘秉忠。曾得到忽必烈的召见,赐谥庄靖先生。②有《庄靖集》十卷。史秉直自称为李俊民之门人,他说自己游学于李俊民门下,诵读其诗文,已经三十多年,说明他在卫绍王时期(1209—1213)拜李俊民为师,当时正值李俊民辞官教授于家乡。史秉直对李俊民极为推崇,比之为韩愈,他认为,韩愈"中正之学发为文章,粹然一出于正……",而白居易、李贺、孟郊、贾岛诸人都流于一偏。在史秉直眼中,李俊民就是当今的韩愈,文章之宗师。这种评价不无溢美之词,但考虑到其师徒关系,也是可以理解的。这篇序证明史氏作为地方豪族,至少从史秉直起,就积极向学,家族具有一定的文化基础。

史天泽有诗存世,他与次子史樟能为元曲,史樟今存杂剧《老庄周一枕蝴蝶梦》(又称《庄周梦》)。因此,研究这一汉人世侯家族的文学成就,具有特别的意义。

(一)史天泽与史樟

史天泽能诗,今仅存一首,即《元诗选·癸集》乙收录的《巡历太康》。

---

① 当然,汉人世侯的统治也有落后的一面,参见聂树锋、王秀珑《史氏家族在真定》(《石家庄师专学报》2000年第3期)。

② 李俊民生平参见其《题登科记后》(《庄靖集》卷8)及《元史》卷158本传。

太康，今属河南省周口市，金代为开封府属县，元代属汴梁路。据《元史·史天泽传》，史天泽与河南有关的经历有三次。第一，金哀宗开兴元年（蒙古窝阔台汗四年，1232），史天泽参与灭金的军事行动，奉命招降太康等地。第二，蒙哥汗二年（1252），忽必烈任命史天泽为河南经略使，史天泽兴利除害，境内大治。至蒙哥汗八年（1258），从蒙哥汗伐蜀时离任。第三，元世祖中统元年（1260），史大泽受河南等路宣抚使，次年拜中书右丞相。开兴元年史天泽招降太康，与诗题"巡历"不符。他中统元年任职河南，很快离职，"巡历"太康很可能发生在史天泽为河南经略使期间，即蒙哥汗二年至八年期间（1252—1258）。这一时期，河南由于饱经战乱，民不聊生，而忽必烈逐步认识到蒙古旧法不利于治理汉地，因此他多使用汉人，采用汉法统治汉地。史天泽治理河南取得很大成功，不仅恢复了秩序和繁荣，而且为蒙古进攻襄樊提供了保证。①《巡历太康》诗曰：

  奉使孤城驻马蹄，霜风冽冽战旌旗。一钩薄暮天边月，照见禽荒旧地基。

诗描绘了史天泽风尘仆仆巡视河南，经过太康时看到的景象。孤城、霜风、旌旗、一钩明月、薄暮，这一系列意象勾勒出经历战争之后的荒凉破败之景，禽荒，指迷于畋猎将导致亡国。语本《尚书·五子之歌》："训有之，内作色荒，外作禽荒，甘酒嗜音，峻宇雕墙，有一于此，未或不亡。"②面对此景，诗人不由联想到金代亡国的教训。

  除了能诗之外，史天泽还擅长新兴的散曲，他名列《录鬼簿》卷上，只可惜没有作品流传下来，他还与杂剧演员天然秀有交往。③明人王世贞在《曲藻》中指出，散曲这种文学体裁与金元时期北方少数民族入主中原有着很大的关系。早期的散曲作家基本上都是由金入元的文人，史天泽家族治理下的真定成

---

① 萧启庆：《忽必烈"潜邸旧侣"考》，氏著：《内北国而外中国：蒙元史研究》。
② 《尚书正义》卷7，中华书局1980年影印阮元校刻《十三经注疏》，第157页。
③ 元人夏庭之《青楼集》天然秀小传曰："天然秀姓高氏；行第二，人以'小二姐'呼之。母刘，尝侍史开府。"

为金末元初的文化中心之一，汇聚的文人包括元好问、杨果等人都属早期散曲作家，受这些文人影响，史天泽家族也从事散曲写作。

王恽《满江红》词序曰："至元十七年十一月十四日，夜梦丞相忠武史公坐甲第西阁中，余侍立其旁。欻急报至云，有敌犯府城西面，公佩橐鞬，集将领将出，予握玉鱼一双，跽请从行。公曰不迟不迟，因朗诵一乐府，意欣暇曰，此徒单侍讲词也。"①史天泽出征前还吟诵诗词乐府，可见这位将帅儒雅的一面，虽然出现于王恽梦中，但也可以想见史天泽在文士心目中的形象。

天泽次子史樟，字敬先，号史九散仙②，承袭为真定顺天两路新军万户③。袁桷有《真定史万户》，诗序曰："高阳之徒也，至死忽题诗而逝。"史氏家族文采较高能诗者首推史樟。袁桷诗其二曰："欲识无生乐，熟睡三千年。"④《庄子·至乐篇》记载，庄子妻死，他鼓盆而歌，说："察其始而本无生。"史樟写过杂剧《庄周梦》，对《庄子》最为喜爱。综上，尽管真定史氏担任万户者不止一人，但最符合袁桷诗特征的无疑是史樟。可见史樟之死极具传奇色彩，完全是一个李白式的诗酒放达之文士。

史樟以将门之子而喜好文艺，继承了史天泽的元曲才能，撰有杂剧《庄周梦》。田同旭先生《元杂剧通论》第七章"元曲六大中心论"专门谈到史樟，他认为，南下杭州后，史樟与马致远合作有《苏武持节北海牧羊记》、《风流李勉三负心记》、《萧淑贞祭坟重会姻缘记》三种南戏。《永乐大典》卷13983"戏文"18收有《董秀英花月东墙记》，《南词序录》宋元旧篇有著录。《寒山曲谱》云："九山书会捷机史九敬显著。"史樟本善南戏反而不善杂剧。另外，《董秀英花月东墙记》也与马致远有关。

《庄周梦》的题目正名为"太白星三度燕莺忙，老庄周一枕蝴蝶梦"⑤，《录鬼簿》该剧题下注云："去酒色财气漆园春，破莺燕蜂蝶庄周梦。"田同旭先生

---

① 唐圭璋编：《全金元词》，中华书局1979年版，第658页。
② 天一阁本《录鬼簿》，第25页；曹楝亭本《录鬼簿》（上海古籍出版社1978年版）作"史九散人"。
③ （元）王磐：《中书右丞相史公神道碑》，（元）苏天爵编：《国朝文类》卷58。《录鬼簿》贾仲明补挽词说"武昌万户散仙公"，说明史樟在元朝担任过武昌万户之职。
④ （元）袁桷：《清容居士集》卷14，李军等校点：《袁桷集》，吉林文史出版社2010年版，第246页。
⑤ 王季思主编：《全元戏曲》第三卷，人民文学出版社1999年版，第673页。

认为《庄周梦》是部神仙道化剧,"旨在宣扬人生如梦、万事无常的道教思想,对现实社会持否定态度"。在体例上,《庄周梦》"稍有特异,其楔子安排在一、二折之间",有三只曲,与元杂剧通例楔子中至多安排一只曲加[幺篇]有所不同。①

史樟作为权门子弟,居官万户,仕途通达,人生适意,为什么在剧作中向往神仙?要解决这个问题,需要结合蒙古时期的政治,从史大泽家族的仕途与处境做一分析。

(二)史氏与蒙哥汗之钩考

蒙古人灭金后,缺乏治理农业社会的知识与经验,试图把游牧的封建制度搬到中原来。②蒙古色目大臣对于积极推行汉法的汉人大臣充满敌意,比如耶律楚材、刘敏都遭到过权贵的打击。③史天泽曾受到类似的打击,据王恽《开府仪同三司中书左丞相忠武史公家传》记载:

> 丁巳春,诏左丞相阿蓝得儿勾较诸路财赋,性苛刻,锻炼罗织,转功为罪,上下例遭凌辱。公以勋旧独见容假,公请曰:"经略事我实主治,是非功过,理当我责。今舍焉而罪余人,心何能安?"怒叱去,公不为动,坚请者数四,用是翼蔽赖释者甚众。

丁巳为宪宗蒙哥七年(1257),史天泽奉忽必烈之命治理河南,抑制豪强,平均赋役,减轻了百姓负担,恢复了往日生机。但是,蒙哥汗及其周围的蒙古贵族并不认可忽必烈等人的努力,他们忌恨忽必烈及其属下得汉地人心。"宪宗遣阿蓝答儿大为钩考,置局关中,以百四十二条推集经略宣抚官吏,下及征商无遗,曰:'俟终局日,入此罪者惟刘黑马、史天泽以闻,余悉诛之。'"④如果不是忽必烈听从姚枢的计策,以王邸妃主送至朝廷为人质,解除了蒙哥汗的

---

① 田同旭:《元杂剧通论》下册,山西教育出版社 2007 年版,第 147—148 页。
② 《元史》卷 146《耶律楚材传》记载,蒙古太宗时期,贵族别迭等人曾建议:"汉人无补于国,可悉空其人以为牧地。"多亏耶律楚材谏阻才未实施。
③ 参见《元史》卷 146《耶律楚材传》、卷 153《刘敏传》。
④ 《元史》卷 158《姚枢传》,第 3713 页。

怀疑，不仅忽必烈与属臣治理汉地的成果将付之东流，其政治势力也将遭到重大打击。①蒙哥汗派左丞相阿蓝得儿（即阿蓝答儿、阿勒格尔）勾较诸路财赋，罗织罪名，凌辱官吏的行为，就是在这种大背景下的举措。史天泽的从子史楫也遇到过类似的情形，早在蒙哥汗元年（1251），断事官也里干脱火思（伊尔根特古斯）来按察真定，其人"性苛察喜事，凡被劾者凌轹罗织，莫有脱其彀者"。史楫"隐忍将顺，使虐焰敛熄不致滥及非辜"②。并冒着风险对已籍没者十数家奏明其冤。史天泽、史楫不顾自身的安危，利用自己的地位，保护属下不被诬陷欺凌，也就保护了刚刚得到喘息的百姓，捍卫了来之不易的太平生活。

（三）《庄周梦》与忽必烈治理汉人世侯

如果说史天泽、史楫在蒙哥汗时期被钩考，是家族遭到的第一次大的危机，那么，忽必烈时期史氏家族又遭到更大的一次危机。

中统三年（1262）春，盘踞在益都（今属山东）的汉人世侯李璮反叛蒙古，并攻占了济南，虽然史天泽积极参加平叛战争，最终俘获并处死李璮。但是，李璮事件对元初政治的影响却并没有消除，当时任中书省平章政事的王文统为李璮的岳父，本来颇得忽必烈信任，因为与李璮书信交通，被忽必烈杀死。叛乱平定后，忽必烈对汉人世侯的怀疑加重，开始罢地方诸侯世袭，收汉人军将兵权，在地方上实行军民分治，并引用色目人作为统治的帮手，以对汉人进行牵制，等等。事实上，史天泽等世侯与李璮本有纠葛，他擅自处死李璮也有灭口的嫌疑。③

在这种情况之下，史天泽审时度势，迅速采取行动以求自保，他首奏："兵民之权，不可并于一门，行之请自臣家始。"④于是史氏子侄即日解兵符者十七人。虽然史氏最终"由世侯转变为中央集权制度下的官僚家庭"⑤，但在仕

---

① 阿蓝得儿钩考事件既是蒙哥汗与忽必烈争夺权力的表现，也是蒙古漠北旧制与汉法治国之争。参见陈得芝、王颋：《忽必烈与蒙哥的一场斗争——试论阿兰答儿钩考的前因后果》，《元史论丛》第一辑，中华书局1982年版。
② （元）王恽：《大元故真定路兵马都总管史公神道碑铭并序》，《秋涧先生大全文集》卷54。
③ 参见周良霄：《李璮之乱与元初政治》，《元史及北方民族史研究集刊》第4辑，1980年。
④ 《元史》卷155《史天泽传》，第3661页。
⑤ 萧启庆：《元代几个汉军世家的仕宦与婚姻》，氏著：《内北国而外中国：蒙元史研究》，第289页。

宦方面仍然占据优势地位,这一事件反映出史氏家族在元初政治环境中微妙的处境。面对蒙古贵族与汉族大臣之间的矛盾,以及皇帝对汉族大臣的猜疑,史天泽一直恪守谦虚谨慎的原则,比如他"既相即辞其封邑,凡三请乃许"。至元四年(1267),史天泽任中书左丞相,在朝野交庆之时,他"门合萧然,若无所事"。有人劝史天泽以威权自张,他举唐人韦澳劝告周墀"愿相公无权"的话作答,以谦退的态度明哲保身,避免皇帝猜疑。①

真定史氏的命运与蒙古时期的政治紧密相关,史天泽、史楫被钩考的遭遇,史氏家族成员十七人同时解除兵权的情形,必然会对史樟产生影响。史樟的官职真定顺天两路新军万户承袭自父亲,自己的富贵是伴着战争的血腥得来的,而这种权势背后是残酷的政治斗争,暗藏危机,与史氏同为汉人世侯的益都李璮很快覆灭,史氏也是在不断的政治斗争中幸存的。因此,史樟在《庄周梦》宣扬人生如梦、万事无常的思想,也就在情理之中了。他认为,繁华富贵只能喧闹一时,到头来只是一场空②,史樟完全看破了名利荣华,他借剧中人太白金星之口说:"名利似汤浇瑞雪,荣华如秉烛当风。"③迷恋酒色财气容易遭来祸端④,而兵戈兴亡就像梦幻一场⑤,"恰开眼蜂衙蚁阵,转回头兔迹狐踪",如同马致远《[双调]夜行船·秋思》所说:"看密匝匝蚁排兵,乱纷纷蜂酿蜜,急攘攘蝇争血",争权夺利污浊而没有意义。

贾仲明补挽词是这样评价史樟的:"武昌万户散仙公,开国元勋荫祖宗。双虎符,三颗明珠重,受金吾,元帅封。碧油幢,和气春风。编《蝴蝶庄周梦》,上麒麟图画中,千古英雄。"⑥

汉人世侯在元初地位极高,出身于这样的家庭,史樟不同于真定史氏其他家族成员那样以军功、政事显名,虽然屡为万户这样的高官,但他有时麻衣草

---

① 参见(元)王恽:《开府仪同三司中书左丞相忠武史公家传》,《秋涧先生大全文集》卷48。
② 《庄周梦》第二折,李府尹唱:"起初时闹垓垓蝶急蜂忙,浓闹里笑欣欣莺甜燕美,下场头冷清清财散人离。"
③ (元)史樟:《庄周梦》第一折,王季思主编:《全元戏曲》,第654页。
④ 《庄周梦》第一折,太白金星唱:"恋酒的有甚功,爱色的有甚宠;贪财的只是凶,使气的不善终。"
⑤ 《庄周梦》第一折,太白金星唱:"一会家叹干戈千载战争场,可怜人一枕南柯梦。"
⑥ (元)钟嗣成:《录鬼簿》(外四种),第26页。

履，做出世之状。① 史樟因为目睹残酷而无休止的政治斗争，早已看破荣华富贵，因此王恽说他"出纨绮之间，无豪贵之习"。史樟喜好庄子、列子之学，他"齐物我于一致，感盛衰之无时。……希达人之大观，每先事于几微。与其身之外乐，何若心之内怡"②。追求的是庄子般齐物我的思想，希慕的是达人见微知著，能够超脱世俗的形象。不愿让物质享乐束缚自己的精神。史樟投身杂剧创作中，在家族中颇为另类。虽然他没有像父亲、兄弟那样在历史上留下丰功伟绩，甚至于生平资料都很缺乏，但是，作为元代出身最高、仕宦最高的曲家，史樟丰富了元杂剧的创作。

《庄周梦》看破荣华富贵，宣扬人生如梦，是元初残酷的政治斗争的烙印，它以隐微的方式，透露出元朝初年汉人世侯家族表面的显赫之下所蕴藏的危机，以及他们为保全自身而谨慎小心的处世心态。

（四）史氏与文士之文学活动

真定史氏的幕府人物有王昌龄、杨果、王恽、张德辉、李治、王若虚、元好问等十八人。③ 这些人士除了协助史氏的政事外，还从事文化教育活动。史天泽"暇则与之讲究经史，推明治道"④。毛宪为检讨官，曾每日为他讲《治鉴》。⑤ 史天泽本人能诗，还擅长新兴的散曲。史天泽与其幕僚之间除了谈论经史与治国之道，也有一些文学创作活动。但是这些文学作品未能留存下来，今存的主要是文士与史氏的诗词赠答。

王恽就有多首赠史天泽的作品，他有《寿史开府》、《奉送大丞相史公行台河南时用兵襄阳（封卫国公）以平章政事副忽剌出驸马督视诸军时至元六年八月也》⑥，后一首诗曰："无劳绕帐插生犀，威德江淮草木知。唐室正谙裴出将，

---

① 由于史樟生平资料缺乏，《庄周梦》的写作年代不详，但是其内容无疑与真定史氏的仕途经历有关。史天泽长子史格生于金哀宗天兴三年（1234），作为次子的史樟约生于其后一二年间，蒙哥汗钩考当在史樟二十余岁时，忽必烈治理世侯在史樟三十岁左右。
② 元人王恽《秋涧先生大全文集》卷66《九公子画像赞》，同书卷9《赠九万户》："昂藏野鹤谁能驯，泽雉虽美终无神。一篇秋水江海阔，两袖醉墨云烟春。"也是说史樟学庄子重视精神自由与快乐之意。
③ 参见（元）王恽：《开府仪同三司中书左丞相忠武史公家传》，《秋涧先生大全文集》卷48；符海朝：《元代汉人世侯群体研究》，河北大学出版社2007年版，第51页。
④ （元）王恽：《开府仪同三司中书左丞相忠武史公家传》，《秋涧先生大全文集》卷48。
⑤ 参见（元）姚燧：《鄢陵主簿毛府君阡表》，《牧庵集》卷27。
⑥ （元）王恽：《秋涧先生大全文集》卷12、卷16。

楚人休倚汉为池。聘通上国非无补,节驻长洲果尔为。三百年来常例在,忍令矛槊舞婴儿。"至元六年(1269)朝廷营取襄汉,命史天泽与驸马忽剌出前往河南视察经画,王恽写诗送别,赞颂史天泽的威望德行。胡祗遹曾与史天泽同朝为官,他作《题史右丞瑞鹤图》,说史天泽为"四朝社稷臣"①,赞扬史氏之忠孝。

白朴虽然未做史大泽幕僚,但他和父亲白华曾居真定,依附于史天泽,因此与史氏多有文字交往。《水调歌头》(三元秘秋水)词序曰:"丙戌夏四月八日,夜梦有人以'三元秘秋水'五言谓予,请三元之义,曰:'上、中、下也。'恍惚玩味,可作《水调歌头》首句,恨秘字之义未详。后从相国史公欢游如平生,俾赋乐章,因道此句,但不知秘字何义?公曰:'秘即封也。'"②相国史公即史天泽,白朴与之交游,多有文艺探讨。

王恽与白朴不仅写诗词赠史天泽,他们与天泽诸子也有很多诗词交往,比如史天泽次子史樟。据王恽《春溪小猎行》诗序,天泽侄儿史枢打猎,"九公子有诗以纪其乐"③,要王恽同作。九公子即史樟,可见史樟能诗。王恽《赠九万户》曰:"昂藏野鹤谁能驯,泽雉虽美终无神。一篇秋水江海阔,两袖醉墨云烟春。猿翁学剑事迹秘,兰舌解纷词调新。万事人间归一噱,双旌烛影见来频。"④由于史樟不喜弄兵而爱好庄子之学,王恽先以《庄子》语词来写史樟追求自由的精神,最后用唐代淮西将刘沔事,扣到他的武将身份。除了这些篇章,王恽还作有《挽史九万户》、《九公子画像赞》。⑤

史天泽第三子史棣,字子华,号潜斋,曾任中山知府、嘉议大夫、卫辉路总管。⑥王恽《秋涧先生大全文集》卷3《听讲吕刑诸篇》记载:"至元十六年己卯岁冬十二月十七日,中山府明新堂雪夜会,府尹史子华、贰政朱信卿洎诸吏属听教官滕仲礼讲《周书·吕刑》、《论》、《孟》诸篇。"滕仲礼,即滕安上(1242—1295),字仲礼,原籍定州。曾被推荐为中山府教授,历任禹城主

---

① (元)胡祗遹:《紫山大全集》卷1。
② 徐凌云校注:《天籁集编年校注》,第124页。
③ (元)王恽:《秋涧先生大全文集》卷8。
④ (元)王恽:《秋涧先生大全文集》卷9。
⑤ 参见(元)王恽:《秋涧先生大全文集》卷19、卷66。
⑥ 参见元人王磐《中书右丞相史公神道碑》、《宋元学案补遗》卷8等。

簿、国子博士、太常丞、监察御史等职。著《东庵集》十六卷,有《四库全书》本。王恽记载至元十六年(1279)任职中山知府的史棣率领属僚听府学教授滕安上讲解《尚书》、《论语》、《孟子》等篇。王恽曾作多篇诗歌赠史棣,比如《潜斋歌赠中山知府史子华》、《偶得二绝寄府尹史子华》①,前者曰:"潜斋有志操,不为浮荣污。彝夷铲豪习,概之诗与书。""与语觉道胜,行身老诸儒。"说明史棣虽然出生高门,但是因学习诗书,去除了浮华之气,以儒生的形象出现在世人面前。

天泽第四子史杠为真定敬斋李治的门人②,官事之余,爱好绘画。"读书余暇,弄笔作人物、山水、花竹、翎毛,咸精到。"③元人张鸣善《题史橘斋山水手卷》曰:"神仙中人丞相子,五色玉立瑶池芝。谢傅风流歌舞处,羊公慷慨登临时。兴来酒洒云烟绕,身后名随日月迟。安得飙车从上下,蓬莱指点看参差。"④对史杠以高官而爱好绘画加以赞美,以谢安、羊祜相比。王恽作有《感皇恩》词,序曰:"史公总帅子明命题其弟柔明所写《平江捕鱼图》,乃以乐府《感皇恩》歌之。"史公总帅子明即史枢,为史天泽兄天安子⑤,柔明即史杠,作《平江捕鱼图》,王恽题了这首词,词曰:

叠嶂际清江,枫林辉映。潮落波平镜光静。六朝兴废,都付渔郎烟艇。莼鲈香正美、秋风冷。 筮鼓归来,风云增胜。梦里无烦想幽景。风流公子,写出五湖高兴。画中还领取、江山影。⑥

词作描绘了《平江捕鱼图》的场景,称史杠为"风流公子",这种绘画与题诗的结合真正称得上文人雅士之活动。尤其是在北方刚刚安定之时,更为难得。

史枢同样与文士交往,并得到他们的诗词馈赠。至元四年(1267),白朴作《水龙吟·送史总帅镇西川时混一》,称颂史枢的军功声威,预测他一定会

---

① 参见(元)王恽:《秋涧先生大全文集》卷8、卷28。
② 参见《宋元学案补遗》卷2,《丛书集成续编》第248册,第123页。
③ (元)夏文彦:《图绘宝鉴》卷5,明人朱谋垔撰《画史会要》所记同。
④ (元)傅习、孙存吾:《皇元风雅》后集卷5,《四部丛刊》本。
⑤ 史枢生平见《元史》卷147《史天倪传附史枢传》。
⑥ (元)王恽:《秋涧先生大全文集》卷75。

在灭宋中再立新功，成为麒麟阁上画像的开国功臣。① 王恽曾作《十一月十三日宿滩宁梦总帅史子明见教》，史枢时为济南宣慰使，王恽作《代书奉寄子明宣尉》。②

史枢曾作友松亭，诸文士题诗作文者甚夥，史枢曾命滕安上为其友松轩作记。③ 王恽作《史宣尉子明友松亭诗》，比之为东汉大树将军冯异。④ 刘因作《友松轩铭》，其序曰："总帅史侯子明种松私第，因以友松名其堂之轩，友人涿郡卢处道为请铭。"⑤ 卢处道即卢挚，字处道，一字莘老，号疏斋，涿郡（今河北涿县）人。至元间累迁陕西按察使、江东道廉访使，转河南路总管。入为集贤学士，拜湖南廉访使，又召为翰林学士，进承旨。⑥ 卢挚在当时诗文声名甚高，所著《疏斋集》已佚，今人李修生辑有《卢疏斋集辑存》，传世散曲一百二十首，存于《全元散曲》。《友松轩铭》曰："凛乎风霜，巍乎明堂。"刘因以此激励史枢。

真定史氏作为在金元之际叱咤风云的汉人世侯，在文学方面有着不可忽视的作用。史樟的杂剧《庄周梦》通过神仙道话剧的形式，委婉地反映了元初残酷的政治斗争，透露出汉人世侯为保全自身而谨慎小心的处世心态。

元初，史氏对真定积极有效的保护和治理，极大地保护了中原文化。文人大量聚集在真定并投入文学创作。真定地区良好的文化氛围，为元代文学发展奠定了基础。真定成为元初杂剧的重镇，《录鬼簿》著录真定杂剧作家七人：白朴、李文蔚、尚仲贤、戴善甫、侯克中、史樟、汪泽民。⑦ 史氏保护了文士，王恽、白朴、刘因、卢挚等众多文士都与史氏有诗词赠答。真定史氏成为文学活动的中心之一，对元初文学做出了贡献。

---

① 参见幺书仪：《〈白朴年谱〉补正》，《文史》第 17 辑；徐凌云校注：《天籁集编年校注》，第 17 页。
② 参见（元）王恽：《秋涧先生大全文集》卷 13、卷 19。
③ 史枢死后，滕安上《挽史宣尉章》（《东庵集》卷 4），称赞他的"风流蕴藉"，比之为西汉名臣廉范和唐代名将李晟。
④ 参见（元）王恽：《秋涧先生大全文集》卷 22。
⑤ （元）刘因：《静修先生文集》卷 20，《四部丛刊》本。
⑥ 卢挚生平见《元诗选·三集》小传及李修生撰《卢挚年谱》。
⑦ 关于真定元曲家的成就，参见门岿《真定元曲十家》（《河北师范学院学报》1979 年第 4 期）及田同旭《元杂剧通论》，此不赘述。

四、史氏之婚姻及其家族文化倾向

清人钱大昕曾提及永清史氏的三座碑,他认为这三碑可以补正史之阙,尤其是史进道、史氏的婚姻对象等珍贵资料。① 前辈学者刘化成先生《廊坊市永清县发现的史天泽家族墓地碑》、萧启庆先生《元代几个汉军世家的仕宦与婚姻》② 利用这些资料,对真定史氏的世系与婚姻进行研究,并用表格的形式加以反映,尤其是萧启庆先生的论著资料翔实,为下一步的研究打下了坚实的基础。笔者利用两位先生的研究成果,加上自己发现的一些新材料,通过对史氏通婚对象的统计分析,以及与其他世侯的比较,探讨史氏婚姻对其家族文化倾向的影响。

(一)史氏之通婚对象及其蒙古化

根据史氏家族资料及刘化成、萧启庆等学者的研究,真定史氏可考的婚姻为71例,其中娶入52例,嫁出19例。笔者尚可补充两例。第一,夹谷思齐娶忠武公史天泽孙女为妻,但不知出于史天泽第几子。夹谷思齐为女真族,金末徙居郏县(今属河南),后任官杭州(今属浙江),遂迁父祖之葬于钱塘。其曾祖父留乞投靠蒙古太宗窝阔台,立有战功,曾得到史天泽的推荐,可见两家为世交。③ 第二,袁桷第三女嫁史忠武定王玄孙公佾为妻④,史忠武定王即史天泽,真定史氏自第三代以下,以木、火、土、金等偏旁为行辈⑤,作为史天泽玄孙,公佾当为第六代金字辈,公佾可能为字而非名,其生平无考,不知出自天泽第几子。此外,贡师泰《双孝传》记载,杭郡监赠范阳郡公亦福的哈儿丁为阿儿温氏,其继室史夫人为真定人,性贞淑,善女红,读书知古今事。事姑尤孝谨,为姑治病曾割臂为粥。⑥ 此史夫人可能出自真定史氏家族,但不知为何人之女,暂不列入统计。

---

① 参见(清)钱大昕:《史氏墓三碑》,《十驾斋养新录》卷15。
② 参见刘化成:《廊坊市永清县发现的史天泽家族墓地碑》,《文物春秋》1995年第3期;萧启庆:《元代几个汉军世家的仕宦与婚姻》,氏著:《内北国而外中国:蒙元史研究》。
③ 参见(元)黄溍:《上都新军管军千户夹谷公墓志铭》,《金华黄先生文集》卷35。
④ 参见(元)苏天爵:《元故翰林侍讲学士知制诰同修国史赠江浙行中书省参知政事袁文清公墓志铭》,《滋溪文稿》卷9。
⑤ 参见萧启庆:《元代几个汉军世家的仕宦与婚姻》,氏著:《内北国而外中国:蒙元史研究》,第296页。
⑥ 参见(元)贡师泰:《玩斋集》卷8。

加上上文二例，史氏可考之婚姻为 73 例，其通婚对象为蒙古家族的有 10 例，占其已知通婚总例数的 13.7%。其中娶入 6 例，嫁出 4 例。娶入方面包括史秉直娶纳合氏之女，史天泽娶纳合氏、木捻氏之女，史天英娶蒙古达氏之女，史楫娶删只达氏乌野而之女。另外，彰德路达鲁花赤蒙古巴尔之女鄂都贷嫁真定史氏为妻，其夫之名待考。嫁出方面包括史秉直长女嫁木华黎，史进道女嫁北京同知乌古伦，史天祥长女嫁北京路达鲁花赤之子□□马，史楫女嫁江东宣慰使拔不忽。

真定史氏与北方其他民族通婚 7 例，占其已知通婚总例数的 9.6%，除了夹谷思齐娶史天泽孙女，还有史天倪娶女真完颜氏之女，其子史楫娶完颜胡速之女、契丹蒲散氏之女，史枢娶奥屯氏之女。史进道女嫁奥屯氏。[①] 史天祥次女嫁北京宣差完颜胡速之子，三女嫁□□张□□顽羊。其中女真族 6 例，娶入 3 例，嫁出 3 例。契丹族 1 例。史氏通婚对象剩余的 56 例为汉族[②]，占其已知通婚总例数的 76.7%。

史氏与汉族之外的北方民族通婚共计 17 例，占其已知通婚总例数的 23.3%。这些民族中契丹、女真经过长期与汉族混居，已经汉化，对史氏的家族文化倾向影响不大，值得注意的是史氏与蒙古族通婚的现象。李治安先生《元代汉人受蒙古文化影响考述》认为，汉人受蒙古文化的影响主要表现为语言、名字、婚姻、服饰等方面。[③] 史氏通婚对象的情况前面已经做过统计分析，真定史氏家族与蒙古族通婚就有 10 例，所占比例不低。[④] 我们重点对语言和名字两方面做一分析。第一，学习蒙古语方面。王恽《开府仪同三司中书左丞相忠武史公家传》记载：史天泽曾说："老夫有通译其间，为诸公调达耳"，可见他归附蒙古后学习了蒙古语。第二，汉人改用蒙古名。史氏家族曾被元代皇帝赐名拔都[⑤]，即蒙语"勇敢无敌"之意。除此之外，史氏由于娶蒙古女子为妻，

---

① 刘化成《廊坊市永清县发现的史天泽家族墓地碑》将完颜氏、奥屯氏误认为蒙古族。
② 其中包括久居中原的李伯佑家族，史氏与其通婚多例。
③ 参见李治安《元代汉人受蒙古文化影响考述》，《历史研究》2009 年第 1 期。
④ 台湾学者洪金富《元代汉人与非汉人通婚问题初探》认为，元代汉族女子嫁给蒙古人 52 例，蒙古女子嫁给汉人 30 例。
⑤ 虞集《淮阳献武王庙堂之碑》(《道园学古录》卷 14) 记载：(至元) 二十九年，张珪入觐，元世祖谓太师月儿鲁那延曰："张氏、史氏俱称拔都。"

其子孙有取蒙古名字者,比如史氏后裔名史塔列赤,出自史天倪一系。另外,史天安子名众家奴、千家奴,其孙名寺□奴(史桓子)、僧家奴、道家奴(史常山子),史天泽子史楫等乳名百家奴、赵家奴,以上众家奴等皆为乳名。这类名字为蒙古族及西域各族常见之名,《元史》中多有万家奴、千家奴、百家奴、王家奴、燕家奴、佛家奴等名,例如百家奴为蒙古札剌儿氏,其父唆都①,再如蒙古人道家奴,其孙名观音奴②。再如蒙古偭湉沃麟氏人僧家奴,又作僧家讷、僧嘉讷,又名钧,字元卿,号崞山野人。③僧家奴、僧家讷、僧嘉讷为蒙古名之不同译音,僧家奴当为乳名,而僧家讷、僧嘉讷为成年后较雅之名。至于服饰方面,由于缺乏史氏直接受到蒙古影响的资料,不便推论。④

(二)史氏之通婚对象对家族文化的影响

蒙古时期,史氏家族治理下的真定成为北方避难的乐土。蒙古灭金时,汴京、郑州之人多迁到真定,为真定的繁荣打下基础⑤,聚集在史氏周围的文士有王昌龄、杨果、王恽、张德辉、李治、王若虚、元好问等人⑥。史天泽与这些文人的交往促进了家族在文化方面的发展,他本人就是散曲作家,名列《录鬼簿》,他的次子史樟,撰有杂剧《庄周梦》。四子史杠则擅长绘画。尽管史氏后代为官多有善政,与文人也有交往⑦,但是,这一家族在史天泽、史樟父子之后再未有人创作诗词曲,其中的原因很复杂,史氏的婚姻为重要原因之一。

史氏的通婚对象,无论是蒙古、契丹、女真等北方民族,还是汉族,皆多为军将之家,儒学、文士家族较少。与史氏通婚的蒙古、女真等民族为军将世家,比如木华黎、乌野尔、完颜胡速、夹谷思齐等人,此不详述。目前可知的56例汉族通婚对象,除去家族情况不详者33例,家族为军将的有11例,占

---

① 参见《元史》卷129《唆都传附百家奴传》。
② 参见(元)黄溍:《真定路总管府达鲁花赤致仕道家奴嘉议公墓志铭》,《金华黄先生文集》卷37。
③ 参见(元)虞集:《道园类稿》卷19《崞山诗集序》、卷26《广东道宣慰使都元帅僧家讷生祠记》。僧家奴名钧,字元卿,号崞山野人,是其受到汉族传统文化影响的表现。
④ 元代官方政书《经世大典序录·礼典总序·舆服》记载:"圣朝舆服之制,适宜便事。及尽收四方诸国也,听风其俗之旧,又择其善者而通用之。"《元典章》卷29也规定,元代各民族各随其本族风俗。与蒙古族通婚较多的史氏难免受到蒙古服饰的影响。
⑤ 元人迺贤《河朔访古记》卷上:"大抵真定极为繁丽者,盖国朝与宋约同灭金。蔡城既破,遂以土地归宋,人民则国朝尽迁于北。故汴梁、郑州之人多居真定,于是有故都之遗风焉。"
⑥ 参见符海朝:《元代汉人世侯群体研究》,第51页。
⑦ 比如史天泽从子史枢作友松亭,刘因、王恽等人题诗作铭。

剩余 23 例的将近一半。在真定，史氏与其部署多有婚姻关系，比如史天安嫁女与史天倪部千户崔祥之子崔德彰，史天泽部将李伯佑孙女有六人嫁与史氏为妻。与此相反，史氏与儒生、文士通婚的事例较少，目前仅知姚枢二女皆嫁史天泽第五子史杞为妻，袁桷第三女嫁天泽玄孙史公俛，这种状况明显不利于史氏家族文化的发展。

元初汉人世侯中，济南张氏为巩固其政治地位，多与蒙古投下主联姻，导致其子孙蒙古化。① 保定张氏与蒙古族通婚只有一例，即张珪第五女嫁与忽都贴木儿。② 藁城董氏与蒙古族通婚也只有一例，即董士珍孙女嫁与塔海贴木儿，与儒者家庭频频联姻为董氏一大特色，因此，董氏以家法谨严著称。③ 与其他世侯相比，真定史氏处于中间状态，他们既没有如济南张氏多与蒙古族联姻导致家族蒙古化，同时也不同于藁城董氏，多与儒士家族联姻而促进家族成员遵从礼法。真定史氏与蒙古、契丹、女真等民族联姻以巩固其政治地位，同时还与部将通婚加强凝聚力，增进感情。史氏较少与儒学、文士家族通婚，使得这一家族没有能够延续自己的文学传统，给其家族文化带来不利的影响。

史氏家族在元初享有较高的政治地位，对元初文学的发展也有贡献。至元二十八年（1291），史格死后，其子史耀被任命为荣禄大夫、福建等处行中书省平章政事，他加以辞让："或请以国人首相，帝曰：'太尉可同汉人耶？其孙非国人何？'"④ 由于史氏为蒙元灭金伐宋战功卓著，元世祖甚至将史氏子弟视之为国人。然而，伴随着蒙元政权勃兴的史氏，最终也随着元朝的结束而衰亡。

当然，史氏迁居他地者尚存，比如史格一系先迁居邓州（今属河南）⑤，传至河南行省都事史宪中，生户部郎中文质。史文质入明为富州（即丰城）吏

---

① 参见李治安：《元代汉人受蒙古文化影响考述》，《历史研究》2009 年第 1 期，第 46 页。
② 张珪第四女为蒙古人也先捏强娶，不应计入。
③ 萧启庆：《元代几个汉军世家的仕宦与婚姻》，氏著：《内北国而外中国：蒙元史研究》，第 332—333 页。
④ （元）姚燧：《荣禄大夫福建等处行中书省平章政事大司农史公神道碑》，《牧庵集》卷 16，《姚燧集》，第 246 页。太尉指史天泽，他死后朝廷赠太尉。
⑤ 萧启庆《元代几个汉军世家的仕宦与婚姻》以为，迁居邓州者可能为史荣之后，因他曾官邓州旧军万户。参见氏著：《内北国而外中国：蒙元史研究》，第 296 页。

目,卒于官,贫不能归葬。其子伯允因家于丰城(今属江西),伯允二子,史纯与史安。史安,字志静,举进士,为礼部仪制主事,升郎中。他奉父命,访求真定及邓州之宗族与谱牒,十数年不能得。因为史氏在真定之子孙寥寥无闻,即使间存一二,而代更运革,耆老皆尽。这些史氏子孙懒于学问,已经沦落到侪伍农圃,以耕凿为业,不能知其所自出。明人杨士奇感叹道:"呜呼!当元之兴,史氏一门父子兄弟功德之建,在国家,在生民,封爵之崇峙,冠缨之连续,何其盛也!及天命去元,凡其佐运辅理之家,亦随之俱落,如史氏然者,又何其衰也!"[①] 紧密依附于王朝的家族终不免随之兴衰,真定史氏之遭遇正是典型的例证。

---

① (明)杨士奇:《丰城史氏谱序》,《东里续集》卷13,《文渊阁四库全书》本。

第四章　河南地区文学家族

河南地区在元代分属两个行省，黄河以北属中书省，以南属河南江北行省。为叙述方便，将黄河以北部分一并列入河南地区。河南江北行中书省，简称河南行省，治汴梁路。辖今河南省黄河以南地区及江苏、安徽、湖北三省长江以北地区。河南江北行省在元代非常重要，位置处于南北冲要之地，号为第一区。地方千里，民繁物众。①

河南地区地处中原，除了金宋接壤地区外②，多属山水佳美，文化发达之地。元人以为"中原礼义之所出，衣冠之所盛"③。永宁（今河南洛宁）山水优美，文化繁荣。元好问曾这样描绘该地景致，"南原当大川之阴，壤地衍沃，分流交贯，嘉禾高荫，良谷美稷，号称河南韦、杜"④。永宁的景色吸引了很多文人，陈赓父陈仲谦爱永宁山水之胜，想要终隐于此。⑤"洛西山水佳胜，衣冠之士多寓此。"⑥洛西位于洛阳西89公里的永宁，蒙古时期，陈赓兄弟与贾损之、辛愿、元好问、杨奂、姚枢等人曾讲学于洛西，"风教大行，弦诵之声交于州里，孝友之行被乎刍牧"⑦。

---

① 参见（元）晏天麟：《荆门州守佐题名记》，《全元文》据《（同治）荆门直隶州志》卷11收入，第46册，第184页。
② 比如息县，"□界淮滨，与宋壤接，莽焉邱墟者久之"，到元初才"百务草创"。参见（元）董珪：《钟楼记》，《全元文》据《（嘉庆）息县志》收入，第54册，第44页。
③ （元）马承天：《创修后土庙记》，《全元文》据《（乾隆）孟县志》卷8收入，第46册，第229页。
④ （金）元好问：《竹林禅院记》，《元好问全集》卷35，第728页。
⑤ 参见（金）元好问：《故规措使陈君墓志铭》，《（成化）山西通志》卷15。
⑥ （金）元好问：《费县令郭明府墓碑》，《元好问全集》卷28，第601页。
⑦ 参见（元）程钜夫：《洛西书院碑》，《雪楼集》卷22，《程钜夫集》，第264页。

河南其他地区同样有着很深的文化渊源，比如登封，"乃昔洛师畿内地，故家遗献，濂洛之渊源在焉"①。南阳"山川土俗，饶沃庞厚"，"奇材魁士出为将相者，错见于历代之史。今以才行自试，而登清显，其事功可纪者，前后相望"②，也是人才辈出。濮阳，"幅员广袤数百里，户口奚啻千亿"③，一片繁荣景象。再如杞县，"地平衍，多填淤之田，俗多朴厚，故名德硕望之士多家焉"④。长葛民俗"勤生效力，敦义少争，田有硗肥，随其所宜，稼穑之岁恒稔焉。兵民间错，长吏果得其人，号为易治"⑤。河南的南阳等地都是风俗淳厚，人才众多。

姚枢家族是由东北迁入河南的家族，由于地域文化的影响，家族文化发生了很大改变。汤阴许氏为土生土长的本地文学家族，他们身上体现出了安阳的地域文化的特点。

第一节 姚枢家族

姚枢家族从营州柳城（今辽宁朝阳）迁到洛阳后，成为文化世家，姚枢与侄儿姚燧在理学、政事以及文学诸方面在元代占据着重要的位置。关于姚氏家族的研究主要集中于姚枢与姚燧，王兴亚考证了姚枢的籍贯与生卒年（《姚枢籍贯、生卒年份辨析》，《史林》1989 年第 1 期），邹林探讨了姚枢与元代理学的关系（《姚枢与元代理学》，《江汉论坛》2001 年第 12 期）。杨新勋对姚燧的籍贯家世做了考证（《姚燧籍贯家世考》，《文献》1998 年第 4 期），他还论述

---

① （元）吴炳：《登封县重修庙学记》，《全元文》据《（成化）河南总志》卷 14 收入，第 46 册，第 490 页。
② （元）吴炳：《南阳县新建庙学记》，《全元文》据《（正统）南阳府志》卷 11 收入，第 46 册，第 494 页。
③ （元）伯颜：《濮阳县尹刘公德政碑》，《全元文》据《（万历）东昌府志》卷 20 收入，第 48 册，第 11 页。
④ （元）吴炳：《主簿王公惠爱碑记》，《全元文》据《（万历）杞乘》卷 16 收入，第 46 册，第 502 页。
⑤ （元）张继祖：《赵侯德政之碑》，《全元文》据《（正德）长葛县志》卷 6 收入，第 49 册，第 26 页。

了姚燧的文学思想，认为姚燧受到了传统儒学和理学的影响（《姚燧的文学思想》，《山西大学学报》2003 年第 2 期）。查洪德先生《以传奇为传记——姚燧散文读札》（《文学遗产》2011 年第 1 期）从崭新的角度把握其文章特色。①

除了考证姚燧的家世，目前学术界还没有从整体上关注姚氏家族，比如这一家族与辽金元政权的关系，从柳城迁徙到洛阳后家族传统的衍变，地域文化对家族的影响等问题，本节就从民族政权与地域文化的角度对这些问题进行探讨。

一、姚氏之世系

姚氏的世系主要载于姚燧撰《中书左丞姚文献公神道碑》、刘致《姚燧年谱》等。刘致《姚燧年谱》介绍姚氏世系时说：

> 惟本梁、唐六镇节度使勋。勋生金吾将军汉英。汉英，周广顺初，太祖遣之使辽，见留，事世、景、圣三宗，加安时制节弘化翊亮功臣、开府仪同三司、枢密使、检校太师、兼政事令、上柱国东阳郡公。生中书门下平章事、北面宣徽使衡之。衡之生给事中、同中书门下平章事居政，居政生太师、左金吾卫上将军、虔州节度使景祥。景祥生太子洗马去华。去华生金东上阁门使、金州团练使玠。玠生阁门祗候、武德将军佺。佺生武德将军、获嘉令锜。锜生安远大将军、庆阳安化丞渊，后更名仲宏。生嘉猷程世旧学功臣、太师、开府仪同三司、鲁国公、谥文献枢及弟桢、格。枢生今行河南省左丞炜。桢生故江东宪金燧，格生先生，讳燧。②

杨新勋《姚燧籍贯家世考》据此绘出姚氏之世系图③，笔者以为，其世系当补入姚燧子姚埴。

---

① 此外，还有叶爱欣：《姚燧的散文理论和创作及对元代文风的影响》，《殷都学刊》2003 年第 2 期；张溪潺：《姚燧散文的理性特质》，《平顶山师专学报》2004 年第 3 期；王山林：《姚燧的诗论与元初南北诗学的调和》，《平顶山学院学报》2005 年第 6 期；张文澍：《张扬个性，因旧布新——谈元代初期古文家姚燧》，《殷都学刊》2007 年第 1 期；张秋景：《姚燧散曲析》，《赤峰学院学报》2009 年第 11 期。
② （元）姚燧：《牧庵集》附录，《姚燧集》，第 682 页。
③ 杨新勋《姚燧籍贯家世考》怀疑汉英也是景行的曾祖，补入世系。

目前姚氏世系存在的问题有：第一，姚燧父亲的名字。刘致《姚燧年谱》记载姚燧父名格，王构《翰林承旨姚燧父梴赠官制》称其父为梴。刘致为姚燧门生，关系不同寻常。王构文为朝廷制命，亦不应错。二说何者正确尚待考证。第二，姚燧四世祖的名讳，姚燧撰《中书左丞姚文献公神道碑》作玢，任官金东上阁门使、吾州团练使，刘致《姚燧年谱》作玠。玢、玠形近易混，不知何者为确。

在元代，引领姚氏家族走向兴盛的为姚枢。姚枢（1203—1280），字公茂，号雪斋，又号敬斋。金亡，曾与杨惟中觐见蒙古太宗窝阔台汗。窝阔台汗七年，从军南伐。十三年（1241），为燕京行台郎中。后弃官居于辉州（今河南辉县），忽必烈在潜邸召见，询以治国之道，留备顾问。蒙哥汗二年（1252），从忽必烈征大理。三年，为忽必烈所遣，立京兆宣抚司。四年为关西道劝农使。世祖即位，为东平宣抚使，中统二年（1261），拜大司农，参与修撰条格。四年，拜中书左丞。至元十年（1273），拜昭文馆大学士，详定礼仪事。十三年，拜翰林学士承旨。十七年，卒，谥曰文献。①

姚氏第二代有姚炜、姚燉、姚燧等人。姚枢子姚炜皇庆二年（1313）曾任南台御史中丞②，泰定二年（1325）为河南行省左丞，因河水屡决，他请朝廷立行都水监于汴梁，仿照古法以备捍水灾。三年十月，为陕西行台中丞，他请求汇集世祖的嘉言善行，以便时时省览。③天历元年（1328）十月，文宗命其为储庆使，次年八月为储政使。④延祐四年（1317），姚炜曾为王公孺撰的《勅修太师忠烈公比干庙碑铭》题额。⑤

姚枢侄姚燉，号竹居⑥，至元间任江西肃政廉访副使⑦。吴澄《题姚竹居画卷》曰："竹居昔过此，荏苒三十春"⑧，说明姚燉至元间任江西肃政廉访副使时

---

① 参见元人姚燧《中书左丞姚文献公神道碑》(《牧庵集》卷15)及《元史》卷4《世祖纪》、卷158《姚枢传》。
② 参见（元）张铉：《至正金陵新志》卷6下《官守志》。
③ 参见《元史》卷29、卷30《泰定帝纪》。
④ 参见《元史》卷32、卷33《文宗纪》。
⑤ 参见（清）李光暎：《金石文考略》卷15，《文渊阁四库全书》本。
⑥ 参见（清）史简编：《鄱阳五家集》卷1宋黎廷瑞小传，《文渊阁四库全书》本。
⑦ 参见《(雍正)江西通志》卷46《秩官》，《文渊阁四库全书》本。
⑧ （元）吴澄：《吴文正集》卷91，《文渊阁四库全书》本。

曾与吴澄交游。宣城（今属安徽）人王圭有《和姚竹居按察赋木犀古韵》，王圭称姚燧为"按察"，① 可见姚燧曾在江东建康道肃政廉访司（治所在宁国路，即宣城）为官，并于当地文士诗歌唱和。

姚燧（1238—1313），字端甫，从许衡学，至元十二年（1275），为秦王府文学，很快授奉议大夫，兼提举陕西、四川、中兴等路学校。三次使蜀皆称职。十七年，除陕西汉中道提刑按察司副使，调山南湖北道。二十四年，为翰林直学士。二十七年，授大司农丞。成宗元贞元年（1295），以翰林学士召修《世祖实录》。大德五年（1301），授中宪大夫、江东廉访使。九年，拜中奉大夫、江西行省参知政事。武宗至大元年（1308），仁宗居藩邸，起为太子宾客。除承旨学士，拜太子少傅，谦辞不受。二年，授荣禄大夫、翰林学士承旨、知制诰兼修国史。有《牧庵集》三十六卷。②

姚氏第三代有姚炜子姚埍，姚燧子姚埙、姚圻、姚城、姚埴等。③ 姚埍字载夫，顺帝至元四年（1338），自资成库提点迁奉议大夫、秘书监管勾④，仕至吏部侍郎，至正七年（1347），朝廷在辉州建雪斋书院，姚埍请许有壬作记⑤。姚埙，字贡夫，为姚燧子，顺帝至元元年（1335）由息州同知迁秘书监管勾，后任崇文监丞。⑥ 至正八年（1348），为山东道廉访司佥事。⑦ 他曾于至正十二年（1352）任职海北广东道肃政廉访司佥宪，并为莫公墓碑题名。⑧ 姚燧还有侄儿守中，曾为平江路吏⑨，守中可能为姚埍之字，如果不是的话，不知出自姚

---

① （清）史简编：《宛陵群英集》卷3。
② 参见元人刘致《姚燧年谱》（《牧庵集》附录）及《元史》卷174《姚燧传》。
③ 《元史》卷174《姚燧传》，姚燧子失载姚埴。
④ 参见（元）王士点、商企翁：《秘书监志》卷9，《文渊阁四库全书》本。
⑤ 参见（元）许有壬：《圭塘小稿》卷6《雪斋书院记》，《文渊阁四库全书》本。
⑥ 参见（元）许有壬：《崇文监丞姚贡夫画像赞》，《至正集》卷67；（元）王士点、商企翁：《秘书监志》卷9。息州属汝宁府，为下州。根据《元史》卷91《百官志》，下州达鲁花赤同知为正七品，元代艺文监丞为从五品（卷88《百官志》），至元六年（1340）十二月，改艺文监为崇文监（卷92《百官志》），崇文监丞当为从五品。
⑦ 参见（元）李国凤：《移济宁路志记》，《全元文》据《（咸丰）济宁直隶州志》卷9收入，第58册，第752页。
⑧ 参见（清）阮元编：《（道光）广东通志》卷215《金石略》，《续修四库全书》第673册，534页。
⑨ 曹楝亭刊本《录鬼簿》，第75页。

炜还是姚燉①。

二、姚氏之理学与政事

在元初，姚氏首先是以理学显明于世的，姚枢为南宋朱熹理学北传的关键人物。蒙古太宗七年（1235），姚枢随太子阔出伐宋，攻下德安（今属湖北）后，营救了儒生赵复。"先是，南北道绝，载籍不相通。至是，（赵）复以所记程、朱所著诸经传注，尽录以付（姚）枢。"②姚枢"携家来辉州，作家庙，别为室奉孔子及宋儒周惇颐等象，刊诸经，惠学者"③。姚枢从赵复处所得程朱理学对元代北方理学影响极大，大儒鲁斋先生许衡即由此接受程朱理学，《元史·姚枢传》记载："时许衡在魏，至辉，就录程、朱所注书以归，谓其徒曰：'曩所授受皆非，今始闻进学之序。'既而尽室依（姚）枢以居。"姚枢名列《宋元学案》卷90《鲁斋学案》，为"鲁斋讲友"，除了广布理学，姚枢还与杨惟中"谋建太极书院及周子祠，以二程、张、杨、游、朱六子配食，请赵复为师，选俊秀有识者为道学生，由是河朔始知道学"。④姚枢对于理学在北方的传播起到了至关重要的作用，成为元初理学的泰斗，侯克中对他评价极高："深探理窟得心传，洞彻先天与后天。事去一身还太极，物来终日体纯乾。流行坎止道常在，玉润兰馨理不偏。"⑤

姚燧和姚燉为鲁斋门人，都被选为国子学伴读。⑥姚燧"由穷理致知，反躬实践，为世名儒"⑦。查洪德先生在谈到姚燧之学时，认为姚燧虽然为世名儒，其历史地位和贡献主要在于文章之学。作为理学家，姚燧并不排斥文学。他说："文章以道轻重，道以文章轻重。"⑧查先生说姚燧"要求文道并重，而不是

---

① 孙楷第《元曲家考略》提出，守中可能为姚燧族侄姚埭。
② 《元史》卷189《儒学传·赵复传》，第4314页。
③ 《元史》卷158《姚枢传》，第3711页。
④ （清）黄宗羲原著，全祖望补修：《宋元学案》卷90《鲁斋学案》，中华书局1986年版，第3003页。
⑤ （元）侯克中：《挽姚左辖雪斋》，《艮斋诗集》卷6。
⑥ 《元史》卷158《许衡传》曰："（许衡）乃请征其弟子王梓、刘季伟、韩思永、耶律有尚、吕端善、姚燧、高凝、白栋、苏郁、姚燉、孙安、刘安中十二人为伴读。"
⑦ 《元史》卷174《姚燧传》，第4059页。
⑧ 《元史》卷174《姚燧传》，第4059页。

文道合一",表现出一种离道倾向。①姚燧著有《国统离合表》,他"读《通鉴纲目》,尝病国统散于逐年,不能一览而得其离合之概",因此,他著此书"年经而国纬之,如《史记》诸表,将附朱熹《凡例》之后"。②据《宋元学案》卷90《鲁斋学案》,姚枢从子姚燉亦为许衡门人。姚燉于延祐五年(1318)任职河南宪府③,他作按察副使时,在豫章兴学礼贤④。

姚枢不但为宋元理学的传承做出重要贡献,而且在政事方面也多有建树。他一贯积极地向忽必烈推行以汉法治国⑤,"他的实用主义和现实主义对忽必烈和蒙古贵族有一定的吸引力。姚枢的建议总是隐含在蒙古人所能理解的逻辑之中"⑥。比如,"(至元)三年,帝留意经学,(商)挺与姚枢、窦默、王鹗、杨果纂《五经要语》凡二十八类以进"⑦。姚枢劝世祖立法度,行礼乐。在蒙古军队讨伐大理和伐宋时,他以当年曹彬伐南唐不杀的事例进谏,希望改变蒙古人屠城的恶习,减少无辜百姓的伤亡。姚枢还和窦默教授真金太子《孝经》。⑧

蒙古宪宗在位时,姚枢向忽必烈建议,选择关中作为基础,协调好与兄长的关系,避免宪宗猜疑。他预先看出王文统学术不纯,将来必反,并且分析了李璮谋叛时的策略,姚枢的分析全部应验。正因为姚枢具有深远的政治军事见解与出色的行事能力,使得南宋的贾似道比之为王猛。⑨

姚枢善于识别、推荐人才,培养、提携后进,耶律有尚、商琥等人曾得到他的征辟与推荐。姚枢为东平宣抚使,曾征辟耶律有尚从事幕府。⑩至元十四年(1277),他与许衡推荐商挺长子商琥为江南行御史台监察御史。⑪于九思父

---

① 查洪德:《理学背景下的元代文论与诗文》,中华书局2005年版,第29、23页。
② 《元史》卷174《姚燧传》,第4058页。
③ 参见(元)虞集:《湖南宪副赵公神道碑》,《道园类稿》卷43。
④ 参见(元)虞集:《宗濂书院记》,《道园类稿》卷24。
⑤ 《元史》卷158《姚枢传》:"(忽必烈)询及治道,(姚枢)乃为书数千言,首陈二帝三王之道,以治国平天下之大经,汇为八目,曰:修身,力学,尊贤,亲亲,畏天,爱民,好善,远佞。"
⑥ 《剑桥中国辽西夏金元史》,第429页。
⑦ 《元史》卷159《商挺传》,第3740页。
⑧ 《元史》卷115《裕宗传》:"少从姚枢、窦默受《孝经》,及终卷,世祖大悦,设食飨枢等。"
⑨ 参见(元)姚燧:《中书左丞姚文献公神道碑》,《姚燧集》第219页。
⑩ 参见(元)苏天爵:《皇元故昭文馆大学士兼国子祭酒河南行省右丞相耶律文正公神道碑铭(有序)》,《滋溪文稿》卷7。
⑪ 参见《元史》卷159《商挺传附商琥传》。

亲参政府君受知于姚枢，做了中书省书表官。① 姚枢的门生崔仲德，言论粹然，一出于正，他以功名爵禄为余事，推辞了台阁的征辟，后因贫而做官，颇有才能。②

姚燧的政绩虽不像姚枢那样突出，但他同样体恤百姓，兴学重教，得到时人的称许。至元十七年（1280），姚燧任陕西汉中道提刑按察司副使，他"录囚延安，逮系诖误，皆纵释之，人服其明决"。他"按部澧州，兴学赈民，孜孜如弗及"。③ 因此，大德五年（1301），当姚燧由翰林学士任职江东廉访使时，宛陵（今安徽宣城）人王鳌叟表示欢迎："暂辍瀛洲学士班，南来万里访民艰"④，作诗赞颂他的道德文章，有相逢恨晚之感。姚燧关注百姓疾苦、注重教育，秉承了伯父姚枢的教诲。

姚燧尊敬硕儒贤能，他礼敬萧㪺，有门人讥诋萧㪺文章，姚燧说："萧先生道德经术名世者也，岂若吾辈以雕虫篆刻为工乎？"⑤ 姚燧任职郢（今湖北江陵）时，拜访宋遗民姬文龙，与其宴饮谈笑。姚燧还派遣子弟执经受学。姚燧临终前，命其子咨询姬文龙丧礼之事，他死后姬文龙主其丧，衣衾棺敛、哀麻之制，悉遵礼经，观者礼敬。⑥

姚燧弟姚燉为政同样尊贤敬德，至元年间，他任职江西肃政廉访副使⑦，与奥屯希鲁、卢挚访问南宋遗民吴存、黎廷瑞、黄丙炎等人，他们劝说吴存、黄丙炎出仕⑧，具礼币迎黄丙炎于洪学，听其讲说，遣子受学⑨。姚燉等人还与黎廷瑞以歌诗乐府相唱答。⑩ 有一次，吴存、黎廷瑞与刘元芝一起谒见姚燉，姚燉命刘元芝孙刘传赋诗，刘传援笔立就，姚燉表示嘉奖。⑪ 鄱阳（今属江西）人

---

① 参见（元）黄溍：《元故中奉大夫湖南道宣慰使于公行状》，《金华黄先生文集》卷23。
② （元）谢应芳：《送崔仲德序》，《龟巢稿》卷9，《文渊阁四库全书》本。
③ 《元史》卷174《姚燧传》，第4058页。
④ （元）王鳌叟：《谒姚牧庵》，《全元诗》据《诗渊》第3607页收入，第8册，第111页。
⑤ （元）苏天爵：《元故集贤学士国子祭酒太子右谕德萧贞敏公墓志铭》，《滋溪文稿》卷8，第118页。
⑥ 参见（元）苏天爵：《姬先生墓碣铭》，《滋溪文稿》卷14。
⑦ 参见《（雍正）江西通志》卷46《秩官》，《文渊阁四库全书》本。
⑧ 参见（清）史简编：《鄱阳五家集》卷4吴存小传。
⑨ 参见《（雍正）江西通志》卷80《人物》。
⑩ 参见（清）史简编：《鄱阳五家集》卷1宋黎廷瑞小传。
⑪ 参见（元）苏天爵：《故静观处士刘君墓碣铭》，《滋溪文稿》卷14。

周应极曾上书姚燧,姚燧极为欣赏,推荐他担任婺源学正。①

三、姚氏之文学

除了理学、政事,姚氏还是元初的文学家族,无论是在传统的诗文词方面,还是在新兴的散曲方面都有所成就。

姚枢一生的主要成就在理学与政事,文学之名不显。他的文章今存三篇,全部为奏疏。②《元诗选·二集》收入姚枢诗歌五题二十五首,《全元诗》据国家图书馆藏石刻拓片又补入一首。姚枢佚诗可考者如下:第一,王恽《秋涧先生大全文集》卷7有七言古诗《和姚左辖梨花诗韵》,中统四年(1263)姚枢曾任中书左丞,此诗当时王恽和姚枢诗韵,可知姚枢写过梨花诗;第二,据程钜夫《雪楼集》卷29《姚文献公汾晋水玉山和尚二诗墨迹》,可知姚枢曾写过题为汾晋水和玉山和尚的诗篇;第三,程钜夫叔父见姚枢时,他曾赠以诗,后来还刻于石;第四,至元六年(1269),周定甫为河南按察司佥事,姚枢作赠周定甫诗一卷③;第五,中山安喜(河北定州)人寇元德为政廉洁简易,姚枢与杨果、王磐等人作诗赞美。④

姚枢《聪仲晦古意廿一首爱而和之仍次其韵》借助诗歌阐述了自己的思想,包括出处、为政、功名、富贵等方面,多为理学言语,比如其二:"人道合天心,天人本无二。"其六:"求仁固多方,寸心惟自克。"《题虢国夫人夜游图》与《被顾问题张萱画明皇击敌按乐图》则是总结历史教训,比如前者曰:"胡不秉明烛,宴行撤礼防。一从此风炽,野鹿蹢宫墙。""女宠祸何酷,百悔不一偿。"后者曰:"君王游荡堕声色,不知声色倾人国。"总的来说,姚枢的诗为理学家与政治家之诗,语句多为议论,诗味不足。⑤

姚燧在文学方面发扬光大,成为元代的散文大家,张养浩《牧庵集》序

---

① 《(康熙)鄱阳县志》卷11《人物志·宦绩》,第734页。
② 《全元文》第2册,第348页,据《元史·姚枢传》录入。
③ 参见(元)程钜夫:《跋雪斋墨迹》、《跋姚雪斋赠周定甫诗后》,均见《雪楼集》卷25。
④ 参见(元)刘因:《处士寇君墓表》,《静修先生文集》卷17。
⑤ 姚枢还长于书法,元人蒲道源《闲居存稿》卷8有《题姚文献公草书真迹》。据王鹗《龙门建极宫记》,姚枢曾奉敕为龙门建极宫书写匾额。姚燧《牧庵集》卷27《鄢陵主簿毛府君阡表》记载,他曾为毛宪书写"夙夜以思无益,不如学也"十字。

称其"才驱气驾,纵横开阖,纪律惟意"。《元史》卷174《姚燧传》说他"为文闳肆该洽,豪而不宕,刚而不厉,春容盛大,有西汉风,宋末弊习,为之一变。盖自延祐以前,文章大匠,莫能先之"。查洪德先生《理学背景下的元代文论与诗文》认为,姚燧以雄奇古奥扭转了南宋文风之弱,其一任才驱气驾,也失之奇险。众所周知,姚燧这种雄奇的文章风格学习的是唐代的韩愈[①],实际上有一个因素也不容忽略,就是姚燧岳父杨奂的影响。《元史·姚燧传》记载:"(姚)枢隐居苏门,谓燧蒙暗,教督之甚急,燧不能堪。杨奂驰书止之曰:'燧,令器也。长自有成尔,何以急为。'且许醮以女。"可见杨奂对姚燧的赏识。杨奂为文务去陈言,也是深受韩愈的影响,他还删集过韩文。元好问说杨奂"作文划刮尘烂,创为裁制,以盗袭剽窃为耻,其持论亦然"[②]。

姚燧为元代早期的身居台阁的诗人,杨镰先生认为,他的诗关注时事,忧国忧民,同时也是他情感的自白书。[③] 相比于诗,姚燧的词则个人色彩更浓厚,内容多为送别、赠答、游览、咏物,抒发叹老之情和对朋友、妻儿的感情。姚燧还是早期的散曲作家,名列《录鬼簿》卷上,《全元散曲》收其套数一套,小令二十九首,多写人生幻化之旨、山林隐逸之思和男女恋情。

姚燧侄姚守中继承了家族之元曲传统,他曾为平江路吏,作有杂剧《汉太守郝连留钱》、《神武门逢萌挂冠》、《褚遂良扯诏立东宫》等[④],今俱不存。《全元散曲》存其套数一,即《[中吕]粉蝶儿·牛诉冤》,构思新颖,假托被杀的牛述说自己的悲惨遭遇,谐谑中包含着悲苦与怨愤。《录鬼簿》吊词云:"挂冠解印汉逢萌,扫笔成章姚守中,布关串目高吟咏。牛诉冤,巧用工。扯诏谏,扶立中宗。麒麟阁,狐兔塚,怨雨愁风。"[⑤] 概括了姚守中的元曲成就。

姚燧以文章泰斗的身份教导、提携了许多后辈文士,比如贯云石、李泂、李之绍等人。[⑥] 姚燧一见李泂之文,深叹异之,推荐他担任翰林国史院编修

[①] 《元史·姚燧传》:"始读韩退之文,试习为之,人谓有作者风。"
[②] (金)元好问:《故河南路征收课税所长官兼廉访使杨公神道之碑》,《元好问全集》卷23,第512页。
[③] 参见杨镰:《元诗史》,第290—293页。
[④] 曹楝亭刊本《录鬼簿》,第75页。
[⑤] 《录鬼簿》卷上,第22页。
[⑥] 参见《元史》卷143《小云石海涯传》、卷164《李之绍传》、卷183《李泂传》。

官。① 大德二年（1298），姚燧游长沙，刘致请他为死去的父亲作墓志铭，并且持自己的文章求教，姚燧读后，赞赏其为辞清拔宏丽，勉励他继续努力，可进乎古人之域。姚燧推荐刘致为湖南宪府史。刘致终身感念姚燧，编撰了《姚燧年谱》。② 衢州（今属浙江）孔涛对姚燧执弟子礼。③ 尽管姚燧少所许可，但对真正的贤才，必加赞赏。他看到谢端一读己文，即能指摘其用意所在，叹奖不已，对人说："后二十年，若谢端者，岂易得哉。"④ 以茂才推荐谢端。⑤ 李之绍为翰林国史院编修官时，"姚燧欲试其才，凡翰林应酬之文，积十余事，并以付之。之绍援笔立成，并以稿进。燧惊喜曰'可谓名下无虚士也'"⑥。何中为学弘深该博，姚燧极为推崇。⑦

四、地域文化与姚氏

姚氏祖籍营州柳城，属辽西地区。春秋时期为东胡地，战国时属辽西郡，东汉末为鲜卑族慕容氏占据。北魏时属营州昌黎郡，北齐时为龙城县。隋开皇元年（581）设龙城县，后又改为柳城郡柳城县。唐武德元年（618）为营州总管府柳城县。天宝元年（742）改为营州柳城县。五代十国时期为契丹族占据，设霸州彰武军，治霸城县。辽重熙十年（1041）升霸州为兴中府，属中京道。入金后仍沿用旧称，属北京路。

营州柳城由于地理位置处于中原通往东北的古代交通要衢，历史上处于中原汉族与东北各少数民族互相交流及融合发展的纽带地区。比如隋唐时期在营州境内居住的民族有契丹、突厥、室韦、奚族等。唐代胡人将领安禄山就是营州人。辽金元时期，契丹、女真和蒙古族相继在北方建立政权，都将营州所在的辽西地区作为重要基地。长期生活于这种环境下的姚氏，对民族政权的认同感较强。

---

① 参见《元史》卷183《李洞传》，第4223页。
② 参见《元诗选·三集》戊刘致小传、刘致《姚燧年谱》。
③ 参见（元）黄溍：《承直郎潮州路总管府知事孔君墓志铭》，《金华黄先生文集》卷34。
④ 《元史》卷182《谢端传》，第4206页，原作姚枢，校改为姚燧。
⑤ 参见（元）苏天爵：《元故翰林直学士赠国子祭酒谥文安谢公神道碑铭并序》，《滋溪文稿》卷13。
⑥ 《元史》卷164《李之绍传》，第3862页。
⑦ 参见《元史》卷199《隐逸传·何中传》。

姚燧九世祖汉英在后周太祖广顺初年（951—953）出使辽国被留，侍奉辽穆宗、景宗、圣宗三朝①，此后子孙世代事辽。到姚燧四世祖玢入金，又世代在金朝为官。因此，姚氏早已适应了北方的民族政权，在华夷之辨方面较为通达。②

金元易代之际，对于在金朝并未做过官的姚枢来说，很快认可了蒙古族政权的正统性，并出仕蒙古王朝，积极推行以汉法治国。③这符合当时汉族文士在政治上的大趋势。④

刘致《姚燧年谱》说姚氏"其先柳城人，今兴中府，即古营州，慕容皝之所都也"。据《辽史·姚景行传》姚景行曾被封为柳城郡王，刘致说其后人"皆不读书，举为鲜卑人矣"。生活于营州柳城的姚氏本来以武著称，多任武职，生活于民族混居之地，姚景行一支由于不读书，就被鲜卑族同化了。吴善《牧庵集序》说姚氏"好驰马试剑，游畋为乐"，姚氏能够转变为理学与文学世家，与其迁徙到河南，尤其是定居洛阳密切相关。

姚氏从营州柳城迁徙到河南后，他们家族更多地受到中原文化的影响。姚氏初至之地许州（今河南许昌）⑤，姚枢讲学之地辉州（今河南辉县），以及他们定居之地洛阳，都是中原文化发达之地。尤其是定居洛阳后，姚氏逐步转变为文化世家。

在北宋，洛阳以优越的地理位置，悠久的都城历史，聚集了众多士大夫，成为文化中心。原籍苏州（今属江苏）的范仲淹选择坟地，最终定在洛阳。邵雍求学时游历各地，到洛阳后爱其山水、风俗之美⑥，从卫州共城（今河南辉县）迁居于此，在此完成其学术体系的建构。司马光则在此完成了其巨著《资

---

① 元人姚燧《中书左丞姚文献公神道碑》说是世、景、圣三宗，世宗当为穆宗之误。
② 李治安《元代汉人受蒙古文化影响考述》（《历史研究》2009年第1期）认为，燕云十六州及其附近地区的汉人由于长期受到北方民族文化熏染且不断融入他族成分，在蒙古前四汗时期对蒙古文化认同性较强。
③ 这也与姚枢的出处观念有关，《聪仲晦古意二十一首爱而和之仍次其韵》其七曰："出处贵适时，违时招自辱。"当遇到牙鲁瓦赤唯事货赂时，姚枢就弃官而去；而有机会施展自己的才干拯民济时，则孜孜于用世。
④ 参见李治安：《华夷正统观念的演进与元初汉文人仕蒙》，《学术月刊》2007年第4期。
⑤ 据姚燧《中书左丞姚文献公神道碑》，姚枢父渊（仲宏）任许州录事判官，为姚氏进入河南之始。
⑥ 参见（宋）邵伯温：《邵氏闻见录》卷18，中华书局1983年版。

治通鉴》。影响更大是狭义的"洛学",即二程理学,程颢、程颐讲学洛阳家中,四方从者甚众,奠定了洛阳学术中心的地位,在宋代学术地域演变中起着枢纽作用,也是南宋各主要学派的源头。① 洛阳还是北宋的文学中心之一,王水照先生认为,以钱惟演、谢绛为首的西京留守府僚佐群体构成了北宋洛阳文人集团,包括尹洙、梅尧臣、欧阳修、张先等人,"这一集团对宋诗宋文宋词的时代特点的形成和发展,起着导夫先路的重要作用"。洛阳的地域文化、自然景观和人文景观为该集团的文学活动提供了广阔的舞台,洛阳的文化氛围对其文学创作有着更深刻的潜移默化的影响。②

到了金代,虽然金初的宋金战争对洛阳造成破坏,但是其后逐步恢复,金代中后期洛阳办有府学③,贞祐南渡,定都南京(今河南开封),河南地区又成为北方的政治文化中心,尤其是儒学与文学极为繁盛。蒙古初期,陈赓兄弟与贾损之、辛愿、元好问、杨奂等人曾讲学于洛西,姚枢也参与其间,其后薛友谅于此建立洛西书院。④ 入元后的洛阳文化虽不及北宋,但是"多儒先名公,流风遗俗犹有存者,郡人渐被其化,才贤辈出"⑤。在元人眼中,"洛阳,天下之胜处也。嵩、少环峙高压,云溪、瀍涧二水映带交流,中和之气,朴茂之风,视他郡为特盛。故四方豪俊之士,或游焉,或息焉,往往乐其地厚民淳,而无浮靡之俗也"⑥。姚氏迁居于此同样是看中洛阳的悠久历史与淳厚风俗。

姚枢还在辉州奉孔子及宋儒周敦颐等人的像,读书鸣琴,刊经化民,以道学自鸣。辉州的苏门与百泉为山水佳胜,历来为人文隐居避难之所。魏晋时期著名隐士孙登曾隐居于苏门山,竹林七贤中的嵇康、阮籍也曾游于此,金代还有七贤堂,元好问、许衡等人曾来此游览。⑦ 辉州还是北宋理学家邵雍的家乡,

---

① 参见程民生:《宋代地域文化》。
② 王水照:《北宋洛阳文人集团与地域环境的关系》,《文学遗产》1994 年第 3 期,第 74、83 页。
③ 参见兰婷:《金代教育研究》,吉林大学博士学位论文,2008 年。
④ 参见(元)程钜夫:《洛西书院碑》,《雪楼集》卷 22。
⑤ (元)苏天爵:《洛阳刘氏阡表》,《滋溪文稿》卷 14,第 339 页。
⑥ (元)释来复:《凝翠轩序》,《全元文》第 57 册,第 186 页。标点略有不同。
⑦ 参见金人元好问《望苏门》与《七贤堂》、元人许衡《苏门山》、元人王磐《百门泉》等。

曾在此学习《易经》。金末元初，王磐曾避地苏门，耶律楚材也曾隐居于此。①正因为辉州具有优越的自然环境与深厚的人文内涵，姚枢才会选择此地作为居住与传播理学之所，而许衡、窦默等人也前来共同研读，极大地促进了程朱理学在北方的影响。

北方家族迁徙的主要原因在于躲避蒙古灭金的长期战乱，也有因军事原因或被掳掠、被编入军队、被强制征用、被买卖而迁移②，当然还有姚氏这样主动的迁徙。蒙古攻占中原地区后，有计划地实施了多次人口迁徙。比如太祖八年（1213），降蒙的永清县（今属河北）富户史秉直奉命率领十余万家降人迁到漠北。③平定河东后，诏徙太原（今属山西）十大家于河南，刘辉家族即为其中之一。刘氏家族本是世袭的都万户，世代以武勇显名。刘辉成为汴梁人后，每日从其兄文振与姊婿陈子中学习，后在家乡教授，以吏入仕，以武功与政事知名。他推崇朱子《小学》一书，居官以德教化民。其三子皆善学，由此转变为文士之家。④

无论是哪一种类型的迁徙，对家族文化传统都会产生重要影响。例如迁居合肥的西夏军人，"老者皆已亡，少者皆已长，其习日以异，其俗日不同"。风气由原来质直尚义变为争利相害。⑤姚枢家族家学家风的变化更为显著。

姚氏自后周入辽，定居营州柳城，其家族繁盛伴随着辽、金、元三代。姚枢先祖在辽金时期多为武官，由于长期与北方各民族混居，有一支还被鲜卑族同化。姚枢父亲到河南做官并定居，使得好学的姚枢得以深入学习中原文化，尤其是儒家经典，由此姚氏的家族传统得以转变，成为文化世家。姚枢积极学习、传播理学，推行汉法，政事卓著，姚燧则在诗文词及散曲等方面成就突出。姚氏的崛起与民族政权和地域文化有着密切的关系。

---

① 参见《（乾隆）卫辉府志》卷32《人物志·流寓》，台北学生书局1968年版。
② 参见葛剑雄主编，吴松弟：《中国移民史》第四卷第十八章第一节。
③ 参见《元史》卷147《史天倪传》。
④ 参见（元）贡师泰：《奉训大夫绍兴路余姚州知州刘君墓志铭》，《玩斋集》卷10。
⑤ （元）余阙：《送归彦温赴河西廉使序》，《青阳集》卷2。

第二节　汤阴许氏

元代汤阴许有壬家族在政治、文化方面具有重要意义，许有壬是元代后期唯一一位对政治有影响的汉族大臣，也是元代后期重要的一位台阁诗人。学术界对汤阴许氏的研究主要集中于许有壬，傅瑛《许有壬年表》(《信阳师范学院学报》1998年第2期)将其生平事迹编年。杨镰先生《元诗史》考订了许有壬文集的版本与存诗数量，他认为许氏的应酬之作就是他用以言志的工具，既有《应制天马歌》等台阁之作，也有《哀弃儿》这样反映现实的诗篇。[①] 赵维江、宁晓燕二位《文化冲突中的儒士使命感——许有壬〈圭塘乐府〉的文化心理解读》(《北方论丛》2006年第3期)认为，许氏《圭塘乐府》反映了词人以自己特殊的身份在维护汉文化艰难征途中的心理态势，贯注着一种庄严而深沉的使命意识。另外，还有穆德全、胡云生二位《元代许有壬与穆斯林文化的探讨》(《宁夏大学学报》1991年第1期)等论文。学者们对许有壬的生平经历与诗词的研究取得了不少成果，但是尚未从家族的角度加以研究。汤阴许氏圭塘唱和是元代盛极一时的文化沙龙，既是汤阴许氏文化传统的表现，更是元代蒙汉文化冲突的隐微反映，值得关注。

一、许氏之世系与家族传统

据欧阳玄《有元赠中奉大夫湖广等处行中书省参知政事护军追封鲁郡公许公神道碑铭（有序）》，许氏世居许昌（今属河南）。许有壬曾祖名信，祖父毅招赘于汤阴宋氏，迁徙于此。父亲许熙载，娶高氏、李氏、狄氏。

许熙载（1261—1327），字献臣，号东冈，后更号真拙。从岳父仕宦，就学东南。辟为德庆路提控按牍，以本职历永衡两路、湘潭一州，调长沙税使，迁临江、抚州两路总管府照磨。进将仕郎、湖广行中书省理问所知事，改从仕郎、会福院照磨兼管勾承发架阁库。著有《经济录》四卷、《女教》六卷。《四库全书总目》卷131著录《女教书》四卷，为《永乐大典》本。该书"集经书

[①] 参见杨镰：《元诗史》，第318—319页。

及先儒之言，凡有关于女教者，分为六篇，曰内训，曰昏礼，曰妇道，曰母仪，曰孝行，曰贞节"。虞集、刘岳申都为该书作序。①许熙载尤长于诗，有《东冈小藁》，今不传。

许熙载长子有恒（1285—1329），为大宁路儒学正，调大理路军民总管府知事。他为许氏持家，替父分忧。②

次子许有壬（1287—1364），字可用，彰德汤阴（今属河南）人。许熙载子。元仁宗延祐二年（1315）登进士第，授同知辽州事。英宗至治元年（1321），升为吏部主事。二年，改任江南行台监察御史。元顺帝元统二年（1334）累升治书侍御史，拜中书参知政事，知经筵事。改侍御史，辞归。后至元六年起为中书参政，进左丞，复辞归。至正六年又为翰林承旨，改御史中丞，以疾归。十三年又起为河南左丞，仕至集贤大学士。十七年以老病致仕，回到彰德。二十四年卒，终年七十八岁。谥文忠。生平见《元史》卷182等。有壬著述丰富，《至正集》原为一百卷，今存八十一卷，有《四库全书》本、《元人文集珍本丛刊》本等。《圭塘小稿》十三卷、别集二卷、续集一卷，为有孚所编，明成化年间五世孙许容校正刊行。二书内容有交叉。明人曾辑许有壬词集《圭塘乐府》。今有中州古籍出版社1998年标点本《许有壬集》。许有壬还著有《文过集》，据欧阳玄《中书参知政事许公〈文过集〉序》，至元三年（1337）夏，许有壬扈从上京，赋诗一百二十余首，名曰《文过集》③，今不存。

许有壬弟有孚，字可行，由国学上舍生登文宗至顺元年（1330）进士第，授承事郎、湖广儒学副提举，改湖广行省检校官。至正元年（1341）除南台御史，迁太常院同金。④至正二年（1342），有孚担任江南诸道行御史台监察御史，修卞壶庙，表彰其忠孝。⑤许有孚曾学于咸宁（今属湖北）人万希孟家⑥，与南

---

① 参见（元）虞集：《道园学古录》卷5；（元）刘岳申：《申斋集》卷1。
② 参见（元）欧阳玄：《有元赠中奉大夫湖广等处行中书省参知政事护军追封鲁郡公许公神道碑铭（有序）》；（元）许有壬：《至正集》卷64《亡兄大理知事公志》。
③ 《欧阳玄集》，第284页。
④ 参见（元）虞集：《送许有孚赴湖广提举》，《道园学古录》卷3；（元）许有壬：《圭塘小稿》别集卷上《题可行太常人海浮槎斋》；《至大金陵新志》卷6；《元诗选·初集》丙。
⑤ 参见（元）朱德润：《卞将军新庙记》，《存复斋集》卷2，《全元文》第40册，第562页。
⑥ 参见（元）许有壬：《故封从仕郎武昌路武昌县尹万君墓碣铭》，《至正集》卷54。

阳成遵、刘嗛交游①。有孚入明后事迹阙如，他为兄长许有壬编辑《至正集》，其《至正集引》署"屠维作噩春二月既望"，"屠维作噩"即己酉年，为洪武二年（1369）。许孚《圭塘欸乃集》跋末署"上章涒滩岁夏四月初吉洹滨识"，四库馆臣《圭塘欸乃集》提要说："盖洹滨乃有孚别号"，"上章涒滩为庚申岁，实明洪武之十三年"。跋文为许有孚于洪武十三年（1380）所撰，则有孚去世于洪武十三年之后。在这两篇文章中，他均不书明朝年号，表明其做了元朝遗民。许有孚诗词存于《圭塘欸乃集》中，《全元文》第51册收其文三篇。

许熙载二女，长巽贞，适江西行省都事赵彝；次安贞，未嫁而卒。

许有壬先娶永平赵兼善女为妻，继室赵氏，为雍古名臣赵世延之女。

许有壬子桢，字元幹，以门功补太祝，至正间任秘书郎。他曾与父亲有壬、叔父有孚唱和，诗词存于《圭塘欸乃集》中。欧阳玄神道碑铭记载，许熙载四孙男，为宝山、燕山、白耆、黑耆，当为乳名。

许桢，明初迁至安阳，生子许寿与许坦，许坦长子顒，字孟敬，登明景泰五年（1454）进士，官至南康知府。许顒子忱，字中国，博学能文，古朴不随俗流。常有忧天下之心，临终自吟曰："丹心不泯常忧国，白发无端早上头。"许顒弟显，为邑学生，生许怀（1473—1538），字思善，号乐菴，少孤，因而辍业，治东冈故田。他不忘祖先，作先祠，修时祭，收拾先世谱系遗文。曾与亲戚故人欢宴，歌圭塘诗词，甚为自得。许怀子复礼，登嘉靖十四年（1535）进士，官刑部主事。许怀曾训子曰："奉官箴，自约身。始也理官事，自省私举也。"②可见许氏绵延历久，仍然保持其家族传统。

许熙载长于政事，虽官位卑微，为官体恤民情，化民成俗。许熙载在长沙任职，"征算不苛，羡增秋毫归官"。因此，长沙人对他极为怀念，"即公庐墓之地作书院，以表其孝。请于中书，得永额，所植松栢，爱护之成林"。许熙载"晚岁研精理学，易簀之年正月朔日，命诸子讲周子《太极图说》，至'原始反终'，慨然而叹，因论人世修短，有若将终焉之意"。③熙载孝顺母亲，为

---

① 参见元人许有壬《圭塘小稿》卷5《成中丞诗序》及《至正集》卷38《记选目》。
② （明）崔铣：《洹词》卷11《许乐菴墓志铭》，《三仕集》，《文渊阁四库全书》本。
③ （元）欧阳玄：《有元赠中奉大夫湖广等处行中书省参知政事护军追封鲁郡公许公神道碑铭（有序）》，《欧阳玄集》，第211—212页。

官多有善政。吴澄称之曰："丧亲而孝，居官而廉。"① 许熙载的这些良好传统都为许有壬等人继承。

许氏的家乡汤阴属于安阳地区，安阳为殷商故都，古称邺，金元时期称为彰德。彰德北控邢赵，南临怀卫，广袤数百里。汉唐以来，代为重镇，而安阳、临漳之间，曾为曹魏、高齐之都城。② 安阳历史上为文化发达地区，又是北方民族冲突与融合地区。北宋时安阳靠近宋辽边境，出产的人才韩琦、岳飞身上体现出能文能武、政事文学兼善之特点。金代安阳变为内陆地区，受其政策影响，当地文人多由科举而仕进，郦权、李瀚、韩玉为其中的代表。金末元初的战争造就了郭昂这一能文能武之人才，许有壬在政事与文学两方面成就突出，这种特点一定程度上延续着北宋的传统。可见汤阴许氏受到朝代更迭与地理环境的影响颇大。③

汤阴许氏世系

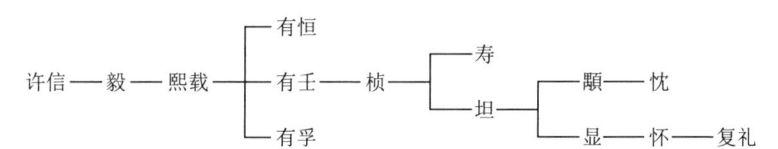

许信——毅——熙载——有恒
　　　　　　　　——有壬——桢——寿
　　　　　　　　　　　　　　——坦——顗——忱
　　　　　　　　　　　　　　　　　——显——怀——复礼
　　　　　　　　——有孚

二、许氏圭塘唱和的功名情结

许有壬曾和弟有孚、子桢在家乡的圭塘进行诗词唱和，结为《圭塘欸乃集》。这是北方文学家族规模最大、影响最大的文学活动。那么，圭塘唱和与元代的政治文化有什么关系？其价值何在呢？

至正九年（1349），许有壬以病辞归④，用所赐金于相州（今河南安阳）购得康氏废园，凿池其中，形如"桓圭"，因以"圭塘"为名⑤。圭塘风景如画，景色宜人，欧阳玄描绘说：

---

① （明）崔铣：《洹词》卷11《许乐菴墓志铭》，《三仕集》。
② 参见《（乾隆）彰德府志》卷1《地理》，台北学生书局1968年版。
③ 参见李亚楠：《金元安阳地区文学研究》，山西大学硕士学位论文，2013年。
④ 杨镰《元代文学编年史》将圭塘唱和系于至正九年，因为这是许有壬在家乡休致时间最长的一次，此从其说。
⑤ （元）欧阳玄：《圭塘记》曰："塘之形本丰而末擫，象圭之终葵者，因命之为'圭'也。"

>　　塘四围树以梅、竹、松、菊、桃、李，为三迳，衡而重行，四时香色相禅，人行蔽亏间，波光、树荫、人影间错，如游鄨画溪也。亭之西为双洲，洲对峙，中有小桥，穹然，子午相贯。又中折而东之以达亭。亭之东为孤屿，路不与亭相通，欲往，则命舟也。舟稳若画舫，或篙或棹，往来塘间，惟意所适。①

许有壬闲居期间，每日携宾客子弟，觞咏其间，他和弟有孚、子桢歌咏唱和之辞凡诗二百一十九首、词六十六首，另附马熙和作诗七十八首、词八首，编为《圭塘欸乃集》二卷。马熙《圭塘补和并序》对圭塘唱和有过这样的评价："熙始得伏读全集，大篇云行，短章泉流，无非乐日用之常，而忧国忧民之实，亦未尝不默寓其间也。"为什么许有壬等人在闲居游乐之中蕴含着忧国忧民之意，其中有着什么隐微呢？

许氏父子叔侄在《圭塘欸乃集》反复咏唱归隐之乐，他们赞美圭塘如画的风景，享受闲居游玩的快乐，比如许有孚《圭塘杂咏并序·松阴独钓》"渔竿聊复乐吾真"，有孚《圭塘杂咏并序·倚槛观鱼》"鱼我相忘乐可知"，许有壬《酒间得口号廿八字》"一年劳费尽销忘"等，许有孚《买陂塘》归纳为"四美俱全，二难巧遇"，他在《叔和桢韵》序中形容道："觞咏间作于荷声树色中，不谓此身之在尘世也。"

许有壬辞官隐居，尽管自称归田、务农等，从实质上说就是由兼济天下转为独善其身，总体上还是儒家思想，其弟有孚在《买陂塘》诗中说"浴沂趣"，向往的是孔门春日出游的乐趣。许有壬《翁用桢韵二首》说："半亩方塘学紫阳"，则是效仿宋儒朱熹。②其子许桢和诗云："礼法贵真率，服食戒侈长。平生事直道，所遇非孟浪。……险语从鬼泣，斯文未天丧。"所谓"礼法贵真率"、"平生事直道"，都是儒家修身正己等内容，而"斯文未天丧"则是表露一种掌握正道的自信。因此，许氏圭塘唱和诗词写到了很多植物意象，其中包

---

① （元）欧阳玄：《圭塘记》，《欧阳玄集》，第276页。
② 朱熹《晦庵集》卷2《观书有感二首》其一："半亩方塘一鉴开，天光云影共徘徊。问渠那得清如许，为有源头活水来。"

括青松、菊花、梅花、莲花等，都是君子固穷、砥砺节操之意。

陶渊明是元代文人极为推崇的古代诗人，许有壬等人在诗词中多次提到陶渊明或化用陶诗，比如"无弦琴"、"渊明琴外趣"、"无官免折腰"等，但是许氏家族的旨趣与陶渊明也有不同。许有孚《买陂塘》"笑元亮谋生"，陶渊明隐居后经济上很艰难，遭遇过火灾，还曾经乞食，而许有壬等人则是衣食无忧的闲适生活。除了陶渊明，许有孚在《圭塘杂咏并序·松阴独钓》诗中还提到"严滩与渭滨"，东汉初的严子陵隐居垂钓，是真的不仕，姜太公垂钓渭水，则是等待明主。将二者并列，其实际的取向是后者，期待周文王与姜太公那样的君臣遇合。许有壬和有孚《圭塘雨后督修堰归坐嘉莲亭有感》说："园绮知高祖，巢由负放勋。至人先大节，余事及多闻。"更是认为古代著名隐士巢父许由不足取。马熙在和词中说："人间世，多少高眠巢许，勋庸终愧伊吕"，也道出了许有壬等人的倾向。

实际上，许氏更推崇的历史人物不是陶渊明等隐士，而是谢安与裴度。许桢和许有壬《秋阴》诗云："绿野思裴度，东山访谢安。及辰行乐尔，世路任艰难。"他的另一首和诗说："遥遥东山游，复见风流相。"许桢将其父比作东晋谢安与唐代的裴度，谢安举止潇洒镇定，是魏晋风度的代表人物，著名的风流宰相，裴度晚年留守东都洛阳，筑绿野堂，与白居易、刘禹锡等人唱和。两人虽然有过闲居生活，但都曾经建立过一番功业。谢安取得了淝水之战的胜利，延续了东晋王朝，裴度则带兵扫平了吴元济藩镇割据势力，维护了唐王朝的统一。相比于谢安与裴度，许有孚《买陂塘》说其兄是"身退功成天许"，但许有壬并不认为自己功业已就。许桢和其父《新秋即事》诗曰："功名付身外，天地寄杯间。"表面上取饮酒而舍功名，实则包含着几分激愤与无奈。许有壬在和诗中说："子房屈圯下，高祖隐芒砀。君臣倏际遇，功业惊洽畅。"希望遇到的是明君良臣，共做一番事业。欧阳玄说："世之豪有力者，傚公为园池，无禁也。之贤之能，果易致乎？余之记斯塘，独美公有大夫之能，以济贤者之乐，乐虽盛于一时，而事有传之百世也。"他将圭塘游览唱和的乐趣称之为贤者之乐，认为他人是模仿不来的。然而，欧阳玄转而又说："贤能之于斯世，不克尽乎竹帛，而致美乎林塘。愚固不识司造之生贤能，使之施用而止是欤？故愿陈君子出处之大谊，以告圭塘之主人云。"①他对于具有定国安邦之能的许有壬未能在朝建立功业，而休闲于家游赏山林感到遗憾。

其实，无需欧阳玄提示，许有壬何尝不愿效力于朝呢？他到底内心有何苦衷？许桢和有孚《乡友具宴漫成》说："不平常欲以诗鸣，诗友还能识此情。"那么，许有壬心中有哪些不平之气需要抒发呢？

三、圭塘唱和与许有壬为政之艰难

圭塘唱和诗词中，与归隐之乐相映衬的是为官时的痛苦，例如许有壬和有孚《乡友具宴漫成》"醉脱乌纱从露顶，绝胜前日缚尘缨"，许桢和许有壬《圭塘独坐赋四律》"萧散今方得，艰难昔备尝"。从政三十多年，许有壬留下的是苦涩的回忆。唱和诗中遍布"黄粱"、"沧海桑田"、"却笑纷纷轻薄手，等闲翻覆变炎凉"、"三生梦"、"半世京华困鼎茵"②，等等，这些语句隐含着的都是不堪回首的痛苦与无奈。

许有壬在圭塘唱和之前已经做到参知政事、御史中丞这样的高位，那么，这位在元代后期汉人中少有的仕途显达者，内心有着怎样的隐微呢？

据《元史》卷182《许有壬传》记载，许有壬为政体恤百姓、抑制豪强，比如泰定元年（1324），许有壬为中书左司员外郎时。

> 京畿饥，有壬请赈之。同列让曰："子言固善，其如亏国何。"有壬曰："不然。民，本也，不亏民，顾岂亏国邪！"卒白于丞相，发粮四十万斛济之，民赖以活者甚众。

许有壬认为，民为国之根本，救民为当务之急。他的善政不只是救济灾民一事，史载元英宗被弑后，许有壬上奏章建议严惩铁木迭儿之子锁南及其余党，并请为遭受铁木迭儿打击陷害的王毅、高昉、赵世延等大臣雪冤复职。他

---

① （元）欧阳玄：《圭塘记》，《欧阳玄集》，第277页。
② 参见元人许有孚《买陂塘》与《叔和桢韵》、元人许有壬《翁用桢韵二首》与其和有孚《松阴独钓》，并见《文渊阁四库全书》本《圭塘欸乃集》。

上疏言十事,包括训导太子、加强武备等。任左司郎中时:"每遇公议,有壬屡争事得失,汛扫积滞,几无留牍。都事宋本退语人曰:'此贞观、开元间议事也。'"

然而,这样一位忠君爱民、积极为政的股肱之臣,被宋本誉为贞观、开元贤相的许有壬,其正确主张却经常得不到实施。《元史·许有壬传》记载,元顺帝即位后,诏群臣议上皇太后尊号为太皇太后。

>有壬曰:"皇上于皇太后,母子也,若加太皇太后,则为孙矣,非礼也。"众弗之从,有壬曰:"今制,封赠祖父母,降于父母一等,盖推恩之法,近重而远轻,今尊皇太后为太皇太后,是推而远之,乃反轻矣,岂所谓尊之者邪!"弗之听。

这是许有壬根据传统礼制的谏诤,无奈不为皇帝与群臣接受。元顺帝的这一举动受到了后世史家的嘲笑。①《元史》本传又载:

>(至正)二年,囊加庆善八及孛罗帖木儿献议,开西山金口导浑河,逾京城,达通州,以通漕运。丞相脱脱主之甚力,有壬曰:"浑河之水,湍悍易决,而足以为害,淤浅易塞,而不可行舟。况地势高下,甚有不同,徒劳民费财耳。"不听,后卒如有壬言。②

许有壬反对囊加庆善八、孛罗帖木儿与脱脱等开凿通漕运的举动,结果不被采纳,最终导致劳民伤财。

如果说这些挫折还可以容忍的话,那么元顺帝罢科举之事则深深羞辱了许有壬。许有壬擢延祐二年进士第,有孚为至顺元年进士,兄弟先后中举,一门二进士。这在唐、宋、金、明、清这些朝代可能不算什么,但在科举长期中断,而且取士名额极少的元代,这样的家族还属凤毛麟角。家乡人作双桂堂,

---

① 清人赵翼《廿二史劄记》卷30"弟为皇太子叔母为太皇太后"条,认为"衰朝荒主,颠倒妄行"。
② 《元史》卷182《许有壬传》,第4200—4202页。

以许氏之遭际为荣。① 许有孚在《圭塘杂咏并序·柳下听莺》中不无自豪地说："却忆当年阊阖晓，恩袍光照上林春"，并加注："登第日唱名西宫，密迩上林，尝闻莺也。"然而，就是这给汤阴许氏带来无上荣耀的科举之事，到后来竟然成为许有壬一生最大的耻辱。

至元元年（1335），中书平章政事彻里帖木儿挟个人恩怨，首议罢科举，参政许有士人争之。《元史》卷142《彻里帖木儿传》记载了他与太师伯颜对此事的争论：

> 有壬乃曰："科举若罢，天下人才觖望。"伯颜曰："举子多以赃败，又有假蒙古、色目名者。"有壬曰："科举未行之先，台中赃罚无算，岂尽出于举子？举子不可谓无过，较之于彼则少矣。"伯颜因曰："举子中可任用者唯参政耳。"有壬曰："若张梦臣、马伯庸、丁文苑辈皆可任大事。又如欧阳元功之文章，岂易及邪？"伯颜曰："科举虽罢，士之欲求美衣美食者，皆能自向学，岂有不至大官者邪？"有壬曰："所谓士者，初不以衣食为事，其事在治国平天下耳。"伯颜又曰："今科举取人，实妨选法。"有壬曰："古人有言，立贤无方。科举取士，岂不愈于通事、知印等出身者？今通事等天下凡三千三百二十五名，岁余四百五十六人。玉典赤、太医、控鹤，皆入流品。又路吏及任子其途非一。今岁自四月至九月，白身补官受宣者七十二人，而科举一岁仅三十余人。太师试思之，科举于选法果相妨邪？"

伯颜以为科举之士有贪赃枉法者，而少可用之人，科举妨害选官。许有壬一一加以批驳，连伯颜也觉得有道理。但是，尽管许有壬极力为科举周旋，但是蒙古保守派还是胜利，开设不久的科举还是被废止了，而且"崇天门宣诏，特令有壬为班首以折辱之。有壬惧及祸，勉从之。治书侍御史普化诮有壬曰：'参政可谓过河拆桥者矣。'有壬以为大耻，遂移疾不出"②。许有壬和有孚《圭

---

① 参见（明）崔铣：《洹词》卷11《许乐菴墓志铭》，《三仕集》。
② 《元史》卷142《彻里帖木儿传》，第3405页。

塘雨后督修堰归坐嘉莲亭有感》说："倦游当税驾，勇退免移文。"这种归隐包含着多少羞愧与无奈。科举取士自唐代开始，成为文人仕进的主要渠道，元朝立国以后久久不予开科，延祐开科之后仅仅二十年，因为蒙古保守派的反对，科举又被停止，这极大影响了官员的选拔，特别是汉族士人的进身之路。

罢科举还不是许有壬遭到的唯一挫折，其子许桢在诗中已经写出了他在仕途所遭受的打击。许桢和有孚《圭塘雨后督修堰归坐嘉莲亭有感》说："尽修闲事业，休论旧功勋。流水心无竞，蝇声耳不闻。""蝇声"，《诗经·青蝇》曰："营营青蝇，止于樊。岂弟君子，无信谗言。"朱熹注曰："青蝇，污秽能变白黑。""诗人以王好听谗言，故以青蝇飞声比之，而戒王以勿听也。"①许桢用此典故，寓意许有壬做官时曾经遭到不少谗言诬陷。

许有壬与蒙古保守势力之间的矛盾斗争实际上为贯穿蒙元始终的汉法与蒙古惯例之争。②他为政力主汉法，招来了朝中蒙古、色目大臣的嫉妒和迫害。《元史·许有壬传》对此多有记载：

　　会汝宁棒胡反，大臣有忌汉官者，取贼所造旗帜及伪宣敕，班地上，问曰："此欲何为耶？"意汉官讳言反，将以罪中之。有壬曰："此曹建年号，称李老君太子，部署士卒，以敌官军，其反状甚明，尚何言。"其语遂塞。

这次利用有人谋反想要栽赃汉族官员的图谋虽然没有得逞，但是蒙古色目大臣并不甘心。"重纪至元初，长芦韩公溥因家藏兵器，遂起大狱，株连台若省，多以赃败，独无有壬名，由是忌者益甚。"面对这种局面，"有壬度不可留，遂归彰德，已而南游湘、汉间"。至正元年，许有壬又被任命为中书左丞，但是对他的迫害很快就到了。《元史》本传记载：

　　先是，有壬之父熙载仕长沙日，设义学，训诸生。既殁，而诸生思

---

① 朱熹注：《诗集传》（与《楚辞章句》合刊）卷14，岳麓书社1994年版，第187页。
② 参见本书第九章第一节"北方文学家族与汉法治国和蒙古惯例之争"。

之，为立东冈书院，朝廷赐额设官，以为育才之地。南台监察御史木八剌沙，缘睚眦怨，言书院不当立，并构浮辞，诬蔑有壬，并其二弟有仪、有孚，有壬遂称病归。

这次竟然利用许有壬父熙载的学生创立书院纪念老师之事，来诬陷许有壬，并牵连到他的两个弟弟，许有壬只能再次辞官归隐。许有壬圭塘唱和之后再次出仕又遭诬陷，"监察御史答兰不花衔有壬，时短长之，奏劾甚力，事寻白"①。许有壬从政近半个世纪几乎是伴随着污蔑、攻击、弹劾度过的，他以昂扬正气来应对这些打击。许有孚在《可行记塘上草木廿四首》中赞叹道："亭前双桧立，枝曲能自矫。譬如直谏臣，抗论犯天表。"其《可行松竹皆黄》曰："外直尚持君子节，后凋终继烈臣风。人将大任多穷困，其孰知之惟太空。"这不是对兄长的溢美之词，修《元史》的官员对许有壬也高度评价：

> 有壬历事七朝，垂五十年，遇国家大事，无不尽言，皆一根至理，而曲尽人情。当权臣恣睢之时，稍忤意，辄诛窜随之，有壬绝不为巧避计，事有不便，明辨力诤，不知有死生利害，君子多之。

许有壬面对这些诬陷、攻击，以国事为重，不计个人安危，直言进谏，赢得了君子的称赞。

尽管许有壬遭到蒙古色目官员的排挤，饱受打击，但是他在圭塘闲居二年后又出仕了，主要原因在于他根深蒂固的济世思想。许有壬认为："舍则宜藏用则行，圣人于世岂无情。强颜欲鼓齐门瑟，何似圭塘欸乃声。"尽管"舍"、"用"并提，但还是倾向于用世，即使是像鼓瑟于齐王之人那样不善干求②，明知不被人欣赏，还要枉费精神去努力。许有壬屡次出仕还出于感念君恩，他在和有孚《睡起偶成二绝》诗说："衰病天教远帝乡，君恩一饭讵能忘。"许氏家族视元廷为正统的父母之朝③，即使屡遭打击也难以割舍对朝政的关注。特别是

---

① 《元史》卷182《许有壬传》，第4202页。
② 参见韩愈：《答陈商书》，《五百家注昌黎文集》卷18。
③ 元人许有孚《瑞莲歌并序》："我元圣德极涵育，瑞应只许书有年。"

当时元朝已经风雨飘摇、危机四伏了，至正十年（1350）的变更钞法和次年的贾鲁治河成为农民起义的导火索。至正十一年刘福通率领红巾军起兵，各地积极响应。许有壬筹划备御之策十五条，力图稳定时局。

圭塘唱和在当时名声很大，欧阳玄《圭塘记》说许有壬："昆弟翁季宾客留连觞咏，竟日忘归。城中之人见公出必之圭塘，往往载酒携乐而从之，酒酣，赋诗度曲，顷刻成什。已而唱和盈卷，传之四方，于是唐王氏辋川、宋洪氏盘洲，不是过也。"①人们将圭塘唱和的诗词谱曲演唱，编辑成卷，四方传送，比之为唐代王维等人的辋川诗歌集会与宋代鄱阳洪氏的家族唱和。然而，许氏圭塘唱和的意义还不仅在当时的影响，更在于其中蕴含着元代这段特殊历史阶段中的士人的政治处境与复杂心态。

历史上家族成员诗词唱和的情况并不少见，也有家族成员诗文合编为一集者。唐代褚藏言编《窦氏联珠集》五卷，收扶风窦氏窦叔向之五子窦常、窦牟、窦群、窦庠、窦巩的诗，编家族成员之作，成为家集。②赵州房子（今河北赵县）人李义与兄尚一、尚贞同为一集，号《李氏花萼集》。③金末元初稷山（今属山西）段克己、成己兄弟的作品合刊为《二妙集》，元代泰和（今属江西）王沂与弟佑的诗也合刊为《二妙集》，李士瞻《经济集》与子延兴《一山集》以《济美集》合刊行世，洪希文《续轩渠集》卷末附录其父岩虎诗。《圭塘欸乃集》的特殊之处在于，作为汤阴许氏家族唱和之集，不仅是许氏家族文学传统的表现，更是深层地反映了元代汉人大臣面对蒙汉文化冲突的心态。

---

① （元）欧阳玄：《圭塘记》，《欧阳玄集》，第276—277页。
② 参见李浩：《唐代关中士族与文学》，中国社会科学出版社2003年版，第119页。
③ 参见《旧唐书》卷101《李义传》；《新唐书》卷119《李义传》。

第五章 山西地区文学家族

山西在宋金元时期为北方重要地区，郝经说："河东表里山河，形胜之区，控引夷夏，瞰临中原，古称冀州天府，南面以莅天下，而上党号称天下之脊。"① 山西在元代主要为大同路（除了大同、朔州，还包括内蒙古呼和浩特、包头等地）、冀宁路、晋宁路。

山西的很多地区由于资源缺乏，环境艰苦，养成了百姓勤于耕种、简朴生活的习俗。比如绛州（今山西新绛），"山衺土狭人夥，常艰食，必决水溉田，始克济焉"②。壶关县，位于上党太行之脊，"其巅崖断港，叠嶂崇冈，于全晋为最。若汙而为壑，流而为河，平衍之土，什无二三。民于期间，择隙地以耕稼"③。阳城县"僻处山谷，土瘠民贫而俗朴鲁，乡闾无弦诵之声久矣"④。永和县由于位置偏僻，"无珍产奇货以来四方游贩之人，故其风俗淳一而不杂，其细民勤于稼穑，有以自足，其君子慎刑而尚义"⑤。再如屯留，"土瘠民劳，习尚俭，素有尧之遗风焉"⑥。环境艰苦，又加之以"尧之遗风"，形成了晋南地区民风俭朴、尚义之特色。晋北各地民风在朴实之余，更为刚劲，比如繁峙县，

---

① （元）郝经：《河东罪言》，《陵川集》卷32。
② 参见（元）张在舆：《表临汾令梁轨水利碑》，（清）胡聘之编：《山右石刻丛编》卷36，《续修四库全书》第908册，第92页。
③ （元）程禀直：《大元国晋宁路潞州壶关县东关壁创建桥记》，（清）胡聘之编：《山右石刻丛编》卷38，《续修四库全书》第908册，第139页。
④ （元）李聪：《阳城县尹赵侯兴学记》，《全元文》据《（乾隆）阳城县志》卷12收入，第58册，第678页。
⑤ （元）赵承禧：《永和县重修庙学记》，《（成化）山西通志》卷13，第762页。
⑥ （元）皇甫本：《刘公平冤记》，《全元文》据《（光绪）屯留县志》卷6收入，第59册，第222页。

"其山秀雄,其水清滢,其风气劲武而朴茂"①。

山西的地域文化在宋金时期发生了明显的变化。《宋史》卷86记载,河东路:"东际常山,西控党项,南尽晋、绛,北控云、朔,当太行之险地,有盐、铁之饶。其俗刚悍而朴直,勤农织之事业,寡桑柘而富麻苎。善治生,多藏蓄,其靳啬尤甚。朔方、楼烦,马之所出,岁增贸市以充监牧之用。"北宋时山西由于毗邻辽与西夏,为用武之地,民风朴直刚悍,勤农织之业,善于治生。②

宋金易代,山西由边境变为文化发达地区。比如隩州(今山西河曲),北宋时属河东路火山军,处于战争前线,河东路地势险要,为国家军事要地。特殊的地理位置使得火山军教育极为落后。③到了金世宗、章宗时期,隩州学校才兴盛起来,白贲、白华就是借助于良好的官学教育才得以考中进士,使得家族兴盛起来。代州的崞县(今山西原平)、应州、忻州在金代也是科举发达地区,比如崞县,"自明昌已后,县多名进士,如刘洗马子安、栾少尹仲容、胥莘公和之、张大兴信之、杨大参叔玉、王监使正之"④。整个晋北地区在金代文化发展很快,元好问曾经自豪地说:"晋北号称多士,太平文物繁盛时,发策决科者率十分天下之二,可谓富矣。"⑤元代延续了这种好的势头,比如定襄,"山明水秀,地辟民聚,东连三汇,西望九原",其聚落名刘晖,"地秀而物阜,民蕃而俗淳"。⑥

山西中部地区的经济和文化不错,比如祁县,"恒岳之险,山川之秀,民物之夥,他邑未可侔也"⑦。再如文水,"地贯七乡,民踰万户,土膏气秀,财丰

---

① (元)李继本:《曲河轩记》,《一山文集》卷5,《全元文》第60册,第1015页。
② 参见《宋史》卷86《地理志》。
③ 元人陈普《十先生像序》(《石堂先生遗稿》卷13)曰:"隩,古林胡楼烦之地,宋所筑火山军以扞西寇者。彼民之于《诗》、《书》,何啻越人之于章甫!"
④ (金)元好问:《王无竞题名记》,《元好问全集》卷34,上册,第764页。校勘记:张大兴,据《金史》卷97,当作张大节。
⑤ (金)元好问:《兴定庚辰太原贡士南京状元楼宴集题名引》,《元好问全集》卷37,下册,第49页。
⑥ (元)薛祐从:《洪福寺画佛记》,《全元文》据《(民国)定襄金石考》卷4收入,第47册,第12页。
⑦ (元)何世禄:《重修成汤庙记》,《全元文》据《(光绪)祁县志》卷11收入,第59册,第165页。

俗淳"①。

晋南的文化状况在宋代强于晋北,"蒲、解本隶河东,故其俗颇纯厚"②。入金后继续发展,保持繁荣局面。比如泽州自大儒程颢兴学教化后,文化一直繁荣,在金代总共产生了七十九名进士,在进士的地域统计中名列前茅。③元代晋南的文化一直保持较高水平,平阳(今山西临汾)曾为"尧之所治。故其人至丁今,恭俭克让,和而不怒。忧深思远,有圣贤之遗风"④。平阳在蒙古时期为文化中心,尤其突出的是杂剧创作与演出。⑤因此元人郭思贞说平阳的缙绅文物,优于其他州县。⑥平阳属县洪洞,"邑居之繁庶,土野之沃衍,雄冠他邑。其俗好学尚义,勇于为善。每三岁大比,秀造辈出,取数居多"⑦。晋南的芮城位于"条山之颜,大河之阳,东接平陆,西距永乐,绵衺二百余里。其风土和适,人俗淳梗,又多古贤先圣之迹"⑧。晋宁路荣河县,"其民肫肫,勤劳稼穑,不敢奢靡,惟务节俭,忧深思远,有尧舜遗风焉"⑨。绛县"水深土厚,民俗尚质,学者不为不多,至于荣登桂籍者,相继而出焉"⑩。晋南各地文化上都不落后。

晋东南的文化发展也不错,潞州(今山西长治)"俗尚朴俭,其民力本,喜文学"⑪。该地的庙学"规模壮丽,甲于它州,其来尚矣"⑫。泽州晋城为纪念程颢重修了明道先生祠堂。⑬

山西在金元时期文化有了较大发展,也出了不少人才。元末明初人陶凯

---

① (元)石为楷:《文水龙堂记》,《(雍正)山西通志》卷203,《文渊阁四库全书》本。
② 《宋史》卷87《地理志》,第2170页。
③ 参见李卫锋、张建伟:《金代状元家族与文学》,《辽宁工程技术大学学报》2012年第5期。
④ (元)王礼:《霍山十二景诗序》,《麟原后集》卷2,《文渊阁四库全书》本。
⑤ 参见延保全:《山西古平阳与金元杂剧》,《社会科学报》2006年12月14日。
⑥ 参见郭思贞:《赠太平尹西溪先生段君墓表》,《(成化)山西通志》卷15。
⑦ (元)孔天鉴:《洪洞县学藏书记》,《(成化)山西通志》卷13,第760页。
⑧ (元)王道亨:《真常宫记》,陈垣编纂,陈智超、曾庆瑛校补:《道家金石略》,文物出版社1988年版,第735页。
⑨ (元)刘尚质:《退思堂记》,《(成化)山西通志》卷13,第833页。
⑩ (元)李会:《重修宣圣庙记》,《全元文》据《(光绪)绛县志》卷13收入,第59册,第296页。
⑪ (元)孔克表:《潞州庙学记》,《(成化)山西通志》卷13,第800页。
⑫ (元)李良:《重修潞州庙学记》,《全元文》据《山右石刻丛编》卷33收入,第46册,第166页。
⑬ 参见(元)贾鲁:《明道先生祠堂记》,《全元文》据《(乾隆)凤台县志》卷14收入,第46册,第45页。

说山西"其地山高水深，风气盘薄，其人刚劲而质朴。其土俗勤于耕稼，人多自食其力，故其谋生俭啬。其操干戈、习战斗者，皆知勇于义；其业儒明经训者，必通明而果断"①。虽然略有溢美之词，但对山西风土习俗的描绘基本上是可信的。在时人眼中，晋人作风还是浑厚淳朴、尚勇任气。比如岢岚人郭琪："自大父以来，以赀雄乡曲，任侠尚气，乐于周急。……君天禀浑厚，有晋人淳笃之风。"②太原人刘辉世以武勇显，其祖父刘祐"峻直不阿，哈剌洪刘侯尝请参谋其军事，每指语僚属曰：'此山西将家子，不可犯也'"③。

山西有的地方土地利于耕作反而成为文化发展的障碍。"晋地土厚而气深，田凡一岁三艺而三熟，少施以粪力，恒可以不竭。引汾水而溉，岁可以无旱。其地之上者，亩可以食十人。民又勤生力业，当耕之时，墟里无闲人。野树禾，墙下树桑，庭有隙地，即以树菜茹麻枲，无尺寸废者。故其民皆足于衣食，无甚贫乏，家皆安于田里，无外慕之好。间有豪杰欲出而仕，由他岐，皆可以得官爵，故其为俗特不尚儒。"④所谓豪杰之士由其他路径出仕，而不崇尚儒业，正是元代仕进道路的反映。⑤

山西的猗氏陈氏为宋金元时期的科举仕宦家族，这一家族具有较强的应变能力，所以能够绵延长久。陵川在宋金元时期文化发展达到历史的顶点，郝氏成为其中极具代表性的家族。这两个家族还与金元时期关学的传承者多有交往，本章将对此加以探讨。陕州白氏由于白朴一系迁徙到南方，我们将其列入本书第八章"南北文化交融与北方文学家族"。

第一节　猗氏陈氏

金元河中府猗氏县（今山西临猗）陈氏家族有众多人物出现在政治舞台与

---

① （元）陶凯：《送李庭芳还山西序》，《全元文》据《(乾隆)长治县志》卷22收入，第58册，第588页。
② （金）元好问：《广威将军郭君墓表》，《元好问全集》卷28，上册，第669—670页。
③ （元）贡师泰：《奉训大夫绍兴路余姚州知州刘君墓志铭》，《玩斋集》卷10。
④ （元）余阙：《梯云庄记》，《青阳集》卷3。
⑤ 参见本书第二章"元代北方文学家族面临的困境与出路"。

文化领域，是北方有影响的家族。20 世纪 80 年代以来，对猗氏陈氏家族的研究主要集中于陈赓、陈庾兄弟，阎凤梧、刘达科二位先生《河汾诸老研究》论述了陈氏兄弟的世系、生平与诗歌成就，并辑录了二人的生平资料，为进一步的研究打下了基础。陈氏家族在陈赓、陈庾之后仍然繁盛，出现了陈元凯这样官居高位的人物。前人对陈氏家族的研究尚显薄弱。因此，本文探讨猗氏陈氏有着怎样的家族传统，这一家族如何适应金元时期少数民族政权。

先略考陈氏的世系。据元好问《故规措使陈君墓志铭》、程钜夫《故河东两路宣慰司参议陈公墓碑》、《故平阳路提举学校官陈先生墓碑》等资料，猗氏陈氏的远祖可追溯到唐僖宗广明年间的陈琼，避黄巢乱自京兆万年举家入蜀，琼生延禄，延禄生显忠，显忠生希亮，为宋太常少卿赠太子太保，迁于洛阳。① 希亮生四子，忱、恪，恂、慥。希亮长子陈忱生挥，迁居临晋（今山西临猗）。陈挥生灏，灏生克基，克基为金朝少中大夫国子监丞，居于猗顿（今山西临猗），克基子仲谦，官昭勇大将军陕西规措使，子五人，赓、庾、廙、庠、膺②，赓与庾、膺齐名，元好问称之为"三凤"。

刘达科先生《河汾诸老研究》考证陈氏世系只到陈赓兄弟，陈赓兄弟以下未及，今考证如下。陈赓二子皆早夭，以从孙述为后，又死，以陈庾孙陈观之子仁寿为后。陈赓还有三女，长适金参知政事同华节度使李仲修之侄，次适王姓，次适冯姓。陈庾二子，元义为解盐司判官，元忠字时佐，以学行闻。二孙，造早夭，观为翰林修撰同知制诰兼国史院编修官。女儿适麻怀祖。曾孙二人，仁寿、同祖。陈膺二子元凯、元英，元凯子敬立。③ 陈仲谦还有一孙名元振④，其父名待考。

一、陈氏之科举与仕宦

自宋代以来，陈氏为科举仕宦之家，有文献记载的进士就有五名，北宋

---

① 陈元凯曾请姚燧为八世祖陈希亮撰写《宋太常少卿陈公神道碑》，参见《牧庵集》卷 13。
② 新发现的陈庾撰写的陈廙墓道表增添了新的资料。参见周峰：《金代陈廙墓道表考释》，《哈尔滨师范大学社会科学学报》2018 年第 4 期。
③ 赵孟頫《故嘉议大夫浙东海右道肃政廉访使陈公碑》作 "敬立"，姚燧《劝农使陈公夫人李君神道碑》作 "坤"，不知是否为一人。
④ 参见（金）元好问：《故规措使陈君墓志铭》，《（成化）山西通志》卷 15。

猗氏陈氏世系

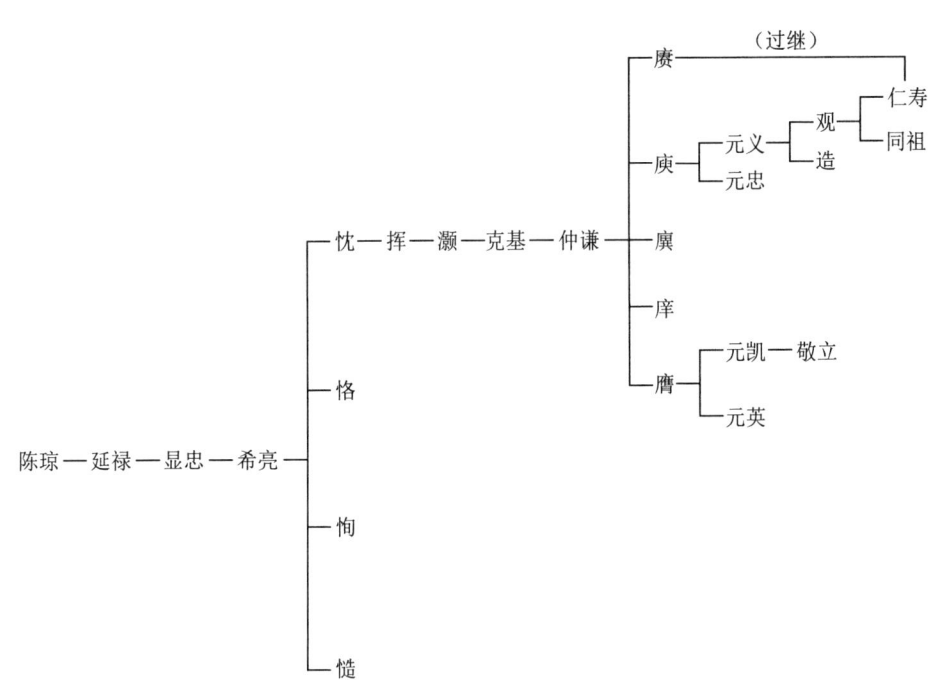

```
                                                ┌─庚────────────(过继)
                                                │      ┌─元义──观──┬─仁寿
                                                │─庚──┤    造      └─同祖
                                                │      └─元忠
              ┌─忱─挥─灏─克基─仲谦─庼
              │                                  │─庼
陈琼─延禄─显忠─希亮─┼─恪                        │─庠
              │                                  │      ┌─元凯─敬立
              │─恂                               │─膺──┤
              │                                         └─元英
              └─慥
```

陈希亮与从子庸、谕同登宋仁宗天圣五年（1027）进士第。邑令张逸表其闾曰"三俊"，世称三人为"三俊"。希亮长子忱为庆历六年（1046）进士，仕至转运使。陈忱曾孙克基于金海陵王天德三年（1151）中进士，仕金为少中大夫国子监丞。陈氏家族成员有人登显位，其中最突出的是陈希亮曾孙与义，仕至参知政事，为南宋渡江名臣。但是陈氏留守中原的长子陈忱这一支并不显达，陈忱任京东转运使，其子挥为慈州士曹，孙灏赠儒林郎。

女真人入主中原之后，陈氏的仕途受到影响。元好问说陈氏到金太宗天会以后，仕途不顺。原因在于金朝任官不同于唐宋，存在民族歧视，不重视汉族人才，以致"有志之士抱利器而无所适，至以轻去远引为高"[①]。经过努力，陈克基终于考中海陵王天德三年的词赋进士，并将赋学传授与其子陈仲谦，但仲谦遭家难，未能由科举步入仕途。他以父荫入仕后，便赶上贞祐年间蒙古人侵金，很快弃官还乡。即使如此，陈氏仍多善政。陈仲谦后来任三白渠规措使

---

① （金）元好问：《故规措使陈君墓志铭》，《（成化）山西通志》卷15。

时,"行视塞门,经流复通,力铲奸弊。豪右不得专辄,公私咸赖其利"。陈仲谦子陈赓正大初偕弟陈庚入汴京,当时丞相高汝砺专恣不道,陈赓伏阙上封事,乞斩以谢天下。又为书责谏议大夫陈规不早谏。陈赓在金朝只任过蓝田子午酒监、陕盐场管勾等职,金亡后,张德辉宣抚河东,张仲一建行省,皆署陈赓为参议。又为河东两路宣慰司参议。程钜夫《故河东两路宣慰司参议陈公墓碑》记载:

> (陈赓)历事四大幕,一摄宣抚事,皆能推诚尽礼以事其上,正身修德以化于下。故奸宄屏息,谤讟不兴而政以行。方朝廷用兵西北,日不暇给,责平阳、太原各输粟万斛。公请出盐券,募民入粟,民欢趋之。①

陈赓尽管仕宦不够显达,但他心系于民,在战乱之时,尽力维护百姓利益。

陈赓弟陈庚在金代未考中进士,金亡后应平阳高雄飞之招,署郡教授。中书令耶律铸奏置经籍所平阳,命陈庚校雠。元世祖征至六盘山,与陈庚语,世祖大悦。中统初以宣抚张德辉荐,被授为平阳路提举学校官。陈庚进德义,树教化,勉学戒惰,风俗为之一变。陈庚孙观,为翰林修撰同知制诰兼国史院编修官。陈庚弟陈廙仕金为近侍局奉御,陈廥入蒙元为东平路劝农使。

陈赓兄弟之下一代显达者为陈廥子元凯。据赵孟頫《松雪斋集》卷9《故嘉议大夫浙东海右道肃政廉访使陈公碑》,陈元凯任职富州时,以安百姓为急务,解决了盗贼问题。逃民归来,农业逐渐恢复。元贞元年复授龙兴路总管,因为当地经常发生水灾,陈元凯"请于行省罢河泊之征,为钞二十万贯,听民自取,以续食,赖以全活者无数。由是得免转徙流移之患,民至今以为德"。大德五年(1301)陈元凯任建康路总管,他为政安静,门无私谒。大德十一年(1307),陈元凯本来准备以年老辞官归隐,正赶上元成宗去世,元武宗抚军北边未还,他以国为重,慷慨陈词:"当国家忧危之际,岂臣子辞宦时耶?"马上赴浙东海右道肃政廉访使之任,及时赈济了两浙受灾的百姓。

陈元凯居官一向体恤百姓,不愿加重他们的负担,大德元年(1297)他任

---

① (元)程钜夫:《雪楼集》卷21,《程钜夫集》,第260页。

岭北湖南道肃政廉访使时,曾对同僚表白自己的为政理念,他说:"风宪之职在进贤退不肖,若循例追理钱物,以多为能,岂风宪之责哉?"陈元凯秉承了家族之传统,以廉直爱民为事。

二、陈氏之学术

猗氏陈氏能居官有善政,与这一家族的儒学传统相关。陈仲谦"审于持己"在三白为官时,连百姓瓜叶菜茹之馈也婉言谢绝。其子陈赓孝敬父母,教育子侄,侄儿元凯最终成名就与他的教育有关。[①] 陈赓"居家,戒子弟,必以孝弟忠信。遇乡党,无少长,必以和而不违于礼。或步至其家相劳苦,人人自以为亲己。人有所缓急,倾囊倒廪救之,不爱也。有所忿争,不之邑而之公。一言感动,往往自谢去,或愧悔终身"。因此,程钜夫说他的学问:"闳肆演迤,以力行为本,不棘棘章句,不矜矜自道。"[②]

陈赓弟陈庚也注重力行,他"沉潜贯穿,先行后言"。在金末为平阳教授时,日与弟子李祪之徒讲习问辩,前来学习者日众。程钜夫《故平阳路提举学校官陈先生墓碑》记载了陈庚教育学生的精要:

> 故其教人也,一本诸道德仁义。或问政。曰:"以礼。"曰:"何谓礼?"曰:"临事以敬,律身以义,用人惟贤,养民惟惠。体风俗而施教,察过失而立防。行之以宽柔简易之道,辅之以中正裁制之宜,谨之以进退赏罚之节。故曰有礼,政事得其施;无礼,政事失其施也。"或问政之大者,曰:"政莫大于守法爱民,任廉去奸。"曰:"刑可用乎?"曰:"恳恳用刑,不如行恩。孳孳求奸,未若礼贤。且民不见德,惟刑是闻。公之政殆矣。"或问寡过,曰:"行不归义,皆过也。反求诸义,其庶乎。"问寡欲,曰:"无过则欲自寡。"

这些主张可以称得上是陈氏修身为官的重要理念。陈庚临终还手书为学之要共

---

① 参见(金)元好问:《故规措使陈君墓志铭》,《(成化)山西通志》卷15。
② (元)程钜夫:《故河东两路宣慰司参议陈公墓碑》,《程钜夫集》,第260页。

九篇以遗子孙。

中统初，陈庚做平阳路提举学校官时，他进德义，树教化，勉学戒惰，风俗为之一变。除了通过学校推行儒家思想，在日常生活中陈氏除了居家孝友，还以德行教化乡里。比如陈庚就有古代儒者仁爱之风，他与兄陈赓商量后，将家里财产散于邻里乡党，在日常生活中也宽容慈爱。

> 公尝有马，病腰，医，小愈，或欲售之，公不肯，曰："安用误人为？"后乡里见人憸薄，辄曰："君是不鬻马陈先生耶？"尝暮归，得金钗玉珥道旁。求主名，三日不得，潜瘗其所。过乐安，误碎逆旅主人器，偿，不受，密缄白金卧所而去。及还，主人曰："是封银偿我者。"邻里传闻，聚观叹息。平居，见贫乏不能自存，孤惸不能昏嫁者，必资给之。①

陈氏这种家居孝友、居官重视教化的传统也延续到陈庚子元忠、从子元凯身上。陈元凯字时举，被称为损斋先生，他生而纯孝，年十三时母亲去世，哀毁过人。他的德政使得隐居的宋儒出山，元凯请至学宫，举行释奠礼，民观者甚众。他任江州路总管时，下车以兴学校为己任，尚贤复古，修建县德化学与周濂溪墓、增陶靖节祠、复狄梁公庙、修司马光专祀、葺陈了翁故庐等。②陈元忠虽然未有政绩，但他"刊伪落华，冠义服仁"，"政成于家，化及邦人"，与父亲陈庚一样，用自己的德行教化乡里，"讼者求直，不言而信。贷者告匮，折券予贫"。③

猗氏陈氏的学术渊源何在呢？魏崇武先生《金代理学发展初探》认为，金初北方尚有理学的残存，金代中期有些南宋理学家的著述进入北方，影响到赵秉文等人，金末河汾诸老中的麻革、房皞、曹之谦等人也受理学影响，金亡后赵复北上标志着北方理学的复兴。金代的理学主要是指程朱之学。

---

① （元）程钜夫：《雪楼集》卷 21，《程钜夫集》，第 259 页。
② 参见（元）吕光发：《重修瑞昌县儒学记》，《全元文》据《（隆庆）瑞昌县志》卷 7 收入，第 28 册，第 61—62 页。
③ （元）程钜夫：《陈氏三先生画像赞·肃斋》，《雪楼集》卷 23，《程钜夫集》，第 284 页。

陈赓兄弟与贾损之、辛愿、元好问、杨奂、姚枢曾讲学于洛西①，洛西从地域上属洛学中心地带。陈赓少时曾访北宋理学家邵雍的遗迹，邵雍长于象数之学，也属于洛学人物。由此看来，陈氏兄弟应该受到洛学二程的影响。但是，他们并不谈"天理"，而是注重道德教化，注重实际，学以致用。陈赓推崇汉代董仲舒、贾谊，唐代韩愈、柳宗元，以及宋代欧阳修、苏轼，这些能够"上为国家重，下为儒林表"的人物。他所著书有《经史要论》三十卷、《三代治本》五卷、《唐编年》二十卷、《淡轩文集》三十卷，还有《春秋解》未完成。这些书虽然不存，但从《三代治本》等书题目可以看出陈赓的经史著作并非空谈，而是力求切于现实。陈氏这种学以致用的家族学术传统，实际上属于关学的特点。北宋关中学者张载及其弟子吕大均兄弟、范育等人均为关中人，这一学派讲究道德风范言传身教，学习立足现实，突出表现在礼法方面。在他们的努力下，关中社会礼法大昌，吕氏兄弟还制定了改良社会习俗的具体实践条文《吕氏乡约》。② 这一学派最终汇入二程之洛学③，但是其余脉在陕西地区仍有留存④。北宋时河中府属永兴军路，行政上归入陕西地区。⑤ 而且，陈赓兄弟在金末曾经为避乱随父进入陕西华阴。因此，猗氏陈氏受到关中学派的影响也就在情理之中了。

陈氏虽然服膺儒学，但并不排斥佛道。陈仲谦为学驳杂，"至于阴阳、星纬、方伎之学，无不淹贯"。他"晚年留意内典，遂不茹荤"，还抄写《华严经》数千万言。陈仲谦信仰佛教影响到儿子，陈赓与僧人道优等交游，《河汾诸老诗集》卷3陈赓诗篇有"赞公"、"梵刹"等语也涉及佛教。陈赓也曾给姚仲宽居士赠诗。除了佛教，陈赓还对道教感兴趣，他还曾寻访过唐代道士吕洞宾故居。

---

① 参见（元）程钜夫：《洛西书院碑》，《雪楼集》卷22。
② 参见《宋元学案》卷31《吕范诸儒学案》，第1097页。
③ 参见程民生：《宋代地域文化》第六章"各地学术状况及特点"，第303页。
④ 清人全祖望在《宋元学案》卷31《吕范诸儒学案》中说关学所传寥寥，在于女真人入主中原，殆未注意到金代学者传承关学的情况。
⑤ 河东（今山西运城、临汾地区）自西汉时就利用靠近首都长安的优势得到发展，自此与关中一体，唐代政治中心转回关中，河东再度与关中紧密结合，成为人才渊薮与文化发达地区。参见刘彧：《皇权旁的山西——集权政治与地域文化》，新星出版社2007年版。

三、陈氏之文学艺术

陈氏除了以儒学传家，在金元时期还颇有文名。北宋陈希亮四子慥，号方山子，曾与苏轼交游。除了南渡的陈与义一支外，迁居猗氏的一支在金元时期于文学上显名。陈氏与金元文人多有交往，陈仲谦辞官后与辛敬之、赵宜芝等人觞咏为乐，陈赓陈庚兄弟与当时文人贾损之、赵秉文、杨愰、麻九畴、雷渊、李汾、元好问、李献卿、杨奂、杨弘道、杜仁杰、商挺等人交游。陈氏兄弟位列河汾诸老之中，总体上讲，河汾诸老为蒙元时期的金遗民诗人。元人杨仲德、房祺及明人车玺都认为，河汾诸老之诗与元好问有极深的渊源①，他们对元代文学的风貌影响极大。

陈赓为文雄健雅丽，务极其意，有《默轩集》二十卷、《坞西漫录》十二卷、《嵩隐谈露》五卷、《弊帚集》十卷，今均不存。《河汾诸老诗集》卷3陈赓存诗20首，卷4陈庚存诗19首，二人的诗反映了改朝换代之际文人的内心世界。他们在金朝虽然并不受重用，但是对金亡仍不免有黍离之悲。陈赓《宣宗挽词》对其迁都、俭德加以赞颂，陈赓《寒食祀坟回登临晋西园废寺二首》、陈庚《答杨焕然二首》及《赠李彦诚》等诗都充溢着金元易代的沧桑之感。陈赓《蒲中八咏为师岩卿赋·首阳晴雪》写到了伯夷叔齐，但陈氏兄弟已不再做不食周粟的隐士。②陈赓《武善夫桃源图》"何处江山可问津"，写出了金元之际文人对家园的追寻与彷徨。联系到金末陈赓兄弟侍奉父母逃难华阴，又辗转洛西，"时寇盗四起，所向汹汹，乃奉母间行入卢氏山中。数与盗遇，盗辄指善道使去，竟免于难"③。陈氏兄弟这种对家园的追求在金元易代社会动乱之时具有普遍性。

陈赓从子元凯尽管以政事显名，但也能作诗文。赵孟𫖯说陈元凯"得中原文献之传，为诗文务实去华"，其自箴之辞曰："良如金玉，重若江山。仪如麟凤，气若芝兰。学君子者，当自此始。"陈元凯曾专程到吴兴拜访赵孟𫖯，正好孟𫖯不在，他留诗为别。陈元凯还与姚燧有交往，姚燧为其母李氏作《劝农

---

① 参见金人房祺编《河汾诸老诗集》车玺序、房祺后序。
② 陈庚《蒲中八咏为师岩卿赋·王官飞湍》也说后人不去学司空图挂冠。
③ （元）程钜夫：《故河东两路宣慰司参议陈公墓碑》，《程钜夫集》，第260页。

使陈公夫人李君神道碑》。① 元凯极为景仰四世祖陈与义的政事与文学，曾专程拜谒其墓。陈庚孙陈观，为翰林修撰同知制诰兼国史院编修官，为学有家法，继承了家传的文学。

陈氏家族还擅长书法，陈仲谦"幼工分隶真草之书，文人以为竹溪党承之流"，"竹溪党承"指金代中期著名文人党怀英，号竹溪，以翰林学士承旨致仕，擅长诗文书法。元好问说陈仲谦书雷渊《寺记》，笔力清劲，而有汉石经余韵"。晚年"写《华严经》数千万言，细书累累，如以一发贯群蚁也"。②陈赓尤工行草书，得笔外意。

面对女真族、蒙古族相继入主中原，猗氏陈氏家族表现出较强的用世精神与适应能力。在金代，这一家族积极通过科举入仕。金亡后，河汾诸老中的其他人都不愿出仕，陈赓、陈庚兄弟的表现不同，除了他们在金代都未考中进士，也没有担任什么重要官职外③，主要原因在于家族学以致用的传统。因此，尽管陈氏兄弟在诗歌中有时也怀念金朝，但还是与蒙元政权合作，力保家族不衰，他们的子孙继续在元朝为官，延续着家族仕宦与文学的传统。

第二节　陵川郝氏

陵川郝氏是金元时期北方重要的文学家族之一，郝天挺是元好问的老师，其孙郝经则为蒙古出使南宋，守节不屈，成为苏武式的人物。目前对这一家族的研究主要集中于郝经，邓绍基先生主编的《元代文学史》探讨了郝经诗文理论重视主体精神的特点，并对其诗歌特色做了简要分析。杨镰先生《元诗史》认为，郝经抒发个人情怀的诗篇具有感染力量，他对元初文学影响较大。幺书仪先生《元代文人心态》对郝经做了专章论述，认为想要"先天下之忧"的郝经，最终导致"全一己之愚"。20世纪80年代以来相关论文有三十多篇，董

---

① 参见（元）姚燧：《牧庵集》卷24。
② （金）元好问：《故规措使陈君墓志铭》，《（成化）山西通志》卷15。
③ 河汾诸老中曹之谦为金宣宗兴定年间进士，段成己为金哀宗正大年间进士，段克己则以进士贡。

国炎、查洪德等学者都对郝经有所关注。① 郝经无疑是陵川郝氏最为重要的人物，但是他的出现与金元时期这一家族的传统有很大关系。目前尚无一篇专门探讨郝氏家族的论文，有鉴于此，本节将从地域文化的角度探讨金元时期陵川郝氏的家族传统及其形成原因。

一、郝氏之世系

首先略考陵川郝氏的世系。② 据郝经《先曾叔大父东轩老人墓铭》与《先父行状》、苟宗道《翰林侍读学士国信使郝公行状》、卢挚《元故翰林侍读学士国信使郝公神道碑铭》、阎复《元故翰林侍读学士国信使郝公墓志铭》等资料③，郝氏源于殷商，帝乙封支子于太原郝乡，因以为氏。郝氏始祖仪自太原迁潞州，郝经八世祖祚又迁至泽州陵川。郝祚子善，善子从义，从义子璋，璋生七子，昇字子进，为郝经曾祖，其兄昺，生子源，源字清卿，二子舆、辇在壬辰之乱蒙古攻破汴京（今河南开封）时俱没于兵。郝昇弟震，字子阳，自号东轩老人，生三子，天佑、天祺、天贞，天佑字贤卿，子思直，字继先，父子俱死于壬辰之乱。郝昇二子，长子天挺，次子天禔。天禔子为思忠。天挺字晋卿，子思温字和之，生三子，长子郝经字伯常，郝经三子采凤、采云、采麟。郝采麟起家知林州，世祖末、成宗初官翰林侍讲学士、中顺大夫、知制诰同修国史，曾为张弘略碑篆额④，大德三年（1299）为集贤直学士、朝请大夫，八年（1304），为山南江北道肃政廉访使⑤。郝经还有二子阿宝、阿长早夭。郝采麟子

---

① 研究郝经的重要论文有董国炎：《论郝经的文学成就与地位》，《山西大学学报》1991 年第 1 期；查洪德：《郝经的学术与文艺》，《文学遗产》1997 年第 6 期；晏选军：《南北理学思想汇合下的郝经》，《晋阳学刊》2003 年第 6 期；杜改俊：《论郝经"变"与"常"的统一》，《民族文学研究》2007 年第 3 期；贾秀云：《元代儒学倡导者的悲歌——郝经〈和陶诗〉研究》，《晋阳学刊》2005 年第 2 期等。
② 郝氏世系，道光时张裔据陵川县郝氏祖茔郝天挺墓碑载入《陵川集》卷首，本文略有补充。
③ 参见（元）郝经：《先曾叔大父东轩老人墓铭》、《先父行状》，《陵川集》卷 36；（元）苟宗道：《翰林侍读学士国信使郝公行状》，《（雍正）山西通志》卷 189；（元）卢挚：《元故翰林侍读学士国信使郝公神道碑铭》，周南瑞编：《天下同文集》卷 40；（元）阎复：《元故翰林侍读学士国信使郝公墓志铭》，《静轩集》卷 4。
④ 定兴县张柔墓《元故参知政事张（弘略）公神道碑铭》，参见孟繁峰、孙待林：《张柔墓调查记》，《文物春秋》1996 年第 3 期。
⑤ 郝采麟生平参见《元史·郝经传》、王恽《保郝采麟状》（《秋涧先生大全文集》卷 91）、郝采麟《重修成汤庙碑》（《（康熙）怀庆府志》卷 13）等。

陵川郝氏世系

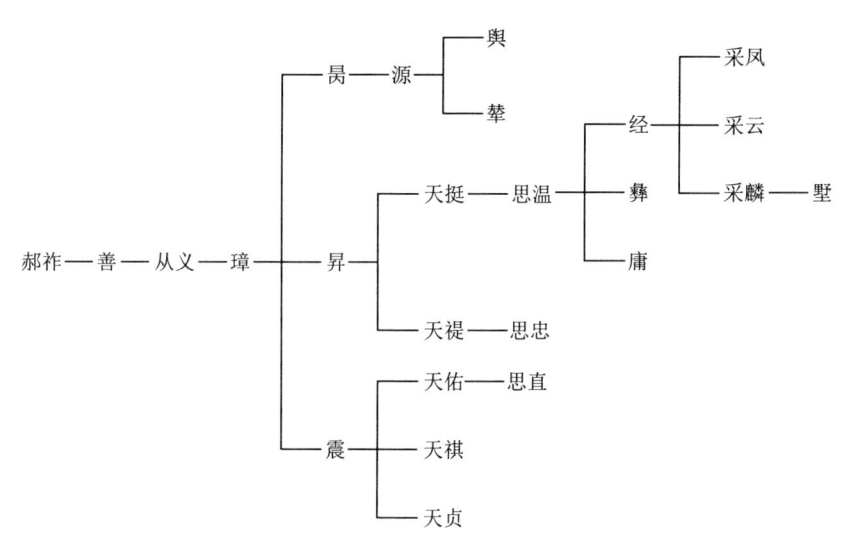

```
                      ┌─舆
              ┌─昺─源─┤
              │       └─莘
              │                              ┌─采凤
              │                       ┌─经─┬─采云
              │       ┌─天挺─思温─┬─彛      └─采麟─墅
郝祚─善─从义─璋─┤昇─┤              └─庸
              │       └─天禔─思忠
              │
              │       ┌─天佑─思直
              └─震─┤天祺
                      └─天贞
```

名墅。思温次子郝彛字仲常，隐居不仕。三子郝庸，字季常，奉训大夫，知颍州事。①

二、郝氏之理学

陵川郝氏以儒学传家，是金代重要的理学世家，据郝经《陵川集》卷27《宋两先生祠堂记》，宋仁宗嘉祐年间，陈颢任县令后兴教办学，亲自指导教学，教以先王之道。郝经六世祖从义受业于陈颢②，但郝氏真正成为陵川学者之首始自郝经曾叔祖震。除了家学渊源外，郝震还曾入京师太学求学③，他不求仕进，回乡讲学，前来求学者甚多。郝震不为章句溲学，他"以经旨授学者，折之以天理人情，而不专于传注，尤长于理学"。他的三子天佑、天祺、天贞都治经为学。郝天佑初为学，就不作决科文，务穷性理经术，后来研习佛老之学数年，以为过高，又复归于儒学，复取六经语孟读之。

---

① 参见（元）刘因：《静修先生文集》卷19《送郝季常知颍州序》；（元）郝采麟：《世系纪》，道光刻本《陵川文集》卷首。
② 元好问《郝先生墓铭》说郝天挺的曾祖为郝元，此处从郝经《先曾叔大父东轩老人墓铭》。
③ 郝震生卒年，魏崇武《金代理学发展初探》定为1164（？）—1202（？），则他活动于金世宗、章宗时期。

郝思温与元好问一起从父亲天挺问学，六年后"天端理倪，首尾贯究"，晚年尤深于性理学。郝思温的理学教育严格周密，从幼年、成童到成年，每一阶段都有针对性的内容。比如"成童则以性理经学为本，决科诗文为末，而寖致之大学"。到郝经十六岁时，父亲郝思温"命治六经，先传注疏释，而后唐宋诸儒论议。必一经通，然后易业焉"。①直到临终还以"恒久"教导郝经兄弟。郝经秉承家学，著述丰富，包括《续后汉书》、《易春秋外传》、《太极演》、《原古录》、《通鉴书法》、《玉衡贞观》等书及文集。②

郝氏虽然长于经学，但是并不汲汲于科举。郝天挺祖上皆学不为仕，他两赴廷试不中后即放弃科举，坚持自己的家族传统，说："读书不为艺文，选官不为利养，唯通人能之。"除他以外，郝氏家族成员中有郝源子郝舆博学能文，三赴廷试，但也未能考中。郝天挺弟天禔，从弟天佑，侄儿思忠尽管声名卓著，也未能考中进士。③郝经也秉持了这种家族传统，他曾说："世之科举文章，记问之学，强勉为之，弗好也。"④

郝氏长于治经，尤其是理学，而金代科举主要分为词赋与经义，与郝氏之学不合。元好问从郝天挺学习时，郝天挺曾教导说："今人学词赋学以速售为功，六经百家分磔缉缀，或篇章句读不之知，幸而得之，不免为庸人。"他认为只是为了科举成功而学习，即使得中也仅为庸人，研习儒家经典，以及其他知识，重在品德培养，郝天挺指出："今之仕多以贪败，皆苦饥寒不能自持耳。丈夫不耐饥寒，一事不可为。"⑤这些对于金代科举弊端的批评无疑是精辟的。郝天挺还把这种能忍穷、勿功利的家族传统传给了子思温，思温又传给郝经等人。思温第三子郝彝并未依附兄长郝经出仕，他在家族发展到顶峰时隐居以终。

郝氏"八世同居，以儒术教授乡里"⑥。其理学不只停留在理论研习上，他们更注重实践，也就是郝经在《先伯大父墓铭》中所说的"力行为本"。郝氏

---

① （元）郝经：《先父行状》，《陵川集》卷36。
② 参见《元史》卷157《郝经传》。
③ 参见（金）元好问：《郝先生墓铭》，《元好问全集》卷23。
④ （元）郝经：《与汉上赵先生论性书》，《陵川集》卷24。
⑤ 《金史》卷127《隐逸传·郝天挺传》，第2750页。
⑥ （元）阎复：《元故翰林侍读学士国信使郝公墓志铭》，缪荃孙辑本《静轩集》卷4，《全元文》第9册，第293页。

积极践行儒家仁义之道。贞祐初，百姓争相南渡而阻于河，流民数百万饥饿疾疫死者十之七八，郝天挺给讥察使范元直上书，告之朝廷，令疾速放渡百姓，河朔之民全活者众多。这种仁爱忠孝之道影响到子孙，郝天挺避难时卒于北舞寓舍，郝思温冒着兵乱，历经磨难，送父榇归于陵川。郝经"为人尚气节，为学务有用"[①]，他冒险出使南宋，也是抱着使天下黎民免于战乱之苦的目的。

三、郝氏理学传统之渊源

陵川郝氏理学的渊源何在？

关于金代理学，魏崇武先生《金代理学发展初探》认为，金初北方尚存理学的残存，陵川郝氏就是主要的传承世家。郝氏的理学无疑受到陈颢很大影响，但是，伊洛之学还不能完全概括郝氏之理学，查洪德先生《郝经的学术与文艺》从主敬与静与否、出处之义等方面分析了郝经理学与程氏之学的不同。那么，除了程氏之学，郝氏理学还有什么渊源呢？

郝氏不仅研经授徒，日常生活中也以儒家礼法规范自己的行为。郝经《先曾叔大父东轩老人墓铭》记载：

> （郝震）事诸兄甚谨，笃于友爱，诸兄以族大，称长兄之命异居，君乃涕泣，三日不食，曰："吾业儒而为是，何以为训？不义而生，不如死。诸兄得欲而生，我将服义而死。"诸兄惧，复聚庐同食。

郝经的曾叔祖郝震认为，作为儒学世家，兄弟应该友爱，绝不能做有违礼教的分家之事。其伯父郝源更是把儒家礼法贯彻于家族管理与教育中，郝经《先伯大父墓铭》记载了郝源治家时严格的家规：

> 其在家也，则鸡鸣而冠衣，杖而立于庭，诸房子弟妇姒皆辟门秉烛，盥漱笄总，黎明以次省于舅姑父兄，退而各执所业。或少有稽缓，则旦而问之故，责之庭。少废礼者则加鞭挞焉。至于再，则会宗亲中表，列其状

---

① 《元史》卷157《郝经传》，第3709页。

而加之罚。饮酒醉者有罚，冠衣不正者有罚，取友不端者有罚，事师不谨者有罚，惰于学者有罚，相甚间者有罚，哗于庭者有罚。中堂曰棣华，岁时燕集，上下肃然，又以孝友、睦婣、任恤等数条书于榜，曰："有违此者，非郝氏子孙。"

郝源以礼法持家为家族在陵川赢得了极高声誉，以至县令、县丞每至县都要前来拜谒。郝氏子弟必有一人教授县学，其门第家法深受推重，甚至还教化乡里。不法者生怕郝源知晓，诉讼者则找他来评判是非曲直。

陵川郝氏重视礼法、教化，实际上有关学余脉的影响，郝氏家族传统"以力行为本"就体现了关学之精神。① 郝经父思温晚年尤深于性理之学，曾手书《西铭》教导郝经说："是入德之几，造道之阶也。"《西铭》原名"订顽"，言理一分殊之旨，是张载理学思想之精粹，深得二程、朱熹的重视。郝经《先父行状》记载，郝思温"教人以小学为本，以为洒扫、应对、进退，即性与天道之端。致身行道，树立事业，性与天道之功用。充实而大，大而能化，性与天道之成终者"。他认为，应该教育幼儿"为言坐行立、揖拜俯仰之节，诵记熟复、执笔为书之制，声音笑貌、疏数疾徐之仪，一之以敬，而不使之惰"。郝思温教育注重洒扫应对、行为礼仪等内容，这些也与张载理学教育相同②，由此可见郝氏与关学之渊源。实际上，陵川郝氏的理学会通了洛学与关学。全祖望在《宋元学案》卷32《周许诸儒学案》中说永嘉诸子兼传洛学与关学③，实际上这种情况在北方也存在，陵川郝氏家族就是其中之一。

四、郝氏之文学艺术

陵川郝氏虽然以儒学传家，信奉理学，但是并不像二程那样轻视文学④，反

---

① 《宋史》卷427《道学·张载传》说他"学古力行"。
② 这种理学教育和二程也不违背，《宋史》卷427《道学·程颢传》："教人自致知至于知止，诚意至于平天下，洒扫应对至于穷理尽性，循循有序。"
③ 《宋元学案》，第1131页。
④ 《河南程氏遗书》卷18《伊川语录》记载：问："作文害道否？"曰："害于道。凡为文，不专意则不工；若专意，则志局于此，又安能天地同其大也？《书》曰：'玩物丧志'，为文亦玩物也。"参见王运熙、顾易生主编：《中国文学批评通史·宋金元卷》第五章"理学家的文学观"，上海古籍出版社1996年版。

而家族中很多人长于文学。开创作家学术性传统的郝经曾叔祖郝震"赋诗多警句，晚年益趋平实淡如也"。他优游不仕，遇到山水佳处就停留数日，赋诗弹琴以自乐。郝经叔祖天佑擅长古文歌诗，作品往往散落世间，他虽然隐居但文名显扬。当时文坛领袖赵秉文仰慕其诗歌与书法，曾想招至京师，连文坛巨子元好问对天佑的文学才能也表示敬畏。

郝经祖父天挺，工于诗，今存诗仅五题六首[①]，难窥其全貌。《送门生赴省闱》对门生在科举考试的前途充满期望。可见郝天挺尽管发现金代科举中的问题，但也没有办法改变现状，仍然勉励学生参加科举。郝天挺曾教授过元好问诗歌[②]，他认为："所以教之作诗，正欲渠不为举子耳。"元好问虽然考中进士，但他不囿于科举考试之词赋之学，最终成长为金代成就最高的文学家，这与郝天挺的教育分不开。郝经父思温，生平喜为歌诗，与叔父郝震相同，他也是徜徉跌宕以自乐，但是诗篇多散佚，郝经得遗稿一百二十篇，后都散失，今只存佚句。妻子许氏劝思温以家族名声为重，教授诸子学习，他感动而落泪，赋诗有"日月倘随天地在，诗书终疗子孙贫"之句。[③]

郝经为元初重要的文学家，史称："其文丰蔚豪宕，善议论。诗多奇崛。"[④]四库馆臣认为，郝经"生平大节炳耀古今，而学问文章亦具有根柢。如《太极》、《先天》诸图说、《辨微论》数十篇，及论学诸书，皆深切著明，洞见阃奥。《周易》、《春秋》诸传于经术尤深。故其文雅健雄深，无宋末肤廓之习。其诗亦神思深秀，天骨秀拔，与其师元好问可以雁行，不但以忠义著也"[⑤]。

查洪德先生认为，郝经诗歌成就以律诗与歌诗最高，歌诗有李贺的奇崛与盛唐边塞歌行诗的气势，律诗学杜甫的沉郁顿挫而成含蓄苍凉，学杜甫的精密工致而成晚唐的工巧，与元好问不同。郝经的散文中的碑志多议论，也与元好问多叙事不同。[⑥]除了家学渊源外，与元好问的教诲有关。[⑦]

---

① 郝天挺存诗见阎凤梧、康金声主编：《全辽金诗》，山西古籍出版社 1999 年版，第 177 页。
② 元好问《郝先生墓铭》曰："先生工诗，尝命某属和。"
③ （元）郝经：《先妣行状》，《陵川集》卷 36。
④ 《元史》卷 157《郝经传》，第 3709 页。
⑤ （清）永瑢等撰：《四库全书总目》卷 166，中华书局 1965 年版，第 1422 页。
⑥ 参见查洪德：《郝经的学术与文艺》，《文学遗产》1997 年第 6 期。
⑦ 参见（元）郝经：《遗山先生墓铭》，《陵川集》卷 35。

郝经子郝采麟有诗文存世，《元诗选·癸集》收入其五言古诗《题晏子庙》，《全元文》第 32 册收入其文五篇。

陵川郝氏除了以文学传家，有些家族成员在艺术方面颇有造诣，郝震喜欢弹琴："得古遗音，每呻吟俯仰，趋节纡韵，超然若有所得。"① 其子郝天佑则擅长书法，笔势庄重秀劲，能作丈余楷草。郝经《先叔祖墓铭》还保存了他的书法理论，他认为："正书当以篆隶意为本，而钟、王，书之经也，颜、坡，书之传也，其余则诸子百家耳。""大字虽大而小，小字虽小而大，正书须有草意，草书须有正笔。"郝经继承了家族的书法理论又有所发展，在《陵川集》卷 23《移诸生论书法书》一文中，他认为，书法之事，"以人品为本，其书法即其心法也"。从这一点出发，他最推崇王羲之父子、颜真卿和苏轼这些"忠正高古"之人。郝经指出，书法得自于天地自然等外物，非自得于内心之中，创作时要进入心手相忘、纵意所如的境界。日本学者中田勇次郎对郝经评价较高，认为他在书法方面自成一家之言。②

元初，北方文学家族成员姚枢、郝经、许衡、刘秉忠等人都在书家之列，猗氏陈仲谦及其子陈赓也以善书知名，元代后期的康里子山、贯云石等色目人同样长于书法。元代北方文学家族在书法方面的成就不容忽视。

五、郝氏理学传统与地域文化

陵川郝氏能长期保持自己理学与文学的家族传统，与地域文化也有相当的关系。陵川所在的泽州（今山西晋城），风俗原本重武轻文③，宋仁宗至和二年（1055）始办州学，习俗稍变，发展到宋神宗元丰八年（1085），面貌焕然一新。宋仁宗嘉祐年间，程颢任晋城县令后，为政爱民，并积极进行礼义教化，史称："民以事至县者，必告以孝弟忠信，入所以事其父兄，出所以事其长上。度乡村远近为伍保，使之力役相助，患难相恤，而奸伪无所容。凡孤茕残废

---

① （元）郝经：《先曾叔大父东轩老人墓铭》。
② 参见〔日〕中田勇次郎著，卢永璘译：《中国书法理论史》第四章第五节"元人的书法理论"，天津古籍出版社 1987 年版。
③ 郝经《宋两先生祠堂记》曰："河东自唐为帝里，倚泽、潞为重，五季以来屡基王业，故其土俗质直尚义，武而少文。"

者，责之亲戚乡党，使无失所。行旅出于其途者，疾病皆有所养。"他还兴教办学："乡必有校，暇时亲至，召父老与之语。儿童所读书，亲为正句读，教者不善，则为易置。择子弟之秀者，聚而教之。乡民为社会，为立科条，旌别善恶，使有劝有耻。"①程颢的努力很快收到成效，宋神宗时晋城县有数百人参加科举考试，登第者有十多人，文化面貌有了很大改观。②郝经这样描述了程颢对泽州风俗的影响："宋儒程颢尝令晋城，以经旨授诸士子，故泽州之晋城、陵川、高平往往以经学名家。虽事科举而六经传注皆能成诵，耕夫贩妇亦耻谣诼而道文理，遂与齐鲁共为礼义之俗而加厚焉。"③泽州文化繁荣的局面一直延续到金代，在金代进士的地域统计中名列前茅。④隶属于泽州的陵川也是在宋金元时期文化达到顶峰。宋崔有孚，金李俊民、赵安时兄弟、武明甫家族三人都成为状元，陵川成为状元之乡，人们引以为荣，建七状元祠祭祀。在这些状元的示范下，陵川科举在金代极为兴盛，共出了32名进士。⑤直到元代，泽州仍然以"民质而俗淳"闻名于世。⑥

陵川郝氏虽然生活于浓郁的科举氛围内，但他们与赵氏、武氏不同，家族成员学不为仕，不愿或者不长于科举，在金代无人考中进士。虽然赵氏、武氏名噪一时，但最终在政事与文学方面并未做出突出贡献。⑦郝氏家族则持续发展，到金朝灭亡、蒙古兴起时，科举中断，郝氏登上政治舞台，出现了郝经这样彪炳史册的人物。

除了超越科举外，郝氏的成功还与家族治生与为学并重的传统有关。郝经记载了其伯大父郝源治理家族、教育子弟的情况：

> 至伯大父复以嫡长莅家，而昆季十余族，长稚百余口，既总家事，乃

---

① 《宋史》卷427《程颢传》，第12714页。
② 参见《伊洛渊源录》卷2以及程民生《宋代地域文化》（第176页）。
③ （元）郝经：《先曾叔大父东轩老人墓铭》，《陵川集》卷36。
④ 在地域方面，属于上党地区的泽州的学术受河南之学的影响较深，参见刘影《皇权旁的山西——集权政治与地域文化》（新星出版社2007年版）。
⑤ 据《（民国）陵川县志》卷5《选举志》统计。
⑥ 参见张衍：《文昌帝君行祠之记》，（清）胡聘之编：《山右石刻丛编》卷40。
⑦ 参见李卫锋、张建伟：《金代状元家族与文学》，《辽宁工程大学学报》2012年第6期。

会诸宗戚而告之曰:"夫衣食足而知廉耻,仓廪实而知礼节。士所以忘义失守,至于沮气堕节者,殆多逼于饥冻耳。故孟子以农桑为王政之本,而其书数及之。今某以次为家督,欲诸宗亲子弟治生为学,二者兼进,始则仰事俯畜,终焉立身行道。进而得,则各大而家;退而失,则必有所归。不至于落魄无赖,亦足以为善士。"①

郝源根据宗亲子弟的材器,分别安排了农桑商业或是读书治学,几年后,家族资产丰余而子弟学业日进。郝经祖父和父辈文誉大振,慕名前来学习的人员众多。

郝氏治生与为学并重的传统与陵川的地理与文化环境有很大关系。地理山川与气候水土对人有很大影响,陵川所属的泽州与长治为晋东南地区,古称上党,在战国时期是韩、赵、魏争夺的战略要地,秦汉以后由征战之地变为隐居之所,风俗也由好诈力复仇,变为重视农桑、质朴少诈。② 郝经在《先曾叔大父东轩老人墓铭》中说:

> 金有天下百余年,泽潞号为多士。盖其形势表里山河,而土风敦质,气禀浑厚,历五季而屡基王业,而尝雄视天下,故其为学广壮高厚,质而不华,敦本业,务实学,重内轻外。

郝经认为,泽州学者质而不华,敦本务实,重内轻外的为学取向,原因在于泽州地理上表里山河,风气上敦质浑厚。郝氏重治生是受到地域文化的影响。③元好问《郝先生墓铭》说:"濩泽风土完厚,人质直而尚义。在宋有国时,俊造辈出,见于黄鲁直季父廉行县之诗。风俗既成,益久益盛,迄今,带经而鉏者四野相望,虽闾巷细民,亦能道古今,晓文理。"泽州人把朴质尚义的本性与程颢的礼义教育加以结合,形成敦尚经学、通晓文理的良好风俗。从金元之

---

① (元)郝经:《先伯大父墓铭》,《陵川集》卷36。
② 《汉书》卷28《地理志》:"太原、上党又多晋公族子孙,以诈力相倾,矜夸功名,报仇过直。"《隋书》卷30《地理志》:"长平、上党,人多重农桑,性尤朴直,盖少轻诈。"
③ 查洪德《郝经的学术与文艺》曾指出郝氏之学与地方土风之关系,笔者就此进一步讨论。

后，泽州地区成为山西的文化发达地区之一，并且一直延续到明清时期。陈廷敬说自程颢来泽州晋城进行礼义节俭教育之后，"其民至今皆力耕昏作，减缩衣食，其士亦却扫诵习，不骛于声利，有古隐君子之风"[①]。到清初出现了阳城白胤谦、陈廷敬、张椿及高平毕振姬等在政治与文化领域卓有建树的人物。

[①] （清）陈廷敬：《麟昭张公墓志铭》，《午亭文编》卷45，清乾隆四十三年（1778）重刊康熙刻本，山西大学图书馆收藏。

第六章 山东地区文学家族

山东古称齐鲁，但齐、鲁风俗不同。姚奠中先生认为："'周鲁文化'注重礼乐文明，以儒家为代表。""'燕齐文化'则以阴阳家思想为代表，……多阴阳变化之说。"①鲁地为孔孟之乡，儒学风气浓厚，民俗淳厚，士人知礼。比如济南："泉流奔涌，灌溉阡陌，民庶繁夥，舟车辐辏，实乃要会之地。"②除了地理位置重要，经济繁荣，济南的文化传统也很深厚。元人李祁说："济南古称天下名郡，以邹鲁属焉故也。盖自周公、鲁公敦行风化，而礼让信厚之俗素著。迨吾夫子与颜氏、曾氏、子思、孟子相继并生于其间，而千万世道统之传，繇是而出。"③在李祁眼中，济南与邹鲁之孔孟儒家之学紧密联系。"瀛海之间，齐州之内，有佳境焉。其地旷而平，无堆阜崖岸沮洳之险；其民朴而茂，无诡怪城郭刻薄之为；其四时之气淑而清，无震凌凄惨炎歊之毒；其俗礼让而无争……"④齐州即济南，这一段文字几乎将济南描绘成人间仙境，虽有夸张，但济南环境优美，经济发达，风俗淳朴，是毫无疑问的。再如东平，靠近邹鲁，"民秀而多儒士"⑤。兖州宁阳县"土壤沃厚，多桑麻、枣柿、梨栗之宜……人不知讼诉，而淳厚少文"⑥。曹州济阴为山东大县，自昔儒风甲天下。⑦

---

① 《姚奠中、刘毓庆对话录》，《人生智慧：诸子》，《山西日报》2011年5月16日。
② （元）危素：《济南府治记》，《全元文》据《（道光）济南府志》卷65收入，第48册，第372页。
③ （元）李祁：《赠刘时中序》，《云阳集》卷6。
④ （元）陈谟：《蔗境记》，《海桑集》卷7，《文渊阁四库全书》本。
⑤ （元）潘迪：《东平路总管刘天爵善政颂碑铭有序》，《全元文》据《（道光）东平州志》卷18收入，第51册，第22页。
⑥ （元）韩珪：《宁阳历代沿革记》，《全元文》据《（光绪）宁阳县志》卷18收入，第46册，第14页。
⑦ 参见（元）赵宣：《曹州济阴县儒学记》，《全元文》据《（光绪）新修菏泽县志》卷17收入，第39册，第436页。

齐地与鲁地不同，好神仙之说，风尚奢靡。《宋史》卷85《地理志》曰："营丘东道之雄，号称富衍，物产尤盛。登、莱、高密负海之北，楚商兼凑，民性愎戾而好讼斗。"当地居民这种好斗喜讼的习俗延续到元代："古莱之俗，果于报怨，锐于胜人。以睚眦之憾，辄终其身而不顾；以锥刀之竞，虽费百金而不悔。"① 因此，被选到当地做官的人，对这种好胜健讼的民风深感头疼。

比如东莱（今山东龙口），"山水形势雄深伟丽，又为齐冠，而大泽之秀，又为东莱之最。自秦汉以来，高人胜士多隐于此焉，号神仙窟宅"②。不同于东莱为求仙之所，临淄商业繁荣，民风强悍。"盖临淄殖民素富而实，其俗斗鸡走犬，六博蹹鞠，车毂击而人肩摩也。故齐之国以临淄而强，天下莫能当。"③ 元好问说："海岳磅礴，豪杰之所从出，歌谣慷慨，风声习气，往往有秦汉之旧。"④

东平是元代山东地区的文化中心。蒙古时期，东平在严实、严忠济父子的治理下，社会秩序稳定，文化繁荣。⑤ 严氏父子先后聘请元好问、徐世隆、王磐等名士任教师授课，讲授的内容多与金代的进士之学有关。⑥ 在这些金代词赋进士和文章名家的讲授下，元初出自东平府学的人才自然以属文撰赋为本业，"齐鲁之士踵金辞赋余习，以缛章绘句相高"⑦。李谦、王构等人就是其中的代表。⑧ 从学术上看，聚集于此的文人形成了以金源遗风为主要特征的东平学派。

李谦等人又在此讲学，进一步促进了东平文化的发展，该地的学术在某些方面已经超越了金代的词赋之学。在元人眼中，"东平文献郡，自野斋李公集

---

① （元）王炎：《福山县令题名记》，《全元文》据《（康熙）登州府志》卷20收入，第58册，第462—463页。
② （元）张杞：《重修磐石上清观记》，《全元文》据《（民国）平度县续志》卷3收入，第46册，第32页。
③ （元）杨维桢：《送团结官刘理问序》，《东维子文集》卷3，《全元文》据明正德、嘉靖刻本，第41册，第181页。《四部丛刊》本有误字。
④ （金）元好问：《齐河刘氏先茔碑记》，《全元文》据《（民国）齐河县志》卷33收入，第1册，第691页。
⑤ 参见陈高华：《大蒙古国时期的东平严氏》，《元史论丛》第六辑。
⑥ 参见常大群：《元初东平府学师生考》，《元史及北方民族史研究集刊》第14辑，南方出版社2001年版。
⑦ （元）苏天爵：《皇元故昭文馆大学士兼国子祭酒赠河南行省右丞相耶律文正公神道碑铭有序》，《滋溪文稿》卷7，第102页。
⑧ 参见《元史》卷160《阎复传》；（金）元好问：《遗山先生文集》卷32《东平府新学记》等。

生徒讲家塾，衿佩云赴，若河汾伊洛间"①。李简与人讨论编撰《学易记序》一事体现了东平的学术氛围。蒙古乃马真后元年（1242），李简携家迁东平，张中庸、刘佚庵、王仲徽等人正收集诸家《易》解而节取，他见到了以前在莱芜（今属山东）未见的很多解《易》著作，他们讨论了数年才编撰成《学易记》一书的初稿。②东平典籍丰富，学者云集，不愧是元初的文献之邦。此外，东平还是元初的杂剧中心之一，出现了高文秀、张时起、李好古等剧作家。甚至于元初的庙堂音乐都是在东平由乐工完成的。③

曹州济阴商氏的兴衰及其家族传统与金元民族政权关系紧密。东平的王公渊家族在元代的崛起既是家传学术的表现，也和东平的文化环境有关，东平乃至全国学风的变化也影响到这一家族。

第一节　济阴商氏

曹州济阴（今山东菏泽）商氏自唐至元历代仕宦，在金元出现了一系列重要人物，商衡为金末殉难之士，其子商挺则是元初重臣。商挺擅长隶书，其子侄商琦、商璹为山水画名家。商衡、商挺叔侄还位列最早的元曲家之列。济阴商氏在政治与文化方面产生了重要影响，然而，学术界对这一家族并无多少研究，相关论文只有两篇，且全部集中于商琦的绘画方面。马季戈《商琦生平及其绘画艺术》（《故宫博物院院刊》1992年第2期）探讨了商琦的家世、生平、绘画艺术及对后人的影响。另有梁晓玲《对商琦〈拟夏珪溪山清远图〉的考察与鉴赏》（《甘肃社会科学》2001年第1期）。面对金元两代民族政权，济阴商氏是如何适应并发展的呢？在正统观念、民族矛盾等问题上这一家族是如何应对的呢？这些问题都是本节着力探讨的。

---

① （元）刘埙：《奉议大夫南丰州知州王公墓志铭》，《水云村稿》卷8，《文渊阁四库全书》本。
② 参见（元）李简：《学易记序》，《全元文》据康熙十九年（1680）通志堂本《学易记》卷首收录，第10册，第550页。
③ 参见《元史》卷158《姚枢传》等。

一、济阴商氏之世系

商氏其先本姓殷氏，因避宋宣帝赵弘殷之讳，而改姓商。据元好问《曹南商氏千秋录》，这一家族的世系可考者始自唐代。[①] 远祖殷侑为陈郡（今河南东南部及安徽北部）人，唐德宗贞元末以五经登第，精于历代沿革之礼。唐宪宗、文宗时期历仕太常博士、检校工部尚书、刑部尚书、襄州刺史等职。殷侑子羽大和五年（831）登进士第，藩府辟召，不至通显。殷羽子盈孙，唐僖宗乾符末年为成都掾，僖宗用为太常博士，礼学有祖风。[②] 终于大理卿，赠吏部尚书。殷盈孙子暄，暄子处让，处让子岳，俱为唐人。殷岳之子怀钦，入五代，怀钦子周，后周世宗显德三年（956）及第，终于宋太祖建隆四年（963）。殷氏自殷侑迁居于郓（今山东西南部），殷周入宋后避讳改姓商，迁徙于曹（今山东菏泽地区）。商周子捷，宋太宗淳化三年（992）擢第，累官至比部郎中，生七子，第四子宗弼，宋真宗大中祥符五年（1012）擢第，累迁至中书舍人，生八子，第四子传，字梦臣，宋仁宗皇祐五年（1053）擢第，继登说书科，授国子直讲，终于光禄寺丞。商传生七子，第六子贯之字以道，后改名义，宋哲宗元祐六年（1091）擢第，以朝散郎知怀州武德镇致仕。商贯之生六子，第三子冈字符寿，宋高宗建炎二年（1128）从刘锡太尉解危沧州，奏补拱辅从事，入金后官忠勇校尉。商冈长子驹，字士龙，两赴廷试。商驹长子永锡，字难老，生三子，长子衡，字平叔，中卫绍王崇庆二年（1213）词赋进士第，次子衢，字正叔，三子衍，字信叔。[③] 商衡子二人，长曰挺，娶蘧然子赵滋次女为妻[④]；次曰援，字仲经[⑤]。

商挺（1209—1288），字孟卿，号左山。[⑥] 金亡，依附冠氏赵天锡，与元好问、杨奂游。东平严实聘为诸子之师，严实子严忠济辟为经历，出为曹州判官，协助忠济兴学养士。蒙哥汗三年（1253），入世祖潜邸，杨惟中宣抚关中，

---

① 济阴商氏由于家族人员较多，今只列商衡这一支脉。
② 参见《旧唐书》卷 165《殷侑传附孙盈孙传》。
③ 参见（金）元好问：《曹南商氏千秋录》，《元好问全集》卷 39。
④ 参见（金）元好问：《蘧然子墓碣铭》，《遗山先生文集》卷 24。
⑤ 金人元好问《商平叔墓铭》（《遗山先生文集》卷 21）说商衡次子名陇安，当为商援之乳名。
⑥ 明人朱谋垔《画史会要》卷 3 记载："商琦字德符，曹南人，左山参政第七子。"可知左山为商挺之号。

商挺为郎中辅佐治理山西。次年，廉希宪到任，升商挺为宣抚副使。蒙哥汗死后，商挺曾至开平，为世祖继位出谋划策，并与廉希宪战胜阿蓝得儿等阿里不哥叛军。中统二年（1261），进参知政事。四年，行四川行枢密院事。至元元年（1264），入拜参知政事。六年，同金枢密院事。七年，迁金书。八年，升副使。九年，为安西王忙阿剌王相。十五年，因卷入赵炳案被免官下狱。①

商挺五子，琥、璘、瑭、瓛、琦。商琥，字台符，至元十四年（1277）拜江南行御史台监察御史。二十七年（1290），征拜中台监察御史。三十年（1293），迁国子司业。商瑭字礼符，官右卫屯田千户，一年多后，32岁的商瑭辞官回乡养亲。商琦，字德符，大德八年（1304），成宗召备宿卫。仁宗在东宫，奏授集贤直学士。皇庆元年（1312），授集贤侍讲学士。延祐四年（1317），升侍读官、通奉大夫。泰定元年（1324），迁秘书卿。②

商挺孙企翁，入国子学，乡试荐名第一，顺帝至元元年（1335），大都乡贡进士策问古今历法，名列前茅。后积分公试又中第一，入国史院为典籍官③，迁秘书监著作佐郎。

商援四子，璹、瑝、玮、琯。商璹字台元，号逊斋。商瑝，字履符。④

二、济阴商氏与女真族政权

济阴商氏为科举世家，自唐至金，共出了15名进士，仕至高位者代不乏人，政绩显著。由于金元相继，而济阴商氏与这两个民族政权有着密切的关系，因此先从商氏与金代政权谈起。

济阴商氏入金的第一代为商冈，他于宋高宗建炎二年（1128）从刘锡太尉解危沧州，奏补拱辅从事，降金后被任命为忠勇校尉。⑤当时与商冈有类似行

---

① 商挺生平参见《元史》卷159本传及苏天爵《元朝名臣事略》卷11等。
② 参见《元史》卷159《商挺传》附录其诸子传；（元）张起岩：《元参知政事追封鲁国文定商公神道家传》，（民国）齐河县志》卷32，《全元文》第36册，第111页。
③ 参见（元）苏天爵：《题商氏家藏诸公尺牍歌诗后》，《滋溪文稿》卷28，第475页。
④ 参见（元）骆天骧撰，黄永年点校：《类编长安志》卷5《寺观庙祠》，中华书局1990年版，第162页。
⑤ 元好问《曹南商氏千秋录》说商冈"入金朝换忠勇校尉"，用一"换"字委婉地表达其降金之意。

为的宋朝官员很多，《金史》史臣曾提出严厉批评："张中孚、中彦虽有小惠足称，然以宋大臣之子，父战没于金，若金若齐，义皆不共戴天之仇。金以地与齐则甘心臣齐，以地归宋则忍耻臣宋，金取其地则又比肩臣金，若趋市然，唯利所在，于斯时也，岂复知所谓纲常也哉。"① 结合当时的历史环境，这些入金的宋臣不能简单地归咎为失节。其原因在于"他们的国和君都还存在，只不过在宋金的交锋中跑到了南方，而且这个国早就向金称臣。……这就给在北的宋代旧臣一个尴尬的局面。虽然从实质上讲金是敌国，应该保持对宋朝的忠节，但从名分上讲，则他们投降于金，为金的臣子，和宋朝的皇帝是一样的角色"②。考虑到当时的历史情况，《金史》史臣对张中孚等降金宋臣依据纲常伦理所做批评过于严苛。

济阴商氏世系（只列商衡一系）③

殷侑 — 羽 — 盈孙 — 暄 — 处让 — 岳 — 怀钦 — 商周（改姓）— 捷（七子）— 宗弼（八子）— 传（七子）— 贯之（改名义，六子）— 冈 — 驹 — 永锡 — 衡／衢／衍

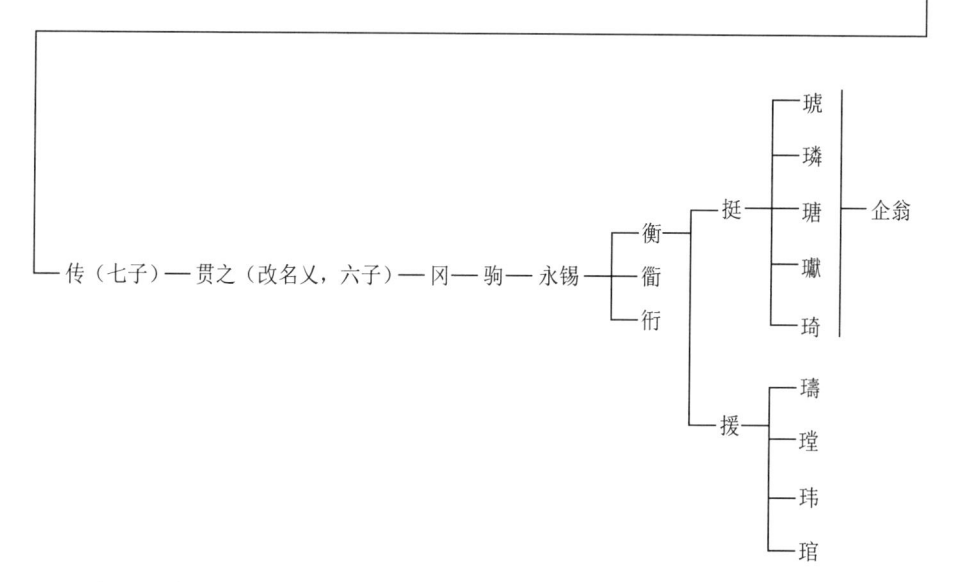

衡 — 挺 — 琥／璘／瑭／瓛／琦 — 企翁

衡 — 援 — 璹／瑝／玮／琂

商冈虽然担任武职，但他自己与兄弟们学习的是进士业，他并未忘记自

---

① 《金史》卷79本传，第1791页。
② 牛贵琥：《金初耆旧作家与庾信之比较》，《山西大学学报》2004年第6期。
③ 商氏世系参见（金）元好问：《曹南商氏千秋录》，《元好问全集》卷39。

己的家族传统，而且在金代汉族士人入仕的主要道路也是科举。因此，商冈的子孙致力于举业，其曾孙商衡考中进士，为官多有善政，最终为金朝殉难。据元好问《曹南商氏千秋录》记载，金宣宗兴定三年（1219）商衡作咸戎令，饥民无所于籴，商挺开仓赈济。然后白之行台，赖以全活者甚众。他还抵御乘衅入寇的西夏。为官监察御史时，敢于直言进谏。金哀宗正大八年（1231）十月，商衡为秦蓝总帅府经历官，第二年与蒙古军相遇于大雪中，士卒饥冻不能战，主帅乌登弃众降敌。商衡被俘，他瞋目大呼，曰："汝欲胁从我耶？我终不能降！"回望宫阙瞻拜曰："主将无状，亡兵失利，臣之罪责亦无所逃。但一死报国耳！"遂拔佩刀自刎。元好问说商衡"苟可以利物，则死生祸福不复计"①，绝非溢美之词。

　　商衡作为一个汉族士人，最后为女真族政权献身，深层的原因在于他认同政权的依据不是种族，而是文化上的夷夏之别。②姚奠中先生认为，孔子讲"夷夏之防"，但夷夏并不以地区为界，而是以文化的先进与落后区分，孟子"用夏变夷"，也是要用先进文化改变落后文化。"基于这样的认识，所以历史家对境内各族所建立的政权，只要是继续用中夏衣冠文物、典章制度来治理国家，使中夏文化得到继承，就都予以肯定。"③金人入主中原，制度草创，至金熙宗天眷二年（1139）推行汉官制度，其汉化过程是逐步实现的。④到了金代中期以后，随着女真族汉化程度的提高，尽管仍然存在着歧视汉人的情况⑤，许多汉族文人也就不再视之为异族政权，而是中原正统王朝⑥，愿意为之效力，有些忠义之士甚至献出生命。比如在蒙古进攻金朝之时，周昂不愿逃走，死于蒙古军

---

① （金）元好问：《曹南商氏千秋录》，《元好问全集》，第 819—820 页。
② 陈寅恪《隋唐制度渊源略论稿》："全部北朝史中凡关于胡汉之问题，实一胡化汉化之问题，而非胡种汉种之问题。当时之所谓胡人汉人，大抵以胡化汉化而不以胡种汉种为分别，即文化之关系较重而种族之关系较轻，所谓有教无类者是也。"尽管讲的是北朝，实际上是中国历史上的普遍情况。
③ 姚奠中：《关于元好问研究的两个问题》，李正民、董国炎主编：《辽金元文学研究》，文化艺术出版社 1999 年版，第 184 页。
④ 参见《金史》本纪及李锡厚、白滨：《辽金西夏史》，上海人民出版社 2003 年版。
⑤ 刘祁《归潜志》卷 12："又偏私族类，疏外汉人，其机密谋谟，虽汉相不得预。"同卷："然其分别蕃汉人，且不变家政，不得士大夫心，此所以不能长久。"
⑥ 参见刘扬忠：《论金代文学中所表现的"中国"意识和华夏正统观念》，《吉林大学社会科学学报》2005 年第 5 期。

之手①，路铎城破兵败，投沁水死，李革、李复亨自杀殉难②。这些汉族士人做出了和商衡一样的选择。

三、济阴商氏与蒙古族政权

商衡殉难后，延续和振兴家族的重担落在了其长子商挺身上。商挺字孟卿，出生于卫绍王大安元年（1209），其父自尽时他24岁，金亡时26岁。蒙古军攻破汴京，商挺先是依附于汉人世侯冠氏赵天锡，后被东平严实聘为诸子老师，严实子忠济继任后，辟为经历，帮助忠济兴学养士。商挺后受知于忽必烈，他辅佐杨惟中宣抚关中，"进贤良，黜贪暴，明尊卑，出淹滞，定规程，主簿责，印楮币，颁俸禄，务农薄税，通其有无。期月，民乃安。诛一大猾，群吏咸惧。且请减关中常赋之半"③。商挺以善于谋划深得忽必烈信任，参与军政要务，他与廉希宪密谋，力助忽必烈取得汗位。随后商挺任陕西、四川等路宣抚副使，与宣抚使廉希宪等共同挫败蒙古将领哈剌不花、浑都海等人的叛乱。后改金陕西、四川行省事，晋参知政事。元世祖至元元年（1264），召入京拜为中书参知政事。商挺历任同金枢密院事、金枢密院事、枢密副使等职，于元初军政制度多所创建。除了参与军政要务，商挺还积极促进元世祖接受儒学，至元三年（1266），元世祖留意经学，商挺与姚枢、窦默、王鹗、杨果纂写《五经要语》共二十八类以呈进。儒学也是商氏的家族传统，远祖殷侑以通经著称，并以五经及第，尤其通晓历代礼的沿革。殷侑孙盈孙也精通典制。④

商挺未仕金朝，算不得金朝遗民，但是毕竟父亲商衡死于金蒙之战，他和蒙古人有杀父之仇。但是为了家族的延续和发展，他不得不出仕新朝。尽管商挺恪尽职守，极力辅佐忽必烈登上帝位，并促使朝廷推行汉法⑤，但这种振兴家族与孝道伦理之间的矛盾还是在内心挥之不去，《题甘河遇仙宫》一诗隐微地流露出来。诗曰：

---

① 参见《金史》卷126《文艺传》。
② 参见《金史》卷99《李革传》、卷100《路铎传》及《李复亨传》。
③ 《元史》卷159《商挺传》，第3738页。
④ 《新唐书》卷164《殷侑传附孙盈孙传》："时丧乱后，制度凋紊，追补容典，皆盈孙折衷焉。"
⑤ 参见本书第九章"北方文学家族与元代政治"。

子房志亡秦，曾进桥下履，佐汉开鸿基，屹然天一柱。要伴赤松游，功成拂衣去。异人与异书，造物不轻付。重阳起全真，高视仍阔步。矫矫英雄姿，乘时或割据。妄迹复知非，收心活死墓，人传入道初，二仙此相遇。于今终南下，殿阁凌烟雾。我经大患余，一洗尘世虑。巾车倪西归，拟措茅巷住。明月清风前，曳杖甘河路。①

甘河遇仙宫在户县（今属陕西），据完颜璹《全真教祖碑》金海陵王正隆四年（1159），王重阳于甘河镇遇二仙密授口诀，次年庚辰再会于醴泉，二仙留颂五篇，王重阳遂弃家入道。② 后人在户县甘河镇王重阳遇异人处建遇仙宫。蒙古时期宪宗蒙哥汗三年（1253），忽必烈得关中分地，以杨惟中为宣抚使，以商挺为郎中，后为副使。《题甘河遇仙宫》当系商挺任职关中时所作。商挺四十五岁以后到关中甘河遇仙宫题写了该诗。史籍并未明言王重阳所遇之仙为谁，商挺认为就是张良。汉初刘邦猜忌残杀功臣，张良以辟谷求仙为名远离政治，终得保身。联系蒙元时期蒙古皇帝对待汉人大臣的态度，商挺既是怀古，更是思今，不知自己辅佐忽必烈一番，将来的命运如何。

然而，商挺的感慨还不止于此，因为张良和王重阳在历史上并不仅仅只是求仙之士。商挺诗首句曰："子房志亡秦"，据《史记·留侯世家》记载，张良家族世代在韩国为官，他在秦灭韩后一心要为韩报仇，曾找力士以大铁锥击打出巡的秦始皇。王重阳也有起兵抗金的经历，商挺诗说他"矫矫英雄姿，乘时或割据"，清人陈铭珪《长春道教源流》卷1曰："王重阳，有宋之忠义也。其害风也，盖愤激使然。"陈氏引商挺《题甘河遇仙宫》诗后说："据此则重阳不惟忠愤，且实曾纠众与金兵抗矣，金时碑记，有所忌讳，不敢显言。挺既入元，故直揭其大节也。"③ 陈垣先生认为，金初出家为道士包含忠宋仇金的政治含义，王重阳创立全真教也不例外。④

---

① 《元诗选·癸集》，第144页。
② 金人王重阳《遇师》诗："四旬八上得遭逢，口诀传来便有功。一粒丹砂色愈好，玉华山上现殿红。"
③ （清）陈铭珪：《长春道教源流》，《丛书集成续编》第47册，第41—42页。
④ 参见陈垣：《南宋初河北新道教考》，氏著：《明季滇黔佛教考》（外宗教史论著八种），河北教育出版社2000年版。

因此，商挺《题甘河遇仙宫》歌咏张良和王重阳，隐含着自己的家族仇恨，尽管复仇已经不能付诸实施，但是这种杀父之仇的内心隐痛是他难以忘怀的。然而，商挺出仕元朝最终惹来了祸难，他最后的结局也延续着其父的悲剧色彩。

元代从建国伊始，就面临着汉法与蒙古惯例之间的矛盾。元世祖早年任用儒臣，积极推行汉法，到晚年排斥姚枢、许衡等汉族官员，任用色目人阿合马、桑哥等聚敛之臣。作为汉族大臣，商挺遭到蒙古色目人的嫉妒，受到元世祖的猜忌。姚燧《牧庵集》卷15《中书左丞姚文献公神道碑》记载，中统三年（1262），王文统谋反伏诛，西域人因此攻击汉族大臣。因为曾赞誉过王文统，商挺被讼为王之朋党而被囚禁，经姚枢劝解，元世祖才将其放出。

后来商挺又卷入赵炳案中。赵炳（1222—1280），字彦明，滦阳（今河北迁西）人，与商挺同为忽必烈潜邸旧臣。中统元年（1260）为北京宣抚司判官，三年，入为刑部侍郎，改枢密院断事官，出为济南路总管，迁辽东按察使。至元九年（1272），为京兆路总管，十四年（1277），加镇国上将军、安西王相。十六年（1279）入朝，言运使郭琮、郎中郭叔云窃弄威柄，恣为不法。世祖任其为中奉大夫、安西王相，兼陕西五路西蜀四川课程屯田事，命乘传与敕使数人往按郭琮等。到陕西时，郭琮假嗣安西王旨，收赵炳入狱，使人毒杀赵炳于平凉狱中。① 朝廷追究此事，执郭琮、郭叔云鞫问，二人伏罪，本来和商挺没有任何干系。只有王府女奚徹徹，因为参与二人之谋划，临刑时，为求生而攀扯他人，连及商挺及其子瓛，世祖震怒，召商挺，拘于赵炳家，商瓛下狱。②

至元十七年（1280）与二十一年（1284）③，商挺和儿子商瓛两度入狱，《元史》卷159《商挺传》记载了商挺第一次被系时的情形：

> 帝命赵氏子曰："商孟卿，老书生，可与诸儒谳其罪。"吏部尚书青阳梦炎以议勋奏曰："臣宋儒，不知挺向来之功可补今之过否？"帝不悦曰：

---

① 参见《元史》卷163《赵炳传》。
② 参见《元史》卷159《商挺传》。
③ 赵炳死于至元十七年（1280），《元史·商挺传》记商挺至元十六年（1279）春出狱，误，当为十八年。

"是同类相助之辞也。"符宝郎董文忠奏曰:"梦炎不知挺何如人,臣以曩时推戴之功语之矣。"帝良久曰:"其事果何如?"对曰:"臣目未睹,耳固闻之,杀人之谋,挺不与也。"帝默然。十六年春,有旨:挺不可全以无罪释之,籍其家。

尽管留梦炎与董文忠认为商挺并未参与杀人之谋,而且功勋卓著,但是元世祖还是要将其治罪,可见他对汉族官员的猜忌之心。

至元二十五年(1288),商挺死后,王恽作《商左山哀辞》,诗曰:

> 商孙肤敏矫犹龙,千载流芳见此公。佐鲁谋猷元克壮,定秦功力更沉雄。城门被爇池鱼涸,臣罪当诛圣主聪。老泪不缘知己痛,麒麟台上又秋风。①

王恽在诗中高度评价商挺在政治上的功绩,所谓"佐鲁谋猷元克壮,定秦功力更沉雄"。然而,城门失火,殃及池鱼,无端被卷入赵炳案,使得昔日的功臣沦为阶下囚,面对元世祖的决断,王恽也不敢表示什么,只得说"臣罪当诛圣主聪"。尾联"老泪不缘知己痛,麒麟台上又秋风",王恽心痛流泪的原因只能让凛凛秋风去体会了。

商挺父子入狱对这一家族打击很大,商氏在政治上趋向于隐退。其中最突出的是商挺第三子商瑭,他做右卫屯田千户仅仅一年多,就谢病侍亲,这年才32岁。虽然不能确认商瑭归隐在商挺入狱之后,但肯定是受到元初蒙古贵族与汉族士人之间的矛盾斗争的影响。商瑭还乡后,"筑室曰晦道堂"②,"晦道"之名来自祖上商宗弼,他在宋仁宗时为官太子中舍人,年五十挂冠归隐,所筑堂名就是"晦道"。商瑭虽然效仿的是自己的祖先,但是更多的考虑是官场险恶。商挺侄商璹则安恬不仕,专心于绘画。尽管商琥与商琦等人仍然做官,商琦还为宫廷作画,但他只做了学士、秘书卿等闲散之职,并不受皇帝重用。③ 济阴

---

① (元)王恽:《秋涧先生大全文集》卷19。
② 《元史·商瑭传》,第3742页。
③ 商挺死后没有封谥,延祐初年商琦以画受知于元仁宗,商挺才得到追赠与谥号。

商氏到商琦这一代在仕途上的发展已大不如前，他们在政治上的影响远不及商挺，而是画史留名，这一从唐至元的仕宦之家转型为文艺世家。

四、商氏之散曲书画与北方民族政权

商衡曾手抄《国朝百家诗略》，该书为魏道明所集，商衡加以附益。① 商衡子商挺工诗，尝著诗千余篇，顾嗣立将其编入《元诗选·癸集》乙，并将他与杨果、姚枢、王磐并列为元初诗坛的重要人物，慨叹其文集散佚。商挺诗仅存三题四首，《水仙花二首》为咏物之作，《骊山怀古》慨叹有唐帝国的兴亡，《题甘河遇仙宫》在歌咏张良与王重阳成仙的背后，表达的是自己的内心隐微。商挺曾为王承旨作《庆八秩诗》，今存残句云："药里封灾随腊去，酒杯称寿逐年新。"② 王承旨当为王鹗，该诗当作于王鹗八十岁之时，即至元六年（1269）。

商挺佚诗可考者有如下几首。第一，王恽有七律《和左山言怀韵》（《秋涧先生大全文集》卷17），当是商挺所作《言怀》诗在先。第二，据程钜夫《白鹤歌并序》（《雪楼集》卷29），商挺曾赋诗赞美孝子李明之。

商挺文今存七篇，多为寺庙道观碑文，《全元文》收入第2册，此外，他散佚的文章可考者有杨奂行状等七篇，今分述如下。第一，据元好问《故河南路课税所长官兼廉访使杨公神道之碑》，商挺曾作杨奂行状。③ 第二，商挺为友人梁唐卿之子取名毅，字致远，并书写梁致远字说。④ 第三，据王恽《秋涧先生大全文集》卷44《国朝奉使》，商挺曾为王楫写过祭文。第四，滕安上《题钝轩祖坟遗安亭》说："左山记其端，噩噩商盘文。"⑤ 可知商挺曾为钝轩翁的遗安亭作文。第五，据王恽《秋涧先生大全文集》卷48《卢龙赵氏家传》，卢龙（今属河北）赵铉，长于音律占筮，曾建遗安亭为春秋祭祀之所，商挺作记。第六，商挺曾为李倜题写祖父李懋时墓。⑥ 第七，据张之翰《书吴帝弼饯行诗册后》，盱江（今江西广昌）人吴帝弼由建学提举调任安仁主簿，燕都诸公作

---

① 参见（金）元好问：《中州鼓吹翰苑英华序》，《中州集》。
② （元）王恽：《玉堂嘉话》（与杨瑀《山居新语》合刊）卷3，中华书局2006年版，第86页。
③ 参见（金）元好问：《故河南路课税所长官兼廉访使杨公神道之碑》，《遗山集》卷23。
④ 参见（元）刘敏中：《题商左山所书梁致远字说后》，《中庵集》卷5，《文渊阁四库全书》本。
⑤ （元）滕安上：《东庵集》卷1。王恽《卢龙赵氏家传》也记载此事。
⑥ 参见（元）姚燧：《河东检察李公墓志铭》，《牧庵集》卷28。

饯行诗，左山即为其中之一，可知商挺为吴帝弼写过饯行诗。①

商挺子商琥也善诗文，著有《彝斋文集》②，但已散佚。《全元文》据《文渊阁四库全书》本《山东通志》卷35收入其《济渎庙碑》。③《全元诗》据清人毕沅、阮元《山左金石志》卷21及《诗渊》收入商琥诗歌二首。商琥诗文可考者有四篇。第一，据姚燧《牧庵集》卷21《怀远大将军招抚使王公神道碑》，商琥曾为友人王彦弼父亲王兴秀写过行状。第二，张之翰《西岩集》卷13《贞孝堂诗序》记载，左山商公曾为平江财赋提举武仲举母亲曹氏之贞孝堂书匾，其子台符作记，则商琥作过《贞孝堂记》。④第三，据杜泽《临邑县尹田公德政之碑》，临邑县尹田公修治县治，商相之子台辅为作记文。商琥字台符，"辅"当为"符"之误，说明商琥曾作此文。⑤第四，魏初曾作《自同之蒲城次商台符见寄诗韵》⑥，由诗题可知商琥先寄诗给魏初，魏初次韵作答。魏初还作有《赠答商台符》，诗曰："君家名胜百年间"，称赞济阴商氏绵延久远，"相公开府今分陕，吾子成家又铸颜"，相公指的是商琥父亲商挺，他曾辅佐廉希宪治理陕西。"铸颜"出自扬雄《法言·学行》，指培养人才。这一联表彰商挺的功业，赞扬商琥能成才，子承父业。"诗似晚江晴浪卷"⑦，表现出对商琥之诗极为欣赏。

商挺侄商瑝，存诗一首，即骆天骧《类编长安志》卷5《寺观庙祠》所收《题义荣先生祠》。

商挺孙商企翁，字继伯，国子监贡士，至正元年（1341）由翰林典籍迁秘书监著作佐郎⑧，商企翁曾与东平王士点合撰《秘书监志》十一卷，今有《文渊阁四库全书》本。该书是"元代唯一的一部官署志，……成于至正（1341—1370）中，记述元朝至元九年（1272）秘书监设立以来的建置迁除、典章故

---

① 参见（元）张之翰：《书吴帝弼饯行诗册后》，《西岩集》卷18。
② 《元史·商琥传》，清初黄虞稷《千顷堂书目》卷29尚著录《彝斋文集》，估计亡佚于清代。
③ 《全元文》第9册，第205页（第36册，第220页重收）。
④ （元）张之翰：《贞孝堂诗序》，《西岩集》卷13。
⑤ 参见（元）杜泽：《临邑县尹田公德政之碑》，《全元文》据《（同治）临邑县志》卷14收入，第11册，第157页。
⑥ 《全元诗》据《永乐大典》卷8089收入，第7册，第398页。
⑦ （元）魏初：《青崖集》卷1。
⑧ 参见（元）苏天爵：《题商氏家藏诸公尺牍歌诗后》，《滋溪文稿》卷28；（元）王士点、商企翁：《秘书监志》卷10等。

事"①。除此之外，商企翁存文二篇，《全元文》第 55 册据清代《宛委别藏》本《青云梯》卷中收入《夕月赋》，说明他曾参加过科举考试；另一篇为《天寿节贺表》。

除了传统的诗文与学术，济阴商氏值得关注的是散曲与书画方面的成就，而这些与金元时期北方少数民族有一定的关系。商氏家族成员中最早以文艺显名的是商挺叔父商衟，商衟与元好问有通家之好，友情颇深。元好问《曹南商氏千秋录》赞誉其"滑稽豪侠，有古人风"②，这一点与以通俗诙谐著称的散曲正相吻合③，因此他成为最早的元曲家之一。商衟散曲今存小令《[越调]天净沙》四首，套数《[正宫]月照庭·问花》等七套，另有一套残套，大都叙写青楼韵事，曲辞华丽。明朱权《太和正音谱》卷上"古今群英乐府格势"，将商衟列入"元一百八十七人"之中，评其词"如朝霞散彩"。④商衟还改编南宋初年艺人张五牛所作的《双渐小卿诸宫调》，为青楼名妓赵真真、杨玉娥所传唱。⑤受叔父影响，商挺也写作散曲，今存小令《[双调]潘妃曲》十八首。散曲，元人称为"今乐府"、"乐府"，它起源于宋金的市井小曲，深受北方民族音乐的影响。散曲与杂剧剧曲的曲牌基本相同，都是按照金代以来北方流行的曲调进行填写。这种文学体裁与金元时期北方少数民族入据中原有着很大的关系，明人徐渭在《南词序录》中曾对乐曲的变化引起词衰曲兴有过精辟的表述，王世贞也有类似的看法。隋树森《全元散曲》所列最早的曲家为元好问、杨果、刘秉忠、杜仁杰、商衟、商挺等人，这些人都是由金入蒙元的曲家，其中商氏家族占有两位，充分表明这一家族对散曲发展的贡献。

商氏更显名的是书画艺术，商衟擅长书画，据夏庭芝《青楼集》记载，他曾为名妓张怡云绘有《怡云图》。⑥商挺善于书法，尤长于隶书，王恽认为，商

---

① 方骏：《宋元时期的官署志》，《元史论丛》第七辑，第 55 页。
② 《元好问全集》，第 818 页。
③ 隋树森《全元散曲》汤式小传说他"好滑稽"。
④ 中国戏曲研究院编：《中国古典戏曲论著集成》第 3 册，中国戏剧出版社 1959 年版，第 18 页。
⑤ 据元人夏庭芝《青楼集》载，赵真真、杨玉娥"善唱诸宫调，杨立斋见其讴张五牛、商正叔所编《双渐小卿》，恕因作《鹧鸪天》、《哨遍》、《耍孩儿煞》以咏之"。中国戏曲研究院编：《中国古典戏曲论著集成》第 2 册，第 19 页。
⑥ 《青楼集》记载：张怡云"能诗词，善谈笑，艺绝流辈，名重京师。赵松雪、商正叔、高房山皆为写《怡云图》以赠，诸名公题诗殆遍"。

挺书法"端重沉着"、"气韵豪逸",兼得颜真卿与杨凝式之长。① 他曾书写李谦撰写的赵璘碑铭和苏轼醉墨堂诗②,还为山东东路都转运盐使赵侯题写"勖斋"③。至元二十五年(1288),商挺为王恽题写"春露堂"三字,王恽说,尽管翰墨之工,对建功立业的商挺来说为余事,但是商挺嗜书甚深。他书写的这三字"端庄婀娜,略不见衰老之气"④。商挺还曾为焦润之的觉斋、罗汉臣的挂笏亭题写匾额。⑤ 商挺藏有歙石壁砚,世祖至元二十年(1283),曾请王恽作铭。⑥

商挺能鉴赏书画。至元二十年,他选编诸家法书,评价说:"如杨少师维摩等帖,天真烂漫,上法二王,下与鲁公争衡。至纵心所欲,皆寓正笔而不踰矩。所谓出新意于法度之中,寄妙理于豪放之外。"⑦"鲁公后惟少师能得二王之法,所谓文起八代之衰也。坡公行书大概类此。"评王安石书云:"公书不曳之以就长,蹴之以就短。"⑧ 商挺曾与收藏有颜真卿书帖的杨顺之讨论书法。⑨ 他评唐人颜真卿《中兴颂》曰:"盖变玉筋大篆为真楷耳。"⑩ 评宋人李公麟《维摩不二图》曰:"功夫致密,笔意精到。"⑪ 商挺子商琥、商琦继承了家族的书画才能,据王恽《玉堂嘉话》卷2记载,商琥曾和木庵讨论五代人李廷珪墨法。⑫ 至元十三年(1276)冬,南宋书画至京城,王恽与商琥整日观赏。⑬ 商琥识鉴书翰,曾考定定武本《兰亭集序》。⑭

商琦善画山水,与高克恭、赵孟頫并称,为宫廷殿阁创作了不少画作。元

---

① (元)王恽:《跋左山公书东坡醉墨堂诗卷》,《秋涧先生大全文集》卷73。
② 参见(元)苏天爵:《皇元赠仪同三司太保赵襄穆公神道碑阴记》,《滋溪文稿》卷4;(元)王恽:《跋左山公书东坡醉墨堂诗》,《秋涧先生大全文集》卷33。
③ 参见(元)胡祗遹:《赵侯勖斋记》,《紫山大全集》卷11。
④ (元)王恽:《题左山所书春露堂后》,《秋涧先生大全文集》卷72。
⑤ 参见(元)同恕:《焦润之觉斋》,《榘庵集》卷11,《文渊阁四库全书》本;(宋)方回:《挂笏亭诗序》,《桐江续集》卷31,《文渊阁四库全书》本。
⑥ 参见(元)王恽:《歙石壁研铭》,《秋涧先生大全文集》卷66。
⑦ (元)王恽:《与左山商公论书序》,《秋涧先生大全文集》卷42。
⑧ (元)王恽:《评杨凝式书》,《秋涧先生大全文集》卷72。
⑨ 参见(元)王恽:《题所临颜鲁公十帖后》,《秋涧先生大全文集》卷72。
⑩ (元)王恽:《玉堂嘉话》卷3,第85页。
⑪ 《秘殿珠林》卷9《宋李公麟画维摩不二图》,《文渊阁四库全书》本。
⑫ 参见(元)王恽:《玉堂嘉话》卷2,第54页。另据该书卷8,商琥曾录太常诸杂仪礼。
⑬ 参见(元)王恽:《书画目录序》,《秋涧先生大全文集》卷41。《玉堂嘉话》卷2记载此事作至元十一年(1274),误。
⑭ 参见(元)王恽:《书商司业定武兰亭本后》,《秋涧先生大全文集》卷72。

代文集中记载商琦绘画之事甚多，今略举数例。刘敏中《雪山图》诗序曰："集贤商德符为程雪楼承旨作此图，写承旨曳杖从小僮立梅花树下。"②可知商琦曾为程钜夫作过画。他还作过《桃源春晓图》，为也先帖木儿宅壁画山水。③

元人夏文彦《图绘宝鉴》卷5评商琦曰："山水师李营丘，得用墨法。墨竹自成一家，亦有妙处。"李营丘即李成④，字咸熙，五代宋初画家，他擅长山水画，对北宋以后的山水画影响深远。商琦不仅师法古人，而且师法造化，在画中融入自己的感受。他长于壁画创作，融合多种技法，在元初享有盛名，柯九思、马祖常、张雨等人都对他做出很高评价，对元代后期画家张彦辅等人产生了影响。商琦从弟商璹也以画著称于世，他"喜画山水，得破墨法，窠石最佳"。⑤据张之翰《求复斋川行图书》，商璹曾根据张之翰东川纪行诗画川行图。⑥

商琦擅长壁画，主要原因在于元代蒙古贵族喜欢以壁画作为一种装饰，尤其喜欢以山水景物入画⑦，这种朴素的装饰方法始于元世祖时期大都留守达尔玛监修七星堂，后来被元朝历代皇帝作为"祖宗旧制"继承下来。作为主要服务于宫廷的画师，商琦一生画过很多壁画，大多是为宫廷殿宇或者蒙古贵族之家创作的。⑧

面对女真族、蒙古族相继在中原建立政权，作为汉人家族，济阴商氏努力延续家族的发展，认同金元王朝的正统地位，积极入仕，并愿意为王朝献身，但蒙古上层对汉族士人的猜忌使得商挺蒙冤入狱，这一仕宦家族最终转型为文艺世家。商氏家族不仅在政治上的沉浮与女真族、蒙古族政权相关联，其散曲与书画成就也与这些民族入主中原有一定的关系。

---

① 陈高华《元代画家史料》收入商琦资料甚备。
② 元统刊本《中庵先生刘文简公文集》卷23，《全元诗》第11册，第410页。
③ 参见（元）赵孟頫：《题商德符学士桃源春晓图》、《题也先帖木儿开府宅壁山水歌》，《松雪斋集》卷3。
④ 李成五代时避乱至北海营丘（今山东临淄），遂为营丘人，称为李营丘。
⑤ （元）夏文彦：《图绘宝鉴》卷5。朱谋垔《画史会要》卷3对商琦、商璹评价基本与夏文彦相同。
⑥ （元）张之翰：《西岩集》卷19。
⑦ 元人丁复《题息斋竹为袁仲芳赋》（《桧亭集》卷3）："当时可人商德符，仁皇邸西作浮图。不喜神骏游八极，复爱胜绝罗寰区。素壁不得画神鬼，亦不得用金朱涂。但令水墨写河岳，苍松赤桧盘根株。"
⑧ 参见马季戈：《商琦生平及其绘画艺术》，《故宫博物院院刊》1992年第2期。

第二节　东平王公渊家族

东平王公渊家族在金元时期是代代仕宦的文化世家，出现了王公渊、王构、王士熙等重要人物，他们既在政治上有所成就，又以文学、书法显名。但是学术界对这一家族的研究尚不多见，只有杨镰先生《元诗史》对王士熙的诗歌有所论述。郭翠萍《元代东平王氏家族研究》对王公渊家族的仕宦、交游、家族文化等内容做了详尽的考述。① 那么，在金元时期，王氏如何适应蒙元入主中原这一历史变革，保持家族兴旺发展呢？其家族传统与东平有何关系呢？

一、王公渊家族世系考

王公渊（1198—1281），字润甫（或作明甫），是东平王氏家族一个关键人物，生于金章宗承安三年（1198），在金代的经历无考，他对家族的贡献是在金末蒙古时期。在蒙古人消灭金朝的过程中，北方陷入战乱之时，许多家族面临着生存考验。金末战乱之时，王公渊兄弟四人讨论南逃避难，只有王公渊坚持留守宗庙。《元史》卷164《王构传》记载：

> 遭金末之乱，其兄三人挈家南奔，公渊独誓死守坟墓，伏草莽中，诸兄呼之不出，号恸而去，卒得存其家，而三兄不知所终。

南逃的三位兄长不知下落，而留守的王公渊一家存活了下来。② 王公渊的目标不仅是保全家族而已，而是要发展壮大。东平当时在汉人世侯严实的统治之下，是北方的乐土之一，吸引了大批士人前来投奔。王公渊也于此时出仕，被严实任命为忠武校尉，从事戎幕十多年。安定后他归田隐居，自号凤山逸叟，

---

① 参见郭翠萍：《元代东平王氏家族研究》，山东师范大学硕士学位论文，2012年。由于元初东平还有诗人王旭，因此本文称为"王公渊家族"。

② 元人胡祗遹《王忠武墓碑铭》、《（民国）东平县志》卷11《人物志》等资料对此事也有记载。

卒于元世祖至元十八年。①

王公渊生有三子②，长子王桢，为山东滨盐司勾判官。次子王桓，为朝列大夫尚书户部侍郎。三子王构最为显达。王构（1245—1310），字肯堂，自号安野③，又号瓠山④。弱冠以词赋中选，为东平行台掌书记。至元十一年（1274），授翰林国史院编修官。宋亡，王构与李槃同被旨，至杭取三馆图籍、太常天章礼器仪仗，归于京师，并荐拔时之名士。十三年秋还，迁应奉翰林文字，升修撰。历任吏部、礼部郎中，淮东提刑按察副使，治书侍御史，侍讲学士等职。成宗立，由侍讲为学士，纂修《世祖实录》，书成，参议中书省事。武宗即位，以纂修国史，拜翰林学士承旨。卒年六十三。赠大司徒、鲁国公⑤，谥文肃。有文集三十卷⑥，已佚；《修辞鉴衡》二卷，今存。生平见袁桷《清容居士集》卷29《翰林学士承旨赠大司徒鲁国王文肃公墓志铭》、《元史》卷164本传。

王构生三子，士熙、士点、士然。王士熙，字继学⑦，曾拜蜀郡邓文原为师，博学工文，声名日振。元英宗至治初为翰林待制，升中书省参知政事，泰定四年（1327）官中书参政，文宗即位，因支持泰定帝子被追责下狱，后流放海南，次年还乡。⑧顺帝时起为江东廉访使，后至元二年（1336）官南台侍御史，至正二年（1342）迁南台御史中丞。⑨有《江亭集》，未见传本，当散佚于明代中后期。⑩

王士点（？—1359），字继志，元文宗至顺元年（1330）为通事舍人，官翰林修撰，至正二年（1342）四月，以承务郎为秘书监。⑪累官淮西宪佥，升

---

① 参见（元）胡祇遹：《王忠武墓碑铭》，《紫山大全集》卷16。
② 元人王恽《题凤山逸叟王明甫八秩手卷》（《秋涧先生大全集》卷18）自注说王公渊有二子，误。
③ （元）程钜夫：《王肯堂遂慵轩说》，《雪楼集》卷23。
④ 参见（元）袁桷：《祭王瓠山承旨》，《清容居士集》卷43；（元）姚燧：《奉议大夫广州治中阎君墓志铭》，《牧庵集》卷29等。
⑤ 元人陶宗仪《书史会要》卷7等资料作"赵国公"。
⑥ 参见（元）袁桷：《翰林承旨王公请谥事状》，《清容居士集》卷32。
⑦ 《石渠宝笈》卷24记载，王士熙题吴镇《清溪垂钓图》自署拥翠山人。
⑧ 王士熙被下狱及流放，参见本书第九章第二节"北方文学家族与帝位继承"。
⑨ 王士熙生平详见《元史》卷30《泰定帝纪》、卷164《王构传》及《元诗选·二集》等。
⑩ 参见杨镰：《元诗史》，第295页。
⑪ 参见（元）王士点、商企翁：《秘书监志》卷9。

四川行省郎中，改四川廉访副使。至正十九年（1359），刘福通将李喜喜自秦入蜀，士点战败被擒，不食而死。王士点崇尚忠孝，今所存文《孙母荆氏贞节门铭》作于元顺帝至元五年（1339），旌表高邑（今属河北）人荆氏在丈夫死后守节教子。① 至正初，他官礼部员外郎时，听说吴泰发妻子黄氏贞节不贰，教子有方，上书旌表。宋本从子宋禨也曾参与宣传黄氏节妇。② 王士点著有《禁扁》五卷，与商企翁合撰《秘书监志》十一卷。《禁扁》详载历代宫殿、门观、池馆、苑籞等名，有《文渊阁四库全书》本。《秘书监志》成书于顺帝至正年间，记载至元以来秘书省建置沿革典章故事，附录司天监。《秘书监志》所记录多可以资考核，有助于史实考证。③ 欧阳玄《禁扁序》说王士点曾撰《侍仪仪注》若干卷，王士点还曾作过《翰林记》一类的书，以上二书今不存。④

王士点为官注重文教，官淮西江北道佥事时，在审理案件之余，曾为庐州（今安徽合肥）兴文书院篆"文化堂"三字，作堂之匾额。⑤

王士然，字继善。⑥ 至正八年（1348）冬，他与济南高仁子克礼为庆元路推官，十年（1350），二人捐俸重建推官厅。⑦ 王士然存诗一首，为赠别胡助之作。⑧ 他还写过《玩芳亭诗》，玩芳亭属于大兴县南的栗院使别墅。⑨ 王士熙有《题玩芳亭五首》，士然此诗当是与其兄同作。袁桷、贡奎同样写过该题，参见袁桷《清容居士集》卷10、贡奎《云林集》卷2《题玩芳亭》，可见玩芳亭题诗属于元代同题集咏。

据元人胡祗遹《王忠武墓碑铭》，王公渊有孙二人，为士焕、士爝，不知

---

① 《全元文》据《（正德）赵州志》卷5收入，第54册，第607页。
② 参见（元）危素：《贞节传序》，《全元文》据《（康熙）东乡县志》卷7收入，第8册，第254—255页。
③ 参见（清）永瑢等：《四库全书总目》卷79。
④ 参见（明）黄佐：《翰林记》；（清）永瑢等：《四库全书总目》卷19。
⑤ 参见（元）王彬：《兴文书院祠记》，《全元文》据《（光绪）续修庐州府志》卷17收入，第58册，第162页。
⑥ 参见《元史》卷92《百官志》记载，至正五年（1345）十月，遣官分道奉使宣抚，"河东陕西道，以兵部尚书不花、枢密院判官靳义为之，翰林应奉王继善为首领官"。不知此王继善是否为王士然。
⑦ 参见（元）胡世佐：《重建推官厅记》，《全元文》据《（光绪）鄞县志》卷63收入，第58册，第80页。至正，原文误作"至大"。
⑧ 《全元诗》据胡助《纯白斋类稿》附录卷1收入王士然《古愚丞荐入史馆先归故里期以春上告别有诗为赠》。
⑨ 参见《大清一统志》卷6《顺天府》，《文渊阁四库全书》本。

出于王桢还是王桓。① 王士焕生平资料缺乏。王士爌字继元，元成宗大德六年（1302）为秘书监知事。②

二、东平王氏的家族传统

东平王公渊家族在元代世代为官，而且政绩卓著。其中王构最为突出，他抑制豪强，体恤民情，"审囚河南，多所平反"。参议中书省事时，"南士有陈利便请搜括田赋者，执政欲从之。（王）构与平章何荣祖共言其不可，辨之甚力，得不行"。王构为济南路总管时也多善政，"诸王从者怙势行州县，民莫敢忤视，（王）构闻诸朝，徙之北境。学田为牧地所侵者，理而归之。官贷民粟，岁饥而责偿不已，（王）构请输以明年"。③

王公渊家族能够做到在金元历代仕宦，主要在于家族自身的选择与努力。王公渊的祖上在金代就是仕宦之家，据胡祗遹《王忠武墓碑铭》，王公渊是秦将王翦的后裔，世为潍之北海人，七世祖徙居东平。袁桷《翰林学士承旨赠大司徒鲁国王文肃公墓志铭》说王构的祖上由琅琊居东平，自八世祖为宋司农卿，为官于郓而定居。二者所载略有不同，但并不矛盾，结合起来可以大致考定东平王氏的来源。所谓王翦的后裔，由于年代久远，难以确考。琅琊王氏是六朝时的世家大族，王公渊的七世祖，即王构的八世祖在宋代为官于郓而迁居。以下几代世系缺载，至王公渊的曾祖父王尚智，金初登进士第，官朝散大夫。祖父王瑀，海陵王正隆五年（1160）登进士第，官奉训大夫。父亲王铎，官忠显校尉。王公渊家族在金代主要是通过科举考试获得功名，尽管他和父亲王铎都任武职，但是并未放弃这种家族传统。王公渊晚年隐居，每日督促僮仆耕种，教子读书，经常告诫儿子说："自汝远祖令公儒素超宗，登仕版者代不乏人。箕裘之业不可废也。"④ 王公渊的子孙没有辜负他的教诲，王构"肄业郡学，试词赋，入等"⑤。通过太保刘秉忠等人引荐，被辟为权国史院编修官，由

---

① 王公渊家族世系图，参见郭翠萍：《元代东平王氏家族研究》，山东师范大学硕士学位论文，2012年。
② 参见（元）王士点、商企翁：《秘书监志》卷9。
③ 《元史》卷164《王构传》，第3855—3856页。
④ （元）胡祗遹：《王忠武墓碑铭》，《紫山大全集》卷16。
⑤ （元）袁桷：《翰林承旨王公请谥事状》，第470页。

此入仕。

王构与他的子辈除了政事之外，还以文学显名。

金代科举重词赋而轻经义，词赋之学，正是王公渊家族由金朝代代相传的家学。金代后期，文人只重科举考试而忽视诗文，史载："金自泰和、大安以来，科举之文其弊益甚。盖有司惟守格法，所取之文卑陋陈腐，苟合程度而已，稍涉奇峭，即遭绌落，于是文风大衰。"① 但是从王构来看，他并非只会应试之学，而是"学问该博，文章典雅"②，他有文集三十卷，并编《修辞鉴衡》二卷③，上卷论诗，下卷论文，都是采自宋人诗话及文集，收入《四库全书》诗文评类。

王构的文集已经散佚，李修生先生主编的《全元文》收其文章二十九篇，多是诏、制、册文等应用文字，例如《兴师征江南谕行省官军诏》、《世祖皇帝谥册文》等朝廷重要文件。郭翠萍《元代东平王氏家族研究》考证出王构佚文五篇，包括《贞妇和拉序》④、《手植桧刻圣像记》（虞集《道园学古录》卷40）、《唐承旨履历》（张养浩《归田类稿》卷7）、《蓬莱崇真万寿宫记》（于敏中等《钦定日下旧闻考》卷43）、《阳平乐之昂序》（程钜夫《雪楼集》卷25）。王构佚文可考者有二：第一，据殷奎《元奉议大夫常州路宜兴州知州卢公行状》，王构曾为卢僧儒祖父卢克柔撰写过墓志铭⑤；第二，栾之昂为去世的父母庐墓三年，哀毁过甚，王构曾作序为之传颂⑥。

杨镰先生主编《全元诗》收录王构诗八首，包括《秋涧王公七十寿诗》、《淤泥寺》等。此外，越南人黎崱《安南志略》卷十七收录王构送柴椿使安南诗，诗曰："定远归来拜上卿，又持鳞海间南行。使星遥照苍龙野，驿骑相挽鸿雁程。湖雾岛烟开夙瘴，狼贪鼠窃避先声。马前领取安南长，未结中原父

---

① 《金史》卷110《赵秉文传》，第2427页。
② 《元史》卷164《王构传》，第3855页。
③ 有关《修辞鉴衡》，请参见陈亚丽：《读王构〈修辞鉴衡〉》，《文史知识》1996年第8期。
④ （元）刘敏中：《中庵集》卷1《贞妇和拉诗》，"和拉"当从元统刊本《中庵先生刘文简公文集》卷19作"火雷"。
⑤ 参见（元）殷奎：《元奉议大夫常州路宜兴州知州卢公行状》，《强斋集》卷4，《文渊阁四库全书》本。
⑥ 参见（元）程钜夫：《栾之昂传》，《雪楼集》卷25，第334页。

子盟。"①

王构诗词可考者尚有六篇。第一，至元二十八年（1291），任职治书侍御史的王构作《古风》三章赠彰德路达鲁花赤蒙古人怀远公，赞美其德政。②第二，刘敏中《中庵先生刘文简公文集》卷17有《次王瓠山总管张智甫家牡丹韵》③，说明王构还曾为张智甫家牡丹作过七律，他在大德末年做过济南路总管④，诗当作于此时。第三，《中庵集》卷六《水龙吟》"牡丹何可无言"序记载，王构曾作《水龙吟》词赏牡丹，仅存一句"三花脉脉似怨"。第四，据刘将孙《李志蜚和前韵作三诗来见且道座主瓠山王公自东平寄声语各如来韵次答之》，诗题之"瓠山王公"即王构，称王构为"座主"，说明王构曾推荐过李志蜚，又给他寄三首诗，刘将孙作步韵诗。由此可见，王构曾作诗寄李志蜚。⑤第五，据刘敏中《贞妇和拉诗序》，蒙古人和拉在丈夫死后，奉养婆母，养育二子，得到朝廷旌表，王构作序。第六，陕西行台芝生竹节间，人以为瑞兆，王构与姚燧都作诗歌咏。⑥

王氏家族文学成就最突出的是王士熙。王士熙被认为是邓文原显名的弟子，"最以古文著名"⑦。王士熙的诗文集《江亭集》不传，他的诗文主要保存在总集之中。顾嗣立《元诗选·二集》收入王士熙诗116首，其中《赠广东宪使张汉英之南台掾》又见于汪泽民、张师愚所编《宛陵群英集》卷4，为侯宾于所作，题为《送张汉英之金陵》，郭翠萍认为，该诗应归属于侯宾于。⑧杨镰先生《全元诗》第21册又从《诗渊》等书中辑出佚诗十五首。郭翠萍据民国《崖山志》卷21《艺文》辑出王士熙《崖山旧八景》，据清人明谊修《琼州

---

① 〔越〕黎崱：《安南志略》（与清大汕《海外纪事》合刊），中华书局2000年版，第400页。
② 参见（元）胡祗遹：《怀远公诗序》，《紫山大全集》卷8。
③ 元统刊本《中庵先生刘文简公文集》卷17，《全元诗》第11册，第271页。
④ 参见《元史》卷164《王构传》。
⑤ 参见（元）刘将孙：《养吾斋集》卷6，《文渊阁四库全书》本。
⑥ 参见（元）刘敏中：《竹芝诗序》，《中庵先生刘文简公文集》卷13，《全元文》第11册，第423页。
⑦ 《宋元学案补遗》卷2，《丛书集成续编》第248册，第127页。
⑧ 宋人陈思编、元人陈世隆补《两宋名贤小集》卷238将该诗归入宋人刘学箕《方是闲居士小藁》，明人偶桓编《乾坤清气集》卷4作王士熙诗，《御选元诗》卷30定为侯宾于诗作。该诗的归属目前尚难确定。

府志》卷41《艺文》辑出《东坡书院》。① 以上九首诗均为七言律诗,当为王士熙被流放琼州时所作。郭翠萍还辑出王士熙题画诗三首,分别是《题宋处士竹枝》(《御定历代题画诗类》卷81)、《题清溪垂钓图》(《石渠宝笈》卷24)、宋定武《兰亭序》玉石本宋搨后附诗(卞永誉《式古堂书画汇考》卷4)。其中,《题兰亭定武本》已被顾嗣立收录于《元诗选·二集》。

王士熙的佚诗有可考者十余首。第一,萨都剌有《和参政继学王先生海南还韵》②、《奉次参政继学王先生海南还桂林道中韵》③,说明王士熙从海南归来途中曾作诗,萨都剌次韵其中二首。第二,李孝光《五峰集》卷10有《闻诏赦因次王继学大参听诏韵》二首,可见该诗为王士熙先作。第三,根据释大䜣《蒲室集》卷5《次韵王继学侍御金陵杂咏十首》,可知王士熙曾写过《金陵杂咏》十首。第四,吴师道曾作《次韵王继学参政胡古愚编修剪灯诗》④,说明王士熙作过剪灯诗。第五,王沂《伊滨集》卷7有《和王继学题琼花图二首》,表明王士熙曾作《题琼花图》二首。第六,杨敬悳曾作《和王继学待制送岭北省郎中》⑤,王士熙在英宗至治初官翰林待制,《送岭北省郎中》诗当作于此时。第七,朱德润《存复斋文集》卷9有《次韵王继学参政题四美人图》,分别题作《红叶题诗》、《对镜写真》、《洛神》、《二乔》,雅琥也作有《和韵王继学题周冰壶四美人图》,四首诗题目相同,说明王士熙先作,二人次韵,也属元代多民族文人同题集咏。第八,贡师泰曾作《和王继学宪使玉泉观鱼韵》⑥,表明王士熙作有玉泉观鱼诗,贡师泰称他为"宪使",当作于后至元二年(1336)王士熙在建康(今江苏南京)官南台侍御史之时。

王士熙与许有壬唱和较多,根据许氏《至正集》,可以考出王士熙散佚诗多首,分列如下。第一,根据许有壬《至正集》卷4《送王仪伯参政赴辽阳省用王继学参议韵》,说明王士熙所作在先。第二,《至正集》卷14有《用王继学韵题近仁御史雪林小影》,可见王士熙曾作《题近仁御史雪林小影》。第三,

---

① 《(乾隆)琼州府志》卷9下《艺文志·诗》收录,《续修四库全书》第676册,第619页。
② 该诗又见于元人卢琦《圭峰先生集》卷上,诗题为"和王继学海南还韵"。
③ 参见(元)萨都剌:《萨天锡诗集》后集,《四部丛刊》本,据明弘治刊本影印。
④ 参见(元)吴师道:《礼部集》卷6。
⑤ 《全元诗》据明人李时渐《三台文献录》卷20收入,第33册,第377页。
⑥ 参见(元)贡师泰:《玩斋集》卷4。

《至正集》卷 16 有七律《和王继学寄分省诸公韵二首》，说明该诗王士熙所作在先。第四，《至正集》卷 22《追和王继学韵赠韩久成》，可见王士熙曾作诗赠韩久成。第五，《至正集》卷 23《和继学南归至鄂韵》七绝二首，说明王士熙南归到湖北一带曾作诗寄许有壬。第六，许氏《至正集》卷 26 有《太乙宫侍张彦辅炼师不至和继学韵》七绝二首，从诗题看也是王士熙先作。

《全元文》收入王士熙文 16 篇。他的佚文有《庆云颂》等三篇。第一，泰定二年（1325），朝廷迎接英宗绘像，出现东南抱日五色云的景象，王士熙作颂志之。① 第二，王士熙曾作《策题草稿》四首。泰定四年（1327），王士熙担任廷试进士监试官，他和读卷官马祖常共同撰写该稿，呈献皇帝。② 第三，王士熙等为燕人赵珏写过行状。③

王士熙是至治、泰定间活跃的馆阁诗人，与袁桷、马祖常等人唱和，这种馆阁唱和在当时有着很大的影响，为元诗的风向标。此外，王士熙与萨都剌等人也有诗歌赠答。④ 顾嗣立认为："继学为诗，长于乐府歌行，与袁伯庸、虞伯生、揭曼硕、宋诚夫辈唱和馆阁，雕章丽句，脍炙人口。如杜、王、岑、贾之在唐，杨、刘、钱、李之在宋。论者以为有元盛世之音也。"⑤ 但是王士熙四方仕宦与流放天涯的经历，也使他某种程度上超越了馆阁文臣。⑥ 王士熙乐于提携赞誉他人，他器重张惟贤，赞颂其作品⑦，还品题歙县人唐元文集⑧。

王士熙的七言绝句中有两类题材值得重视，一类是上京纪行诗，另外一类是宫词。上京即上都，每年四月到九月，元朝皇帝都要到此巡幸，朝臣扈从。以塞上草原开平地区建立的上京为歌咏内容，是元诗乃至整个中国诗史上一个非常独特的现象。⑨ 王士熙《上京次伯庸学士韵二首》、《上京次李学士韵四首》

---

① 参见（元）许有壬：《庆云赋并序》，《至正集》卷 1。
② 参见（元）苏天爵：《书泰定廷试策题稿后》，《滋溪文稿》卷 30。
③ 参见（元）刘敏中：《少中大夫同知南京路总管府事赵公墓道碑铭》，《中庵集》卷 16。
④ 参见（元）萨都剌：《雁门集》卷 2《和参政继学王先生海南还韵》等。
⑤ 《元诗选·二集》戊，第 537 页。
⑥ 参见杨镰：《元诗史》第三卷第五章"文臣之诗"。
⑦ 参见（元）宋褧：《张才子传》，《燕石集》卷 15。《全元文》39 册，第 350 页。
⑧ 参见（元）杜本：《徽州路儒学教授唐公元墓志铭》，（明）程敏政编：《新安文献志》卷 95 下。
⑨ 参见李军：《论元代的上京纪行诗》，《民族文学研究》2005 年第 2 期。

等即属上京纪行诗,所写内容包括对元朝大一统的歌颂、北地风光与风俗等。①他的宫词有《李宫人琵琶引九首》等,描写宫女的宫廷生活。此外,王士熙的《行路难二首》其一曰:"……朝朝日日有人行,歌棹停辀惊险恶。饥虎坐啸哀猿啼,林深雾重风又凄。胃衣绊足竹刺短,潜形射影沙虫低。……翻手覆手由人心……"此诗虽然不能确考作于何时,但从内容上抒写仕途险恶看,应该是后期。泰定帝死后,王士熙曾经卷入了帝位争夺,并且站到了失败的一方。因此在元文宗即位前后,他遭到囚禁、抄家、流放,这些诗句就是他官场大起大落、九死一生的真实反映。王士熙还名列《录鬼簿》"方今名公",《太和正音谱》"词林之英杰",他当长于元曲。

王士熙弟士点亦能诗,《皇元风雅》后集卷4、《元诗选·二集》戊收入其《题四爱堂四首》,歌咏兰、莲、菊、梅四物,反映的是自己高洁独立的精神追求。后至元六年(1340),建阳(今属福建)日新书堂曾刊刻《题叶氏四爱堂诗》一卷②,可见该题属于元代的同题集咏。杨镰先生主编的《全元诗》从胡助《纯白斋类稿》附录卷1等书辑出其《题上京纪行》、《古木新篁图》等六首诗歌。③王士点还有一篇文存世,即《孙母荆氏贞节门铭》,歌颂女子的节义操守。④

除了文学之外,王士熙还擅长书法,宋本评价他的行草时说:"王参政如勤妇作缣,致力杼轴,虽愧罗绮,亦复迟坏。"⑤陶宗仪《书史会要》卷7说他"书法亦清润完整"。王士熙作有《题兰亭定武本》一诗,叙写《兰亭序》的石刻。至正元年(1341)做御史中丞时,他曾为太平路采石书院的门楼书额。⑥实际上,书法也是王公渊家族的传统。王公渊"尤嗜古文篆隶,遂极其趣"⑦。

---

① 参见本书第十章第二节"元代后期文学家族的交往与创作"。
② 参见陈红彦:《元本》,江苏古籍出版社2002年版,第147页。
③ 郭翠萍《元代东平王氏家族研究》根据卞永誉《式古堂书画汇考》卷10,认为至正元年(1341),王士点观赏《苏东坡虎跑泉诗卷》并题诗,今检卞书,发现原文为"至正元年闰月望东平王士点拜观",并无题诗。
④ 《全元文》据《(正德)赵州志》卷5收入,第54册,第606页。
⑤ (元)宋本:《跋苏伯修家藏杂帖》,(元)苏天爵编:《国朝文类》卷39。
⑥ 参见(元)张兑:《太平路采石书院增修置田记》,《全元文》据《(民国)安徽通志稿·金石·古物考五》收入,第52册,第55页。
⑦ (元)胡祇遹:《王忠武墓碑铭》,《紫山大全集》卷16。

王士熙弟士点也被收入《书史会要》卷7,陶宗仪评论说他"善大字,亦能篆"。王士熙还能画,夏文彦《图绘宝鉴》卷5说他擅长山水画。卞永誉《式古堂书画汇考》卷32曾著录其传世作品《江山平远图四》等。

三、王氏家族与东平学风的转变

王公渊家族长于词章之学,并以此代代出仕,与东平在蒙元时期安定的环境和繁荣的文化密不可分,而东平学风的转化也影响到这一家族。严实原为金东平行台部将,被怀疑后降宋,后投蒙古,成为专制一方的世侯,他去世后子严忠济袭职。严氏父子统治东平的半个世纪,采取了许多恢复生产的措施,吸纳贤士,修建学校,培养人才,使得东平社会秩序稳定,文化繁荣。① 严氏父子先后聘请元好问、徐世隆、王磐等名士任教师授课,讲授的内容多与金代的进士之学有关,在这些金代词赋进士和文章名家的讲授下,元初出自东平府学的人才自然以属文撰赋为本业,王构就是其中之一,他的老师李谦也以能赋出名。②

从学术上看,聚集于此的文人形成了以金源遗风为主要特征的东平学派,日本学者安部健夫先生称之为"词章派"③。但是,随着蒙古人灭宋统一全国,理学北传,东平学派与北方新兴的理学派发生摩擦,最终东平学风发生转化,理学占据主导地位。特别是延祐开科,理学成为元代官学,东平人士适应并推动了这一历史进程。④ 这种学术风气的变化对王公渊家族产生了影响。

王构自称"本儒家"⑤,他早年承继了家传的词赋之学,并由此入仕。但他同时以学问赅博出名,做官以后他主要表现在博学与文章方面。王构任太常少卿时,还定亲享太庙仪注。史称"(王)构历事三朝,练习台阁典故,凡祖宗谥册册文皆所撰定,朝廷每有大议,必咨访焉"⑥。他还参与撰写了《世祖实录》。袁桷《翰林承旨王公请谥事状》记载,王构"自为编修时已预撰先贤文

---

① 参见陈高华:《大蒙古国时期的东平严氏》,《元史论丛》第六辑。
② 参见《元史》卷160《阎复传》;(金)元好问:《遗山先生文集》卷32《东平府新学记》等。
③ 〔日〕安部健夫:《元代的知识分子和科举》,译文见《日本学者研究中国史论著选译》第5卷,中华书局1993年版。另见〔日〕安部健夫著,孙耀译:《东平、真定等处的学风》(遗作),《晋阳学刊》1986年第2期。
④ 参见林威:《从东平学风的转向看元代理学的官学化》,《东岳论丛》2004年第3期。
⑤ (元)袁桷:《翰林承旨王公请谥事状》,《清容居士集》卷32。
⑥ 《元史》卷164《王构传》,第3856页。

懿，尊酒叙纶，咸有据依。欲辑为台阁旧闻而事莫遂"。说明王构继承了家传的词赋之学，却并不被其束缚，而是知识广博、多才多能，这也是他出仕蒙元政绩突出的原因所在。《元史》本传记载："宋亡，（王）构与李槃同被旨，至杭取三馆图籍、太常天章礼器仪仗，归于京师。"这样就避免这些文化载体在战乱中毁灭，保存了文化。

王构热衷于推荐文士，"凡所荐拔，皆时之名士"。这些名士的姓名史籍无载，从今存元人文集中可以考察出王构与程钜夫、袁桷、吴澄、何中、王旭、张伯淳、王奕、赵克敬等人有交往，其中吴澄、程钜夫、袁桷等人都是理学传人，均收入《宋元学案》，王构也受到了一些理学的影响。从王构撰写的多篇修建文庙、学校、书院的文章也可看出一些端倪，《新河县重建学校记》认为学校是正教之源，《锦江书院记》明确说："东辟祠堂，飨朱子，配真文忠公。"① 王构并不属于服膺理学之士，他与佛道人士也多有来往，并撰有《重修昭觉寺记》、《玄祯观至德真人记》等。袁桷《翰林承旨王公请谥事状》记载："世祖诏大臣议《道藏》可焚弃者，公与议，完救之。"说明王构曾挽救过岌岌可危的《道藏》。王构及其子士熙、士点等人的交游中也包括吴全节、释大䜣等众多佛道人士。②

王构为李谦弟子，继承其为文作赋之能，被收入清人冯云濠、王梓材编著的《宋元学案补遗》卷2野斋门人。③ 王构之子王士熙发扬了家族的文学传统，王士点则承继了王构的博物之学，二人都收入《宋元学案补遗》卷2王氏家学。欧阳玄《禁扁序》说："继志蚤弃举业，慨然有志著述。"将其比之于宋代的虞栢心、王应麟等人，虞栢心即虞应龙，仁寿（今属四川）人，雍公允文曾孙。南宋咸淳时官雷州知州④，入元召为翰林直学士、秘书少监。至元二十三年（1286），元世祖召其参修《大元一统志》。⑤ 王士点为侍仪舍人时，曾精心

---

① 《全元文》卷450《锦江书院记》，第141页。
② 参见郭翠萍：《元代东平王氏家族研究》第二章"社交网络——东平王氏交游"。
③ 其中还列有王氏门人袁桷、贾钧。
④ 参见《（雍正）广东通志》卷39《名宦志省总》虞应龙小传；（元）王士点、商企翁：《秘书监志》卷4。
⑤ 参见（元）许有壬：《大元一统志序》，《至正集》卷35；（元）林荣祖：《重修东阳县志总序》，《全元文》据《（道光）东阳县志》卷25收入，第51册，第366页。

绘制《皇朝元会版位图》。① 王士点不事科举而专心著述的原因在于，在王构的影响下，"继志兄弟见闻异于常人，又以强记博学称于时"②。这种家学传统与元代科举内容颇不一致。

元代科举分左右榜，右榜为蒙古、色目人，左榜为汉人、南人。汉人、南人试三场，第一场明经经疑二问，经义一道，第二场古赋诏诰章表内科一道，第三场试策一道。③ 明经经疑、经义考试内容为四书五经，尤其是以朱熹的《四书章句集注》为准。这和金代科举考试的内容大相径庭，尽管王构子孙生活的时期，正值元代延祐开科之时，但是他们秉承的家学是博物与文学，自然与科举龃龉不合。④ 王士点甚至放弃举业而专心著书。这也是王氏子孙在后代湮没无闻的原因之一。

王公渊家族的第四代，也就是王士熙的子辈在文献中缺乏记载，在元末战乱中，随着王士熙、士点的去世，家族逐渐衰落了。⑤ 这一家族的兴起繁荣正好伴随着金元这两个少数民族政权的始终。

综上所述，东平王公渊家族能在金元时期世代仕宦，并卓有政绩，得益于其极强的适应力。王氏在金代出过两位进士，这种词赋之学的家族传统帮助王构在蒙元时期中选入仕。东平学风由词赋向理学转化也影响到了王氏家族，他们保持了家族博物与文学的传统，同时吸纳理学，但并不适应元代以经义考试为主的科举。这正是王氏家族衰落的原因之一。

---

① 参见（元）胡助：《皇朝元会版位图赞》，《纯白斋类稿》卷19。
② （元）虞集：《禁扁序》，《道园学古录》卷6。
③ 《元史》卷81《选举志》，第2020页。
④ 王构官至翰林学士承旨，卒后赠大司徒、鲁国公。王士熙、士点可能由恩荫入仕。
⑤ 王士熙、士点身后没有碑传传世也说明其子孙不显。

第七章　高昌廉氏与贯氏家族

高昌，是中国古代一个特殊的行政区域。它大致相当于现在新疆的吐鲁番地区以及昌吉回族自治州北部。高昌地处丝绸古道的关键位置，南北朝时期曾经建立了一个以汉族为主体的王国，即麹氏高昌王朝。唐太宗贞观十四年（640），唐朝灭麹氏高昌。安史之乱时高昌被回鹘侵占。高昌回鹘王国不仅盛行佛教，实际上，几乎中亚原有的一切宗教，比如北方的萨满教、基督教的分支景教、祆教、回教等都存在于高昌。高昌王国有两个行政中心，一个是望族聚居地哈剌和卓，另一个是"夏都"北庭（即别失八里，今新疆吉木萨尔以北约40公里）。在臣服于耶律大石建立的西辽之后，高昌回鹘王国归附于蒙古。高昌的文明高于蒙古，蒙元不但吸收了高昌王国的文字、国家体制、政治机构等方面的有益成分，而且在立国之初就吸收了王国将领、工匠、译者、官吏等各方面的精英人才。北庭成为元朝所派的总督驻节地，也成为高昌地区实际上的行政中心，所以几乎一切入居中原的高昌回鹘王国后裔，都自署籍贯为"北庭"。[①]

高昌三大家族包括廉氏、贯氏与偰氏。偰氏以科举、忠孝和历代绵长著称，其两代九进士为元代仅有。由于这一家族占籍溧阳（今属江苏），本章不做专门研究。[②] 由于仕宦的原因，廉氏占籍大都，贯氏子孙也有居于大都者，也有宦游他处者，大都作为元代政治文化中心，对他们这两个高昌家族产生影

---

① 参见《新唐书》卷221上《西域传·高昌传》及杨镰《元西域诗人群体研究》第二部第一章"高昌王国脱离边缘状态"。

② 参见陈垣：《元西域人华化考·儒学篇》，上海古籍出版社2008年版，第31页；萧启庆：《蒙元时代高昌偰氏的仕宦与汉化》，氏著：《内北国而外中国：蒙元史研究》。

响。廉氏、贯氏的后代有迁居江南者。

第一节 高昌廉氏

廉氏是元代重要的畏兀儿家族，其家族传统经历了由军功政事向儒学文艺的转变。自布鲁海牙依附蒙元政权，廉氏政事显著，廉希宪达到顶点。廉希宪服膺儒学，并以之劝谏皇帝，教育子孙。廉氏的别墅廉园和万柳堂成为大都文人的诗词唱和之所，廉希宪弟希贡擅长书法，其子廉惇为北庭诗人的代表。高昌廉氏重视家族教育，积极学习儒家经典，成为典型的汉化的色目人家族。

高昌廉氏是色目人中的重要家族，这个家族多人仕历显赫，在元代政治与文化等方面占有重要地位。有关廉氏家族的研究主要集中于廉希宪，比如匡裕彻先生《元代维吾尔族政治家廉希宪》(《元史论丛》第二辑，中华书局 1983 年版)、罗继祖先生《廉希宪受孔子戒》(《史学集刊》1983 年第 2 期)等。白寿彝先生主编的《中国通史》第八章第一节也重点讲述了廉希宪的历史功绩。对廉氏家族的研究首推陈垣先生的《元西域人华化考》，他在书中儒学、礼俗两部分论到了廉希宪，还在书法部分提及廉希贡。王梅堂先生对廉氏家族的研究较为深入，他的《元代内迁畏吾儿族世家——廉氏家族考述》对廉氏家族的成员有过考证①，此外，王先生还有《廉惠山海牙生卒年小考》(《西域研究》2002 年第 4 期)、《廉阿年八哈考述》(《西域研究》2003 年第 4 期)、《元代畏吾儿诗人廉恒及其诗》(《西域研究》2007 年第 2 期)等文。综上所述，对高昌廉氏目前还缺乏整体研究。作为元代典型的汉化的色目家族，廉氏有着怎样的家族传统？在民族融合与文化交融方面具有什么意义呢？

一、廉氏之世系

高昌廉氏在蒙元的崛起始自布鲁海牙。布鲁海牙（1197—1265），死后追封魏国公，谥孝懿。畏兀儿人，祖牙儿八海牙，父吉台海牙，均以功为高昌国

---

① 王氏一文请参见《元史论丛》第七辑。

世臣。布鲁海牙文武全能，既善其国书，更精通骑射。元太祖西征，布鲁海牙扈从，由此跟随蒙古人征战。太祖死后，诸王来会，布鲁海牙被选使燕京总理财币。庄圣太后命他统管在燕京、中山的中宫军民匠户，授真定路达鲁花赤。太宗窝阔台汗三年（1231），拜燕南诸路廉访使，很快授断事官。世祖即位，为真定宣抚使，迁顺德等路宣慰使。至元二年（1265）卒，年六十九。布鲁海牙生平见《元史》卷125本传。布鲁海牙叔父名阿里普海牙，弟名益特思海牙。①

廉氏第二代可考者有廉希宪等人。廉希宪出生时，正逢布鲁海牙拜燕南诸路廉访使，他高兴地说："吾闻古以官为姓，天其以廉为吾宗之姓乎！"故子孙皆姓廉氏。②

布鲁海牙子十三人，廉希闵，累官蕲黄等路宣慰使。钱大昕《元史氏族表》卷2、王梅堂先生文均把他列为布鲁海牙长子。杨镰先生持有不同看法，他在《贯云石评传》中说："廉氏十三子，年龄最大的似应是廉希宪。据《困学斋杂录》载，至元二十七年（1290）时，布鲁海牙长子、五子、六子皆去世，如长子不是廉希宪，则讲不通了。"③此说有一定道理。廉希宪出生时，正值布鲁海牙拜燕南诸路廉访使，他遵循以官为姓的传统，将子孙的姓定为廉，如果廉希宪为长子的话，似乎更合情理。但是元明善《平章政事廉文正王神道碑》、《元史·布鲁海牙传》都把希闵排在布鲁海牙诸子的最前面，在缺乏文献支持的情况下，目前还当以廉希闵为长子。

廉希宪（1231—1280），字善甫，死后追封魏国公，谥文正。他十九岁入侍忽必烈，宪宗蒙哥汗四年（1254），忽必烈以京兆分地命希宪为宣抚使。宪宗蒙哥汗死后，廉希宪力劝世祖即位，世祖并京兆、四川为一道，以希宪为宣抚使，后升中书右丞，行秦蜀省事。他参与平定阿里不哥党羽刘太平、霍鲁海等人之乱，拜平章政事。李璮谋乱，廉希宪被召回京师，进拜中书平章政事。至元七年（1270），罢相。十一年，起为北京行省平章政事。十二年，右丞阿里海牙下江陵，朝廷急召希宪还，使行省荆南。十四年以疾召还，十七年十一

---

① 参见《元史》卷125《布鲁海牙传》。
② 参见《元史》卷125《布鲁海牙传》。
③ 杨镰：《贯云石评传》，新疆人民出版社1983年版，第73页。

月十九日夜卒,年五十。廉希宪生平见元明善《平章政事廉文正王神道碑》、《元史》卷126本传等。

廉希恕,又名不鲁迷失海牙①,至元二十一年(1284)十一月为参知政事②,二十六年(1289)正月,与江淮省忙兀带、月的迷失合兵进讨闽、越叛乱者③。二十八年(1291)五月,由参知政事为湖广等处行省右丞,行海北海南道宣慰使都元帅。④仕至中书右丞,封齐国公。⑤

廉希尹,字达父,为两浙都转运使,累官至正议大夫,至元二十七年(1290)卒,年五十余。⑥

廉希愿,荫袭为万户,至元十二年(1275)二月,创立建康宣抚司,他兼任宣抚使,十四年(1277),改建建康路总管府,廉希愿又兼任建康路达鲁花赤。十六年(1279)升为行中书省左丞。⑦

廉希贡,字端甫,号芗林,由按察佥事累任廉访使⑧,大德三年(1299)累迁南台治书侍御史、昭文馆大学士,封蓟国公⑨。廉希贡爱好书画文艺,交游广泛,其友人遍及南北,包括高克恭、郑元祐、岳浚、赵孟頫、李息斋、鲜于枢、王圭、王璋、戴表元、乔吉等人。⑩

廉希宪弟希颜、希鲁、希中、希括,生平不详。

廉惠山海牙父阿鲁浑海牙,也是布鲁海牙子,仕至广德路达鲁花赤,早卒。⑪

廉希哲⑫,元贞二年(1296)任建康路总管,至大四年(1300)十月,以中奉大夫为宣慰使都元帅,到任后因郡治重建公宇⑬。

---

① 参见《元史》卷112《宰相年表》及校勘记引《考异》、《蒙兀儿史记》卷154《色目氏族表》。
② 参见《元史》卷13《世祖纪》、卷205《奸臣传·卢世荣传》等。
③ 参见《元史》卷15《世祖纪》、卷131《忙兀台传》。
④ 参见《元史》卷16《世祖纪》,第346页。
⑤ 参见(元)胡助:《廉侯遗爱传》,《纯白斋类稿》卷18。
⑥ 廉希尹生平参见元人鲜于枢《困学斋杂录》。
⑦ 廉希愿生平参见元人张铉《至正金陵新志》卷1《地理图》、卷6上《官守志》。
⑧ (元)郑元祐:《遂昌杂录》,《笔记小说大观》第11册,江苏广陵古籍刻印社1983年版,第35页。
⑨ 廉希贡生平参见元人张铉《至正金陵新志》卷6下《官守志》及陶宗仪《书史会要》卷7等。
⑩ 参见杨镰《元西域诗人群体研究》及拙作《元代畏吾人廉希贡生平与交游考》(待刊)。
⑪ 参见《元史》卷145《廉惠山海牙传》。
⑫ 王梅堂《元代内迁畏吾儿族世家——廉氏家族考述》将廉希哲列为布鲁海牙子,可从。
⑬ 廉希哲生平参见元人袁桷《延祐四明志》卷2《职官考》、卷8《城邑考》及张铉《至正金陵新志》卷6下《官守志》等。

除布鲁海牙一支外，廉氏第二代还有廉希宪从弟希贤。廉希贤（1247—1275），一名中都海牙，字达甫。父亲可能为布鲁海牙弟益特思海牙。希贤年二十余与从兄希宪同侍世祖，至元初，北部王拘杀使者，抚谕有功。寻进中议大夫、兵部尚书。至元十二年（1275）春，授礼部尚书，佩金虎符，与工部侍郎严忠范、秘书丞柴紫芝持国书出使南宋。三月，为广德军独松关守将所杀，年二十九。①

　　《元史·布鲁海牙传》记载布鲁海牙孙五十三人，廉氏第三代可考者有廉孚等十人。

　　廉希宪有子六人，长子廉孚，字公惠，至元二十五年（1288），为求与兄弟之名字形取类保持一致而更名"怡"，官正议大夫、金辽阳等处行中书事。②廉孚有绘画传世，即《集古名绘》第八幅《秋山暮霭》。③

　　廉恪，希宪第二子，为通议大夫、台州路总管。

　　廉恂，又名米只耳海牙，字公迪，希宪第三子。④至元二十四年（1287），按察江西。大德间累官河南行省右丞，至大元年（1308）改江浙行省。历集贤学士、御史中丞。延祐七年（1320），由江南行御史台中丞为中书平章政事。⑤英宗至治二年（1322）三月，曾与张养浩、孛朮鲁翀等人一同监督管理国子学，十二月罢为集贤大学士。⑥泰定元年（1324）四月，又罢为集贤大学士，食其禄终身。四年（1327）三月，复旧职集贤大学士。⑦廉恂能书，至元二十四年（1287），他书写九江《景星书院大成殿记》并题额⑧，还曾为松江县宝云寺记碑篆额⑨。

---

① 参见《元史》卷126《廉希宪传附希贤传》。
② 参见元人元明善《平章政事廉文正王神道碑》及刘因《静修先生文集》卷19《廉公惠更名序》。
③ 参见杨镰：《元西域诗人群体研究》，第241页。
④ 《元人传记资料索引》失载其字。
⑤ 参见《元史》卷27《英宗纪》。
⑥ 参见（元）魏初：《平章廉公真赞（并序）》，《青崖集》卷5；（元）同恕：《送廉右丞拜集贤学士》，《榘庵集》卷13；《元史》卷126《廉希宪传》等。
⑦ 参见《元史》卷29、卷30《泰定帝纪》。
⑧ 参见（元）高凝：《景星书院大成殿记》，《全元文》据《永乐大典》卷6697收入，第11册，第137页。
⑨ 参见杨镰：《元西域诗人群体研究》，第240页；王梅堂：《元代内迁畏吾儿族世家——廉氏家族考述》，《元史论丛》第七辑，第136页。

廉忱，大德七年（1303），以奉训大夫任广西宣慰副使，佥都元帅。①延祐间任邵武路总管、泉州路总管。②至治年间为沔阳府同知，还曾担任过徽州路总管，时间不详。③《（乾隆）福建通志》卷32《名宦》记载："廉忱，延祐间邵武路总管，崇学校，增饰从祀像，绰有政声。"

廉恒，字公达，大德九年（1305），任参议中书省事④，累官资德大夫、御史中丞。元明善《平章政事廉文正王神道碑》记载他的官职为资德大夫，据《元史》卷91《百官志》资德大夫为文散官，正二品，则资德大夫品秩正与御史中丞相当。

廉惇，字公迈，谥号文靖。至治元年（1321）以亚中大夫为秘书卿⑤，累官太中大夫、西蜀四川道肃政廉访使⑥。至治三年（1323）为江西行省参政。⑦升陕西行省左丞，同年九月，改为四川行省左丞。⑧至正四年（1344），入为兵部尚书。⑨有《廉文靖集》⑩，已佚，《永乐大典》与《诗渊》存其诗文。王梅堂先生《元代畏吾儿诗人廉恒及其诗》一文依据从《永乐大典》、《诗渊》辑佚出的廉恒诗加以论述。⑪然而，据杨镰先生研究，这些署名廉公达（廉恒字公达）诗的作者为廉恒弟廉惇，《诗渊》误抄为廉恒⑫，王先生未能纠正其误。《全元文》卷586由《永乐大典》卷540辑出《宴集芙蓉花序》，由《永乐大典》卷13992辑出《大元故平州路达鲁花赤行省万户赠推诚定远佐运功臣太师开府仪同三司

---

① 参见《（雍正）广西通志》卷52《秩官》，《文渊阁四库全书》本。
② 参见《（乾隆）福建通志》卷23、卷25《职官》，《文渊阁四库全书》本。
③ 参见《（康熙）江南通志》卷102《职官志》，《文渊阁四库全书》本。
④ 参见（元）苏天爵：《元故集贤学士国子祭酒太子右谕德萧贞敏公墓志铭》，《滋溪文稿》卷8。
⑤ 参见（元）王士点、商企翁：《秘书监志》卷9。
⑥ 参见（元）元明善：《平章政事廉文正王神道碑》，（元）苏天爵编：《国朝文类》卷65，另见（元）元明善：《清河集》卷5。
⑦ 参见（元）吴澄：《前进士豫章熊先生墓表》，《吴文正集》卷71。《（雍正）江西通志》卷46《职官》记载为大德间任江西等处行中书省参知政事，年代有误。
⑧ 参见《元史》卷29《泰定帝纪》。
⑨ 参见（元）危素：《兵部续题名记》，《说学斋稿》卷2。
⑩ 廉惇生平参见元人刘岳申《申斋文集》卷6《读书岩记》，《元史》卷126《廉希宪传》及苏天爵《元故集贤学士国子祭酒太子右谕德萧贞敏公墓志铭》等。元人元明善《读书岩记》记载廉惇曾为太常礼仪院金事，不知具体年份。
⑪ 王氏一文请参见《西域研究》2007年第2期。
⑫ 参见杨镰：《元诗史》，第53页。

上柱国追封营国公谥忠武塔本世系状》。①

廉希尹有子,名可忠。②

布鲁海牙孙廉惠山海牙,字公亮,父阿鲁浑海牙。廉惠山海牙弱冠入国学。曾在建康(今江苏南京)求学于胡助。③至治元年(1321)登进士第,授承事郎、同知顺州事。后召入史馆,预修英宗、仁宗实录,寻拜监察御史。迁都水监,历秘书丞、会福总管府治中,出佥淮东廉访司事,迁江浙行省左右司员外郎,既而历佥河东、河南、江西廉访司事,升江南行御史台经历,除都转运使。至正三年(1343)年初,召拜侍仪使。四年,预修辽、金、宋三史。迁崇文太监。累迁河南行省右丞、湖广行省右丞、江西行省右丞,后为本道廉访使。江西省治陷落后,惠山海牙逃往福建。至正四年(1344)为正议大夫、兵部尚书。④至正九年(1349),拜礼部尚书。⑤后除佥江浙行枢密院事,改拜福建行省右丞,一年多后,奉诏还治省事,总备御事,且督赋税由海道供京师。至正二十一年(1361),迁宣政院使。⑥明年,拜翰林学士承旨、知制诰兼修国史。当卒于至正二十三年(1363)之后⑦,卒时年七十一⑧。廉惠山海牙能诗,今存诗二首,《全元诗》据明人郑太和《麟溪集》乙卷收录其《郑氏义门诗》⑨,据释来复《澹游集》收录《奉题见心和尚天香堂》。《全元文》辑得其文章三篇。《爱日精庐藏书志》有其《活动心书决证诗赋序》,《析津志辑佚》存其《中书省兵部题名记》⑩,《(康熙)鄞县志》卷9收入其《织染局建造记》⑪。元末明初

---

① 《全元文》题目误作"廉文靖公集世系状",同书卷257廉希宪名下重收这两篇文章。
② 参见(元)鲜于枢:《困学斋杂录》,(元)陶宗仪:《说郛》卷25下。原文还记载其弟"端夫理问",其身份待考。
③ 元人胡助《纯白先生自传》(《纯白斋类稿》卷18)记载:他为建康路儒学学录,兼太学斋训导,凡御史台郎子弟悉从他学习。后来登科入仕者众,辽省参政廉公亮即名列其中。
④ 参见《析津志辑佚》所收廉惠山海牙《中书省兵部题名记》。
⑤ 参见元人危素《故荣禄大夫江浙等处行中书省平章政事月鲁帖木儿公行状》(《危太朴文续集》卷7),廉惠山海牙担任礼部尚书之事《元史》本传失载。
⑥ 参见(元)贡师泰:《春日玄沙寺小集序》,《玩斋集》卷6。
⑦ 据《(康熙)鄞县志》卷9,至正二十三年,庆元路郡守忽欲理持更建织染局,廉惠山海牙作记。
⑧ 参见《元史》卷145《廉惠山海牙传》。
⑨ 该诗又见于《永乐大典》卷3528,中华书局1986年版。
⑩ 参见杨镰:《元西域诗人群体研究》,第245页。
⑪ 《全元文》据此收入,题目拟为"至正二十三年郡守忽欲理持建置白马庙记略",第47册,第51页。

人刘崧有《奉和右丞廉惠山凯牙喜雨诗》①，廉惠山凯牙，即廉惠山海牙的异译，可知廉惠山海牙曾作《喜雨诗》。

廉希恕子绅图巴哈，又作忍都八哈，度卿为名或字，为阿年八哈之父。②

廉氏第四代有阿年八哈，又作额琳巴哈，一名浦，字景渊，为廉希恕孙，绅图巴哈度卿之子。阿年八哈以宿卫授官，至正十一年（1351）前后为浦江县达鲁花赤。③其子名失载，为上都乡试第一名，元统元年（1333）进士，授翰林国史院检阅。④

廉充，父名不详。虞集《道园学古录》卷5《送廉充赴浙西宪司照磨序》说他"系出西方之贵族，自平章公以英才雄略、清节重望事世祖皇帝，得以廉为氏"，则为廉希宪之子孙。皇庆元年（1312），廉充由国子生授江南浙西道肃政廉访司照磨兼承发架阁，吴澄说他"不以勋阀进，而以学业选"⑤。

廉大悲奴，号秋崖，为恒阳王裔，说明是廉希宪的子孙，但不知辈分。天历元年（1328），他以同知奉议大夫为官兴化路（治所在今福建仙游东北），任职期间修学重教。⑥

廉咬咬，据黄溍《黄学士文集》卷39《魏郡夫人伟吾氏墓志铭》记载，廉咬咬为廉希宪从曾孙，为偰哲笃的女婿。

廉诚，曾为浦江（今属浙江）郑氏作《家规后题》，署为高昌畏兀儿人，则当为廉氏之子孙。⑦

此外，孟繁清先生《元大都廉园主人考述》指出廉园第三代主人廉野云可能是火失海牙⑧，火失海牙生平资料缺乏。王梅堂先生《元代内迁畏吾儿族世

---

① （明）刘崧：《槎翁诗集》卷2，《文渊阁四库全书》本。
② 参见（元）胡助：《廉侯遗爱传》，《纯白斋类稿》卷18。元人戴良《浦江县修学记》（《九灵山房集》卷5）说廉阿年八哈任职浦江在至正十一年（1351），《浦江人物记序》题下署"至正元年"，误。
③ 参见（元）胡助：《廉侯遗爱传》，《纯白斋类稿》卷18。
④ 王颋点校：《元统元年进士录》（与《庙学典礼》、《元婚礼贡举考》合刊），记载其父名廉甫，浙江古籍出版社1992年版，第191页。
⑤ （元）吴澄：《送廉充赴浙西照磨序》，《吴文正集》卷34，《文渊阁四库全书》本。
⑥ 参见（元）陈三正：《兴化路复教授厅记》，《全元文》据《（弘治）重刊兴化府志》卷27收入，第56册，第171页。
⑦ 参见明人郑太和编《麟溪集》地支卷巳卷，及台湾学者许守泯《江南第一家：元代浦江郑氏的发展及其士人网络》（《元史论丛》第十辑，中国广播电视出版社2005年版，第289页）。
⑧ 庆贺蔡美彪先生八十华诞"元代民族与文化"国际学术研讨会论文。

家——廉氏家族考述》还列有廉普逮、廉答失蛮、廉达失海牙、廉都鲁迷失海牙等二十人，因材料不足，这些廉姓人员是否为布鲁海牙后裔，尚需考证，今暂不列入。

根据钱大昕《元史氏族表》卷2、杨镰先生《元西域诗人群体研究》、王梅堂先生《元代内迁畏吾儿族世家——廉氏家族考述》及笔者所考，绘出高昌廉氏世系图。

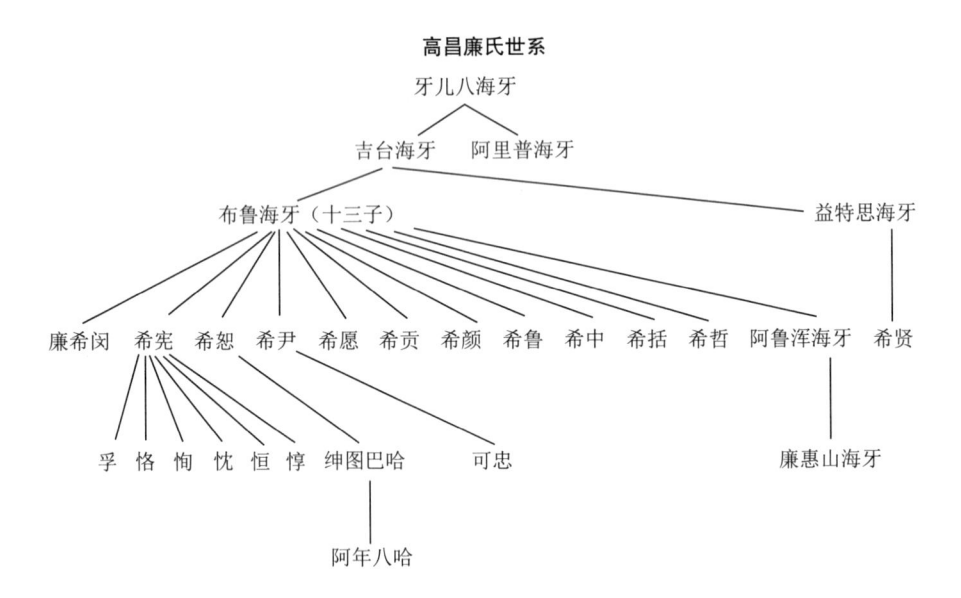

高昌廉氏世系

牙儿八海牙
├─ 吉台海牙
│   └─ 布鲁海牙（十三子）
│   ├─ 廉希闵
│   ├─ 希宪 ──┬─ 孚
│   │   ├─ 恪
│   │   ├─ 恂
│   │   ├─ 忱
│   │   ├─ 恒
│   │   ├─ 惇
│   │   └─ 绅图巴哈 ── 阿年八哈
│   ├─ 希恕
│   ├─ 希尹
│   ├─ 希愿
│   ├─ 希贡
│   ├─ 希颜
│   ├─ 希鲁 ── 可忠
│   ├─ 希中
│   ├─ 希括
│   ├─ 希哲
│   └─ 阿鲁浑海牙 ── 廉惠山海牙
├─ 阿里普海牙
└─ 益特思海牙
    └─ 希贤

二、廉野云新考

作为元代的畏兀儿族家族，高昌廉氏不仅在政治上功勋卓著，而且对元代多族士人圈贡献巨大。廉氏礼贤下士，与文士多有交往，他们在大都（今北京）的私家园林廉园与万柳堂成为大都文人的诗酒聚会之所。① 廉园的文学活动起始于元初，招待文人的主人是廉希宪。廉希宪去世以后，廉园与万柳堂的文学活动并未受到影响，而是在廉右丞与廉野云的主持下更加繁盛。尤其是廉野云，作为廉园的东道主，与京城诸多文人姚燧、张养浩、贡奎、赵孟頫、卢

---

① 关于元代廉氏的园林廉园与万柳堂的准确位置，还存在争议，杨镰据《析津志辑佚》"寺观"，认为廉园在今北京西郊的钓鱼台附近，万柳堂也在此处。参见氏著：《元代文学编年史》，第258页。

挚、许有壬、贯云石交往。作为一个文化史上久负盛名的雅集的组织者，廉野云的重要性是不言而喻的。但是，有关他的姓名与身份，从古到今一直存在争议，成为一个谜团。因此，廉野云的身份问题成为元诗史上迫切需要解决的难题。

（一）廉野云诸说评议

关于廉野云，主要有五种说法。

第一，廉野云为廉希宪。元人陶宗仪《南村辍耕录》卷9"万柳堂"曰："京师城外万柳堂亦一宴游处也。野云廉公一日于中置酒，招疏斋卢公、松雪赵公同饮。时歌儿刘氏名解语花者左手折荷花，右手执杯，歌小圣乐云（下略）。"①《明一统志》卷1《京师》"万柳堂"引《辍耕录》，将"野云廉公"变为"希宪"。②王德毅等人《元人传记资料索引》、王梅堂《元代内迁的畏吾儿世家——廉氏家族考述》、日本学者吉川幸次郎《元杂剧研究》等论著，都将野云视为廉希宪的别号。然而，此说明显有误，因为赵孟頫被召入京在至元二十四年（1287）③，此时廉希宪（1231—1280）已经去世。

第二，台湾学者萧启庆先生在《元朝多民族士人的雅集》一文中指出，廉氏子孙中曾任右丞的为廉卜鲁迷失凯牙，即廉希恕，所以廉野云应该是廉希恕。④笔者以为值得商榷。

先看廉右丞的情况。袁桷《清容居士集》卷10有《廉右丞园号为京城第一名花几万本右丞有诗次韵》和《禊日与刚中待制至廉园闭门不纳驻马久之复次韵》，二诗韵脚相同，当作于同一时期。据《元史》卷172《袁桷传》，大德初，被荐为翰林国史院检阅官，从此开始在京城任职。刚中待制为陈孚，字刚中，他于至元二十九年（1292）与梁曾出使安南，三十年正月至安南，使还，除翰林待制，兼国史院编修官。⑤陈孚使安南还朝任翰林待制当在至元末。结合袁桷与陈孚两人的情况，二人同访廉园当在大德初年，此时的廉园主人官

---

① （元）陶宗仪：《南村辍耕录》卷9，中华书局1958年版，第110页。
② （明）李贤等：《明一统志》，《文渊阁四库全书》本。
③ 参见《元史》卷172《程钜夫传》，第4016页。
④ 萧启庆文发表于《中国文化研究所学报》1997年新6期，此处转引自杨镰：《元西域诗人群体研究》，第230页。
⑤ 参见《元史》卷190《儒学传·陈孚传》，第4339页。

居右丞。廉氏成员除了廉希宪外,在世祖时期担任过右丞的为廉希恕,他在二十八年(1291)五月,由参知政事为湖广行省右丞①,仕至中书右丞②。

至元末大德初,廉园主人为右丞廉希恕,到了至大年间,廉园主人为左丞野云廉公。廉右丞与廉野云应该为两人,证据有二。首先,两人官职不同,廉野云被称为左丞。元代尚右,如果廉野云做过品级更高的右丞,人们不会称呼他职衔较低的左丞。③其次,廉野云至大元年(1308)未老致仕,而右丞廉希恕作为廉希宪的兄弟,到至大元年应该接近七十岁,不符合廉野云未老退归的特征。

第三,杨镰先生在《元西域诗人群体研究》、《元代文学编年史》中认为野云为廉希闵。但是,廉希闵作为布鲁海牙长子,当生于廉希宪之前,即窝阔台汗三年(1231)之前,到武宗至大元年(1308),已经年过七旬。④同样与许有壬《木兰花慢》词序所言"未老休致"⑤不相吻合。

第四,孟繁清先生《元大都廉园主人考述》指出廉园第三代主人廉野云可能是火失海牙,证据亦不充分。

第五,笔者曾推断廉野云当为廉希宪第六子廉惇。⑥但是,廉惇入仕途始于元英宗至治元年(1321)为秘书卿,担任陕西行省左丞更在其后,而廉野云主持的廉园集会在元武宗时期,从年代上并不符合。⑦

那么,廉野云到底为高昌廉氏之何人呢?

(二)廉野云为廉希宪之子

随着《全元文》、《全元诗》等总集的编订及新材料的发现,可以对廉野云名字与身份重新考定。关于廉野云的生平资料,主要有如下记载。

---

① 参见《元史》卷16《世祖纪》,第346页。
② 参见(元)胡助:《廉侯遗爱传》,《纯白斋类稿》卷18。
③ 参见杨镰:《元西域诗人群体研究》,第230页。
④ 即使按照杨镰《贯云石评传》的考证,廉希宪为布鲁海牙长子,廉希闵出生于希宪之后二三年间,同样超过七十岁。
⑤ (元)许有壬:《至正集》卷78。
⑥ 参见拙作《论北庭贯氏家族传统的转变》,《民族文学研究》2013年第3期。
⑦ 如果仅从左丞的职位来看,廉氏家族成员担任过左丞的除了廉惇外,还有廉希愿。据张铉《至正金陵新志》卷1《地理图》,廉希愿至元十六年(1279)为行中书省左丞。但是,廉希愿为希宪之弟,不符合廉野云为希宪之子的身份。

许有壬《至正集》卷78《木兰花慢》词的小序曰:"至大戊申八月廿五日,同疏仙万户游城南廉园。园甲京师,主人野云左丞未老休致,指'清露堂'扁,命予二人分赋长短句,予得清字。皆即席成章,喜甚,榜之。疏仙其甥也,后更号酸斋云。"疏仙万户即贯云石,疏仙为贯云石的号,他袭父官为两淮万户府达鲁花赤,他的母亲为廉希闵之女,所以贯云石为廉野云之甥。

程钜夫《遗音堂记》记载,元仁宗皇庆二年(1313),左司唐古公出"遗音堂"三大字给程钜夫看,并且说:"吾以此名左丞野云廉公之堂,且为书之。群贤见之歌咏,君其记诸。"据程钜夫讲,廉野云的仕历大致为"宦学朔南,谨敏博达,由御史历吏部,佐省闼,受知天子"。①

根据以上史料,野云廉公具有如下几个特点:其一,他的仕历大致为"宦学朔南,谨敏博达,由御史历吏部,佐省闼";其二,至大元年未老休致,官位为左丞,其堂名"遗音",至少活动到皇庆二年;其三,贯云石为其甥,甥在古代既可指外孙,也可指外甥,野云为廉希闵自己或其兄弟,或子侄辈。

张养浩为廉园常客,他的多首诗涉及廉园,比如《归田类稿》卷18《廉园秋日即事》、《廉园会饮》,卷19《题廉野云城南别墅》、《寒食游廉园》等。张养浩《题廉野云城南别墅》为我们考证廉野云的身份提供了重要线索。诗曰:"钟鼎山林果孰优,羡公骑鹤上扬州。田园独占人间胜,怀抱尚余天下忧(原注:公之父有堂,名后乐②)。好为习池留故事,未应绿野美前修。半生乾没尘埃底,羞向沧浪照白头。"③该诗第四句自注"公之父有堂,名后乐",说明廉野云的父亲堂名"后乐"。据张养浩诗"怀抱尚余天下忧",堂名取自宋人范仲淹《岳阳楼记》。④那么,廉氏家族中谁的堂名为"后乐"呢?

元明善《平章政事廉文正王神道碑》记载,至元十七年十一月十九日,"夜大星坠于正寝之后乐堂,流光烛地,久之方灭"⑤。当晚廉希宪去世。可知后乐堂属于廉希宪。这一点在元人文集中多有印证,比如胡祗遹《哭廉相平章》、

---

① (元)程钜夫:《遗音堂记》,《雪楼集》卷13,《程钜夫集》,第145—146页。
② "后乐",《文渊阁四库全书》本《归田类稿》卷19误作"德乐"。
③ 《全元诗》据元刊本《张文忠公文集》卷7收入,第25册,第45页。
④ 元人胡祗遹《紫山大全集》卷2《后乐堂为廉相题》也提到廉希宪将堂命名"后乐"的原因是欣慕范仲淹。
⑤ (元)苏天爵编:《国朝文类》卷65。

《后乐堂为廉相题》①，刘因《贺廉侯举次儿子》②都提到廉希宪的后乐堂。由此可知，廉野云为希宪之子，廉希宪有子六人，廉野云是其中哪一个呢？

（三）廉野云当为廉恒

元明善作于英宗时的《平章政事廉文正王神道碑》提到诸子的仕宦，廉孚，正议大夫、佥辽阳行省事。廉恪，通议大夫，台州路总管。廉恂，荣禄大夫，中书平章政事。廉忱，同知沔阳府事。廉恒，资德大夫，御史中丞。廉惇，太中大夫，西蜀四川道肃政廉访使。杨镰先生以此判断廉希宪的子侄中没有一个"位至中书（或行省）左丞，而且久已告老退居林下"③，实际上，元明善对诸人仕历的记载并不完整，《元史》卷126《廉希宪传》对其诸子的仕宦情况主要根据的就是元明善所写的神道碑，而且更为简略。也就是说，神道碑和《元史》漏掉了廉希宪诸子的仕历中的一些内容，导致他们中的廉野云担任过左丞的情况失载。我们只能依据现有文献做出最接近事实的推断。

由廉希宪六子仕宦情况看，武宗至大之后仍在仕途的有廉恂、廉忱与廉惇，可以排除。据程钜夫《遗音堂记》，廉野云曾担任御史，廉孚、廉恪、廉恒三人中，担任过御史的只有第五子廉恒，廉野云当为廉恒，具体考证如下。

首先，从仕宦经历看，程钜夫《遗音堂记》说廉野云的仕历为"宦学朔南，谨敏博达，由御史历吏部，佐省阃"。廉恒大德九年（1305），任参议中书省事，大德十一年为江南御史行台中丞。《元史》卷86《百官志》，御史台中丞为正二品，"江南诸道行御史台，设官品秩同内台"④，"历吏部，佐省阃"指廉野云由吏部出为行省官员，同书卷91《百官志》记载行省左丞也是正二品。尽管廉恒御史中丞之后的历官情况失载，但是，从之前的仕历看，廉恒与廉野云较为吻合。

其次，关于廉恒的年龄问题。廉恒是廉希宪的幼子，据刘因《廉公惠更名序》，廉希宪去世时（1280），诸子廉恪、廉恂等皆幼，只有廉孚独长，希宪将

---

① 分别见（元）胡祗遹：《紫山大全集》卷1、卷2。
② （元）刘因：《静修先生文集》卷14。
③ 杨镰：《元西域诗人群体研究》，第228页。
④ 《元史》卷86《百官志》，第2179页。

其他儿子托付给廉孚。①次子廉恪尚幼,则五子廉恒年龄更小,如果此时廉恒为十岁,那么到至大元年(1308),他约为三十八岁,正符合许有壬所说"未老休致"。②

三、廉氏之政事

布鲁海牙任断事官时,不同于别人倚势作威,而是小心谨密,慎于用刑。他体恤民众表现在很多方面,比如,"是时法制未定,奴有罪者,主得专杀,布鲁海牙知其非法而不能救,尝出金赎死者数十人"③。再如,当时人多不愿服役,或募人代替,或逃归,朝廷将从重处理,布鲁海牙上疏减其罪。由此他被称为执法平允。元世祖即位后,布鲁海牙宣抚真定时,他限制当地的高利贷,请朝廷为真定降钞,都是便民的措施。

布鲁海牙与其祖、父一样,都是由军功而为官,但他青史留名的是政事。布鲁海牙子孙登显仕者每代有之,他们保持发扬了廉氏为政爱民的家族传统。

布鲁海牙子孙中政事最为显赫的是他的儿子廉希宪。他侍奉元世祖,官至中书平章政事,一生政绩主要表现在以下几个方面。

第一,拥立忽必烈继承大统,平定刘太平、霍鲁海等人的叛乱活动。④

第二,振举纲维,兴利除害。中统年间,"希宪在中书,振举纲维,综劾名实,汰逐冗滥,裁抑侥幸,兴利除害,事无不便,当时翕然称治,典章文物,粲然可考"⑤。至元五年(1268),朝廷始建御史台,继设各道提刑按察司。时阿合马专总财利,对此表示反对,廉希宪坚持设立台察,防止官员专恣贪暴。至元十二年(1275),希宪行省荆南,面对刚刚并入国土的南宋臣民,他禁剽夺,通商贩,兴利除害。

第三,体察民情,抑强扶弱。廉希宪为京兆宣抚使时,讲求民病,抑强扶弱。史载:"国制,为士者无隶奴籍,京兆多豪强,废令不行。希宪至,悉令

---

① 元人刘因《静修先生文集》卷19《廉公惠更名序》:"盖公之临终也,以诸子恪、恂等皆幼,而公惠独长。恳恳目诸子而属之也。"
② 参见拙作《元代大都廉园主人廉野云考论》,《民族文学研究》2015年第6期。
③ 《元史》卷125《布鲁海牙传》,第3071页。
④ 参见本书第九章第二节"北方文学家族与帝位继承"。
⑤ 《元史》卷126《廉希宪传》,第3090页。

著籍为儒。"至元十一年（1274），他担任北京行省平章政事时，"有西域人自称驸马，营于城外，系富民，诬其祖父尝贷息钱，索偿甚急，民诉之行省，希宪命收捕之"①。他的举动杀灭了西域人的嚣张气焰。长公主和国婿入朝，纵猎郊原，扰民为甚，希宪面谕国婿，欲入奏之，吓得公主以钞偿还百姓损失。廉希宪的执法不阿镇住了蒙古、色目权贵，自此以后，他们再不敢恣意妄行。

第四，直言进谏。比如，有人向世祖言说史天泽家族权势过盛，世祖将天泽罢官鞠问，廉希宪进言天泽的功绩与忠心，消除了世祖的怀疑。再如钦察，也是因廉希宪冒着惹怒世祖的危险而进谏得以免受诬杀。《元史》卷126《廉希宪传》记载：

> 帝谕希宪曰："吏废法而贪，民失业而逃，工不给用，财不赡费，先朝患此久矣。自卿等为相，朕无此忧。"对曰："陛下圣犹尧、舜，臣等未能以皋陶、稷、契之道，赞辅治化，以致太平，怀愧多矣。今日小治，未足多也。"因论及魏徵，对曰："忠臣良臣，何代无之，顾人主用不用尔。"有内侍传旨入朝堂，言某事当尔，希宪曰："此阉宦预政之渐，不可启也。"遂入奏，杖之。

通过与元世祖谈话，廉希宪进谏世祖，希望以尧、舜等先圣明君为法，能容纳魏徵这样的忠臣。对可能威胁到王朝的宦官干政，希宪防微杜渐，予以制止。为了国家根本，"希宪每奏议帝前，论事激切，无少回惜"。在病重之后，他对世祖说："医持善药以疗臣疾，苟能戒慎，则诚如圣谕；设或肆惰，良医何益。"②利用谈论医药的机会进谏。

第五，提倡儒学，兴教育人。廉希宪宣抚京兆时，"暇日从名儒若许衡、姚枢辈谘访治道，首请用衡提举京兆学校，教育人材，为根本计"。至元十二年，右丞阿里海牙下江陵，急召希宪还，使行省荆南，"遂大兴学，选教官，

---

① 《元史》卷126《廉希宪传》，第3085、3093页。
② 《元史》卷126《廉希宪传》，第3091、3095页。

置经籍,旦日亲诣讲舍,以厉诸生"。① 南宋就寇准莱竹祠创为公安书院,后毁于火,廉希宪来到江陵后复田兴学。②

优待儒者是廉希宪一贯的做法,宪宗蒙哥汗六年(1256),他推荐真定(今河北正定)人张础、中山安喜(今河北定州)人寇元德加入忽必烈潜邸③,临沂人张雄飞也是廉希宪推荐给世祖的④。廉希宪与商挺宣抚京兆时,曾辟智迁参议其幕。⑤ 得知同恕父继先博学能文,即辟掌库钥。⑥ 在京师时,鄃城(今山东夏津)人李叔谦曾馆于其门。⑦ 至元二年(1265),郭昂上书言事,得到廉希宪的赏识,由此步入仕途。⑧ 郭昂对廉希宪感激至深,他在《寄呈廉平章》其一中说:"一死惟当报大恩。"⑨ 廉希宪前往江陵时,他广求名士一起赴任,征辟王仁为归州安抚副使。⑩ 成都王丙发为宋进士,宋亡后不仕元朝,和陶渊明《归去来辞》以寓志。廉希宪钦佩其节气,想要征辟他为官。⑪ 元军攻下鄂城(今属湖北),他以官钱赎买五百名儒生免为奴。⑫ 因此,胡祗遹称赞他礼贤下士,说他"爱士慎许可,门满王佐宾"。⑬

廉希宪的善政赢得了百姓的爱戴,他历任陕西后,每年花开之时,当地士民相与游于泉上,向北而歌曰:"瞻彼流泉,廉公所营。公去积年,依然玉声。酌泉而饮,怀公之清。俯泉而鉴,想公之明。公有厚德,实全我身。何以识之?视此泉名。公在朝廷,秉国钧衡。何时复来,慰我舆情。"士人与百姓难

---

① 《元史》卷126《廉希宪传》,第3085、3094页。
② 参见(元)俞焯:《公安书院莱竹祠记》,《全元文》据《(成化)公安县志》卷下收入,第45册,第92页。
③ 参见《元史》卷167《张础传》及元人刘因《处士寇君墓表》(《静修先生文集》卷17)。
④ 参见《元史》卷163《张雄飞传》。
⑤ 参见(元)苏天爵:《题诸公与智参议先生书启》,《滋溪文稿》卷30,第502—503页。
⑥ 参见《元史》卷189《儒学传·同恕传》。
⑦ 参见(元)王旭:《送李叔谦并序》,《兰轩集》卷1,《文渊阁四库全书》本。
⑧ 参见《元史》卷165《郭昂传》。
⑨ 《全元诗》据《诗渊》第589页收入,第8册,第6页。
⑩ 参见(元)苏天爵:《故河东山西道肃政廉访使赠礼部尚书王正肃侯墓志铭》,《滋溪文稿》卷10,第156页。
⑪ 参见(元)谢端:《元故将仕郎澧州路教授王君墓志碣铭》,《全元文》据《(同治)续修永定县志》卷11收入,第33册,第12页。
⑫ 参见(元)元明善:《平章政事廉文正王神道碑》,《清河集》卷5。
⑬ (元)胡祗遹:《哭廉相平章》,《紫山大全集》卷1。

忘廉希宪的德政，作歌表达对他的思念之情。① 至元十四年（1277），廉希宪被朝廷召还，江陵民号泣遮道留之不得，相与画像建祠。

廉希宪死后，他的德行政事还被人怀念，胡祗遹、阎复、侯克中等人都作挽诗悼念。② 魏初《平章廉公真赞》其序将廉希宪比作诸葛亮与邓禹，认为他"能兼气量，夷险一心，以天下为己任"。赞曰："忆公持节西入关，大憝无所容其奸。霹雳一发肝胆堕，秦城百二维秦山。明年柱石中书堂，尧舜吾民余粃糠。奸谀媒蘖不一再，安之若命惟元臧。天开混一江南平，俾公卧护江陵城。江陵涂炭亦已久，得公安集如再生。"③ 魏初称颂廉希宪无论是治理陕西、安抚江陵，还是主政中书，都能做到严格执法，体恤百姓，抑制奸邪，兴利除害。胡祗遹《哭廉相平章》："读书知圣学，不染章句尘。执政履王道，功利奚足云。志不在一时，树业垂千春。"说廉希宪以儒家之正道治国，为的是国家长治久安，而非贪图一时之利。"爱士慎许可，门满王佐宾"，他礼贤下士，善于吸纳人才。"许身不轻浅，要接伊傅邻"，将廉希宪比之为伊尹、傅说这样的名垂青史的贤臣。④

廉氏其他成员为政同样体恤民情，尊重贤能。比如廉希宪弟希贡，成宗元贞、大德年间任职宪使，对儒学教授陈恕可极为礼重。⑤ 希宪长子廉孚，担任总管时，曾敦请赵安之教授就讲。⑥ 廉希宪第三子廉恂，大德十一年（1307）担任河南行省右丞，曾征辟襄城学官孛尤鲁翀为掾。⑦ 至大元年（1308）为江浙行省右丞时，辟韩弈任职织染局。⑧ 第五子廉恒同样乐于征辟贤能之士，大德十一年，他任南行台中丞，将精通五经大义的曹鉴辟为掾史。⑨

廉希宪从子惠山海牙为官耿直，能严格执法，抑强扶弱。至治元年（1321），

---

① （元）李庭：《廉泉记》，《寓庵集》卷5。另参魏初：《廉泉》，《青崖集》卷2。
② 参见（元）阎复：《廉平章挽诗》，《元音》卷1；（元）侯克中：《挽廉平章》，《艮斋诗集》卷6。
③ （元）魏初：《青崖集》卷5。
④ （元）胡祗遹：《紫山大全集》卷1。
⑤ 参见（元）陈旅：《陈如心墓志铭》，《安雅堂集》卷12。
⑥ 参见（元）刘因：《请赵教授就师席》，《静修集》卷23，《文渊阁四库全书》本。
⑦ 参见（元）苏天爵：《元故中奉大夫江浙行中书省参知政事追封南阳郡公谥文靖孛尤鲁公神道碑铭并序》，《滋溪文稿》卷8。
⑧ 参见（元）陈旅：《韩总管墓碑》，《安雅堂集》卷10。
⑨ 参见《元史》卷186《曹鉴传》。

他任职承事郎、同知顺州事，有弓匠提举马都剌者，怙势夺州民田，同僚害怕，只有他敢于治其事。为监察御史时，"时中书省有大臣贪猥狼藉，即抗章劾之，语同列曰：'傥以言责获罪，吾之职也。'既又劾奏明里董阿不当摄祭太庙"。后来做秘书丞、会福总管府治中时，敢于上疏，指出二月迎佛费财蠹俗，得到时论的肯定。①

廉希恕孙阿年八哈尽管职位不高，同样秉承家族为政之传统。他任职浦江县达鲁花赤时，政绩卓著，主要表现在以下几个方面。第一，重视教育。阿年八哈核学田、葺斋舍、礼致儒士。他经常到明伦堂勉励生员，又令各社延师以训童稚，使得弦诵之声，达乎四境。第二，均衡赋役。阿年八哈察知赋役不均，吏并缘为奸，就躬校簿书，正其是非，斥其隐蔽，更造册籍，将积年之弊一旦尽除，然后依粮定役。第三，仁爱为教，保护百姓。阿年八哈断狱以仁爱为本，对于民间诉讼，他洞知其情，委曲戒谕，惩罪用善，使之自新。他行保甲之法，使得百姓互相援助，保障了他们的安全。第四，尊重风俗，发展文化。阿年八哈尊重当地习俗，新建婺女星君行祠，以安民心。②他注重文化事业，将乡先生柳贯遗文刊布。③命文士撰述县之图经，自己捐俸刊刻。还请宋濂编撰《浦阳人物记》二卷，由戴良作序以刊。④阿年八哈的善政得到了百姓与文士的高度评价，他离任时，百姓挽留者数以千计，有人塑像而立生祠，有人树碑以表不朽。⑤周围州县的文士纷纷歌咏阿年八哈，其诗歌若干汇成《甘棠集》二卷。⑥

四、廉氏之儒学

除了政事突出，高昌廉氏还以儒学和孝友显名。史称"布鲁海牙性孝友，

---

① 参见《元史》卷145《廉惠山海牙传》，第3447页。
② 参见（元）戴良：《浦江县新建婺女星君行祠碑》，《九灵山房集》卷4。
③ 参见（元）苏天爵：《柳待制文集叙》，魏崇武、钟彦飞点校：《柳贯集》，浙江古籍出版社2014年版，第3—4页。
④ 参见（元）戴良：《浦阳人物记序》，《九灵山房集》卷6。
⑤ 参见（元）胡助：《廉侯遗爱传》，《纯白斋类稿》卷18；（元）戴良：《浦江县修学记》，《九灵山房集》卷5；王梅堂：《廉阿年八哈考述》，《西域研究》2003年第4期。
⑥ 参见（元）戴良：《甘棠集序》，《九灵山房集》卷5。

造大宅于燕京，自畏吾国迎母来居，事之，得禄不入私室。"除了孝顺母亲，布鲁海牙还以宽宏之道对待叔叔弟弟。《元史》本传记载，"幼时叔父阿里普海牙欺之，尽有其产，及贵显，筑室宅旁，迎阿里普海牙居之，弟益特思海牙以宿憾为言，常慰谕之，终无间言。帝尝赐以太府绫绢五千匹，丝絮相等，弟求四之一纳其国赋，尽与之，无吝色。"① 布鲁海牙为官同样崇尚孝义之人，因为杀人者之子孝勇，布鲁海牙免去其死罪。②

如果说布鲁海牙孝友出于天性的话，那么廉希宪仁义忠孝则更多体现在学习儒家经典。廉希宪曾跟从著名学者王鹗学习③，关于他服膺儒学，《元史》本传记载了两件著名的事例。一是廉孟子的得名，"希宪笃好经史，手不释卷。一日，方读《孟子》，闻召，急怀以进。世祖问其说，遂以性善义利仁暴之旨为对，世祖嘉之，目曰廉孟子，由是知名"④。二是廉希宪受孔子戒之事，《元史·廉希宪传》记载：

> 方士请炼大丹，敕中书给所需，希宪具以秦汉故事奏，且曰："尧舜得寿，不因大丹也。"帝曰："然。"遂却之。时方尊礼国师，帝命希宪受戒，对曰："臣受孔子戒矣。"帝曰："孔子亦有戒耶？"对曰："为臣当忠，为子当孝，孔子之戒，如是而已。"⑤

面对咄咄逼人的佛道势力，廉希宪坚决捍卫儒家之忠孝。由此可见廉希宪对孔孟学说信奉之深。他在弥留之际，对皇太子言说治国之道曰："君天下在用人，用君子则治，用小人则乱。臣病虽剧，委之于天。所甚忧者，大奸专政，群小阿附，误国害民，病之大者。殿下宜开圣意，急为屏除，不然，日就沉疴，

---

① 《元史》卷125《布鲁海牙传》，第3071—3072页。
② 《元史》卷125《布鲁海牙传》："有民误殴人死，吏论以重法，其子号泣请代死，布鲁海牙戒吏，使擒于市，惧则杀之。既而不惧，乃曰：'误殴人死，情有可宥，子而能孝，义无可诛。'遂并释之，使出银以资葬埋，且呼死者家谕之，其人悦从。"
③ 《元史》卷134《阔阔传》："岁甲辰，世祖闻王鹗贤，避兵居保州，遣使征至，问以治道，命阔与廉希宪皆师事之。"
④ 《元史》卷126《廉希宪传》，第3085页。
⑤ 《元史》卷126《廉希宪传》，第3092页。

不可药矣。"① 廉希宪所讲的是儒家传统的君子小人之辨。他将自己的厅堂题为"后乐"，隐含范仲淹"后天下之乐而乐"的寓意。胡祗遹说廉希宪居家以读书、弹琴、讨论义理为乐，在朝"上虞衮职阙，下忧万民瘵"②。

廉希宪不但以儒家之道治国，还以之持家。这突出表现在他依据儒家礼节守丧，史载：

> 至元元年，丁母忧，率亲族行古丧礼，勺饮不入口者三日，恸则呕血，不能起，寝卧草土，庐于墓傍。宰执以忧制未定，欲极力起之，相与诣庐，闻号痛声，竟不忍言。未几，有诏夺情起复，希宪虽不敢违旨，然出则素服从事，入必缞绖。及丧父，亦如之。③

元世祖至元元年（1264），朝廷尚未实行丁忧限制，而廉希宪认可并遵行儒家丧礼，陈垣先生把他列为"西域人丧葬效华俗"的先行者。

廉希宪不但自己践行儒家之道，他还要求子孙学习儒家圣人，临终戒其子曰："丈夫见义勇为，祸福无预于己，谓皋、夔、稷、契、伊、傅、周、召为不可及，是自弃也。天下事苟无牵制，三代可复也。"④ 廉希宪生怕子孙不肖，毁了家族名誉，又以狄仁杰威名为不肖子所坠的事例叮嘱儿子，要谨慎行事。

在廉希宪等人的教导下，廉氏家族成员很多倾心于汉族典籍与礼仪，力行忠孝之道。廉希宪从弟希贤，使宋被杀，为元室尽忠。希宪从子廉惠山海牙，其父阿鲁浑海牙早卒，《元史》卷145《廉惠山海牙传》记载：

> 惠山海牙幼孤，言及父，辄泣下。独养母而家日不给，垢衣粝食不以为耻。母丧，哀毁逾礼，负丧渡江而风涛作，舟人以神龙忌尸为言，即仰天大呼曰："吾将祔母于先人，神奈何厄我也。"风遂止。年弱冠，大臣欲俾入宿卫。辞曰："吾大父事世祖，以通经号廉孟子。⑤ 今方设科取士，愿

---

① 《元史》卷126《廉希宪传》，第3096页。
② （元）胡祗遹：《后乐堂为廉相题》，《紫山大全集》卷2。
③ 《元史》卷126《廉希宪传》，第3090页。
④ 《元史》卷126《廉希宪传》，第3096页。
⑤ 廉希宪为惠山海牙之伯父，非祖父，《元史》此处记载有误。

读书以科第进。"乃入国学积分。

廉惠山海牙从小践行孝道,有伯父廉希宪遗风。他不愿依靠祖上功勋,走入值宿卫这条做官捷径,而愿意学习廉希宪,以读书习经,参加科举为荣。

廉希宪第六子廉惇拜多位硕儒为师。至治三年(1323),熊朋来死后,担任江西行省参政的廉惇自初丧至葬,亲临哀送,如弟子礼。① 他还与熊朋来子太古一起请虞集为熊朋来作墓志铭。② 廉惇还是萧㪺门人,被列入《宋元学案补遗》卷95萧同诸儒学案。萧㪺曾赠诗于廉惇,诗曰:

> 爱子初龄静以方,盍簪未几忽离觞。从兄觐母何多喜,附翼攀鳞未可忙。辇毂芳华当摆落,箕裘事业要张皇。直须言行无交病,他日高明岂易量。③

"从兄觐母何多喜",说明廉惇归燕是和兄长一起看望母亲。箕裘,出自《礼记·学记》:"良冶之子,必学为裘;良弓之子,必学为箕。"④ 比喻祖先的事业。"辇毂芳华当摆落,箕裘事业要张皇",是希望他摆脱京城奢华之气,张大显扬父祖的功业。"直须言行无交病,他日高明岂易量",勉励廉惇言行合一,前途不可限量。至治三年(1323),他与同门李尢鲁翀请求朝廷对萧㪺进行封赠。⑤

廉惇尊崇儒士,至治三年(1323),廉惇为江西行省参政时,曾请刘岳申主持科举考试。刘岳申因为已经答应湖广行省,未能应允。⑥ 他从湖广归来后,曾献三言于廉惇,即忠孝、恭俭、推让。廉惇请刘岳申为其作《读书岩记》。⑦

---

① 参见(元)吴澄:《吴文正集》卷71《前进士豫章熊先生墓表》。
② 参见(元)虞集:《道园学古录》卷18《熊与可墓志铭》。
③ (元)萧㪺:《送廉公迈觐省之燕》,《勤斋集》卷6,《文渊阁四库全书》本。《勤斋集》卷5《送公迈》三首,可能也是赠给廉惇的。
④ 《礼记正义》卷36,十三经注疏本。
⑤ 参见(元)苏天爵:《元故集贤学士国子祭酒太子右谕德萧贞敏公墓志铭》,《滋溪文稿》卷8。
⑥ 参见(元)刘岳申:《与江西参政廉公书》,《申斋集》卷4。
⑦ 参见(元)刘岳申:《读书岩记》,《申斋集》卷6。

刘岳申《申斋集》卷1《廉参政寿诗序》称颂廉惇在江西的政绩，将廉惇比作周代的功臣申伯、仲山甫与鲁僖公。

廉希宪不仅以儒家忠孝教育子孙，他还收藏汉文典籍，这为廉氏由军功政事的勋贵之家转变为文化世家起到了决定性的作用。据元明善《读书岩记》记载，廉希宪出镇陕西时，在京兆樊川少陵原的别业聚书万卷，号曰读书堂，他的儿子廉恂、廉恒、廉惇都在此学习，"诸公子彬彬儒雅，克世其业。……巍然公辅家法之正然也"①。

廉惇又增加藏书，尊此地为读书岩，请集贤侍讲学士商琦绘为图。廉惇兄弟等人在此环境中学习，进一步促进了廉氏的汉化，廉惇更是成为元代色目人中的重要诗人，他的思想行为与汉族文士别无二致。他的一首《水调歌头》词专写读书岩，词曰：

> 杜陵佳丽地，千古尽英游。云烟去天尺立，绣阁倚朱楼。碧草荒岩五亩，翠霭丹崖百尺，宇宙为吾留。读书名始起，万古入冥搜。 凤池崇，金谷树，一浮沤。彭殇尔能何许，也欲接余晖。唤起终南灵爽，商略昔时品物，谁劣复谁优。白鹿庐山梦，颉颃天地秋。②

杜陵本是汉宣帝刘询的陵墓，汉代以来，杜陵一直是长安的游览圣地，文人学士常会集于此，登高览胜，赋诗歌咏。在杜陵修建读书之所，是山川景色与文化盛事的完美结合，廉惇将读书岩比作宋儒朱熹重建的庐山白鹿洞书院，可见他对延续家族文化的期许。

廉氏后人中值得注意的是月伦石护笃，她是廉氏家族女性成员的代表。月伦石护笃的母亲为布鲁迷失海牙的女儿，而布鲁迷失海牙为布鲁海牙的后人。月伦石护笃"稍长，能知书，诵《孝经》、《论语》、《女孝经》、《列女传》甚

---

① 《永乐大典》卷9765，第4217页。
② 《永乐大典》卷9765，第4217页，文字与《全金元词》有异。《全金元词》第721页据《永乐大典》卷9765岩字韵收，将词系于廉希宪下，并加案语曰："大典岩字韵引此词作廉文靖公集。又引元明善《清河集·读书岩记》，谓读书岩为故相太傅魏国廉文正公之别业，在京兆樊川少陵原之阳，可证大典作廉文靖公，当为廉文正公之误。"该词为廉惇所作，唐圭璋先生误改。参见杨镰：《元诗史》，第53页。

习,见前史所记女妇贞烈事,必再三复读而叹慕焉"①。可见,廉氏后人已经将儒学作为家族传统代代相传,甚至包括家族中的女性成员。②

五、廉氏园林之雅集

廉氏一贯喜好文士,他们的园林成为元代北方文学活动的中心。

廉希宪喜好读书,乐于文士交游。侯克中说他:"宾客填门惟慕德,诗书满架不知贫。"③廉希宪在文士中享有很高的声誉,无论他在哪里,周围总是聚集着儒士与文人。廉希宪具有文人士大夫的学识与修养,他利用自己的地位声望,经常充当文学活动的组织者。

蒙哥汗四年(1254),忽必烈以京兆分地命廉希宪为宣抚使,希宪治理之余,从名儒许衡、姚枢辈谘访治道,兴办教育。元世祖即位后,并京兆、四川为一道,以廉希宪为宣抚使,后升为中书右丞,行秦蜀省事。在至元元年(1264)之前,廉希宪就被召回京城,拜中书平章政事。④廉希宪在陕西期间,在军事上与政治上卓有建树,此外,他还有很多文化活动,其中廉相泉园聚会就属元代较早的文学活动。元人骆天骧《类编长安志》卷9《胜游》"廉相泉园"条记载:

> 至元改元,平章廉公行省陕右,爱秦中山水,遂于樊川、杜曲林泉佳处,葺治厅馆亭榭,导泉灌园,移植汉、沔、东洛奇花异卉,畦分蓁布,松桧梅竹,罗列成行。暇日同姚雪斋、许鲁斋、杨紫阳、商左山、前进士邳大用、来明之、郭周卿、张君美,博酒论文,弹琴煮茗,雅歌投壶,燕乐于此。教授李庭为记,征西参军畸亭陈邃题其诗四绝。⑤

《陕西通志》卷73《古迹》、毕沅《关中胜迹图志》卷6《古迹》所记略同。廉

---

① (元)黄溍:《魏郡夫人伟吾氏墓志铭》,《金华黄先生文集》卷39。
② 参见陈高华:《元代女性的文化生活》,氏著:《元朝史事新证》,兰州大学出版社2010年版,第242页。
③ (元)侯克中:《挽廉平章》,《艮斋诗集》卷6。
④ 参见《元史》卷126《廉希宪传》,第3088—3089页。
⑤ 黄永年校点:《类编长安志》,第284页。

希宪与商挺、姚枢等人在廉相泉园聚会当在蒙哥汗四年之后，杨奂次年九月去世之前（1254—1255），《陕西通志》所记"至元中"，不确。

在陕西参与廉希宪活动的文士姚雪斋为姚枢，许鲁斋为许衡，杨紫阳为杨奂，商左山为商挺。来明之即来献臣（1183—1263），明之为字，号颐轩，京兆人，金宣宗兴定五年（1221）进士，累官都省掾。中统元年（1260）陕西省辟为讲议官。① 郭周卿即郭镐（1194—1268），字周卿，华州蒲城（今属陕西）人。中统初辟为陕蜀行省员外郎。② 陈邃，号畸亭，曾官征西参军。③ 其《廉相泉园》七绝四首存于骆天骧《类编长安志》卷9，其二曰："乱朵繁茎次第花，牡丹全盛动京华。红云一片春风好，便是山中宰相家。"④ 陈邃题诗称颂了廉希宪樊川园林花朵之盛，尤其是牡丹之娇艳。⑤ 教授李庭（1199—1282），字显卿，华州奉先（今陕西蒲城）人。乃马真后三年（1244），辟为陕右议事官。中统元年（1260），廉希宪、商挺辟为陕西讲议。至元七年（1270），授京兆教授，十年（1273）为安西王府咨议。⑥ 今存《寓庵集》八卷、《寓庵词》一卷。李庭《廉泉记》，存于《寓庵集》卷5。因廉希宪"脱百城之民于干戈必死之地"，他离任后，每年花开之时，士民相与游于泉上，作歌诗，表达对希宪的思念之意。至元八年（1271），廉希宪门下之士冠长卿为京兆总府判官，收集文士所作诗歌，请李庭为记。

参加廉相泉园诗酒雅集的文人还有邳大用、张君美等人⑦，金进士邳大用，名邦用，大用为字，号谷口遗老，定安（今河北蔚县）人。金哀宗正大元年（1224）经义进士，蒙古时期任京兆行部郎中。⑧《金文最》卷47收其《唐太宗赐孙真人颂跋》。邳邦用与杨奂有往来，杨奂《还山遗稿》卷下有五律《得邳

---

① 参见（元）李庭：《故陕西行中书省讲议官来献臣墓志铭》，《寓庵集》卷6。
② 参见（元）李庭：《陕蜀行中书省员外郎郭公行状》，《寓庵集》卷6。
③ 陈邃，《陕西通志》卷73《古迹》误作"陈还"。
④ 黄永年校点：《类编长安志》，第284页。《元诗选·癸集》已上，第736页收录其二。
⑤ 元人陈邃《廉相泉园》其四曰："秦人解道相君贤，一去朝天忽九年。最好归来头未白，廉泉初不让平泉。"表明该诗写于廉希宪离开陕西回朝之后。
⑥ 李庭生平参见元人王博文《故咨议李公墓碣铭并序》（《寓庵集》附录）。
⑦ 张君美可能为张仲周，字君美，临漳（今属河北）人。金宣宗泰定六年（1206）进士，曾任太府监，生平见《（乾隆）彰德府志》卷9、《（光绪）临漳县志》卷9。
⑧ 邳大用生平参见元人邳邦用《唐太宗赐孙真人颂跋》、元人李庭《故宣差丝线总管兼三教提举任公诔辞》（《寓庵集》卷8）等。

大用书复寄》。张君美，蒙古时期在陕西为郎中。①

到大都后，廉氏延续着礼贤下士的传统，与文士多有交往，他们家的私家园林廉园与万柳堂成为大都文人的诗酒聚会之所。廉园的文学活动起始于元初，招待文人的主人是廉希宪。胡祇遹曾为廉园的后乐堂题诗。②

王恽《秋涧先生大全文集》卷22有《秋日宴廉园清露堂》诗，其诗序曰："右相康公奉诏分陕，七月初一日宴集贤、翰林两院诸君留别，中斋有诗以记燕衎。因继严韵作二诗奉平章相公一粲。时座间闻有后命，故诗中及之。"

"右相康公"，当为"右相廉公"，王恽诗题说是在廉园清露堂，主人定是廉氏家族成员。所谓"后命"，即《秋日宴廉园清露堂》其二"先声远动秦川树，后命光融紫禁花"。说明右丞廉公初得陕西之命，后又改为留朝，所以王恽在诗中才这样说。该诗其二"归骑不妨沙路晚，留中恐为国人遮"，自注："暗用司马端明留台西洛事"，则以北宋名相司马光作比。《宋史》卷336《司马光传》记载：元丰八年（1085），神宗去世，司马光由洛阳赴京城，他所到之处，百姓遮道聚观，使得马不得行，百姓说："公无归洛，留相天子，活百姓。"王恽用此典故，说明右相廉公并未赴陕，而是留在京城。

廉氏成员在世祖时期担任过右丞的有两人，即廉希宪与廉希恕。笔者以为，此处之右丞廉公不是廉希宪。理由有三：第一，据《元史·廉希宪传》："诏以希宪为中书右丞，行秦蜀省事。……时希宪年三十矣。"③廉希宪时年三十岁，为元世祖中统元年（1260），他这次到陕西是为平定阿里不哥党羽浑都海、阿蓝得儿等人，情况紧急，不大可能设宴招待集贤、翰林两院人员。第二，据《元史》卷87《百官志》，翰林兼国史院，是在世祖至元元年（1264）设立的，集贤与翰林国史院同一官署。至元二十二年（1285），分置两院。王恽诗序说"宴集贤、翰林两院诸君留别"，当在至元二十二年之后。第三，根据王恽诗歌及序，右丞廉公尚未赴陕，就有后命留京，这与廉希宪事亦不合。可见，这里的右丞廉公不是廉希宪。

---

① 参见（元）王博文：《故咨议李公墓碣铭并序》，《寓庵集》附录。
② 参见（元）胡祇遹：《后乐堂为廉相题》，《紫山大全集》卷2。他还作《寄廉平章》七律，参见《紫山大全集》卷6。
③ 《元史》卷126《廉希宪传》，第3088页。

王恽《秋日宴廉园清露堂》提到的右丞廉公当为希宪之弟廉希恕,他在至元二十八年(1291),由参知政事(从二品)为湖广行省右丞(正二品)①,仕至中书右丞(正二品),当在至元末元贞初,正符合王恽诗中所说的情况。王恽除了把廉希恕比作司马光外,其一"照眼东山人未老",还将他比作东晋宰相谢安。

王恽诗序中的中斋为留梦炎(1219—?),字汉辅,号中斋,衢州人。宋理宗淳祐四年(1244)进士第一,累官左丞相。入元为礼部尚书,迁翰林承旨。②留梦炎与王恽、张之翰、程钜夫、陈孚等人多有诗词赠答。

除了廉希宪,他的儿子也与文人有交往。长子廉孚与刘因关系甚密,刘因曾为其作《廉泉真赞》③,颂扬廉希宪的功绩品德。廉孚儿子出生后,刘因两次作诗词祝贺,《静修先生文集》卷15《朝中措·贺廉侯举儿子》曰:"金张家世费貂蝉。七叶侍中冠。若就诗家攀例,生儿合唤添官。 凭谁寄语,廉泉父老,斗酒相欢。今岁孙枝新长,甘棠消息平安。"廉孚字公惠,曾官正议大夫,所以刘因此词确实是赠予廉孚的。刘因将廉氏比作西汉累世簪缨的金张世家,确实贴切,"廉泉父老,斗酒相欢",指的是廉希宪当年做官的陕西地区的百姓感念他的功绩,也会举酒庆祝,即所谓"甘棠之思"。等到廉孚第二子出生时,刘因又作七言绝句《贺廉侯举次儿子》与《临江仙·廉侯举次儿子》④,词曰:"四海荆州吾所爱,虎贲谁似中郎。子孙今拟唤甘棠,添官前有例,簪笏看堆床。 明日乃公归旧隐,后园乔木苍苍。青衫竹马雁成行。当年廉孟子,应有读书堂。"词的上阕仍旧颂扬廉氏的政治地位,下阕说如果廉孚归隐,就可享受田园景色与儿子成行,提到其父廉希宪著名的称呼"廉孟子",与廉氏之"读书堂"。

廉希宪第三子廉恂同样乐与文士交游。魏初《为廉公迪寿》曰:"余兹何幸焉,得与共宪职。"说明他们曾一起掌管风宪之职,诗中称赞廉恂:"读书达事体,意远文且质。"希望他能"敬慎恒若一"。⑤同恕也是廉恂之友,他在《送

---

① 参见《元史》卷16《世祖纪》,第346页。
② 留梦炎生平参见《宋史》卷43《理宗纪》、卷214《宰辅》,《元史》卷11至卷17《世祖纪》等。
③ 参见(元)刘因:《静修集》续集卷2。
④ 元人刘因绝句见《静修先生文集》卷14,词见卷15。
⑤ (元)魏初:《青崖集》卷1。

廉右丞拜集贤学士》诗中说"正须陛下求多士,未许关中借一年",说明廉恂与同恕相识于陕西行省任职期间,诗曰:"堂堂魏国力扶天,有子如公实象贤。善治规模符远略,敬王事业发真传。"①赞美廉恂能够继承其父廉希宪的德行与业绩,并发扬光大。

希宪第六子廉惇为廉氏家族存诗最多的成员,他与文士的诗词往来更为频繁,今存诗歌多有赠答友人之作②,比如《赠道人郑子明》、《赠刘弘道》等。廉惇有诗写及父兄与家族的读书岩,《敬臣以村居诗》其一曰:"烈烈先文正,棠阴四海滨。北堂深训诲,昆季极纯真。"歌颂廉希宪的功绩与德行,回忆他对儿子的教育。其十二还写到希宪的廉泉。廉惇还给兄长写过诗,其《寄兄》曰:"落叶长安霜露清,高寒朔漠若为情。北堂无恙愚安慰,特望西风塞雁声。"③说的是自己羁留异乡,思念高堂,希望鸿雁传书。廉惇还写到廉氏的读书岩,如《卧病读书岩闻蝉》、《读书岩晓坐效陶体》等,其《读书岩月夜》曰:"淹留莫叹成空逝,激励终期靖远荒。夜半山灵报清梦,他年刮目看书郎。"④勉励自己读书有所成就。

希宪从子廉惠山海牙更广泛地参与文学活动,他与萨都剌、李孝光、张以宁、王结、刘嵩等人都有游览唱和。⑤顺帝至元六年冬,任职山东北路都转运盐使的廉惠山海牙曾与僚属、乡贤等人游览济南函山佛峪,并嘱李止作记。⑥他曾与萨都剌一起游览钟山(在今南京东北)⑦,萨都剌还作有《彭城杂咏呈廉公亮佥事》、《寄廉公亮》⑧。廉惠山海牙为江西廉访使佥事时,李孝光曾作诗送别。⑨张以宁《翠屏集》卷2有《次韵廉公亮承旨夏日即事》六首,至正

---

① (元)同恕:《榘庵集》卷13。
② 参见辛梦霞:《元代畏吾儿诗人廉惇生平交游初探》,《民族文学研究》2015年第6期。
③ 《全元诗》据《诗渊》第155、754页收入,第28册,第113、101页。
④ 《永乐大典》卷9765,第4217页。
⑤ 参见杨镰:《元西域诗人群体研究》,第244页。
⑥ 参见(元)李止:《游函山西峪记》,《全元文》据《(民国)续历城县志》卷5收入,第56册,第123页。
⑦ 参见(元)萨都剌:《偕廉公亮游钟山》,《雁门集》卷2,此诗又见元人卢琦《圭峰集》卷上,为误收。
⑧ (元)萨都剌:《彭城杂咏呈廉公亮佥事》,《萨天锡诗集》前集;(元)萨都剌:《寄廉公亮》,《全元诗》据《永乐大典》卷14382收入,第30册,第294页。
⑨ 参见(元)李孝光:《送廉公亮佥事江西》,(明)偶桓编:《乾坤清气集》卷14。

二十二年（1362），廉惠山海牙拜翰林学士承旨、知制诰兼修国史。诗当作于这一时期。由诗题可知廉惠山海牙先作，可惜他的诗已不存。张以宁《次韵廉公亮承旨夏日即事》其五曰："文章阁老旧名门，玉署清闲醒梦魂。应忆廉园花似海，朝回会客酒千尊。"颂扬廉惠山海牙出自名门，还提到廉氏以鲜花盛开与文人雅集闻名的廉园。廉惠山海牙还参加了一次著名的雅集。至正二十一年（1361），他任职宣政院使，与李景仪、答禄与权、海清溪等人游览玄沙（在今福建福州），又邀请贡师泰会于香岩寺。诗酒交错之际，廉惠山海牙数次起舞，放浪谐谑。答禄与权设险语，操越音，问禅于藏石师，惹得众人大笑。最后以杜甫"心清闻妙香"之句分韵，各赋五言诗一首。这次雅集汇集了乃蛮人答禄与权、畏兀儿人廉惠山海牙，以及汉族人贡师泰等人，甚至还包括僧人藏石师，是一场典型的多民族的盛会。他们饮酒作诗，甚至歌舞戏谑，尤其是色目人廉惠山海牙与答禄与权，表现出的放浪谐谑是汉族文人中少有的，为雅集增添了很多乐趣。廉惠山海牙等人举行雅集之时，正值四方动乱，他们在诗酒欢会的时候，并未忘记时政艰难，"遣其羁旅怫郁之怀"只是表面，然而，时政并非他们能左右，因此更深的层面上体现的是文人追求独立品格。① 贡师泰在序中说"他日当有以解吾人之意者矣"②，可见当时一般人是很难理解他们的举动的。

当然，廉氏最有影响的还是廉园与万柳堂的诗歌唱和。廉希宪去世以后，廉园与万柳堂的文学活动并未受到影响，而是在廉右丞与廉野云的主持下更加繁盛。

在廉园与万柳堂主持的诗歌唱和，参加的文人有姚燧、张养浩、袁桷、贡奎、赵孟頫、卢挚、许有壬、贯云石等人。其中贯云石为高昌贯氏的代表人物，姚燧、许有壬也属北方文学家族的重要成员。袁桷、贡奎、赵孟頫则属南方文学家族。

张养浩在诗歌中多次写到廉园，《归田类稿》卷19《题廉野云城南别墅》曰："好为习池留故事，未应绿野美前修。"将廉园比之为习家池。习家池又名

---

① 参见牛贵琥：《玉山雅集与文人独立品格之形成》，人民出版社2014年版。
② （元）贡师泰：《春日玄沙寺小集》，《玩斋集》卷6。

高阳池,位于湖北襄阳城南约五公里的凤凰山南麓,史载为东汉襄阳侯习郁仿范蠡养鱼之法所建,习郁后裔、东晋著名史家习凿齿曾隐居于此,读书著史。晋征南将军山简镇守襄阳时,常在这里醉饮。绿野堂为唐人裴度的别墅,故址在今河南省洛阳市南。裴度在唐宪宗朝为官宰相,平定藩镇叛乱有功,晚年以宦官专权,辞官退居洛阳。筑绿野堂,与白居易、刘禹锡等作诗酒之会,事见《旧唐书》卷170《裴度传》。袁桷《清容居士集》卷3《集廉园》对廉园风景有细致的描绘,诗曰:

> 芳菲廉家园,换我尘中春。古树不受采,白云为之宾。中列万宝枝,夭娜瑶池神。背立饮清露,耿耿猩红新。幽蜂集佳吹,炯鹭摇精银。层台团松盖,其下疑有人。奕罢忽仙去,飞花点枰茵。高藤水苍佩,再摘谁为纫。濯缨及吾足,照映须眉真。暝色起孤鸟,寒光荡青苹。信美非故居,整马来城闉。

袁桷笔下的廉园春光烂漫,花草繁茂。姚燧《满江红·廉野云左揆求赋南园》曰:"面势林塘,紧横睫、觚棱如削。还更比、城南韦杜,去天盈握。便有名园能甲乙,他山剗崷先尊岳。甚一花一石,总都将平泉学。 虽鬈发,流光觉。浑未厌,明来数。有庆云,善谱新声天乐。正尔关弓鸿鹄至,可知弃屣麒麟阁。只北山、逋客负尘缨,沧浪濯。"自注:"庆云,都城善讴者。"① 面对廉园之山水花草、音乐歌舞,姚燧起了辞官归隐之念。贡奎《云林集》卷1也有《集廉园》诗二首。

廉园中的万柳堂也是元代文人活动之所,他们也有歌咏。《青楼集》"解语花"条记载:

> (歌伎解语花)姓刘氏,尤长于慢词。廉野云招卢疏斋、赵松雪饮于京城外之万柳堂。刘左手持荷花,右手举杯,歌《骤雨打新荷》曲,诸公喜甚。赵即席赋诗云:"万柳堂前数亩池,平铺云锦盖涟漪。主人自有沧

---

① (元)姚燧:《牧庵集》卷36,《姚燧集》,第553页。

洲趣,游女仍歌《白雪》词。手把荷花来劝酒,步随芳草去寻诗。谁知咫尺京城外,便有无穷万里思。"①

廉氏万柳堂集山水景色与歌舞音乐为一体,赵孟𫖯诗歌盛赞其景物之美、丝竹之乐,他说廉野云有隐居之趣,处于繁闹的京城,文人们产生的却是万里无穷之思。

综上所述,廉园与万柳堂的湖光山色使得文人流连忘返,高昌廉氏的园林成为大都的文坛沙龙。②

作为元代的汉化的维吾尔家族,高昌廉氏的家族传统经历了由军功政事向儒学文艺的转变。布鲁海牙依附于蒙元政权使得廉氏成为元代的功勋贵族,为廉氏的开创者。廉希宪是家族传统转变的关键人物,他以儒学修身齐家治国,引导廉氏成为文化家族。廉希宪礼贤下士,其子廉惇等人成为具有深厚文化修养的文士,廉氏主持的廉园和万柳堂成为当时文人的诗词唱和之所,廉希宪、廉右丞、廉野云、廉惠山海牙组织的雅集贯穿了整个蒙元王朝,在文学史上留下了光辉的一笔。廉希宪弟希贡等人擅长书法绘画,廉惇为北庭诗人的代表。高昌廉氏重视家族教育,积极学习儒家经典,成为较早汉化的色目人家族。

第二节 高昌贯氏

高昌贯氏同样是元代重要的畏兀儿家族,其汉化进程有着典型意义。贯氏由军功仕宦之家转变为文人士大夫家族,关键人物就是贯云石。20 世纪 80 年代以来,对贯云石的研究取得了多方面的成就,包括生平事迹、文集考订,以及文学成就等,尤其是贯云石的散曲成为研究的热点。③但是学术界对这一家族关注不多,只有杨镰先生在《贯云石评传》、《元西域诗人群体研究》中考证

---

① 中国戏曲研究院编:《中国古典戏曲论著集成》第 2 册,第 18—19 页。《说郛》卷 78 下所记略同。
② 参见拙作《高昌廉氏与元代的多民族士人雅集》,《中央民族大学学报》2014 年第 4 期。
③ 参见李修生、查洪德主编:《20 世纪中国文学研究·辽金元文学研究》第十三章第二节,北京出版社 2001 年版。

了贯云石的家世与汉化情况，并列出其世系表。目前对这一家族还没有进一步的研究。那么，作为元代畏兀儿家族，北庭贯氏如何在两代之后就出现了贯云石这样成就极高的文学家，这一家族的传统经历了怎样的变化呢？

一、贯氏的武功与政事

高昌贯氏的崛起始自阿里海牙。阿里海牙，各类文献又作阿里海涯、阿力海涯、阿鲁海牙，畏兀儿人，贯云石的祖父。阿里海牙原居西域高昌回鹘王国，少家贫，尝从事耕种。高昌王国臣服于成吉思汗后，阿里海牙经举荐，事元世祖于潜邸，任宿卫，世祖即位后，阿里海牙由左右司郎中迁参议中书省事。至元二年（1265），进金河南行省事。五年（1268），从阿朮、刘整围攻宋襄阳、樊城，加参知政事。十年，破樊城，继以水军焚襄阳浮桥，断襄阳援，招降宋将吕文焕。阿里海牙以功行荆湖等路枢密院事，镇襄阳。奏请乘胜顺流长驱以平宋。十一年，与伯颜、阿朮率军大举攻宋。渡江后，留镇鄂、汉，继分兵南下，先后占据荆南、淮西、江西、广西、海南等地，共得五十八州。二十三年，阿里海牙入朝，加光禄大夫、湖广行省左丞相。年六十卒，追封楚国公，谥武定。至正八年（1348）进封江陵王。①

阿里海牙子六人，和斯哈雅，官至资善大夫湖广行中书省左丞。格济格（即贯只哥）为正奉大夫、湖广行中书省参知政事、虎符监两淮军。富华善官辅国上将军、湖南道宣慰使、虎符监潭州军。另三子为巴图尔哈雅、阿实克哈雅与图噜默色哈雅。格济格有二子，长为贯云石，次为呼图克哈雅。贯云石子二人，长阿尔斯兰哈雅，次博索哈雅。孙四人，长南山，次宁山，次葆山，另一失名。②阿里海牙孙埜先海涯，不知出于其第几子，曾任宿卫，后官益阳州守。③

---

① 阿里海牙生平事迹见姚燧《湖广行省左丞相神道碑》（《牧庵集》卷13）及《元史》卷128《阿里海牙传》。

② 北庭贯氏的世系此处主要列出贯云石一系。详参（元）姚燧：《湖广行省左丞相神道碑》；（元）欧阳玄：《元故翰林学士中奉大夫知制诰同修国史贯公神道碑》，《圭斋文集》卷9；杨镰：《贯云石评传》第一章附录。

③ 参见（元）宋褧：《送益阳州守埜先海涯》，《燕石集》卷6。

阿里海牙能征善战，为蒙古灭宋的主将之一，但是他文化素养不高。① 据姚燧《湖广行省左丞相神道碑》与《元史·阿里海牙传》，在灭宋征讨中，阿里海牙曾禁止将士不要侵掠百姓，几次反对蒙古军队屠城，史称他所过之处，"取民悉定从轻赋，民所在立祠祀之"②。这些记载不无溢美之词，事实上，阿里海牙在攻打静江（今广西桂林）等地有过屠城的行为。此外，阿里海牙还保留着较为落后的为政观念，在历史上有不少污点，其中最突出的一点是掠降民为奴。《元史》卷163《张雄飞传》曰："先是，荆湖行省阿里海牙以降民三千八百户没入为家奴，自置吏治之，岁责其租赋，有司莫敢言。雄飞言于阿里海牙，请归其民于有司，不从。雄飞入朝奏其事，诏还籍为民。"《元史》卷11《世祖纪》记载，至元十七年（1280），"敕相威检核阿里海牙、忽都帖木儿等所俘丁三万二千余人，并放为民"③。清人赵翼《廿二史劄记》卷30"元初诸将多掠人为私户"条认为阿里海牙豪占最多。

除了掠民为奴，阿里海牙还居功自傲，恣意妄行，至元十九年（1282），他"自陈其功比伯颜，当赐养老户，御史滕鲁瞻劾之，阿里海牙自辨，有旨遣使赴行台逮问"④。阿里海牙与湖广行省左丞要束木互相钩考，弹劾对方贪贿，他失败后愤而自杀。⑤ 阿里海牙死后，政敌要束木籍阿里海牙家赀，运至京师。⑥ 阿里海牙被弹劾治罪也与元世祖欲抑制其威权有关。至元二十年（1283）崔彧上疏："十七曰阿剌海牙掌兵民之权，子侄姻党，分列权要，官吏出其门者十之七八，其威权不在阿合马下。宜罢职理算，其党虽无污染者，亦当迁转他所，勿使久据湖广。"⑦ 阿剌海牙，即阿里海牙，他与子侄姻党几乎掌控了整个湖广行省，崔彧甚至比之为权臣阿合马，这是世祖所不愿看到的，所以正好借

---

① 元人姚燧《湖广行省左丞相神道碑》说阿里海牙曾以一月读北庭书。
② 《元史》卷128《阿里海牙传》，第3128页。
③ 《元史》卷11《世祖纪》，第221—222页，另见《元史》卷12《世祖纪》、卷128《相威传》，以及陈垣《元西域人华化考》卷3。
④ 《元史》卷128《相威传》，第3131页。
⑤ 参见屠寄：《蒙兀儿史记》卷92；柯劭忞：《新元史》卷160，中国书店1988年版。关于阿里海涯之死的考证，可参杨镰《贯云石评传》附录《史料与考证》。
⑥ 参见《元史》卷14《世祖纪》。
⑦ 《元史》卷173《崔彧传》，第4040—4041页。

助官员弹劾他而加以治罪。①

阿里海牙掠民为奴、居功妄行，使得这一家族在元初声名不佳，后世也遭批评，以致陈垣先生《元西域人华化考》卷3称贯云石为"浊世佳公子"，那么在阿里海牙之后，北庭贯氏的家族传统经历了怎样的变化？其孙贯云石又是如何成长为文坛巨子的？

二、贯氏的学术与文艺

元代北庭贯氏到了第二代贯只哥就与其父阿里海牙不同，他在元成宗大德十年至元仁宗延祐二年间（1306—1315），出任湖广行省参知政事。②贯只哥曾与汉族文人交往③，在湖广行省任期间还娶名妓金兽头为妾④。他为政宽仁⑤，也不同于阿里海牙的粗暴。

贯只哥之子贯云石（1286—1324），本名小云石海涯，取父名第一字为姓。他生来承继家族的尚武传统，年少时"善骑射，工马槊"。贯云石袭父爵为两淮万户府达鲁花赤，镇永州（今属湖南），但是他的生平志趣并不在此，他将父爵让于弟呼图克哈雅，辞官后"与文士徜徉佳山水处，唱和终日，浩然忘归"，过着一种于山水园林之间诗文唱和的生活，他所追求的可以说是中国传统文人的理想生活。⑥

贯云石学习汉族传统文化，他这种谦退的人生态度与学禅学儒有关。欧阳玄《元故翰林学士中奉大夫知制诰同修国史贯公神道碑》记载，至治三年（1323），欧阳玄与贯云石在杭州相会，临别时，贯云石说："近年读释氏书，乃知释子薴有是心，谓之记生根焉。吾因以是为戒，今于君之别，独不能禁，

---

① 阿里海牙被钩考治罪与他和桑哥党羽要束木之间的矛盾有关，参见马娟《元代畏吾人阿里海牙史事探析》(《元史及民族与边疆研究集刊》第十八辑，上海古籍出版社2006年版)。
② 参见吴廷燮：《元行省丞相平章政事年表》，《二十五史补编》本。元人程钜夫《武昌路观音阁记》（《雪楼集》卷13）说他至大二年（1309）为湖广行省平章。
③ 参见元人谭景星《上封寺壁吴华叟侍贯平章踏雪登岳》，有"天花终不染衣襟"之句，盖天女散花事也。然"染"字作注尤佳，惜不及与评（《村西集》卷4，《全元诗》第22册，第146页）。
④ 贯只哥娶金兽头事据元人夏庭芝《青楼集》，参见《中国古典戏曲论著集成》第2册，第19页。
⑤ 参见（元）欧阳玄：《元故翰林学士中奉大夫知制诰同修国史贯公神道碑》，《圭斋文集》卷9。
⑥ 元人陈基《跋贯酸斋书归去来辞》说贯云石"独慕陶靖节之为人，而书其《归去来辞》"，这是贯云石人生追求的最好注解。

且奈何哉!"该碑文还记载贯云石"入天目山,见本中峰禅师,剧谈大道,箭锋相当。每夏坐禅包山,暑退始入城"。① 本中峰禅师(1263—1323),名明本,号中峰,杭州人。著有《中峰广录》三十卷等。② 为元代中期颇有影响的高僧,倡导禅净融合与禅教会通的思想。③ 明本能诗,撰《梅花百咏》等。

除了与高僧往来,贯云石还与道士交游。据蒲道源《题月山道人卷后》,在京城为官时,他发现贯云石"不受富贵羁束,超然欲神游八极之表",后来果然弃官南游。李道人在去蜀地青城山途中遇到贯云石,"与谈方外事,以清识见赏"④,贯云石字之曰月山。由此可见贯云石还熟悉道教。⑤

北庭贯氏的故国高昌回鹘王国为多种宗教并存,包括萨满教、摩尼教、佛教、景教、道教、伊斯兰教等,其中摩尼教与佛教的影响较大。但是这种佛教与佛教在中国内地发展起来的禅宗并不相同。陈垣先生认为贯云石等西域人在熟悉儒学后再去谈禅,为"双料华化"⑥。在禅宗与道教的影响下,贯云石追求一种超乎世外的理想生活,欧阳玄《元故翰林学士中奉大夫知制诰同修国史贯公神道碑》曰:

> 公之踪迹与世接渐疏。日过午,拥被坚卧,宾客多不得见。僮仆化之,以昼为夜。道味日浓,世味日淡,去而违之,不翅解带。

贯云石在禅宗和道教等思想的影响下,成为性情高洁、超凡脱俗的文人雅士,释道惠在《悼贯酸斋学士》中说他"自号贯石仙",诗歌这样概括贯云石的旨趣:"有意西湖狂捉月,无心东阁问凌烟"⑦,他自愿放弃自己优越的出身和高官厚禄,追求一种闲云野鹤般的境界。

---

① (元)欧阳玄:《元故翰林学士中奉大夫知制诰同修国史贯公神道碑》,《欧阳玄集》,第103—104页。
② 参见(元)虞集:《智觉禅师塔铭》,《道园学古录》卷48;(清)释道阶:《新续高僧传》卷17;《元诗选·二集》。
③ 参见纪华传:《江南古佛——中峰名本与元代禅宗》,中国社会科学出版社2006年版。
④ (元)蒲道源:《闲居丛稿》卷10,《文渊阁四库全书》本。
⑤ 据元人杨瑀《山居新语》卷4,贯云石曾为术士龙广寒戏作像赞。
⑥ 陈垣:《元西域人华化考》卷3,第32页。
⑦ (元)释道惠:《庐山外集》卷2,《全元诗》第20册,第358页。

在禅宗与道教之外，贯云石还学习儒学。在阅读佛教典籍之前，他就跟从北方大儒姚燧学习，姚燧"见其古文峭厉有法及歌行古乐府慷慨激烈，大奇之"①。姚燧为当时的理学大师，贯云石从姚燧处学到的不只是诗歌古文，还有儒学在宋元的新发展——理学。贯云石著有《直解孝经》，便于蒙古、色目人阅读儒家经典，此书曾进呈当时尚未即位的元仁宗，现有元刊本存世。贯云石给元仁宗所上书，说到了施政最要紧的六件事：

  一曰释边戍以修文德，二曰教太子以正国本，三曰立谏官以辅圣德，四曰表姓氏以旌勋胄，五曰定服色以变风俗，六曰举贤才以恢至道。

"修文德"、"教太子"、"立谏官"、"变风俗"、"举贤才"，这些内容都是儒家治国之精要，史称贯云石的上疏"凡万余言，往往切中时弊"②，可见其针对性极强，实际上就是要求元仁宗用汉法，即儒家之道治理天下。"举贤才"主要指实行科举取士，这是关系到汉族士人入仕为官、参与蒙元政权的一件大事，贯云石积极参与了科举的议定事宜。③

佛学与儒学之外，贯云石在文学艺术方面的成就更大。欧阳玄所作碑传说他"自是为学日博，为文日邃，诗亦冲澹简远，书法稍取法古人而变化，自成一家"。贯云石的诗歌华丽挥洒，近于李贺，对其后的杨维桢有影响。④ 他的书法在当时也享有高名，陈基说他"如冥鸿逸骥，不受缯缴羁靮，而其蝉蜕秽浊，逍遥放浪，而与造物者游，近世盖未有能及之者"⑤。

贯云石的散曲成就最为突出，他存小令八十余首，套曲八首，其主要内容为两类：隐逸多为感叹仕途险恶，比如《清江引》，隐含着他的祖父在政治斗争中失败自杀的影响；恋情题材的散曲清新而警切，学习俗谣俚曲的长处，比如《红绣鞋》。贯云石不仅是重要的散曲作家，还是最早的评论家，曾为《阳

---

① 《元史》卷143《小云石海涯传》，第3422页。
② （元）欧阳玄：《元故翰林学士中奉大夫知制诰同修国史贯公神道碑》，《欧阳玄集》，第103页。
③ 欧阳玄《元故翰林学士中奉大夫知制诰同修国史贯公神道碑》："会国家议行科举，姚公已去国，与承旨程文宪公、侍讲元文敏公数人定条格，赞助居多，今著于令。"
④ 参见杨镰：《元诗史》，第122—128页。
⑤ （元）陈基：《夷白斋稿》外集《跋贯酸斋书归去来辞》，《陈基集》，第358页。

春白雪》、《小山乐府》作序,他不仅精于北曲,还精于南曲,曾与杨梓改进海盐腔。① 孔克齐《至正直记》卷1"酸斋乐府"条记载:

> 北庭贯云石酸斋,善今乐府,清新俊逸,为时所称。尝赴所亲某官燕,时正立春,座客以《清江引》请赋,且限金木水火土五字冠于每句之首,句各用春字。酸斋即题云:"金钗影摇春燕斜,木杪生春叶,水塘春始波,火候春初热,土牛儿载将春到也。"满座皆绝倒。盖是一时之捷才,亦气运所至,人物孕灵如此。

贯云石面对客人高难度的要求,即席作曲,以其敏捷的文才赢得了广泛的赞誉。

贯云石能在儒学与文学等方面取得成就,与他在廉园的文化活动有很大关系。廉野云在廉园与万柳堂主持的诗歌唱和为京城重要的文化活动,参加的文人包括姚燧、张养浩、袁桷、贡奎、赵孟𫖯、卢挚、许有壬等人,贯云石就是在这样的环境中成长起来的。至大元年(1308),贯云石23岁,参加了大都廉园廉野云主持的诗词雅集,他与许有壬以"清露堂"择字为韵,赋长短句。② 在此之后,贯云石于元仁宗皇庆二年(1313)入翰林院与程文海、赵孟𫖯、元明善、张养浩等人交往,他自己也成为大都文坛最高一级中的一员。③

贯云石的子孙以儒学与文学作为家族传统。贯氏即使为官,已经不再像祖上阿里海牙贪婪暴虐,而是以良吏著闻。贯云石的长子阿尔斯兰哈雅,即贯子素,历任兰溪州达鲁花赤、榷茶提举、慈利州达鲁花赤等职。元人汪克宽《送榷茶提举贯公子素诗卷序》曰:"北庭贯公子素以勋旧世家,文学政治,克绍先绪,才而能廉。前牧浙左兰溪,信期集,简狱讼,与民安于无事,风淳绩

---

① 参见(元)姚桐寿:《乐郊私语》;邓绍基主编:《元代文学史》,人民文学出版社1991年版,第353—355页。关于贯云石的散曲成就,可参见柴剑虹:《维族作家贯云石和他的散曲》,《文艺研究》1982年第4期;李昌集:《中国古代散曲史》第三卷第一章;杨栋:《中国散曲史研究》第三章第二节,高等教育出版社1998年版;赵义山:《元散曲通论》,上海古籍出版社2004年版等论著。
② 参见元人许有壬《木兰花慢》词序(《至正集》卷78)及本章第一节"高昌廉氏"。
③ 参见杨镰:《元代文学编年史》,第255—256页。

美，嘉惠迨今。"① 元文宗至顺初，贯子素任职兰溪州（今属浙江）时，曾捐出俸禄修理门楼。② 元顺帝至元五年（1339）贯子素为榷茶提举，亦多惠民之政。毕仲永《饯都提举贯相公诗有序》也称赞贯子素任职茶司，"以仁心处之，官清吏减，赋办民安"③。贯子素取"进思"二字名其厅事之堂④，闲暇之时，"与英耆秀士论道赋诗，从容翰墨，有古良吏之遗风"⑤。贯子素任慈利州（今属湖南）达鲁花赤时，重修庙学与天门书院，并亲自讲授经史，尊礼贤能，以表民厉俗。⑥ 他曾作《程孺人汪氏节孝传》，表彰女子为夫守节，教子成人。⑦ 贯子素曾拜访欧阳玄，请他为曾祖阿里海牙的江陵王新庙作碑记。⑧

尽管贯子素的诗篇未能流传下来，但是他已经成为具有深厚文化修养的文士，杨镰先生《元西域诗人群体研究》对其交游已有考证与论述。贯子素以"静乐"名其燕居之庭⑨，与吴师道、汪克宽、李祁、李主一、王思哲等汉族文人交往，并有诗歌赠答唱和⑩，还曾为海宁（今属浙江）人朱如山书写两个隶字，为余元的横野楼题写匾额⑪，为兰溪州学的挹翠轩题榜⑫。因此，贯子素清简为政与才华横溢博得了汉族文士的赞美，汪克宽《环谷集》卷7《提举贯公像赞》曰："世家文学，居然得轮扁之真。官途政理，骎然中庖丁之音。其忧国之志，爱民之心，盖将磅礴万物以为世，运转四海而为霖也欤！"

---

① （元）汪克宽：《环谷集》卷4，《文渊阁四库全书》本。
② 参见（元）吴师道：《兰溪州新修门楼记》，《礼部集》卷12。
③ 《全元文》据《（弘治）休宁志》卷35收入，第59册，第548页。文中称贯相公为"平章国公之贤孙，翰林学士之令子"，则指贯子素无疑。
④ 参见（元）李祁：《休宁榷茶提举司进思堂记》，康熙刻本《云阳集》卷3，《全元文》第45册，第503页。
⑤ （元）汪克宽：《送榷茶提举贯公子素诗卷序》，《环谷集》卷4。
⑥ （元）余阙：《慈利州天门书院碑》，《青阳先生文集》卷4，《文渊阁四库全书》本。
⑦ 参见（元）贯子素：《程孺人汪氏节孝传》，《新安文献志》卷98。
⑧ 参见（元）欧阳玄：《江陵王新庙碑》，《圭斋文集》卷9。
⑨ 参见（元）吴师道：《静乐斋诗为贯子素提举赋》，《礼部集》卷3。
⑩ 参见（元）吴师道：《蔷薇花为监州贯子素作》、《寄贯子素监州二首》、《促织图监州贯子素征赋》，《礼部集》卷2、卷7、卷8；（元）王礼：《李教授主敬行状》，《麟原前集》卷3；（元）王思哲：《题休宁县壁和卢疏斋》，《（弘治）休宁志》卷35等。
⑪ （元）汪克宽：《送朱如山序》、《横野楼记》，《环谷集》卷4、卷5。
⑫ 参见（元）柳贯：《寄题兰溪州学挹翠轩贯子素使君题榜》，《柳待制文集》卷2；（元）吴师道：《挹翠轩为监州贯子素作》，《礼部集》卷5。

贯云石孙南山、宁山、葆山等，已经不由父荫入仕，他们都学习进士业，准备走科举的道路。元代科举分左右榜，右榜为蒙古、色目人，左榜为汉人、南人。蒙古、色目人乡试试两场，第一场试经问五条，第二场试策一道，会试相同，御试试时务策一道。经问的内容出自四书，以朱熹的《四书章句集注》为标准，要求义理精明，文辞典雅。① 因此，尽管蒙古、色目人的考试内容较汉人、南人简单，但也需熟读儒家经典，并长于文章写作。贯云石的孙辈学习的进士业，内容不外儒学与文学。贯南山为贯子素子，字仲瞻，虽生于勋贵之门而为人谦退，随父在江东时拜金伯监为师，汪克宽曾作《贯南山字序》，对贯南山的道德功名、事业文章多有期许。贯云石还有个女儿，史称有学识、能文章。② 到了贯云石之后，北庭贯氏已经完全成为文化世家。杨镰先生在论到贯氏家族时说："西域人华化这一大趋势，在三四代人的一个时期内，已经取得了空前的成功。"③

三、贯氏的婚姻关系与家族传统

陈寅恪先生指出："盖研究当时士大夫之言行出处者，必以详知其家世之姻族联系及宗教信仰二事为先决条件。"④ 陈先生虽然说的是中古时期，同样适用于中古之后的中国士大夫家族。我们依此来观照北庭贯氏的婚姻关系，发现贯氏多与汉族通婚，尤其是娶汉族女子为妻较多。

阿里海牙的原配特哩，为其本族人，元世祖又命陈亳颍元帅郝谦女为阿里海牙的亚妃，此女卒后，阿里海牙又遵皇命娶其妹为妻。贯云石的父亲格济格就是郝氏姐姐所生，郝氏妹妹则生了富华善。阿里海牙还有一位姓萧的妾，为他生了巴图尔哈雅和阿实克哈雅两个儿子。也就是说，阿里海牙的六子至少有四个儿子的母亲为汉族，他还有一个孙女嫁给了郝氏子弟为妻。贯只哥出任湖

---

① 《元史》卷 81《选举志》，第 2019—2020 页。
② 参见元人欧阳玄《元故翰林学士中奉大夫知制诰同修国史贯公神道碑》。《元史》卷 143《小云石海涯传》作贯云石孙女。
③ 杨镰：《元西域诗人群体研究》，第 216 页。
④ 陈寅恪：《陶渊明之思想与清谈之关系》，氏著：《金明馆丛稿初编》，生活·读书·新知三联书店 2001 年版，第 227 页。

广行省参知政事时，还娶湖广名妓金兽头为妾。① 贯云石的妻子是北京名家石天麟之女②，贯云石的女儿嫁给怀庆路总管段谦为妻。目前所知贯氏与汉族通婚为五例（不包括纳妾）。尽管从总体上来说，阿里海牙家族与蒙古色目家族通婚更多③，但是，家族与汉族通婚，尤其是娶汉族女子为妻对于贯氏家族传统的转变还是具有很大作用。"汉人（或汉化的蒙古、色目人）主妇不仅为该家族的日常生活引入更多的汉式礼俗和观念，而且可以使该家族的下一代拥有汉人（或汉化的蒙古、色目人）母亲。"在孩子的启蒙教育中，汉族母亲会促进下一代读书习文，研习汉文化。④

阿里海牙的儿子格济格，也就是贯云石的父亲贯只哥，娶同样为北庭勋贵的廉氏的女子为妻，即廉希宪弟希闵之女。虽然廉氏并非汉族，但是廉氏的汉化早于贯氏，布鲁海牙已经按照汉族的习惯，为廉希宪兄弟取官职第一字"廉"为姓，廉希宪精通儒学，他自称"受孔子戒"，被元世祖称为"廉孟子"，他以儒家忠孝之道侍奉君主，教育子侄。廉希宪敬重儒生，多与汉族文人交往，他收藏万卷汉文典籍，这些举措极大地促进了家族的汉化。⑤ 同样出自高昌王国的贯氏与廉氏联姻⑥，对贯氏的汉化，尤其是贯云石接受汉族文化具有很大的影响。

高昌贯氏的汉化进程有着典型意义。贯氏第一代阿里海牙以军功登显贵，但居功自傲，粗暴贪婪。第二代贯只哥与文人交往，到第三代贯云石学习汉族典籍，崇尚儒家与佛教禅宗，诗文散曲与书法造诣颇高，第四代贯子素为官清简，能论道赋诗，第五代成员学习举业。贯氏的家族传统由武功政事转变为儒学文艺。

---

① 贯云石曾与艺妓杨驹儿有过私情，参见杨镰：《元代文学编年史》，第249页。
② 此石天麟非《元史》卷153的石天麟，而是伯颜部将，曾任江陵总管的石天麟。详细考证见杨镰《贯云石评传》附录《史料与考证》。
③ 贯只哥娶廉希闵女为妻，阿里海牙女五人，一适故嘉议大夫同知广西道宣慰司事策喇实巴勒，一适丞务郎大司农少卿僧嘉努，一适中书省断事官埒尔锦，一适昭勇大将军监阳平太原军巴延，一适传诏巴雅尔。孙女六人婚配已知的三人中有二人出嫁给蒙古色目家族。
④ 张沛之：《元代色目人家族及其文化倾向研究》，天津古籍出版社2009年版，第306页。
⑤ 参见《元史》卷126《廉希宪传》以及本章第一节"高昌廉氏"。
⑥ 阿里海牙家族姻亲中蒙古色目家族与汉族之间的比例与廉氏相似，据王梅堂所列廉希宪家族十二例联姻，汉人四例，蒙古、色目人七例。参见王梅堂：《元代内迁畏吾儿族世家——廉氏家族考述》，《元史论丛》第七辑。

贯氏与廉氏、偰氏并称北庭三大家族，廉氏的汉化较早，在入元的第二代就出现了以儒学修身持家治国的廉希宪。贯氏家族虽然汉化较晚，但是出现了贯云石这样的文坛巨子，其子贯子素也能诗文，贯氏的文学成就引人注目。这与贯氏家族多与汉族通婚有很大关系，也有廉氏家族的影响。

第八章　南北文化交融与北方文学家族

　　元代幅员广阔，南北地理环境与生活风俗差异很大。"南方地卑湿，北客畏蒸暑"①，北方人不适应南方的潮湿炎热，南方人也惊异于北方的寒冷。例如，眉山（今属四川）人家铉翁在南宋灭亡后被流放河间，适逢暮春大雪，他感慨道："春欲暮，木未有萌者，自瀛以北，大率皆然，不知中原之地何如耳。"②家铉翁发现，除了气候迥异，南北习俗风尚也有不同。河间士友特别仰慕东坡，认为元好问一派是从苏轼而来。此外，眉山立春前后，以巢菜作饼，名为东坡饼。巢菜，即豌豆菜，南方有而燕地无。③这些都反映出南北之不同。

　　到过开平的杭州人汪元量惊异于北方气候的寒冷和游牧民族的生活，他说："冷霾撒行车，呻吟独搔首。须臾大如席，风卷半空走。……万木舞阴风，言语冰在口。"④"穷阴六月内，白雪飞穹庐。冷气刺骨髓，寒风割肌肤。"⑤"炎天冷如冰，碛地不生草。"⑥漠北的寒冷使得长期居留南方的汪元量无法忍受，令他无法容忍的还有游牧民族的生活习惯："一月不梳头，一月不洗面。饥则嚼

---

① （元）方夔：《出塞行五首》其一，《富山遗稿》卷3，《文渊阁四库全书》本。
② （宋）家铉翁：《春欲暮雪作不已简子新》其四自注，《则堂集》卷6，《文渊阁四库全书》本。
③ 参见（宋）家铉翁：《西州旧俗，每当立春前后，以巢菜作饼，互相招邀，名曰东坡饼。顷在燕，尝有诗云：西州最重眉山饼，冬后春前无别差。今度燕山试收拾，中间惟欠一元修。元修即巢菜之别号，盖豌豆菜也。东坡故人巢元修尝致其种于黄冈下，因得名。元修，南方有之，燕中无此种。余来河间，再见立春，感旧事，用前韵》，《则堂集》卷6。
④ （宋）汪元量：《开平》，《文渊阁四库全书》本《湖山类稿》未收，据《全元诗》第12册，第23页。
⑤ （宋）汪元量：《南归对客》，《湖山类稿》卷4。
⑥ （宋）汪元量：《草地寒甚毡帐中读杜诗》，《文渊阁四库全书》本《湖山类稿》未收，据《全元诗》第12册，第23页。

干粮，渴则啖雪片。困来卧毡房，重裘颇相恋。故衣连百结，虮虱似珠串。"①对于曾经生活于青山绿水、环境温润的江南的汪元量而言，极难适应漠北的饮食住宿以及极差的卫生环境。漠北极寒不只是汪元量一人的感受，杭州人范玉壶《上都》诗曰："上都五月雪飞花，顷刻银妆十万家。说与江南人不信，只穿皮袄不穿纱。"②

北方的幽并地区"气苦寒而多风，非其土著，至则手皲而足裂。其居处服食异用，绤葛、果茗、鱼鱻之物，不能以易致，皆性之所不便，故南方之人其至者恒少。非为名与利，无从而至焉"③。北方幽并地区的严寒与饮食使得有些南方人望而却步。嘉兴崇德（今浙江桐乡）人张伯淳也说京师大都"扬沙风力劲，外邪袭空肠"④。这里说得有些夸张，但是，不同地方的水土气候确实存在差异，这种水土差异进而影响到当地的风俗，元人归之为"五方之民，俗有不同，由山川为之限隔，而风气殊焉"。

北方虽然文化不及南方，但是风俗淳朴。元末明初的梁寅说："尝闻乎北俗，其一家之幼少必听命乎父，至严也，至敬也。凡齿德之尊于一乡，乡之民必率以听其教，斯为乡之父。县之令丞治一县，县之民必率以听其教，斯为县之父。州之守佐治一州，州之民必率以听其教，斯为州之父。"北方之人尊长者，尊官长，南方人则做不到："其为一家之子者，或乃不知敬其父，矧为乡县州之民，而能敬其乡县州之父，亦几何人哉？大率豪陵其善，贪忕其廉，文嗤其质，巧侮其拙，伪欺其诚，忮疾其仁。若是者固自谓之贤也，而莫以为耻也。"⑤尽管梁寅所言不是普遍现象，但南北方风俗确实差异很大。北方人文采不足而质朴有余，南方人则重利轻义。南北文风亦不相同，元人傅若金说："夫南北之气异，文亦如之。南方作者婉密而不枯，其失也靡；北方简重而不浮，其失也俚。"⑥

---

① （宋）汪元量：《草地》，《湖山类稿》卷2。
② （元）杨瑀：《山居新语》（与王恽《玉堂嘉话》合刊）卷3，中华书局2006年版，第226页。尽管杨瑀说他在滦阳看到过妇人穿金纱，但范玉壶所言上都寒冷确为事实。
③ （元）余阙：《高士方壶子归信州序》，《青阳集》卷2。
④ （元）张伯淳：《子入京》，《养蒙文集》卷7，《文渊阁四库全书》本。
⑤ （元）梁寅：《送余县丞序》，《梁石门先生集》卷2，《全元文》第49册，第405—406页。
⑥ （元）傅若金：《孟天伟文稿序》，《傅与砺文集》卷4，《文渊阁四库全书》本。

南宋与金朝南北对峙，双方的文化发展各异。宋金时期南北方虽然通过使者来往、边境贸易、人员流动等形式有过交流[1]，然而，毕竟阻隔了一百多年，至元朝初年，南方和北方还存在一些隔阂与疏远。河间人宋某从伯颜平宋而留江南，他操朔音，南方人莫能辨，称他为宋蛮。[2] 江西人聂守真在元初所作的《咏胡妇》说："双柳垂鬟别样梳，醉来马上倩人扶。江南有眼何曾见，争卷珠帘看固姑。"[3] 北方胡妇异样的装束、豪放的表现使得南方人极为惊奇，争相目睹。在文学方面同样存在隔膜，"江南士人曩尝谓淮以北便不识字，间有一诗一文自中州来者，又多为之雌黄"，原因在于"南北分裂，耳目偏狭"。[4]

但是，南北间的交流还是不可阻挡地开始了，而且越来越普遍，北方文学家族也加入到入南的洪流中。那么，迁移到南方，或者是到南方仕宦漫游，对北方文学家族产生了一些什么影响？文人的南北流动对他们的创作产生了怎样的影响？本章需要探讨的就是这些问题。

第一节　白朴家族

隩州（今山西河曲）白氏家族伴随着金元王朝而崛起，不仅在金代出了白贲、白华两个进士，而且在元代仕宦不绝，并出现了白朴这样的文学巨匠。20世纪80年代以来，对白氏家族的研究主要集中于白朴，相关论文超过六十篇，包括文集整理、生平考证、政治态度、处世心态和文学成就等方面，白朴的杂剧、散曲与词更成为研究的热点。[5] 张石川《白朴与元初词曲之嬗变》（商务印书馆2011年版）是较新的研究成果，该书对白朴的生平、白朴词曲之成就等问题做了深入探讨。总之，目前对白氏家族的研究仅限于世系的考证，尚未有

---

[1] 参见胡传志：《宋金文学的交融与演进》，北京大学出版社2013年版。
[2] 参见（元）董复礼：《宋蛮传》，《全元文》第49册，第17页。
[3] （元）陶宗仪：《南村辍耕录》卷8《聂碧窗诗》，第102页。元人蒋正子《山房随笔》所记文字有异。
[4] （元）张之翰：《书吴帝饯行诗册后》，《西岩集》卷18。
[5] 参见胡世厚：《二十世纪的白朴研究》，《东南大学学报》1999年第3期；李修生、查洪德主编《20世纪中国文学研究·辽金元文学研究》有关白朴的部分。

深入研究。

由于白朴的文学成就突出,也由于家族其他成员的作品散佚,对这一家族的研究主要集中于白朴一人身上。实际上,白朴的出现并非偶然,既与时代变革、地域变迁有关,也和隩州白氏的家族传统相关,从文学家族的角度进行研究会对白朴有个新的认识。此外,白朴父亲白华尚存诗二十首、词一首,作为一个在金元很受推崇的诗人,值得关注。本节将主要探讨两个问题:一是白朴父子文学作品的价值所在;二是白朴家族与地域文化的关系,尤其是白朴的创作与南北文化交流的关系。

一、隩州白氏世系与迁徙考

隩州白氏家族资料主要载于元好问《善人白公墓表》、《南阳县太君墓志铭》,袁桷《朝列大夫同金太常礼仪院事白公神道碑铭》。白氏家族的世系① 如下:白朴曾高祖重信,高祖玉,曾祖仲温。祖宗完,字全道,子五人,彦升、贲、华、莹、麟。白朴父白华字文举,号寓斋,生四子,忱、朴②、恪、中山③。据明景泰五年(1454)至民国三十七年(1948)续修《白氏宗谱》,白朴子五人,镀、钺、鉴、钧、镛。白朴弟白恪有子五人,渊、沆、湛、洙、灏。白朴与白恪孙辈甚多,不具列。④

白朴祖籍隩州,在金代属河东北路代州,白朴祖上一直生活于此。曾高祖重信,高祖玉,曾祖仲温,祖宗完,都未取得功名。白朴的父亲白华于金宣宗贞祐三年(1215)考中进士。自中进士后,一直在朝为官,居于汴京(今河南开封)。他初为应奉翰林文字。正大元年(1224),累迁为枢密院经历官。家属

---

① 参考清人曹寅藏旧钞本《天籁集》附《兰谷世系图》;王文才校注:《白朴戏曲集校注》附编《白朴年谱》,人民文学出版社 1984 年版;胡世厚:《白朴世系考》,氏著:《白朴论考》,中州古籍出版社 1991 年版。

② 白朴,原名恒,金人元好问《善人白公墓表》记载白朴祖父有孙五人,为嗣隆、忱、恒、常山、中山,嗣隆为彦升子,其余四人为白华子。

③ 中山为幼名,《白氏宗谱》说他字信甫,张文澍《白朴家世补证》(《文艺研究》2004 年第 4 期)据陈普《十先生像序》(《石堂先生遗稿》卷 13),考证中山为亨甫之幼名。中山的名与字待考。

④ 参见(元)袁桷:《朝列大夫同金太常礼仪院事白公神道碑铭》,《清容居士集》卷 27;胡世厚:《白朴与〈白氏宗谱〉》,《文学遗产》2002 年第 5 期。

也随他居于汴京，白朴于正大三年（1226）出生于此。① 天兴元年（1232），蒙古军包围汴京，金哀宗出奔，白华随行。二年，崔立降蒙，汴京失守。元好问携白朴姐弟流寓聊城（今属山东）、济南（今属山东），寄居冠氏（今山东冠县）。② 金朝灭亡时，白华随邓州节度使移剌瑗降南宋，曾任宋官，后于蒙古太宗八年（1236）降蒙③，投靠真定的史天泽。一年后元好问携白朴至真定与白华团聚。④ 白朴从十二岁（宋理宗嘉熙元年，蒙古太宗九年，1237）到三十六岁（宋理宗景定二年，元世祖中统二年，1261），一直随父居真定读书，其间曾至顺天（今河北保定）、亳州、寿春（今安徽寿县）等地游览。宋理宗景定三年（元世祖中统三年，1262）起，白朴离家南游，先后到过汉江、汴京（今河南开封）、怀州（今河南沁阳）、九江（今属江西）、岳阳（今属湖南）等地。南宋灭亡后，五十五岁的白朴移家建康（今江苏南京），这与他的弟弟白恪居官建康有关，袁桷《朝列大夫同金太常礼仪院事白公神道碑铭》记载："（至元）十八年，（白恪）授从仕郎、江东建康道提刑按察司经历。"⑤ 白朴终老于建康，也与他的几个儿子在江南为官有关，他的长子白镗官至江西道廉访副使，次子白钺仕至江南浙西道杭州路事，五子白镛官永州路经历。⑥ 在建康期间，白朴曾游茅山（在今江苏句容与金坛交界处）、扬州（今属江苏）、杭州等地，他的卒年当在元成宗大德十年（1306）以后。⑦ 白朴的子孙多居于江南。

二、白华诗作考

白华，字文举，号寓斋，白朴之父。金宣宗贞祐三年（1215）进士，初为应奉翰林文字，累迁至枢密院判官右司郎中。⑧

薛瑞兆、郭明志先生编纂《全金诗》，阎凤梧、康金声先生主编《全辽金

---

① 参见胡世厚：《关于白朴生平的几个问题》，氏著：《白朴论考》。
② 参见缪钺：《元遗山年谱汇纂》，《元好问全集》附录。
③ 《金史》卷114《白华传》："会（移剌）瑗以邓入宋，（白）华亦从至襄阳，宋署为制干，又改均州提督。后范用吉杀均之长吏送款于北朝，遂同而北归。"
④ 参见王文才：《白朴年谱》，《白朴戏曲集校注》附编，第323页。
⑤ （元）袁桷：《清容居士集》卷27，《袁桷集》，第407页。
⑥ 参见胡世厚《白朴与〈白氏宗谱〉》所引《白氏宗谱》及白朴世系图。
⑦ 关于白朴的游历与卒年依据胡世厚《白朴论考·白朴年谱》。
⑧ 参见《元好问全集》卷24《善人白公墓表》及《金史》卷114《白华传》。

诗》只收录白华诗作六首，本文根据栾贵明先生《永乐大典索引》，又补辑出十四首。现考证如下。① 《永乐大典》卷2535录有白君举《寓斋集》之《题何天衢安常斋》，卷2537录白君举《寓斋集》之《题仲植长史斋诗》、《题生意斋》，卷2813录白君举《寓斋集》之《惊梅图》、《赵提学示屏上梅诗约同赋》。②

这五首诗虽然署名白君举《寓斋集》，实际上确为白华所作。据袁桷《朝列大夫同金太常礼仪院事白公神道碑铭》、《金史·白华传》，白华字文举，此作君举为误。《寓斋集》为白华文集，白华号寓斋，证据有二。第一，元人王博文《天籁集序》有言"白枢判寓斋"，元好问《善人白公墓表》说白华"仕至枢密院判官右司郎中"，正与此合；第二，王博文又言"太素即寓斋仲子"，太素即白朴，可证白朴父亲白华为寓斋。王博文与白朴交往三十年，他的叙述是可信的。将白华的字误为君举，并非始于《永乐大典》，元人王逢《梧溪集》卷4《读白寓斋诗有序》曰："寓斋字君举，金之隩人。登泰和三年词赋第。……弟文举亦登贞祐进士第。"案：《中州集》卷5萧贡《读火山莹禅师诗卷》序曰："禅师隩州白氏，岐山令君举、枢判文举之弟"，可知官岐山令者为兄，字君举，即白贲，登金章宗泰和三年（1203）词赋第。官枢判者为弟白华，字文举，号寓斋。王逢误将寓斋作白贲之号。文献中将白贲、白华兄弟混淆颠倒之例甚多，比如《元诗选·癸集》作"寓斋先生白贲"，录诗二首《题靖节图》、《酬元遗山》，实为白华所作，这两首诗还被《御定全金诗增补中州集》卷51白君举名下收录。《元诗选·癸集》与《御定全金诗增补中州集》沿袭了王逢《梧溪集》之误。③ 因此，凡《寓斋集》、寓斋诗均为白华之作。

《永乐大典》卷2604录元寓斋诗《说经台》，"元"为朝代，本卷"昭台"下有"元张西岩集"，与此同。说经台，指老子说经台，在西安府盩厔县（今陕西周至）南三十里。当为白华路过此地时所作。同书卷2811录《寓斋诗集》

---

① 王文才《白朴戏曲集校注》附编《白朴年谱》曾对白贲、白华兄弟混淆做过辨析，有功学界。但他未就《永乐大典》所收诗作做全部考辨，而且将《元风雅》所收邓文原《赠白君举》（明人宋公传编《元诗提要》卷12等书亦收此诗）归为隩州白贲。案：邓文原为钱塘人，生于南宋，他入元时隩州白贲已去世多年，他与白贲不同时。本文在《白朴年谱》的基础上对其未考诗作做出考辨。

② 同卷还录白均举寓斋诗《赵提学示屏上梅诗约同赋》，诗的题目文字相同，可知"均举"为"君举"之误。

③ 《御选金诗》卷18也将《题靖节图》署为白君举之作。

之《腊梅》，卷4908录《寓斋集》之《送陈外郎还燕》、《送梁贡父还燕》、《送马云汉还燕二首》、《赠关仲秀还燕二首》、《送张孝纯还燕》。梁贡父，即梁曾（1242—1322），字贡父，燕人，《元史》卷178、《元诗选·癸集》有传。白华赠诗说："圣代选才先少傅，竚看平步上青云。"梁曾于中统四年（1263），以翰林学士承旨王鹗荐，被辟中书左三部令史，诗当作于此时，白华以阮瞻、梁鸿比拟，勉励对方仕进，希望梁曾"汉简诗书要策勋"。除梁贡父外，白华诗作中的其余诸人生平资料缺乏。

以上14首，加上刘祁《归潜志》卷14收录的《题归潜堂》，王逢《梧溪集》卷4下《读白寓斋诗有序》抄录的《题靖节图》、《酬元遗山》，《永乐大典》卷13344引《寓斋诗》之《示恒》、《是日又示恒二首》，白华存诗共二十首。

《永乐大典》卷5838录元白居举诗《两生课卖花因用其韵》二首。栾贵明先生列入白华作品①，《全元诗》将以上22首诗全部收入，成为目前收录白华诗最多的诗歌总集。

三、陕州白氏之文学

白华在金代诗名甚高，多与元好问酬唱②，他与元好问交情极深："元、白为中州世契，两家子弟每举长庆故事以诗文相往来。"③白华之诗在金元时期流传甚广，享有极高的声誉，李冶序其诗曰："龙韬雷厉于纷拿之顷，玉唾川流于谈笑之间。"④连南宋入元的宁德（今属福建）人陈普也称赞白华的诗"沉郁葱蒨，贯穿该洽"⑤。王逢将白华比为陶渊明、李白、白居易，评其诗曰："茅屋不眠歌慷慨，金源回首意牢骚。当时耆旧皆陈迹，何处青青沼沚毛。"⑥

白华家族在金元两代是备受推崇的文学世家，翰林承旨阎复力挺白恪入翰

---

① 笔者以为，从现存文献看，白华并未用过"居举"的字或号，在未有确切证据之前，还是存疑为妥。
② 金人元好问有《白文举王百一索句送行》、《送钦叔内翰并寄刘达卿郎中白文举编修二首》、《与枢判白兄书》等多篇诗文来往。
③ （元）王博文：《天籁集序》，徐凌云校注：《天籁集编年校注》，第205页。
④ （元）王逢：《读白寓斋诗有序》，《梧溪集》卷4，明景泰七年陈敏政重修本。
⑤ （元）陈普：《十先生像序》，《石堂先生遗稿》卷13，《全元文》第12册，第529页。
⑥ （元）王逢：《读白寓斋诗有序》，《梧溪集》卷4。

林，他认为："白文举父子兄弟俱有文名。"① 程钜夫《雪楼集》卷27有《送白敬父赴江西理问》诗，白敬父指白恪，恪字敬甫，父、甫通。诗曰："思君还读寓斋诗"，可见程钜夫对白恪父白华诗名之景仰。②

白华弟出家，称为僧宝莹，也擅长文学，"以诗笔见推文士间，有集行于世"③。金人萧贡曾读到宝莹的文集，写了《读火山莹禅师诗卷》，其序称宝莹"自幼日，有诗名河东"，诗曰："长短都归一梦中，身前身后两无穷。李澄信士今如在，定向江湖访泽公。"萧贡诗序还录宝莹一诗云："十日柴门九不开，松庭雨后满苍苔。草鞯挂起跏趺坐，消得文殊更一来。"④ 写的正是其僧人空寂的生活。

白华诸子除了次子白朴长于文学，三子白恪也有文名，袁桷《朝列大夫同金太常礼仪院事白公神道碑铭》称其为文不事雕饰，白恪还著有诗文若干卷，可惜今不存。《全元诗》据周密《癸辛杂识》别集卷上收入其《咏宋史》七绝一首。

由于白氏家族成员多文学之士，元代文人对白氏推崇备至。宋褧《燕石集》卷九《白子芳瓶梅结实》是为白湛及其子所作，白湛为白恪第三子，宋褧称其为"文献故家"、"诗书门第"。⑤

四、金元易代之际白华与白朴之痛苦心灵

那么，今天看来，白华、白朴父子的作品价值何在呢？这需要结合他们的处境做分析。

白华在金朝末年成为金哀宗的亲近大臣，但金亡之前他随邓州节度使移剌瑗降南宋，曾任宋官，后又于蒙古太宗八年（1236）降蒙，这种有悖于忠义的行为还是遭到了人们的批评。《金史·白华传》说："士大夫以（白）华夙儒贵

---

① （元）袁桷：《朝列大夫同金太常礼仪院事白公神道碑铭》，《袁桷集》，第408页。
② 元人张之翰《和张秋山寿诗韵》（《西岩集》卷7）曰："滹水传来仍有派，寓斋仙去更无师。"
③ （金）元好问：《善人白公墓表》，《元好问全集》卷24，第525页。
④ 《中州集》卷5，第239页。《御定全金诗增补中州集》卷27、《（雍正）山西通志》卷226所录同。
⑤ 元人宋褧称白湛字季清，与袁桷《白季清母夫人受新封诗序》（《清容居士集》卷22）吻合。

显,国危不能以义自处为贬云。"修《金史》的史臣还在赞中说:白华"从瑗归宋,声名扫地"。那么,所谓"夙儒贵显"的真实情况如何?白华的选择有什么隐情呢?

《金史》说白华为"夙儒贵显",我们来考察一下他的仕途。白华中进士后初为应奉翰林文字,正大元年(1224)累迁为枢密院经历官。据《金史》卷55《百官志》,枢密院经历官为正七品。白华后升为枢密院判官,最后升至右司郎中,据《金史》卷42《仪卫志》,尚书左右司郎中为正五品。由此可见,白华的官职并不高,称不上"贵显",只不过他在金哀宗身边针对很多时政大事提过很多建议,因此显得似乎深受重用。

白华确实为保全金朝殚精竭虑,但是他的很多正确建议并未被金哀宗采纳①,甚至于还引起其他官员,尤其是女真族官员的嫉恨。比如正大二年(1225)九月,宋将彭义斌乘金朝经理河北之机,遂由山东取邢、洺、磁等州。白华上奏曰:"北兵有事河西,故我得少宽。今彭义斌招降河朔郡县,骎骎及于真定,宜及此大举,以除后患。"当时院官不愿意,就派遣白华去彰德视察,实际是借机排挤他。白华的这一重要建议最终不得实行。白华的另一次经历则更为危险,正大八年(1231)五月,驻守桃源界潋河口的合达、蒲阿二军要求增兵,哀宗派遣白华传谕,二人不满意,蒲阿遣水军令白华坐小船顺河而下视察,"(白)华力辞不获,遂登舟。及淮与河合流处,才及八里庄城门相直,城守者以白鹞大船五十溯流而上,占其上流以截华归路。华几不得还,昏黑得径先归,乃悟两省怒朝省不益军,谓皆华辈主之,故挤之险地耳"。②

白华在金朝危亡之时,积极出谋划策,连批评他变节的《金史》史臣也承认"白华以儒者习吏事,以经生知兵,其所论建,屡中事机",然而,对于白华的正确建议未被采纳一事,史臣是这样解释的:"然三军败衄之余,士气不作,其言果可行乎?"真的是因为金军打了败仗士气不作,白华的努力才不起作用吗?

事实上,作为汉族文士,白华在金代朝廷中的地位并不高,根本不能决策

---

① 《金史·白华传》:"上(哀宗)平日锐于武事,闻(白)华言若欣快者,然竟不行。"
② 《金史》卷114《白华传》,第2503、2508页。

国家大事。这缘于金朝的女真族统治之本质,"朝政大权始终掌握在女真贵族手里,文士只不过是个工具而已"①。金末文人刘祁在总结金亡教训时说:"然其分别蕃汉人,且不变家政,不得士大夫心,此所以不能长久。"②认为区分女真与汉族的政策是金亡的重要原因。《金史》卷124《忠义传》长公主对金哀宗说:"近来立功效命多诸色人,无事时则自家人争强,有事则他人尽力,焉得不怨。"说明金亡之时各民族的不平等待遇依然没有得到改变,汉族等民族的人士尽管为国立功,但是其政治地位依然远不及女真人,因此对这一政权并不满意。白华就是一个典型例证。

白华一心为国谋划却不受重视,甚至遭人陷害,他的遭遇让很多人不满。天兴元年(1232),首领官张衮、聂天骥奏:"尚有旧人谙练军务者,乃置而不用,今所用者皆不见军中事体,此为未尽。"③哀宗问未用者何人,都说是院判白华,哀宗由此任命白华为右司郎中。但是,哀宗并未采纳白华出城决战的奏议,而是不顾他的反对逃奔归德(今河南商丘)。

作为金哀宗的亲近大臣,尽管白华的很多建议未能被金哀宗采纳④,但他作为汉族臣子,能参与金末的许多重大决策,还是很难得的。然而,金亡之际,白华并没有为金殉难,他投宋降蒙的态度显示出其政治上的灵活性。事实上,作为汉族文士,白华在金代朝廷中的地位并不高,根本不能决策国家大事。既然金代政权并未把汉族文士当成值得倚重的力量,那么从整体上讲,汉族文士自然不会效忠于这个朝廷。⑤因此,白华的所为是汉族文士较为普遍的选择,比如王磐为正大四年(1227)进士,河南被兵时,为避难,入南宋为议事官,襄阳兵变后北归出仕蒙古。杨弘道也有类似的经历。王鹗为正大元年(1224)状元,入元后任翰林学士承旨,同样为正大元年进士的杨果也出仕元朝。即使是不仕元朝的元好问、李俊民等人,也频繁与元朝皇帝、权贵交往。白华的行

---

① 牛贵琥:《金代文学综论》,刘毓庆主编:《国学新声》第二辑,三晋出版社2009年版,第278页。
② (金)刘祁:《归潜志》卷12,第137页。
③ 《金史》卷114《白华传》,第2511页。
④ 参见《金史》卷17、18《哀宗纪》与卷114《白华传》。
⑤ 当然也有少数汉族文士在金末殉难,比如李革、路铎、李复亨、周昂等,参见《金史》卷99《李革传》,卷100《路铎传》、《李复亨传》,卷126《文艺传》。

为从本质上与他们也没有区别。

白华等汉族臣子这种政治上的灵活态度与北方民族政权有很大关系。尽管金朝也推崇儒家的忠义观念,但是女真族固有的是重信用、报恩德的观念①,生活于北方的文士也受到这种观念的影响,不同于南宋灭亡时臣子们普遍坚持的忠义思想。因此,"蒙金易代,对于金遗民词人只是改朝换代,宋灭元兴,对于宋遗民词人却有亡国灭种的悲愤"②。

然而,白华毕竟承受着舆论对其节操的指责,他自己也推崇忠臣之义③,这段辗转三朝的经历还是给他的心灵带来惭愧与痛苦,这一点在他的诗歌中多有反映。比如《题靖节图》曰:"咄哉灵运辈,危坐衣冠辱。何如五柳家,春雨东皋绿。"④谢灵运与陶渊明都是由东晋入刘宋的诗人,白华将为官受辱的灵运与归隐自得的渊明相对比,鲜明的取舍中饱含着作者自己的仕途荣辱,尤其是易代之际未能守节的惭愧。《送陈外郎还燕》也写到见微知著的陶渊明,思考的是人间是非与仕途之愧。《题何天衢安常斋》写一种随时而动的思想,流露出自己在金元之际几经辗转、宦海浮沉的感慨。《送马云汉还燕二首》之一回忆起孤臣在邓之时,自己如同等待赎身的百里奚,"恐成三虎世多疑",谗言可畏,自己内心的苦楚能向谁人述说呢。

除了书写仕途的不堪回首外,白华对自己金亡后的处境也有描写,《满庭芳·示刘子新》喜于自己儿女生还,勉励对方建立勋业。⑤《示恒》"忍教憔悴衡门底,窃得虚名玷士林",写的是归隐后的困苦生活与仕途反思。《是日又示恒二首》其二写年老多病,又羁留异乡的痛苦。其一则表明他对前途已经不抱什么希望,唯一的期望是勉励儿子事业有成。《示恒》诗也说"一经真胜万黄金"⑥,勉励子白恒(即白朴)努力学业,振兴家族。

---

① 参见牛贵琥:《金代文学编年史·前言》。
② 牛海蓉:《元初宋金遗民词人研究》,中国社会科学出版社 2007 年版,第 9 页。
③ 白华《题仲植长史斋诗》曰:"杜陵文章光万丈,政自爱君心不已。鲁公若无忠义气,屋漏锥沙一技止。"
④ (元)王逢:《读白寓斋诗序》,《梧溪集》卷 4。
⑤ 《全金元词》据《永乐大典》卷 13344 录寓斋词,第 603 页。
⑥ 《全元诗》第 1 册,第 121—122 页。

然而，白朴并未出仕元朝，关于他的政治态度，学术界多有不同看法。[①] 实际上，白朴既不属金代遗民，又与元朝权贵多有接触，明初人孙大雅对白朴这种复杂的心理有深入的分析，他在《天籁集序》中说白朴："少有志天下，已而事乃大谬。顾其先为金世臣，既不欲高蹈远引以抗其节，又不欲使爵禄以污其身，于是屈己降志，玩世滑稽。"[②] 而这一切源于汴京陷落、国破家亡，壬辰之难，尤其是母亲失踪对白朴一生的政治态度与文学创作产生很大影响。[③]

白朴的杂剧《梧桐雨》"融入了家国沦亡的切肤之痛，但更为显明的是借助这桩演说不尽的帝妃爱恋悲剧，倾诉了掩抑深重的荣枯难料、人生命运难以自主的悲剧体验"[④]。该杂剧中的"霓裳"既有杨贵妃并非凡人的象征意味，更有亡国之音的隐喻。[⑤] 白朴晚年所作的金陵怀古词"兴废古今同"[⑥] 一句包含着对金与南宋相继灭亡的现实慨叹，尤其是他亲身经历的金朝灭亡的苦痛，成了他一生难以磨灭的惨痛记忆。

蒙古军队灭金的过程伴随的是杀戮与掳掠。姚燧《序江汉先生事实》说蒙古军"军法：凡城邑以兵得者，悉坑之"[⑦]。史籍中记载的蒙古军队屠城与掳掠之事甚多。比如，真定有人叛蒙古从武仙，蒙古主帅笑乃觯发怒，将杀万人以示威，在史天泽的反复劝谏之下才作罢。[⑧] 张好古《知常姬真人事迹》说："辛巳，天兵下河东，泽潞居民半为俘虏。"[⑨] 辛巳为金宣宗兴定五年（1221），所谓"天兵"指的正是蒙古军，蒙古攻打金朝，起初并不以占地经营为目的，而是以掳掠抢夺为主，"泽潞居民半为俘虏"说得并不夸张。田茂实之父谈到蒙古

---

① 参见胡世厚：《试论白朴拒仕元朝之因》，《中州学刊》1986年第1期；张志江：《也谈白朴拒荐之因》，《中州学刊》1987年第4期；杜桂萍、于建慧：《论白朴拒荐原因及对其杂剧创作的影响》，《牡丹江师范学院学报》1997年第1期。
② 徐凌云校注：《天籁集编年校注》，第207页。
③ 参见赵维江：《隐士的隐衷——论白朴词隐逸倾向的文化心理成因》，《暨南学报》1999年第4期。
④ 张大新：《传统人格范式失衡境遇下的悲怨与风流——白朴的心路历程与其剧作的泛人文内涵》，《文学评论》2008年第6期。
⑤ 参见张石川：《白朴与元初词曲之嬗变》，商务印书馆2011年版，第95—96页。
⑥ 白朴：《水调歌头·苍烟拥乔木》，徐凌云校注：《天籁集编年校注》，第67页。
⑦ （元）姚燧：《牧庵集》卷4，《姚燧集》，第63页。
⑧ 参见王恽《开府仪同三司中书左丞相忠武史公家传》（《秋涧先生大全文集》卷48）及《元史》卷155《史天泽传》。
⑨ 《全元文》第22册，第344页。

灭金时说："金将亡，城郭蚁溃四出，马尘南驱，躏藉争死，枯骼野燐，千里一色。丰州为路冲，荒墟败砾，白日无人行声。"①

金朝首都汴京的沦陷也一样，宋人周密《齐东野语》卷5记载宋军进入汴京，发现这座当年的金朝都城被蒙古军占领过之后，"荆棘遗骸，交午道路，止存居民千余家，故宫及相国寺佛阁不动而已"②。刘祁《归潜志》卷11记载，崔立降蒙后，"搜选民间寡妇、处女，亦将以奉北兵，然入其家者甚众。又括刷在京金银，命百官分坊陌穷治之，贵人、富家俱被害"。汴京遭受了崔立的残杀掠夺后，又遭到蒙古军队的洗劫，"北兵纵入，大掠"。"大臣富家多被荼毒死者"③，连投降蒙古有功的崔立的家眷也被蒙古军队掳掠。④当时白华跟随金哀宗出奔，困在汴京城的白朴母子情势危急，叶德均先生《白朴年谱》认为白朴失母当在汴京破后，幺书仪先生《〈白朴年谱〉补正》进一步补充证实，白朴的母亲或被崔党所"乱"，或送奉于北兵，或被元军剽掠，或以不受辱而自尽。⑤白朴因被元好问收留才幸免于难，父亲生死未卜，母亲又下落不明，这给年幼的白朴造成了严重的心灵创伤。王博文序说白朴："自是不茹荤血，人间其故，曰：'俟见吾亲则如初。'"这种心灵创伤还显现于白朴的作品中，其《沁园春》曰："羡东方臣朔，从容帝所，西真阿母，唤作儿郎。"⑥据张华《博物志》卷8《史补》记载，东方朔所见为西王母，白朴称之为"阿母"，可见其内心的恋母情结，因此清无名氏《天籁集序》说白朴："痛兵燹失母，见凡有母，如见阿母也。"⑦

蒙古攻南宋，遭到的抵抗不如攻金时强烈，即使这样，白朴词中依然有"兵余犹见川流血"、"几度生灵埋灭"等语句⑧，可见白朴对生灵涂炭感慨之

---

① （元）袁桷：《田氏先茔志》，《清容居士集》卷30，《袁桷集》，第452页。
② （宋）周密：《齐东野语》，中华书局1983年版，第78页。
③ （金）刘祁：《归潜志》，第129—130页。
④ 《金史》卷115《崔立传》："四月，北兵入城。（崔）立时在城外，兵先入其家，取其妻妾宝玉以出，立归大恸，无如之何。"
⑤ 幺书仪先生一文参见《文史》第17辑，中华书局1983年版，第229页。
⑥ 徐凌云校注：《天籁集编年校注》，第191—192页。
⑦ 徐凌云校注：《天籁集编年校注》，第210页。
⑧ 白朴：《满江红·用前韵，留别巴陵诸公，时至元十四年冬》、《念奴娇·题镇江多景楼，用坡仙韵》。

深。金亡三十三年后①，白朴重游汴京，《石州慢》曰："千古神州，一旦陆沉，高岸深谷。梦中鸡犬，新丰眼底，姑苏麋鹿。"②多年过后，其故国之思依然萦绕心中。

白华、白朴父子的作品正反映了金元易代之际文人的痛楚，尽管白氏子孙仕元者不少，尤其是白恪一支，但是家族在王朝更迭的战火中付出的代价还是深深烙在白华父子身上，他们的作品正是其心灵世界的写照。

五、地域文化与白朴家族

白朴家族的兴盛伴随着金元政权的迭兴，也与其迁徙之地的地域文化有关。白氏祖籍隩州在北宋处于边境地带，文化落后，宋金易代之后当地教育发展，白朴伯父白贲与父亲白华得以考中进士。金亡之际，白华投宋降蒙的态度显示出其政治上的灵活性，体现出北方士人受到女真族报德观念的影响。金亡后白朴父子居于真定，史氏治理下真定繁荣的文化，元好问、史天泽等人对俗文学的关注造就了白朴的元曲成就。白朴晚年漫游江南各地，居于金陵，他的词作显示出南方文化的影响。

（一）北方地域文化与白氏家族

白氏的祖籍隩州，在金代属河东北路代州，北宋时属河东路火山军，为宋与辽、西夏边境地带，处于战争前线。据《宋史》卷86《地理志》，北宋时河东路地势险要，为国家军事要地。民风朴直刚悍，勤农织之业，善于治生。特殊的地理位置使得河东路成为用武之地，文风不倡，程民生先生通过统计，发现河东路文士少武夫多，词人和诗人数量都落后于其他地区，在科举考试中也处于下风。③虽然河东路的并州、潞州、绛州、泽州（今山西太原、长治、新绛、晋城）等处的学校相对兴盛④，但是处于北宋与辽、西夏接壤的火山军教育极为落后。由宋入元的文人陈普在《十先生像序》中说："隩，古林胡楼烦之地，宋所筑火山军以扞西寇者。彼民之于《诗》、《书》，何啻越人之于章

---

① 据《石州慢》小序，该词作于丙寅，即元世祖至元三年（1266），距金亡已三十三年。
② 徐凌云校注：《天籁集编年校注》，第12页。
③ 参见程民生：《宋代地域文化》，第148、332—334、228页。
④ 参见程民生：《宋代地域文化》，第175页。

甫！"① 元好问《善人白公墓表》也说："维火山自太平兴国中升为军，虽有学校而肄业者无几。"但是，到了金世宗、章宗时期，隩州学校才兴盛起来，白贲、白华就是借助于良好的官学教育才得以考中进士，成为家乡的荣耀。如果不是金灭北宋，也许隩州白氏还停留在祖上"潜德弗耀"的状态中。②

如果说宋金易代给隩州白氏提供了发展的契机，那么白贲、白华考中进士，尤其是白华在首都汴京为官使得家族进一步发展。白贲于金章宗泰和三年（1203）考中词赋进士后，官岐山（今属陕西）令，并在中都（今北京）为官。白华在金宣宗贞祐三年（1215）中进士后，一直在朝为官，居于首都汴京（今河南开封）。他初为应奉翰林文字。正大元年（1224），累迁为枢密院经历官。白朴于正大三年（1226）出生于汴京。直到天兴元年（1232），蒙古军包围汴京，金哀宗出奔，白华随行，才离开汴京。

尽管金宣宗贞祐二年（1214）迁都汴京时，在蒙古军较强的攻势之下，金朝已经处于危难时期，但是汴京作为首都，仍然是王朝的政治文化中心。白华汴京为官是白氏家族在政治上达到顶峰之时。除了参与政治以外，白华还结交了大量文士，其中最重要的是元好问。赵维江先生从北宗词豪放质朴的角度解读元好问等金元北方词人③，白朴的文学成就得益于元好问的教导，比如他的词深受元好问的影响，王博文说他"辞语遒丽，情寄高远，音节协和，轻重温惬"④，直推为元氏之承继者。

金代灭亡后，白朴父子所居的真定在史天泽家族的治理下成为北方的文化中心之一。史天泽任用王昌龄、王守道等人，使得真定成为北方避难的乐土，汇聚了王昌龄、杨果、王恽、张德辉、李治、王若虚、元好问等众多知名人士。⑤这些人士除了协助史氏的政事外，还从事文化教育活动。白朴在父亲教导下主要学的是金代的科举词赋之学，但是蒙古政权久久不开科举，加上白朴宦情索然，这种词赋之学在他身上并未得到显现，反而是在元曲的创作方面

---

① （元）陈普：《石堂先生遗稿》卷13，《全元文》卷433，第12册，第529页。标点有所不同。
② 元好问《善人白公墓表》："历大定、明昌官学之盛，然后公之二子擢魏科，取美仕，邦人筑亭以荣，乡名之，屏山李君之纯为作记，辞与事称，相为不朽。"
③ 参见赵维江：《论金元词的北宗风范》，《文学遗产》2000年第4期。
④ 徐凌云校注：《天籁集编年校注》，第206页。
⑤ 参见符海朝：《元代汉人世侯群体研究》，第51页。

卓有成就，这也和真定的文化环境有关。① 真定为元杂剧早期的中心之一，史天泽本人就是散曲作家，名列《录鬼簿》。他的次子史樟，身为将门之子而喜好文艺，号史九散仙，撰有杂剧《庄周梦》。史氏汇聚的文人有不少人都作有杂剧，李文蔚创作杂剧十二种，今存三种，《燕青博鱼》为其代表作。尚仲贤著《柳毅传书》等作品，戴善甫有《风光好》等杂剧。此外，真定杂剧作家还有侯正卿、汪泽民等人。白朴和这些杂剧作家有很好的交往，比如他的《夺锦标》词，就是得到友人王思廉、李文蔚书信后所作，词中写道"梦里封龙旧隐，经卷琴囊，酒尊诗笔"②。封龙，指真定境内的封龙山，在元氏、获鹿两县交界处。词作反映出白朴年轻时与李文蔚诗酒交游的生活。再如侯正卿，长于《易》学、诗歌、杂剧，名列《录鬼簿》，作有杂剧《关盼盼春风燕子楼》。其《艮斋诗集》有《答白仁甫》诗，可知他们交情深厚。这种文化交往对于白朴杂剧与散曲的创作极有裨益。③

早期的散曲作家基本上都是由金入元的文人，真定作为金末元初的文化中心之一，汇聚的文人包括元好问、杨果等人都属于早期散曲作家，史天泽家族也从事散曲写作。白朴的散曲创作也与真定的文化环境有关。

白朴《墙头马上》力图"实现宗法理念与放浪情欲的奇幻媾和"④。实际上，白朴在杂剧中表现男女情欲与金元少数民族入主中原有很大关系，金代的男女关系比汉族政权下要开放得多。董解元《西厢记诸宫调》为崔张爱情赋予合理性，元好问《摸鱼儿·问莲根》、《梅花引·墙头红杏粉光匀》等词作歌咏不符合封建礼教的爱情悲剧，这些都和金代女真族政权有关。⑤ 作为元好问教导过的白朴在杂剧中表现男女情欲与恋情就是顺理成章的事了。

除了杂剧，男女自由恋爱在白朴的散曲中也有表现，比如《题情》："从来

---

① 郑劭荣、刘丽娟《论真定异质地域文化与白朴的戏剧创作》（《太原师范学院学报》2005 年第 3 期）认为，真定儒风颓丧、尚武成风，白朴的非理性化戏剧创作受其影响。这种观点不符合历史记载。
② 徐凌云校注：《天籁集编年校注》，第 100 页。
③ 〔法〕丹纳《艺术哲学》第一章"艺术品的本质"说："艺术家本身，连同他所产生的全部作品，也不是孤立的。有一个包括艺术家在内的总体，比艺术家更广大，就是他所隶属的同时同地的艺术宗派或艺术家家族。"（傅雷译本，人民文学出版社 1963 年版，第 5 页）
④ 张大新：《传统人格范式失衡境遇下的悲怨与风流——白朴的心路历程与其剧作的泛人文内涵》，《文学评论》2008 年第 6 期。
⑤ 参见牛贵琥：《金代文学综论》，刘毓庆主编：《国学新声》第二辑。

好事天生俭，自古瓜儿苦后甜。妳娘催逼紧拘钳，甚是严。越间阻越情忺。"① 歌颂的也是一种不为家长赞同的恋情，充满反叛意味。

（二）南北文化交融与白氏家族

白朴居真定期间就曾到顺天、亳州、寿春等地游览，自宋理宗景定三年（1262）起，白朴南游到汉江、汴京、怀州、九江、岳阳等地。南宋灭亡后，白朴移家建康，并终老于此，还游览茅山、扬州、杭州等地。白朴的晚年基本是在江南度过的，南方文化对他的创作也产生影响。其中突出表现在他的金陵怀古词。

建康，古称金陵，东傍钟山，南枕秦淮，西倚大江，北临玄武湖，处天然屏障之内。地居形胜，守卫坚固，自孙吴建都于此，延至东晋、南朝，遂为六朝政治文化中心。②自唐代以来，江南绮丽的风光，六朝灿烂的文化，以及亡国的教训，成为文人反复歌咏的内容，金陵作为六朝故都，成为六朝怀古诗词的焦点。李白《金陵三首》被称为金陵怀古第一诗，其《登金陵凤凰台》更加脍炙人口。此后杰出的金陵怀古诗当属刘禹锡的《石头城》、《乌衣巷》等诗，杜牧、许浑、李商隐等人也有这一类题材的诗。金陵怀古词首见于五代欧阳炯的《江城子》，宋代王安石《桂枝香·金陵怀古》为金陵怀古词的代表作。此后这类题材的词作在两宋连绵不绝，比如张昇《离亭宴》、周邦彦《西河·金陵怀古》、李纲《六幺令》、辛弃疾《念奴娇·登建康赏心亭，呈史留守致道》、汪元量《莺啼序》，等等。③

白朴的金陵怀古词共有十一首，其《水调歌头·苍烟拥乔木》曰："好在龙盘虎踞，试问石城钟阜，形势为谁雄？"④感慨地势险要的金陵最终难免不守。而"兴废古今同"包含着金与南宋相继灭亡的现实慨叹，白朴目睹了蒙古灭南宋，更亲身经历了金朝灭亡的苦痛，成了他一生难以磨灭的惨痛记忆。词作既是咏史，更是感今。唐代之后的五代十国南北再次分裂，作为南唐的都

---

① 隋树森编：《全元散曲》，中华书局1964年版，第195页。
② 《三国志》卷53《张纮传》注引《江表传》曰："纮谓权曰：'秣陵，楚武王所置，名为金陵。地势冈阜连石头，访问故老，云昔秦始皇东巡会稽经此县，望气者云金陵地形有王者都邑之气，故掘断连冈，改名秣陵。今处所具存，地有其气，天之所命，宜为都邑。'"
③ 参见张惠民、邓妙慈《寒烟衰草后庭花——论金陵怀古词》，《暨南学报》2008年第5期。
④ 徐凌云校注：《天籁集编年校注》，第67页。

城，金陵再一次经历了亡国的命运。白朴的金陵怀古词有两首为感陈后主事而作，其中《夺锦标·霜水明秋》感叹陈后主宠幸的佳人张丽华随着国亡而冰消玉殒。白朴《水调歌头·南郊旧坛在》有句"谁为埋金地，都属卖柴翁"①，昔日繁华的都城所在今日满目荒凉，面对南唐故宫，白朴生起千古兴亡之感。

在金陵居住期间，白朴还游览了江南很多地方，在词作中也有体现。比如道教圣地茅山，相传汉元帝初元五年（公元前44年），陕西咸阳茅氏三兄弟来茅山采药炼丹，济世救民，被称为茅山道教之祖，南朝齐梁时著名的道士陶弘景曾隐居于此。②白朴《水调歌头·三峰足云气》写到了茅君、山中宰相陶弘景等人，表现了他欲濯缨沧浪，洗去人间污浊的情怀。《水龙吟·洞庭春水如天》为白朴登岳阳楼时有感于"郑生龙女事"而作。所谓"郑生龙女事"，据刘向《列仙传》卷上记载，为郑交甫游汉水遇仙女之事，并不在洞庭湖，白朴不过借此表达自己人生悲欢聚散的感触。除了茅山、岳阳楼，白朴词作中写到的还有扬州、杭州、江州及汉江、洞庭湖等地。

关于白朴词的风格，前人有两种截然相反的评论，清人朱彝尊《天籁集跋》说："兰谷词源出苏辛，而绝无叫嚣之奇，自是名家。"③而《天籁集》四库提要则认为"朴词清隽婉逸，意惬韵谐，可与张炎玉田词相匹"。事实上，"白朴《天籁集》的主导风格是婉约清逸，同时又兼具豪放一面"④。这种多样艺术风格的形成，正与白朴纵贯南北的经历密切相关。虽然不能绝对地认为作家在北方的创作就一定豪放，在南方就一定婉媚，但是不同地域对作家风格的影响还是不言而喻的，庾信就是一个典型范例。正因为白朴由北入南，使得他的文学风貌呈现出新的特点，不同于固守于北方或南方的作家。

白朴之前，有些金末文人曾流寓到南方，但很快就返回北方，比如王磐、杨弘道、白华等，但是，由于文献散佚，尚未看出南方文化对他们的创作有什么影响。河汾诸老之一的房皞曾于金亡之际流寓荆楚，还曾游览西湖，隐于庐山，但他还是北归故土。房皞的诗歌中留下了不少南方的印记，《别西湖三首》

---

① 徐凌云校注：《天籁集编年校注》，第77页。
② 参见（清）笪蟾光编：《茅山志》，光绪三年（1877）懒云草堂重刊本，沈云龙主编：《中国名山胜迹志丛刊》。
③ 徐凌云校注：《天籁集编年校注》，第211页。
④ 〔韩〕俞玄穆：《白朴〈天籁集〉的艺术特色》，《山东大学学报》1996年第4期。

作于南宋都城临安,"问遍人家不要诗",暗示南方汉族政权之下并无作者容身之地。《江上行》用王粲登楼的典故抒写思乡之情,《题吕仙亭》为游览岳阳吕公祠所作。《辛巳巴东元日》、《戊子》、《丙申》也是在南方时所作。《寄呈岳阳诸友》、《忆新墙刘德渊》、《寄西湖》与他在南方交游有关。

白朴与房皞等人为元代由北入南的第一批诗人,他们是南北文化交流的先驱。相对于房皞等人北归,白朴在江南生活的时间更久,融合得更好,受到江南文化影响更深,可以称得上是元代早期南北文学交融的先驱。

第二节 大都宋氏

北京,自金代成为北方政权的首都——中都,到元代成为全中国的首都——大都。金元时期作为都城的北京成为文化中心,不仅荟萃了各地文士,本地也出现了众多文化世家,比如金代的大兴(今属北京)吕氏,家族成员中第者有六人,以"六桂"名其堂。其中吕延嗣、吕忠翰、吕造祖孙三代都为状元。[①] 元代比较突出的是宋氏家族,出现了宋本、宋褧兄弟,二人都考中了进士,这在科举长期中断又名额极少的元代难能可贵,而且二人为官有善政,在文学方面也有一定成就,值得关注。目前学术界对大都宋氏的研究尚不充分,相关论文只有一篇,即周雪根《宋褧生卒年辨》(《江汉大学学报》2009年第1期)。杨镰先生在考证宋本、宋褧的文集与存诗数量的基础上,对二人的诗歌成就有过精辟的论述。杨先生重点分析了宋本的《大都杂诗四首》,认为"他在馆阁诗人之中是游离在核心之外的一人"[②],杨先生对宋褧的评价更高,他认为宋褧的诗歌有长于讽喻的一面,其七言绝句韵味深长。宋本兄弟本为燕(今北京)人,曾随父宦游南方,本节将从元代南北文化交融的角度对其家族文学做一探讨。

[①] 参见拙作《金代科举中的状元家族与女真进士研究》,牛贵琥、张建伟编:《女真政权下的文学研究》。

[②] 杨镰:《元诗史》,第311页。

一、大都宋氏世系与宦游迁徙考

据宋褧《燕石集》卷15《故集贤直学士大中大夫经筵官兼国子祭酒宋公行状》、苏天爵《滋溪文稿》卷13《元故翰林直学士赠国子祭酒范阳郡侯谥文清宋公墓志铭并序》等资料,宋本曾祖已佚其名,其祖名珪,父名桢①,任忠翊校尉衡州路安仁县尹,兼劝农事。宋本兄弟至少四人,文献中多次说到"兄子骥",可见宋骥之父为宋本兄长。宋本初名克信,有弟克敏与褧,克敏曾任息州都监。宋本有一子,名诱,二女,婿杜俭、尚轨,皆国子生。宋褧二子,吁、颙,补国子员。据明洪武钞本《燕石集》何之权跋、吕荥跋,宋褧子俊民以武义税副权税永康(今属浙江)时,曾手录浙西学官本《燕石集》,不知俊民为宋吁、宋颙何人之字。宋褧六女,其一嫁永平王宗仁为妻,兵乱时夫妇为军所虏,宋氏为保全丈夫与维护节操而投井自杀。②宋本兄子宋骥为国子生,由侍仪舍人调安庆路桐城县尉,后为中书掾。③在宋褧死后,曾编辑其诗文《燕石集》。

宋氏家族传统的形成与其宦游迁徙有很大关系。宋本兄弟世为燕人,至元十八年(1281)宋本出生于大都(今北京),至元二十年,宋桢出为杭州东南隅录事判官,宋本随行。至元二十六年,宋桢迁归州兴山县(今属湖北)主簿,宋褧于至元三十一年出生于此。大德三年(1299)宋桢秩满出寓武昌,贫不能谒选。五年,宋桢改江陵路(治所在今湖北荆州)平准行用库提领,六年赴官平准。宋本以俊秀子弟补江陵路儒学弟子员。十一年宋桢去世。宋本三年服除,曾北上至南阳(今属河南),后复归江陵。元仁宗皇庆元年(1312)宪使李彧推荐宋本为河北河南道肃政廉访司掌书,宋本曾客居汴梁。延祐六年(1319)宋本兄弟携家北还大都。元英宗至治元年(1320)宋本考中进士第一,自此为官京城,其间曾作为使者离京到闽浙祭祀天妃。④宋褧考中泰定元年(1324)进士第,顺帝元统初曾承诏祀天妃于闽海,至元年间出金山南廉访司事,至襄阳路峡州房陵(今湖北房县),至正初改陕西行台都事。宋褧曾两

---

① 《元史》卷182《宋本传》作"祯"。
② 参见《元史》卷201《列女传·宋氏传》。
③ 元人许有壬《燕石集序》说宋骥"由奉礼郎为丞相东曹掾"。
④ 参见(元)虞集:《送祀天妃两使者序》,《道园学古录》卷6。

次到齐鲁主持乡贡考试。

宋本兄弟自少时即历经杭州、归州兴山县、武昌、江陵、南阳、汴京，返回大都考中进士为官后，两人都曾至南方祭祀天妃。宋褧还到峡州房陵、陕西、齐鲁等地为官。可以说，宋氏兄弟游历了南北多地，受到了南北各地地域文化的影响。

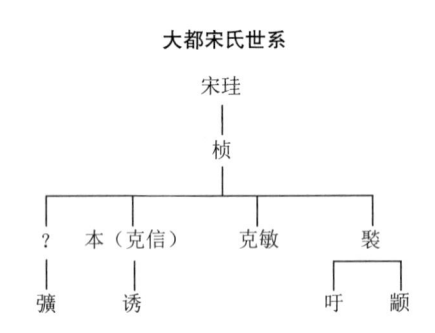

大都宋氏世系

```
            宋珪
             │
             桢
   ┌────┬────┼────┬────┐
   ?  本(克信) 克敏    褧
   │    │          ┌──┴──┐
   彍    诱         吁    顗
```

二、地域文化与大都宋氏

据宋褧《故集贤直学士大中大夫经筵官兼国子祭酒宋公行状》记载，至元二十年，宋桢出为杭州东南隅录事判官，是年宋本三岁，随父亲到杭州，受句读于杭士石厓何天麟，也就是说，宋本的启蒙教育是在杭州完成的。

浙东浙西在宋代就是经济与文化发达地区[①]，杭州为两浙的文化中心，以山水名胜、物丰民富闻名，藏书、印书、教育等方面都很发达[②]。南宋偏安之后，杭州作为首都更成为全国的政治文化中心，荟萃了四方贤能之士。至元代统一天下时仍为东南之大都会，虞集《书杨将军往复书简后》说："临安，故宋行都。山川风物之美，四方未能或之过也。天下既一，朔方奇俊之士，以风致，自必乐居之，而文献之绪余，时有可见者焉。承平既久，交游文翰之彬彬，尤他郡莫及矣。"[③]北方的元曲家关汉卿、马致远、睢景臣、郑光祖、乔吉、钟嗣

[①]《宋史》卷88《地理志》记载：两浙路"有鱼盐、布帛、秔稻之产。人性柔慧，尚浮屠之教。俗奢靡而无积聚，厚于滋味。善进取，急图利，而奇技之巧出焉。余杭、四明，通蕃互市，珠贝外国之物，颇充于中藏云"。

[②] 参见程民生：《宋代地域文化》。

[③] （元）虞集：《道园类稿》卷32。

成等人曾到过杭州,甚至定居于此,杭州本地也有金仁杰等曲家,杭州成为元代后期诗歌、杂剧与散曲的创作中心。关汉卿的套曲《[南吕]一枝花·杭州景》称赞道:"普天下锦绣乡,环海内风流地。"他还具体描绘了杭州美景与繁华:"百十里街衢整齐,万余家楼阁参差,并无半答儿闲田地。松轩竹径,药圃花蹊。茶园稻陌,竹坞梅溪。"①杭州以其优美的自然风光与深厚的人文底蕴,不但吸引了汉族文士,连蒙古色目人也流连忘返。北庭贵族后裔畏兀儿人贯云石选择定居于杭州,西域答失蛮(信仰伊斯兰教的人)萨都剌也曾寓居杭州。宋本《舶上谣送伯庸以番货事奉使闽浙十首》写出了自己对杭州城的美好回忆,其四曰:"涌金门外是西湖,堤上垂杨尽姓苏。作得吴趋阿谁唱,小卿坟上露兰枯。"其五曰:"旧时家近黑桥街,三十余年不往来。凭仗使君一问讯,杨梅银杏几回开。"自注:"余以至元廿六年出杭,故居东厢隅四条巷旁有桥名黑桥,居有杨梅、银杏二树在巨井上园。"②杭州优越的文化环境为宋本提供了良好的教育,为其日后的发展打下了良好的基础。

至元二十六年(1289),宋桢迁归州兴山县主簿,宋本随侍之。兴山县"官县荒僻,民顽陋,仅百户,无师友"③。归州(治所在今湖北秭归)属湖广行省,《宋史》卷88《地理志》说"归、峡信巫鬼,重淫祀",可见其文化较为落后。面对这种局面,宋本闭户读书,全靠自学。大德三年(1299)宋桢秩满出寓武昌。从大德五年,宋桢改江陵路平准行用库提领,一直到延祐六年宋本携家北返大都,除了宋本曾到南阳与汴梁外,宋氏兄弟一直居于江陵。其间,曾求学于慎独先生王奎文学习性命理义之学④,由于宋桢俸薄,宋本在武昌与江陵聚徒讲学养家,并且教其弟克敏、褧。宋本以俊秀子弟补江陵路儒学弟子员,以"学业精熟,才器通敏"闻名于世。

宋桢父子所短暂居住的武昌路(治所在今湖北武昌)属湖广行省,元明善《武昌路学记》这样描绘其地理形胜:"武昌墉山而城,堑江而池,携滇益,引

---

① 隋树森编:《全元散曲》,第171页。
② 《元诗选·二集》,第498页。
③ (元)宋褧:《故集贤直学士大中大夫经筵官兼国子祭酒宋公行状》,《燕石集》卷15。
④ 《宋元学案补遗》卷95,《丛书集成续编》第251册,第633页。

荆吴，据楚中而履南越。"① 程钜夫则称武昌"五方杂居，四面辐凑，江汉间一都会也"②。武昌在南宋时处于边防之地，元朝一统之后，"武弛文张，民日趋于礼乐之域"③。

宋本兄弟从大德五年至延祐六年（1319）一直寓居江陵，长达18年。江陵路（治所在今湖北荆州），元文宗时改名中兴路，属河南江北行省。江陵属楚文化地区，唐代人文荟萃，入宋以来，由于经济衰退，文化也有所落后，但是在教育、藏书等方面也有突出之处，据程民生先生统计，元丰、元祐年间朝廷委派州府学官，湖北地区只有江陵府，本地在科举中还出了状元毕渐。④江陵还有著名的荆州田氏，藏书达四万卷。⑤南宋时江陵地处边防，自然影响到文化发展。但是，到宋末元初有所改观，"宋末，蜀士多避兵江陵"。与宋本"以文学齐名，时号谢宋"的谢端就是其中之一，他和宋本"同师，明性理，为古文，又同教授江陵城中"。⑥

宋本兄弟能够科举成功与他们在南方的学习有很大关系。元代科举明经经疑、经义考试的内容为四书五经，尤其是以朱熹的《四书章句集注》为准。自宋氏南迁，理学发展兴盛于南宋，而金人统治下的中原地区远远不及。⑦元代这种以朱熹理学为主要内容的科举考试，更适合南方学者应试⑧，宋本兄弟长期寓居南方研习理学，有利于他们由科举入仕。因此，当宋本听说元仁宗下诏开科，就义无反顾地回大都应考，并且谢绝了河南司宪的征辟。尽管宋本兄弟"及闻贡举诏下，始习经义策问"⑨，但是宋本于至治元年考中进士第一，其弟宋褧也于泰定元年进士及第。科举制度对于仕进艰难的汉人、南人来说极为

---

① （元）元明善：《清河集》卷4。
② （元）程钜夫：《武昌路记》，《雪楼集》卷11，《程钜夫集》，第125页。
③ （元）元明善：《武昌路学记》，《清河集》卷4。
④ 参见程民生：《宋代地域文化》，第212、235页。
⑤ 参见（元）马端临：《文献通考》卷174《经籍》，浙江古籍出版社1988年版。
⑥ 《元史》卷182《谢端传》，第4206页。可参考《宋元学案补遗》卷95。
⑦ 关于金代理学的发展脉络，参见姚大力：《金末元初理学在北方的传播》，《元史论丛》第二辑；魏崇武：《金代理学发展初探》，《历史研究》2000年第3期；晏选军：《金代理学发展路向考论》，《北京师范大学学报》2004年第6期。
⑧ 当然，元朝按蒙古、色目、汉人、南人四等人和地区分配名额的做法，对于考生基数巨大的南人来说，考中的概率更小。
⑨ （元）苏天爵：《燕石集》序。

重要，宋本积极维护来之不易的科举，反对废止廷试，他知贡举时，坚持会试中选者百人的名额。宋褧曾两次到齐鲁主持乡贡考试。宋本、宋褧为官忠于职守、守正不阿，也和他们所受理学教育有关①，比如，故将家子李某假兵部尚书从诸主帅兵讨郁林州蛮寇，"李在道纳妾，逗遛不进，兵败归。宰相犹欲巧庇，为之改官"②，宋本力争制止。

虽然宋本出生于大都，他还曾到过南阳、汴梁等地，但是停留时间短，宋氏兄弟所受北方文化的影响反不及南方文化。然而，宋氏兄弟身上流淌的北方血液的印记还是难以泯灭，他们的诗歌中流露出燕赵雄浑之气，他们的创作正是南北文化交融的反映。

三、元代南北文化交融背景下的宋氏兄弟之文学

宋本兄弟原籍大都，但是有着从小游历江南的经历，使得到三十九岁才返回大都的宋本面对家乡有种特殊的感情，《大都杂诗四首》其一首句："抛却渔竿沧海边，拂衣来看九重天。"据宋褧《故集贤直学士大中大夫经筵官兼国子祭酒宋公行状》，宋本"寓南中时自号江汉羇伧，性乐水及渔，又号垂纶亭主人"。如今离开长江返京，即将踏上仕途，对于过去贫寒而又自在的生活，似乎还有几分留恋。其四："形势全燕拥地灵，梯航万国走王城。"其二："绣错繁华徧九衢，上林词赋汉西都。朱门细婢金条脱，紫禁材官玉鹿卢。"这些诗句描绘了大都的地理形胜和皇家的威严肃穆景象，但是"东邻白面生纨绮，笑杀扬雄卧一区"③，又显露了作为贫寒书生的自己似乎与大都的繁华富贵并无关系。

宋本"才情精敏，行词务温雅宏丽"，其文集"凡四十卷，以登科之年号《至治集》。文章以气为主，贵立论，尚微辞，辞语典丽丰硕，温厚峭健，各得其宜。尤嗜骈俪乐府，尝患二者绝学，规规然必以中绳墨、谐律度为念，而不

---

① 这也和宋氏兄弟科举及第的感恩心理有关，宋褧《故集贤直学士大中大夫经筵官兼国子祭酒宋公行状》说宋本"念布衣叨恩，骤进六品秩，恒以报效自期"。
② （元）宋褧：《故集贤直学士大中大夫经筵官兼国子祭酒宋公行状》，《燕石集》卷15。
③ （元）苏天爵编：《国朝文类》卷7。

失雄浑"①。所谓"典丽"与"雄浑",正是融合南北文化的表现。

这种南北文化融合在宋褧身上更为明显。苏天爵《燕石集序》称其诗清新飘逸,危素序则称其精深幽丽,其诗歌风格明显受到江南文化的影响。宋褧共写作了《竹枝歌》十八首,《竹枝歌三首》为"洞庭舟中赋,时至治二年二月",其三曰:"东山日赤云气昏,河姑劝我莫出门。持筐采得桑叶满,直到阻雨溪南村。"②充满了清新的民歌风味。竹枝歌是兴起流行于长江中上游巴渝一带的一种自由吟唱的抒情山歌,唐宋时期有很多诗人都模仿创作过《竹枝歌》,比如刘禹锡、白居易、范成大、杨万里等人。宋褧父宋桢曾任归州兴山县主簿,宋褧即出生于此,之后他辗转于武昌、江陵等地,这些地方正好属于长江中上游,耳濡目染于浓郁的竹枝歌民歌氛围的宋褧,自然而然吸收进了自己的创作中去。③其《江上棹歌五首》也是韵味悠长的七绝。

然而,宋褧毕竟是世居燕地的北方人④,欧阳玄《燕石集序》称其"燕人凌云不羁之气,慷慨赴节之音,一转而为清新秀伟之作"。实际上,这种燕人慷慨豪迈之气也偶发于其诗歌中,《夷陵晚望峡口即景感怀十四韵》(按部峡州)前四句曰:"一握青天万丈崖,长江束缚此中来。山形连导岷峨脉,水戒明征滟滪堆。"⑤写得雄伟豪迈,如长江滚滚般不可束缚。

宋褧初学李贺,是受到北方诗风的影响。金代中后期多有学李贺者,比如沧州人田紫芝、锦州人李经,尤其是弘州襄阴(今河北阳原)人李纯甫崇尚怪奇,影响了很多诗人。蒙哥汗六年(1256),耶律铸将家藏的《李长吉诗集》校勘刊行,也表明北方诗人对李贺的欣赏。⑥北方的保定容城(今属河北)人刘因最早推重李贺,南方诗人学习李贺到了元朝末年,在杨维桢的倡导下蔚然

---

① (元)宋褧:《故集贤直学士大中大夫经筵官兼国子祭酒宋公行状》,《燕石集》卷15。
② (元)宋褧:《燕石集》卷4。
③ 宋褧不忘自己早年在江南的生活,《燕石集》卷8《送章生还江陵三首》其二:"荆门驿路草萋萋,郢树连云晓色迷。因忆儿时赏心处,女贞杨柳夹濠堤。"卷9《又次韵述怀见答》其二:"居庸一带雨余青,历鹿车声久厌听。梦到江南旧游处,钓鱼矶畔柳风停。"
④ 宋褧自认为北方人,除了以"燕石"名集外,《福建道中》曰:"北人不惯住炎方,英蒮函边药裹香。鼻到崇安试苏合,舌过南剑渍梹榔。"
⑤ (元)宋褧:《燕石集》卷7。
⑥ 金人刘祁《归潜志》卷8:"(李纯甫)故多喜奇怪,……诗不出卢仝、李贺。"参见牛贵琥:《金代文学编年史》,第401、412、555、821页。

成风。① 从这个意义上说，宋褧可以说是杨维桢等人之先导。

四、北方文学家族与元初南北文学交流

南北文化交流只有在元代统一南北的条件下才得以实现，南北文士的流动与文化的交融正是元代文学的特点之一，北方文学家族在其中扮演了重要角色。

元灭南宋之前，有些金末文人曾流寓到南方，但大都很快就返回北方②，比如王磐、杨弘道、白华、房皞等。房皞曾于金亡之际流寓荆楚，还曾游览西湖，隐于庐山，但他还是北归故土。元军南下前后，白朴漫游南方并最终定居金陵（今江苏南京），他还游了江南很多地方，包括道教圣地茅山、岳阳楼、扬州、杭州、江州、汉江、洞庭湖等地。南方文化烙印最深的是白朴的金陵怀古词，白朴亲身经历了金朝灭亡的苦痛，金陵怀古词成了他浇灭心中块垒的酒杯。更重要的是，白朴词集豪放与婉约于一身的风格③，与其纵贯南北的经历密切相关，体现出不同的地域文化对作家风格的影响。

元代天下一统、南北不再阻隔为文人全国漫游提供了机会。吴澄《送龚舜咨南归》诗曰："往年南北一江限，今日车书四海同。"④ 张之翰曾说："莫惜辞燕远入吴，圣朝南北混车书。四千里是两都会，三百年开一坦途。"⑤ 元人每每自豪于本朝的疆域广阔，原本分属金朝与南宋的大都与临安如今不再隔绝，成为元朝的南北都会。

北人入南与南人入北的原因主要是仕宦与游历。大量北方籍士人随着元朝灭宋来到南方为官，与此同时，也有南方人北上，除了被逼迫者汪元量、谢枋得等人外，影响最大的是程钜夫荐举南方名贤入朝为官，包括赵孟頫、张伯淳、吴澄等二十余人。入北求仕成为不少南方文人的追求，所谓"功名志气

---

① 参见张红：《元代唐诗学研究》，岳麓书社 2006 年版。
② 胡传志《宋金文学的交融与演进》第十三章第一节"金末入宋文人的遭际与创作"曾探讨过这一问题。
③ 韩国学者俞玄穆《白朴〈天籁集〉的艺术特色》认为："白朴《天籁集》的主导风格是婉约清逸，同时又兼具豪放一面。"（《山东大学学报》1996 年第 4 期）
④ （元）吴澄：《吴文正集》卷 94，《文渊阁四库全书》本。
⑤ （元）张之翰：《送李仲芳赴临安行省掾》，《西岩集》卷 6。

锐，不惮远跋涉"①。除了做官之外，游历也成为南北人员流动的重要原因。钱塘人白珽（1248—1328），字廷玉，号湛渊②，要到北方游历，自言："南北久分裂，混一光岳气始全。平生眼界苦未宽，要看中原万里之山川。"③赶上南北一统，他定要去北方开阔眼界。建阳（今属福建）人熊鉌同样盼望着北游，因为"北方学道古所贵"，他生于南方海滨，"乾坤只限衣带水，何由万里窥中原"，如今天下一统，"斯须洛京见嵩华，咫尺孔林登泰山"④。南方人王谦道、临川（今江西抚州）人艾庭梧都要北上观上国之光。⑤没有机会北游的人看到北方之物充满了好奇与兴奋之情，朝廷赐给江浙省臣白海青，杭州人士写诗赞美，长洲（今江苏苏州）人袁易写道："渺渺东溟刷羽翰，乍随天马万人观。"⑥杭州人士群出围观白海青这一北方特有的猛禽。

同南人歆羡北方一样，北人也仰慕南方的山水与文化，白朴游览镇江多景楼，以一睹江南景色为人生幸事。⑦博陵（今河北定州）人李希微本欲遍览朔南川泽，赶上天下一统，转而下金陵，定居于江南。⑧蓟丘（今北京）人李衎兴奋地记述了自己到钱塘（今浙江杭州）后终于见到了梦寐以求的文同画竹的真迹。⑨至元中，陈孚任上蔡书院山长考满谒选京师时所作诗歌题为《观光稿》，纪道路所经山川古迹。⑩吴江（今属江苏）张清夫"游燕赵齐鲁之邦，尽交其大夫士，东极三韩，南际瓯粤，北望大荒之野，西观江水之源，其山川形势，固以皆为胸次所有，而王园戚馆富贵之家，无一人不与为莫逆之交者"⑪。张清夫游赏各地山川，广交天下豪杰，并发之于歌咏，这种经历对他的创作无疑具有积极的意义，大都宋氏兄弟的游历同样如此。

---

① （元）连文凤：《送人入北求仕》，《百正集》卷上，《文渊阁四库全书》本。
② 白珽生平参见宋濂《元故湛渊先生白公墓铭》（《文宪集》卷19）等。
③ （元）张之翰：《送白湛渊》，《西岩集》卷3。
④ （元）熊鉌：《观洛行》，《勿斋集》卷8，《文渊阁四库全书》本。
⑤ 参见（元）程钜夫：《雪楼集》卷14《送王谦道远游序》、卷15《送艾庭梧序》。
⑥ （元）袁易：《白海青》，《静春堂诗集》卷2，《文渊阁四库全书》本。
⑦ 白朴《念奴娇》："江山信美，快平生，一览南州风物。"徐凌云校注：《天籁集编年校注》，第151页。
⑧ 参见（元）邓文原：《巴西集》卷下《静修堂记》。
⑨ 参见（元）李衎：《竹谱》卷1《竹谱详录》，《文渊阁四库全书》本。
⑩ 参见（元）陈孚：《陈刚中诗集》卷1，《文渊阁四库全书》本。
⑪ （元）虞集：《张清夫诗集序》，明弘治元年刊本《吴江志》，《全元文》第26册，第261页。

北宋时期，南北学术与文学存在很大的差异，欧阳修针对科场取士曾有这样的看法："东南之俗好文，故进士多而经学少；西北之人尚质，故进士少而经学多。"①进士科主要考的是诗赋文辞，较量的是文学水平，而明经科主要考校对经籍的记忆功夫，南北文人在诗赋与经学方面各有优长。除此之外，南方学风善用巧劲，有时学得不多而善于表现，北方人则固守旧说，学风朴拙。南北文风也有类似的差别，大抵北人质朴豪放，不善表现与夸张，不免有粗糙之弊；南人柔慧缜密，文风细腻，弱点是流于软弱。②

到了金与南宋对峙时期，这种南北差异更为明显。金代的区域文化具有自己的特点，除了北方民族的刚强特质外，为求正统，尤其注重传统意识。金代学术带有浓厚的复古特征。相对于南宋学术的精细化和系统化，金代出于实际的目的而重视原则性。③在文学方面，清人阮元在《金文最序》中指出，北宋苏氏父子文章中的浩荡之气，发展至南宋，"其气遽沮，说者谓文教使然，其亦学者之失也"。北方的金朝则不然，"大定以后，其文章雄健，直继北宋诸贤"。④

《北史》卷83《文苑传》序："江左宫商发越，贵于清绮。河朔词义贞刚，重乎气质。气质则理胜其词，清绮则文过其意。理深者便于时用，文华者宜于咏歌。此其南北词人得失之大较也。若能掇彼清音，简兹累句，各去所短，合其两长，则文质彬彬，尽美尽善矣。"如果能将这种南北文学的差异进行互补，取长补短，则会达到文质彬彬、尽善尽美的境界。元代作为大一统的王朝，必然承担起这一历史重任。

杨镰先生说，在经历了一百多年的南北隔绝后，"在刚刚一统天下时，元代社会的一道风景线，就是南北人员、文化……的交流互动"。"有了江南的诗人前往大都甚至上都，有了北方的诗人远游苏杭，直抵海南，元史与元代文学史的特点就出现了。"⑤元代的南北交流促进了不同文化的交融，开阔了文人

---

① （宋）欧阳修：《论逐路取人札子》，《文忠集》卷113，《文渊阁四库全书》本。
② 参见程民生：《宋代地域文化》第四、六、七章相关论述。
③ 参见牛贵琥：《女真政权下的文学综合研究》，牛贵琥、张建伟编：《女真政权下的文学研究》。
④ （清）阮元：《金文最序》，《续修四库全书》第1654册，第119页。
⑤ 杨镰：《元诗史》，第327页。

的眼界，白朴、宋褧等人的创作就结合了南北双方的优长，使元代文学呈现出不同于金代与南宋的特点。

元代初期的白朴与中期的大都宋本兄弟，以其特殊的经历成为南北文化融合的典型。白朴的词作融合了南北文化，宋氏兄弟的科举成功得益于早年在南方的学习与生活，文学也受到南方文化的影响，但北方人的气质品格也表现在诗歌创作中。回归大都使得他们把这种南北融合的特质充分地表现出来，成为元代极具特色的文学家族。

第九章 北方文学家族与元代政治

北方文学家族多数属于元朝"统治精英"阶层，比如高昌廉氏，河北汉人世侯保定张氏、真定史氏，以及东平王氏、济阴商氏、汤阴许氏、洛阳姚氏等，这些家族与元代政治有着紧密的关系。元朝政治突出的一点就是汉法与蒙古惯例之争，这一矛盾斗争贯穿了整个元代。北方文学家族作为汉法派的中坚力量，做出了很大贡献。帝位继承问题也是蒙元王朝汉法与蒙古旧制之间矛盾的突出表现之一，廉希宪、商挺等人曾参与忽必烈即位，保定张氏与东平王士熙则是被动地卷入其中。

第一节 北方文学家族与汉法治国和蒙古惯例之争

从蒙古时期开始，直至元朝灭亡，汉法治国与蒙古惯例的斗争从未中断。不同民族之间政治主张矛盾与文化冲突，在中国历史上并非个例，北朝辽金元这些北方民族入主中原建立的政权都存在这一问题。北魏道武帝询问儒生李先："天下何书最善，可以益人神智。"李先对曰："唯有经书，三皇五帝治化之典，可以补王者神智。"[①] 忽必烈问孔子之性，张德辉回答说："圣人与天地终始，无往不在。殿下能行圣人之道，性即在是矣。"[②] 所谓"经书"，三皇五帝治化之典，以及圣人之道，就是实行中原传统的统治制度，即汉法，主要内容是

---

① 《魏书》卷33《李先传》，中华书局1974年版，第789页。
② 《元史》卷163《张德辉传》，第3822页。

"以'仁'为核心的儒家政治学说,包括纲常名教等伦理观念和以封建帝王为中心的大一统思想"①。从总体上说,作为统治中原的北方民族皇帝,元代帝王在汉化方面既比不上之前的北魏与金朝,更逊色于后来的清朝。

为论述方便,本章参照史学界的研究,将元史分为四期,即前四汗时期(1206—1259)、元世祖时期(1260—1294)、元中期(1294—1333)、元末期(元顺帝时期,1333—1368)。②

在蒙元持续一百多年的历史中,北方文学家族成员一直都扮演着汉法维护者的角色,同保守的蒙古、色目贵族做斗争。包括蒙古时期(前四汗)的耶律楚材、郝经,元世祖时期的廉希宪、姚枢、许衡、商挺,元中期的马祖常、张珪、李尤鲁翀、宋本、贯云石,直至元顺帝时的许有壬等人。

蒙古人侵占中原后,汉族儒士希望他们也能像金朝统治者一样"能用士"、"能行中国之道",这样汉族儒士也会尊蒙古帝王为"中国之主"。③然而,元朝推行中原传统制度却并不顺利。

蒙古太祖时期,"帝自经营西土,未暇定制,州郡长吏,生杀任情,至孥人妻女,取货财,兼土田。燕蓟留后长官石抹咸得卜尤贪暴,杀人盈市。楚材闻之泣下,即入奏,请禁州郡,非奉玺书,不得擅征发,囚当大辟者必待报,违者罪死,于是贪暴之风稍戢"。经过耶律楚材的努力,这种官长随意杀人的状况才得到遏制。太祖时期,贵族别迭等人曾建议:"汉人无补于国,可悉空其人以为牧地。"多亏耶律楚材谏阻才未实施。然而,耶律楚材积极推行汉法治国,尤其是普查人口使得"权贵不能平。咸得卜以旧怨,尤疾之,谮于宗王曰:'耶律中书令率用亲旧,必有二心,宜奏杀之。'"④尽管耶律楚材未被治罪,但是,他推行的公平征税带来的好处并未使窝阔台汗满足其贪欲。窝阔台汗十一年(1239),奥都剌合蛮承包税收,第二年被任命为提领诸路课税所官。⑤斡脱(诸王与商人之间的合伙关系)商人们同时以包税人和放债者的双重面目

---

① 匡裕彻:《元代维吾尔族政治家廉希宪》,《元史论丛》第二辑,第242页。
② 参见《剑桥中国辽西夏金元史》。
③ 参见(元)郝经:《与宋国两淮制置使书》,《陵川集》卷37。
④ 《元史》卷146《耶律楚材传》,第3456、3458页。
⑤ 参见《元史》卷2《太宗纪》,第36页。

出现，这种破坏性与剥削性的经济制度的实行，表明耶律楚材在宫廷中的影响已经消失。① 另一位汉族大臣刘敏也遭到同僚牙鲁瓦赤的诬陷。② 由此可见，汉法派与蒙古守旧派之间的斗争甚为激烈。

耶律楚材积极向蒙古统治者灌输汉法，保护亡金士大夫与百姓。当他去世时，北方人无不悲痛，很多文士写诗悼念，比如麻革将天下失去耶律楚材比作"砥柱中流折"③，曹之谦《中书耶律公挽词》说："斯民感无极，洒泪叫苍旻。"④

宪宗蒙哥汗时期汉法派与蒙古守旧势力的斗争集中表现在钩考事件上。蒙古人灭金后，缺乏治理农业社会的知识与经验，"他们漠视农业地区与游牧地区生态环境的不同，行国与居国社会结构的迥异，妄想把游牧的封建制度搬到中原来"⑤。蒙古人"在政治上，基本上用漠北旧制来统治中原，经济上，则以蒙古方式的不时需索为主要方式进行剥削，并利用西域商人作为其搜括的帮手"⑥。蒙古政权征收赋税实行扑买制，即由西域的回教商人承包税收，而这些商人专事聚敛，使得汉地百姓承受着双重的负担。忽必烈集团的汉法治理改变了这种制度，从而引起蒙哥汗的猜忌，于是派人钩考。⑦ 蒙哥汗派左丞相阿蓝得儿勾较诸路财赋，就是在这种大背景下的举措。史天泽的从子史楫在蒙哥汗元年（1251），也曾遭遇过断事官也里干脱火思的苛察。⑧ 史天泽、史楫等人不顾自身的安危，保护属下不被诬陷欺凌，也就保护了刚刚得到喘息的百姓，捍卫了来之不易的太平生活。

元世祖早年任用郝经、王鹗、姚枢、窦默、张德辉、商挺、廉希宪、许衡等儒臣，积极推行汉法，其中郝经、姚枢、商挺、廉希宪等都属北方文学家族的成员。宪宗蒙哥汗二年（1252），元世祖以皇帝弟开邸金莲川（今内蒙古正

---

① 参见《剑桥中国辽西夏金元史》，第 392 页。
② 参见《元史》卷 153《刘敏传》。
③ （金）麻革：《中书大丞相耶律公挽词》，房祺编：《河汾诸老诗集》卷 1，第 9 页。
④ （金）曹之谦：《中书耶律公挽词》，房祺编：《河汾诸老诗集》卷 8，第 56 页。
⑤ 萧启庆：《忽必烈"潜邸旧侣"考》，氏著：《内北国而外中国：蒙元史研究》，第 115 页。
⑥ 陈得芝、王頲：《忽必烈与蒙哥的一场斗争——试论阿兰答儿钩考的前因后果》，《元史论丛》第一辑，第 49 页。
⑦ 参见元人王恽《开府仪同三司中书左丞相忠武史公家传》及《元史》卷 158《姚枢传》。
⑧ 参见元人王恽《大元故真定路兵马都总管史公神道碑铭并序》（《秋涧先生大全文集》卷 54）及本书第三章第二节"真定史氏"。

蓝旗），召郝经，谘以经国安民之道，郝经条上数十事。① 姚枢也是忽必烈在潜邸征聘的，他为书数千言："首陈二帝三王之道，以治国平天下之大经，汇为八目，曰：修身，力学，尊贤，亲亲，畏天，爱民，好善，远佞。"② 他还向忽必烈言及救时之弊三十条，针对蒙古军队屠城的野蛮行为，姚枢多次向元世祖进谏止杀。商挺先后辅佐杨惟中与廉希宪宣抚关中，"进贤良，黜贪暴，明尊卑，出淹滞，定规程，主簿责，印楮币，颁俸禄，务农薄税，通其有无"③。并且请求朝廷减免赋税的一半以减轻百姓负担。

然而，这些汉族臣僚不可能得到忽必烈的完全信任，而且他们也不能帮助忽必烈实现他的所有目标，比如军事征服、聚敛钱财。④ 汉人世侯李璮反叛加剧了忽必烈对汉人的猜疑。⑤ 这一点到元世祖后期尤为突出，他嗜利黩武，猜忌、排斥姚枢等汉法派官员，任用汉人王文统、卢世荣，色目人阿合马、桑哥等聚敛之臣。⑥ 倡导汉法治国的大臣遭到排挤，甚至被诬陷入狱。因阿合马专权罔上、蠹政害民，许衡奏上不报，几次欲辞官。后担任集贤大学士，兼国子祭酒，至元十年（1273），权臣屡毁汉法，国学诸生廪食或不继，许衡奏请辞官还怀州。⑦

廉希宪曾帮助忽必烈战胜阿里不哥，成功继承汗位。对这样一位股肱之臣，元世祖也产生怀疑与忌恨。李璮叛乱，事连王文统，平章赵璧素忌希宪勋名，于是上言希宪曾荐引王文统，而且得关中民心，蜀降人费正寅以私怨谮希宪因李璮叛，修城治兵，潜畜异志，元世祖因而猜忌廉希宪，命人取代其官职，并且调查核实所告之事，最终并无实状，面对廉希宪，世祖有些不好意思，慰谕很久。⑧ 至元七年（1270），因西域人匿赞马丁被释之事，牵连希宪，他被世祖罢相。"一日，帝问侍臣，希宪居家何为，侍臣以读书对。帝

---

① 参见《元史》卷157《郝经传》。
② 《元史》卷158《姚枢传》，第3711—3712页。
③ 《元史》卷159《商挺传》，第3738页。
④ 参见王颋：《"敛财"之臣与元世祖》，《元史及北方民族史研究集刊》第5辑，1981年。
⑤ 参见《剑桥中国辽西夏金元史》，第429、439页。
⑥ 参见《元史·世祖纪》及赵翼《廿二史劄记》卷30"元世祖嗜利黩武"条。
⑦ 参见《元史》卷158《许衡传》；罗贤佑：《许衡、阿合马与元初汉法、回回法之争》，《民族研究》2005年第5期。
⑧ 参见《元史》卷126《廉希宪传》。

曰：'读书固朕所教，然读之而不肯用，多读何为。'意责其罢政而不复求进也。"廉希宪与权臣阿合马之间也有针锋相对的斗争。至元五年（1268），始建御史台，继设各道提刑按察司。此时阿合马专总财利，对此表示反对，他说："庶务责成诸路，钱谷付之转运，今绳治之如此，事何由办？"希宪表达了不同意见："立台察，古制也，内则弹劾奸邪，外则察视非常，访求民瘼，裨益国政，无大于此。若去之，使上下专恣贪暴，事岂可集耶。"① 阿合马认为御史台与提刑按察司的建立，会影响到他们为朝廷聚敛钱财，廉希宪坚持完善监察机构，以监督官员违法乱纪的行为，他的理由充分，使得阿合马不能对答。

不只是廉希宪，为蒙元南征北战、屡立功勋的史天泽也遭到元世祖的猜忌。《元史》卷126《廉希宪传》记载：

> 言者讼丞相史天泽，亲党布列中外，威权日盛，渐不可制。诏罢天泽政事，使待鞠问。希宪进曰："天泽事陛下久，知天泽深者，无如陛下。始自潜藩，多经任使，将兵牧民，悉有治效。陛下知其可付大事，用为辅相，小人一旦有言，陛下当熟察其心迹，果有肆横不臣者乎？今日信臣，故臣得预此旨，他日有讼臣者，臣亦遭疑矣。臣等备员政府，陛下之疑信若此，何敢自保。天泽既罢，亦当罢臣。"帝良久曰："卿且退，朕思之。"明日，帝召希宪谕曰："昨思之，天泽无对讼者。"事遂解。

如果不是廉希宪挺身而出，为史天泽辩解，史天泽的命运不可预料。廉希宪所言："今日信臣，故臣得预此旨，他日有讼臣者，臣亦遭疑矣。臣等备员政府，陛下之疑信若此，何敢自保。天泽既罢，亦当罢臣。"② 反映出元世祖对汉法派大臣疑神疑鬼的心理状态。

比起廉希宪、史天泽，另一位汉法派大臣商挺更为不幸，他几次被诬入狱。至元三年（1266），王文统谋反伏诛，西域人因此攻击汉族大臣。因为曾赞誉过王文统，商挺被讼为王之朋党而被囚禁，经姚枢劝解，元世祖才将其放

---

① 《元史》卷126《廉希宪传》，第3092页。
② 《元史》卷126《廉希宪传》，第3091页。

出。①后来商挺又卷入赵炳案中,在至元十七年和二十一年,他和儿子商玑两度入狱,尽管留梦炎与董文忠认为商挺并未参与杀人之谋,而且功勋卓著,但是元世祖还是要将其治罪②,可见当时汉法派与蒙古守旧派之间的激烈斗争。

元武宗"海山显现的是标准游牧骑士的鲁莽和朴实",他对忽必烈建立起来的官僚统治和政府管理机制感到不耐烦,主要依靠从漠北带来的侍从和将领。武宗滥授贵族及官吏官职,他的近侍为谋取私利不通过政府的正常途径,擅自颁布有关人事、财政及司法的诏令。③为了应对严重的财政危机,在至大二年(1309)九月,建立尚书省④,推行新政,包括货币改革、增加赋税等内容。这些不得人心的举措遭到了塔思不花、亦纳脱脱、敬俨、张养浩、高昉等人的批评,清州(今河北青县)人刘正甚至拒绝履任尚书省官职,以示抗议。⑤

元仁宗、英宗时期,蒙古守旧势力的代表为答己太后与铁木迭儿,而维护汉法的是萧拜住、杨朵儿只、贺胜、赵世延、马祖常、张珪等人。铁木迭儿的乱政主要表现在如下几个方面。

第一,专权擅势,大作威福。《元史》卷138《康里脱脱传》记载:"铁木迭儿为丞相,欲固位取宠,乃议立仁宗子英宗为皇太子,而明宗以武宗子封周王,出镇于云南。又谮脱脱为武宗旧臣。诏逮至京师。"铁木迭儿为巩固自己的地位,不惜迎合仁宗的心意,违背仁宗与武宗的誓言,立仁宗子为皇太子,还诬陷康里脱脱。他专权独断,不允许人议论其行为,对于冒犯自己的人必欲置之死地。⑥直到元文宗天顺元年(1330),监察御史撒里不花、锁南八、于钦、张士弘等人还讲:"国家近年自铁木迭儿窃位擅权,假刑赏以遂其私,纲纪始紊。"⑦

第二,打击异己。由于铁木迭儿专权乱政,引起了很多正直大臣的不满,比如,拜住将其罪过向仁宗上奏,张珪在皇太后任命铁木迭儿为太师时表示

---

① 参见(元)姚燧:《中书左丞姚文献公神道碑》,《牧庵集》卷15。
② 参见《元史》卷159《商挺传》。
③ 参见《剑桥中国辽西夏金元史》,第515—516页。
④ 参见《元史》卷23《武宗纪》,第513页。
⑤ 参见《元史》卷176《刘正传》。
⑥ 参见《元史》卷176《曹伯启传》。
⑦ 《元史》卷32《文宗纪》,第719页。

反对。① 因此，铁木迭儿对拜住等人罗织罪名，必欲除之。《元史》卷136《拜住传》记载："时右丞相铁木迭儿贪滥谲险，屡杀大臣，鬻狱卖官，广立朋党，凡不附己者必以事去之，尤恶平章王毅、右丞高昉，因在京诸仓粮储失陷，欲奏诛之。"同书卷176《韩若愚传》："铁木迭儿为右丞相，以憎爱进退百官，恨若愚不附己，罗织以事，帝知其枉，不听。"尽管铁木迭儿铲除异己的目的在仁宗朝未能得逞，但到了仁宗去世，英宗初立，他再次为相时，便借机打击报复杨朵儿只、萧拜住、贺胜、赵世延、李孟、徐元素、贾秃坚不花等人②，其中只有赵世延、李孟侥幸逃脱③，而杨朵儿只等人被诬陷处死。铁木迭儿的暴虐杀戮引起了政治恐慌④，使得朝廷"诸王大臣，莫不自危"，"大小之臣，不能自保"，甚至于处死萧拜住和杨朵儿只之日，"白昼晦冥，都人恟惧"。⑤

第三，横征暴敛。铁木迭儿为政务求聚敛，他建议仁宗遣使者分行各省，括田增税⑥，"苛急烦扰，江右为甚，致赣民蔡五九作乱宁都，南方骚动，远近惊惧，乃罢其事"⑦。对此张珪曾批评说："世祖时，淮北内地，惟输丁税，铁木迭儿为相，专务聚敛，遣使括勘两淮、河南田土，重并科粮。"⑧ 铁木迭儿为了多征赋税，曾想重新进行早年桑哥时推行的经理，所谓"经理"，即通过核实田产来增加税收。⑨

第四，徇私枉法。铁木迭儿为相期间，收受贿赂，徇私枉法。《元史·张珪传》记载："铁木迭儿为相，纳江南诸寺贿赂，奏令僧人买民田者，毋役之，以里正主首之属，逮今流毒细民。"铁木迭儿除了收纳僧人贿赂欺凌百姓，还

---

① 参见《元史》卷136《拜住传》、卷175《张珪传》。
② 参见《元史》卷179《贺胜传》等。《张珪传》记载："铁木迭儿专权之际，御史徐元素以言事锁项死东平，及贾秃坚不花之属，皆未申理。"
③ 《元史》卷175《李孟传》载："以（李）孟前共政时不附己，谗构诬谤，尽夺前后封拜制命，降授集贤侍讲学士、嘉议大夫，度其必辞，因中害之。"
④ 《元史》卷32《文宗纪》记载："及英宗即位，铁木迭儿复为丞相，怀私固宠，构衅骨肉，诸王大臣，莫不自危。"同书卷205《奸臣传·铁木迭儿传》："先是，铁木迭儿既复为丞相，以私怨杀平章萧拜住、御史中丞杨朵儿只、上都留守贺伯颜，大小之臣，不能自保。"
⑤ 《元史》卷205《铁木迭儿传》，第4580页。
⑥ 参见《元史》卷205《铁木迭儿传》。
⑦ 《元史》卷205《铁木迭儿传》，第4578页。
⑧ 《元史》卷175《张珪传》，第4082页。
⑨ 参见《剑桥中国辽西夏金元史》，第531页。

干预诉讼，制造冤案。《拜住传》记载："真人蔡道泰以奸杀人，狱已成，铁木迭儿纳其金，令有司变其狱。"同书卷179《贺胜传》记载："初，开平人张弼，家富。弼死，其奴索钱民家，弗得，殴负钱者至死。有治其狱者，教奴引弼子，并下之狱。丞相铁木迭儿受其赂六万缗，终不为直。"除了自己收受贿赂，他还和儿子一起欺瞒朝廷，中饱私囊。《拜住传》记载："初，浙民吴机以累代失业之田卖于司徒刘夔，夔赂宣政使八剌吉思买置诸寺，以益僧廪，矫诏出库钞六百五十万贯酬其直。田已久为他人之业，铁木迭儿父子及铁失等上下蒙蔽，分受之，为赃钜万。"

由于铁木迭儿专权乱政、横征暴敛、贪赃枉法①，甚至于到了泰定元年（1324），张珪议政时还说："如前宰相铁木迭儿，奸狡险深，阴谋丛出，专政十年。"② 铁木迭儿的暴政不仅遭到正直大臣的反对，还引起了百姓的愤慨。当时有这样的说法："皇庆、延祐之世，每一政之缪，人必以为铁木迭儿所为。"③ 汉法派成员萧拜住、杨朵儿只不断进言要求惩办铁木迭儿，马祖常不顾个人安危，与四十名御史群起弹劾之。后来，铁木迭儿复出为相，马祖常遭报复左迁开平县尹，贼党想要中伤他，遂退居家乡光州。④

汉法派成员赵世延、杨朵儿只、马祖常为色目人⑤，萧拜住为契丹人，李𡥃鲁翀为女真人，贺胜、徐元素为汉族，玉龙帖木儿族属不详，可能为蒙古人或者色目人。铁木迭儿集团主要是蒙古人，但也包括汉人张思明。这次汉法派与蒙古保守势力的斗争不是以种族与信仰为分界线，而是以政治文化为标准，可见蒙元政权经过百年的发展，各族群之间已有较深的文化融合，尤其是许多蒙古、色目人逐步接受汉文化，并积极维护汉文化理念下的政治制度。

犯下滔天罪行的铁木迭儿，面对仁宗的震怒与众多大臣的责难，最终竟然逃脱了惩罚。其原因除了仁宗将帝位传子的私心之外，主要是铁木迭儿背后有

---

① 参见王颋：《仁、英承嗣与铁木迭儿的弄权》，《元史及北方民族史研究集刊》第14辑。孟繁清《关于铁木迭儿的几个问题》认为，铁木迭儿在仁宗和英宗时期在核查土地、均平赋役、强化中央集权、整肃吏治等方面有所贡献（《中国史研究》2006年第4期）。孟先生的新论并不足以改变铁木迭儿与马祖常等人斗争的性质。
② 《元史》卷175《张珪传》，第4075页。
③ 《元史》卷175《李孟传》，第4090页。
④ 参见《元史》卷143《马祖常传》。
⑤ 赵世延、马祖常为信仰基督教的雍古部人，杨朵儿只为宁夏人，当是西夏唐兀人，也属于色目人。

太后支持①，有了太后的保护伞，"铁木迭儿家居未逾年，又起为太子太师，中外闻之，莫不惊骇。参政赵世延为御史中丞，率诸御史论其不法数十事，而内外御史论其不可辅导东宫者，又四十余人。然以皇太后故，终不能明正其罪"②。到了仁宗去世之后，铁木迭儿疯狂反噬，疯狂报复曾经弹劾过自己，或者不依附于自己的臣子。

庇护铁木迭儿的太后为仁宗母亲，顺宗皇后，蒙古弘吉剌氏。关于她的生平事迹，主要见于《元史》卷116《后妃传二·顺宗后答己传》。答己有两点非常突出，一是干预政治。在成宗病逝，帝位空虚之时，她积极谋划抢夺帝位。二是代表蒙古保守势力，"浊乱朝政"。《元史》卷116《后妃传二·顺宗后答己传》记载：

> （答己太后）不事检饬，自正位东朝，淫恣益甚，内则黑驴母亦烈失八用事，外则幸臣失烈门、纽邻及时宰迭木帖儿相率为奸，以至箠辱平章张珪等，浊乱朝政，无所不至。

答己太后"浊乱朝政"的表现之一为曾庇护为非作歹的白云宗，据沈仲伟《刑统赋疏》，白云宗总摄沈明仁因不法坐罪，她曾颁旨试图挽救沈明仁。③ 其中最恶劣的当属"箠辱平章张珪"，该事详见《元史》卷175《张珪传》：

> 皇太后以中书右丞相铁木迭儿为太师，万户别薛参知行省政事，珪曰："太师论道经邦，铁木迭儿非其人，别薛无功，不得为外执政。"车驾度居庸，失列门传皇太后旨，召珪切责，杖之。珪创甚，舆归京师，明日遂出国门。

张珪所主张的所谓"太师论道经邦"、"别薛无功，不得为外执政"，自然是依据汉法治国所要遵循的制度规章。然而，根据元帝国的蒙古本位原则，或者说

---

① 参见王颋：《仁、英承嗣与铁木迭儿的弄权》，《元史及北方民族史研究集刊》第14辑。
② 《元史》卷205《铁木迭儿传》，第4579—4580页。
③ 参见丁国范：《元代的白云宗》，《元史论丛》第四辑。

蒙古惯例,"蒙元的最高政治目标为延续蒙古人的'少数统治',为达此一目标,'种族主义'始终为元庭统治的最高准则"①。无论其人才德如何,蒙古人在朝廷中的主导地位不容动摇。这是蒙元政治的最高原则,《元史》卷205《奸臣传》记载:大宗正府奏:"'累朝旧制,凡议重刑,必决于蒙古大臣,今宜听于太师右丞相。'从之。"仁宗朝也不例外,延祐改元,丞相哈散向仁宗启奏:"臣非世勋族姓,幸逢陛下为宰相,如丞相铁木迭儿,练达政体,且尝监修国史,乞授其印,俾领翰林国史院,军国重务,悉令议之。"②铁木迭儿为木儿火赤之子,以其"世勋族姓"的身份,又得到太后答己的赏识与庇护③,所以被任命为太师。

答己太后以个人好恶任命铁木迭儿为太师,别薛参知行省政事,其蒙古惯例正与张珪的汉法治国相冲突。张珪依据汉法的反对,为自己招来太后的"箠辱",而杖责张珪这种对大臣的刑罚违背了传统的"刑不上大夫"的原则,为蒙元政治残暴化的体现,其背后是蒙古君臣关系如同主奴的反映。④

元英宗即位后清算铁木迭儿势力,任用拜住为相,搞汉法改革。女真人孛朮鲁翀不满铁木迭儿的所为,当时他选择了明哲保身,退居躲避。到了拜住与英宗实行汉法时,他积极予以协助。支持拜住改革的还有张珪,至治二年(1322),居家几年的张珪出任集贤大学士,又拜中书平章政事。⑤英宗与拜住被弑,汉法派与蒙古保守势力的斗争达到最尖锐、最激烈的时刻。面对逆党当政,张珪请求也孙铁木儿即位后严惩凶手。⑥孛朮鲁翀则称疾不出,直到泰定帝诛杀逆党。⑦

---

① 萧启庆:《元朝的统一与统合:以汉地、江南为中心》,氏著:《内北国而外中国:蒙元史研究》,第20页。
② 《元史》卷205《铁木迭儿传》,第4577页。
③ 《元史·铁木迭儿传》记载铁木迭儿"至大元年,由江西行省平章政事,拜云南行省左丞相。居二载,擅离职赴阙,尚书省奏,奉旨诘问,寻以皇太后旨,得贷罪还职。……而皇太后在兴圣宫,已有旨,召铁木迭儿为中书右丞相。踰月,仁宗即位,因遂相之"。
④ 参见萧启庆:《蒙元支配对中国历史文化的影响》,氏著:《内北国而外中国:蒙元史研究》。
⑤ 参见《元史》卷175《张珪传》。
⑥ 参见(元)虞集:《中书平章政事蔡国张公墓志铭》,《道园学古录》卷18;《元史》卷175《张珪传》。
⑦ 参见(元)苏天爵:《元故中奉大夫江浙行中书省参知政事追封南阳郡公谥文靖孛朮鲁公神道碑铭并序》,《滋溪文稿》卷8。

长期居于漠北的泰定帝有很深的草原背景，没有受过汉式教育①，他继承帝位后，朝廷的蒙古风气更为浓厚。泰定帝即位后，从漠北跟随他来中原的人"皆椎埋无知，犷悍豪横，无所于归，或百十为群剽，劫杀人恒州道中，事觉，逮捕。右相旭灭杰奏释之戍北边"。有个蒙古千夫长在京邸，朱尚医妻女偶然路过邸门外，千夫长及从者自车中白昼夺其妻女，朱尚医哭着向官府告状，然而，宰相包庇，放置不问，使得民间愤怨。宋本上奏皇帝，指出朝廷刑政失度，朱尚医冤苦莫伸，他辞激气愤，涕泪横集，使得众官低头，不能回答。泰定三年（1326），宋本为中书左司都司、奉政大夫，"时天下州郡荐岁水旱，行省及守臣往往不暇禀命于朝，擅发廪粟，先赈后闻，宰相患之。奏自今天下虽饥，远方州郡果见饿莩，方许权宜擅发，其它虽饥而未死者不许"。宋本知道后大惊，他说："安得有是？如此则人皆惧擅发罪，遇饥须禀命始赈，民尽死矣。不可。"②宋本想要覆奏，宰相不肯，他和治书侍御史王士熙谋议，二人共同阻拦这条公文，后来遇到赦免，才免了二人之罪。宋本与王士熙冒着承担祸难的危险保护了百姓的利益。

这一年，"旭灭杰死，左丞相倒剌沙当国得君，与平章政事乌伯都剌，皆西域人，西域富贾以其国异石名曰瑯者来献，其估钜万，或未酬其直。诸尝有过，为司宪褫官，或有出其门下者"。冬天十二月十九日，乌伯都剌自禁中出，至政事堂，集合宰执僚佐，命左司员外郎胡彝以诏稿出示，因星孛地震赦天下，命中书酬累朝所献诸物之直，擢用自英宗以来为宪台夺官者，宋本读完诏稿，反对说："今警灾异，而畏献物未酬直者愤怨，此有司细故，形诸王言，必贻笑天下。司宪褫有罪者官，世祖成宪也，今上即位，累诏法世祖，今擢用之，是废成宪而反汗前诏也，后复有邪佞赃秽者，将治之邪？置不问邪？"③宰执听到宋本的言论，相视叹息而去。然而，宋本的反对尽管合理合法，却没有改变朝廷的决定。第二天，该诏旨最终仍被宣读，宋本既气愤，又无奈，他称疾不出，以示抗议。

---

① 参见《剑桥中国辽西夏金元史》，第543页。
② （元）宋褧：《故集贤直学士大中大夫经筵官兼国子祭酒宋公行状》，《燕石集》卷15。
③ 《元史》卷182《宋本传》，第4205页。

文宗是元朝诸帝中汉文化修养较高的一位,他开奎章阁,看似尊崇德性,进用儒臣,实际上不过是召集一批文士讨论书画而已。① 他最亲近的两位奎章官虞集、柯九思并未积极干预军国政务②,即使如此,这种君臣知遇还是引起蒙古色目贵族的嫉恨。在他统治期间,发生了孛朮鲁翀不拜帝师一事,苏天爵《元故中奉大夫江浙行中书省参知政事追封南阳郡公谥文靖孛朮鲁公神道碑铭并序》记载:

> 帝师至自西方,敕百官郊迎,公卿膜拜,进觞,师坐受之。公立,以觞进曰:"师释迦徒,天下僧之师也。余孔子徒,天下士之师也。"师笑而起,举觞卒饮。观者凛然。③

这是汉法政治与蒙古惯例之间的一次斗争,反映了元朝作为中原王朝与蒙古世界帝国的双重性质。④ 作为传统中原王朝,自然是儒家独尊,但作为蒙古世界帝国,实行的是多元文化,比较儒家而言,蒙古帝王更青睐佛教,尤其是藏传佛教。杨瑀《山居新语》卷1记载,"累朝于即位之初,故事须受佛戒九次,方登大宝"⑤。儒户与僧、道等并列,儒家的地位在元代不及从前。这种意识形态之间的争斗又和政治利益密切相关。元代佛教受尊崇,少数僧侣更是炙手可热,《元史》卷202《释老传》曰:"元兴,崇尚释氏,而帝师之盛,尤不可与古昔同语。"元代帝师、国师地位显赫,吐蕃僧人专横跋扈,经常干预朝政。⑥ 任国子祭酒的孛朮鲁翀,以自己"天下士之师"的地位不拜帝师,抑制了其权势,捍卫了处于劣势的儒家,这也是维护汉法的表现。⑦

---

① 参见(元)陶宗仪:《南村辍耕录》卷7"奎章政要"条。
② 参见《元史》卷181《虞集传》。
③ (元)苏天爵:《滋溪文稿》卷8,第125页。
④ 萧启庆:《元朝的统一与统合:以汉地、江南为中心》,氏著:《内北国而外中国:蒙元史研究》。
⑤ (元)杨瑀:《山居新语》卷1,第199页。该书卷2还记载,元帝即位后降诏,唯有吐蕃诏旨装饰华贵,与众不同。
⑥ 《元史》卷202《释老传·八思巴传附必兰纳识里传》记载:"为其徒者,怙势恣睢,日新月盛,气焰熏灼,延于四方,为害不可胜言。"
⑦ 参见拙作《孛朮鲁翀师长与门生考——兼论孛朮鲁翀与元代文化传承》,《元史及民族与边疆研究集刊》第33辑。

传统儒家文化失去了"独尊"的地位,汉族儒士的政治地位与社会地位降到了历史的最低点,还表现在皇帝开设经筵一事上。马祖常、孛朮鲁翀、张珪、许有壬等人都担任过经筵讲师。儒生们一度认为开经筵是推行汉法的重要胜利,实际上这种看法过高估计了经筵的作用。我们以张珪与许有壬为例加以说明。

泰定元年(1324),帝初开经筵,首命吴澄与平章政事张珪、国子祭酒邓文原为讲官。① 张珪通过经筵讲学的方式为皇帝讲帝王之道,明古今治乱,从而涵养其德性,影响其行为。"每进读,公恳恳为上敷说,皆义理之正,无几微权谋术数之涉焉。"② 然而,这种讲说的效果却有限。就在同一年,张珪与左右司员外郎宋文瓒等上疏几千言,讽谏帝王任用汉法,重振朝纲。泰定帝不从。张珪复进曰:"臣闻日食修德,月食修刑,应天以实不以文,动民以行不以言,刑政失平,故天象应之。惟陛下矜察,允臣等议,乞悉行之。"③ 泰定帝最终不能听从。

自元统二年(1334)开始,许有壬曾为元顺帝讲经筵十多年,他在《敕赐经筵题名碑》中认为开经筵是"国家崇儒重道,讲求太平之大者",臣子"凡与是选,莫不以为荣遇,而列其姓名者不特荣遇而已,抑将励其倾竭忠诚以格天心"。④ 然而,事实表明,经筵对元代政治并没有产生多少积极影响,汉族儒士想通过经筵制度推行汉法、致君尧舜的理想未能实现。"与元代经筵制度的定型和渐趋完善同时,元朝国势却每况愈下,逐步走向灭亡。"⑤

元顺帝时,汉法与蒙古惯例之间的冲突有增无减。权臣伯颜极端仇视汉人、南人,除了停止科举取士,他还有许多荒唐的举动,比如"廷议欲行古剭法,立行枢密院,禁汉人、南人勿学蒙古、畏吾儿字书"⑥,这些历史的倒退在许有壬力争之下才未被实施。这一时期的另外一位汉人重臣太平(贺唯一)

---

① 参见《元史》卷171《吴澄传》,第4013页。
② (元)虞集:《中书平章张公墓志铭》,《道园类稿》卷46。
③ 《元史》卷175《张珪传》,第4083页。
④ (元)许有壬:《至正集》卷44。
⑤ 张帆:《元代经筵述论》,《元史论丛》第五辑,中国社会科学出版社1993年版,第153页。
⑥ 参见《元史》卷182《许有壬传》,第4202页。《元史》卷39《顺帝纪》记载,伯颜甚至"请杀张、王、刘、李、赵五姓汉人"。

也遭受了蒙古贵族的嫉妒和陷害。① 许有壬在朝中也多次遭到蒙古色目保守势力的诬陷迫害。② 即使经过了一百多年，到元末时汉法维护者在朝中仍然处境危险。

纵观元朝历史，虽然很快实现了统一，但是统合方面并不成功，所谓"统合"，即消弭民族、阶级、区域各方面的差异而形成一个向心力高、凝聚力强的政治共同体。元朝的统合仅仅在南北经济交流、文化融合方面较为成功，而不成功的方面更为突出，具体表现在意识形态冲突的难消、政治参与的不均、民族融合的局限、阶级鸿沟的加宽。其中，第一个方面意识形态冲突的难消，即为汉法与蒙古法之间的矛盾。③ 这个伴随着元朝始终的最突出的问题给朝廷带来了很多困扰甚至杀戮，给百姓带来众多灾难，也成为元朝灭亡的原因之一。北方文学家族成员成为维护汉法的中流砥柱，他们前赴后继，甚至为此付出生命的代价。史天泽、廉希宪被罢官，商挺父子被囚禁，马祖常冒着被报复的危险弹劾铁木迭儿。他们为了自己的政治理想，为维护朝廷的长治久安，百姓的安居乐业，进行了不懈的努力与不屈不挠的斗争。

第二节　北方文学家族与帝位继承

蒙元王朝汉法与蒙古旧制之间矛盾的突出表现之一为帝位继承问题。按照蒙古旧制，帝位继承，即汗位继承，需要两个程序：前汗指定和大会推举。第一，成吉思汗帝国时期，只有大汗的直系后代，即黄金家族成员，才享有继承汗位的资格。第二，为忽里台制度。忽里台，在蒙语中意为"聚会"。忽里台制度是大蒙古国时期，由蒙古贵族，包括"后妃、宗王、贵戚、大臣、将帅、百执事及四方朝附者"④ 参加的，决议国家大事的最高形式。国家大事就包括推

---

① 参见《元史》卷140《太平传》。
② 参见本书第四章第二节"汤阴许氏"。
③ 萧启庆：《元朝的统一与统合：以汉地、江南为中心》，氏著：《内北国而外中国：蒙元史研究》。
④ 《经世大典序录·朝会》，（元）苏天爵编：《国朝文类》卷41。

选大汗。"忽里台制度一方面是蒙古游牧条件下的世选制度。另一方面，忽里台聚会，又是与草原政治结构下的盟誓契约关系及权利义务关系密切联系在一起的。"①

由于"贵族聚议"本身包含的纷争与分歧，继承资格的不明确性，各分支集团的独立性和离心倾向等因素，这种汗位继承制度，极易引发危机。成吉思汗保证了黄金家族的选汗权，却不能阻止黄金家族内部成员对汗位的争夺。帝国的亲王与功臣也根据政治利益和军事实力，对黄金家族内部有望获得汗位的人给予拥护和依附。因此在成吉思汗死后，尽管他指定窝阔台为自己的继承人，但是在公元1229年的选汗大会上，依然存在争论，直到拖雷到会支持，才使成吉思汗的成命为人们所接受。②

蒙古政权中的后妃干政是影响帝位继承的重要因素，皇后或者太后利用自己的地位干涉，甚至主导嗣位君主的选择，比如窝阔台的皇妃乃马真后、武宗与仁宗的母亲答己太后等。③此外，另外一种蒙古旧制怯薛制度的存在也对元代的帝位继承产生了一些影响。怯薛，是蒙古语轮番宿卫的意思。怯薛制度是蒙元王朝的禁卫制度。蒙古时期的怯薛不仅是皇家的卫队、家务机构和帝国的中央军，也是主要的中央行政机构，此外还兼具质子营和军官学校的性质。④忽必烈建立元朝后，怯薛的行政职能显著衰退，只从事较单纯的宫廷服侍和宿卫的本职工作。然而，怯薛在内廷仍有影响御前决策、挟制宰相、介入宫廷政变等参与政权的情形。

窝阔台死后，忽里台大会进行的汗位世选就必须得以政治实力和军事实力为基础了。贵由得以继承汗位，这与其支持者乃马真后脱里哥那在政治上获胜有关。⑤蒙哥在忽里台大会上得即汗位，这有赖于其雄厚的军事实力和朮赤、

---

① 萧功秦：《论元代皇位继承问题——对一种旧传统在新的历史条件下的蜕变过程的考察》，《元史及北方民族史研究集刊》第7辑，1983年，第22页。本节关于蒙元帝位继承的论述多参考萧先生文。
② 参见萧功秦：《论大蒙古国的汗位继承危机》，《元史及北方民族史研究集刊》第5辑，1981年，第49页。
③ 参见周良霄：《蒙古选汗仪制与元朝皇位继承问题》，《元史论丛》第三辑；胡务：《蒙元皇后与元朝政治》，《求索》1990年第3期；周志锋：《试论蒙元时期皇后的政治活动及其影响》，《黑龙江民族丛刊》2003年第1期；拙作《答己太后干政与蒙元王朝之特质》（待刊）。
④ 萧启庆：《元代的宿卫制度》，氏著：《内北国而外中国：蒙元史研究》。
⑤ 参见蔡美彪：《脱里哥那后史事考辨》，《蒙古史研究》第三辑，1989年。

拖雷系后王的支持。① 忽必烈在开平的忽里台大会上得即汗位，也是倚仗其强大的南征军以及诸王的支持。至此忽里台制已沦为黄金家族成员争夺汗位的政治工具。"任何凭借武力夺取汗位的人，可以轻而易举地炮制一个主要由他的拥护者和追随者参加的'忽里台大会'，并把自己的追随者宣称为'选君者'，以此来证明自己的'合法性'。"②

除了蒙古旧制，影响元代帝位继承的另一大因素是汉制。长期以来，汉族封建国家帝位继承的一般制度是王位世袭，嫡长子继承及立太子的制度。在当时"家天下"的封建大一统的条件下，帝位的嫡长子继承制还是具有一定的作用，在一般情况下，可以避免或减少为争夺皇位而发生的斗争。蒙元作为世界帝国与中原传统王朝的双重性质，决定了帝位继承处于蒙古旧制与汉制交互作用之下。

尽管忽必烈作为忽里台制的获利者，依靠强大的军事力量登上了汗位，但是，汉族儒臣的劝谏③、汉地因素、历朝经验乃至忽必烈本人的经历都使其坚定在帝位继承上初行汉制的决心。至元十年（1273），忽必烈立真金为太子，初次确立了嫡传世袭制。至元二十二年真金太子去世，至元三十年，元世祖立真金第三子铁穆耳为皇太孙。在元世祖死后，铁穆耳作为储君继位时，出现了汉法与蒙古旧制混合，世袭与宗亲推选并存的错综局面。至元三十一年四月，皇太孙铁穆耳从漠北赶回上都，召开忽里台大会。在伯颜、玉昔帖木儿、不忽木等大臣的支持下，铁穆耳在与真金长子、晋王甘麻剌的竞争中胜出，终登帝位，是为元成宗。

由于成宗指定的继承者德寿太子早夭，之后成宗并未指定继承人。大德十一年（1307），成宗死后，近系诸王有了一次进行争夺的机会。朝中形成两大势力集团，一是以卜鲁罕后和左丞相阿忽台为首的一派，主张立安西王阿难答；一是以中书右丞相哈剌哈孙为首的一派，主张立太子真金次子答剌麻八剌之子海山、爱育黎拔力八达兄弟。最终哈剌哈孙以"称病卧阙"的方式，使得

---

① 参见陆峻岭、何高济：《从窝阔台到蒙哥的蒙古宫廷斗争》，《元史论丛》第一辑。
② 萧功秦：《论元代皇位继承问题——对一种旧传统在新的历史条件下的蜕变过程的考察》，《元史及北方民族史研究集刊》第 7 辑，第 23 页。
③ 参见《元史》卷 163《张雄飞传》等。

卜鲁罕后不能临朝称制。爱育黎拔力八达赶到大都，发动政变，将卜鲁罕、阿忽台一派一网打尽，从而控制了皇权。其中哈剌哈孙不但作为中书右丞相操纵中书省的行政官僚，而且是一名怯薛长。由于爱育黎拔力八达有长兄海山，按照汉法居先，而且在漠北拥有强大的军事实力，因此虚位以待海山即位。哈剌哈孙等人此次发动的政变标志着行政中枢机构在帝位继承中的决定性意义。中枢官僚"选君"，即在朝中发动政变，选择在外的诸王为帝，然后又借助蒙古传统的忽里台制来证明新君的合法性。

元武宗海山即位后，以皇弟爱育黎拔力八达为皇太子，双方约定"兄终弟及，叔侄相承"。至武宗死，爱育黎拔力八达即位为仁宗，他即位后排斥忽里台制，从中原帝王继位制度中寻找其即位的合法与权威性。他破坏了与武宗"兄终弟及，叔侄相承"的盟约，立其子硕德八剌为皇太子，即后来的元英宗。至治三年（1323）发生南坡之变，英宗因汉法改革为铁失等蒙古贵族所弑，怯薛也参与到政变弑君之中。汉法与蒙古旧制的冲突达到了一个高潮。同年九月，依据忽里台的传统模式，铁失等人推戴甘麻剌长子晋王也孙帖木儿登基为泰定帝。

致和元年（1328），泰定帝病死，元王朝又爆发了大规模的帝位争夺。泰定帝宠臣、左丞相倒剌沙在上都扶立泰定帝之子、七岁的太子阿剌吉八为帝。而留守大都的武宗旧臣，以金枢密事钦察人燕帖木儿为首的官僚贵族，则拥立武宗第二子怀宁王图帖木儿为帝。双方围绕着帝位进行了一场大规模的内战，最后以图帖木儿和燕帖木儿的胜出而结束。这一次可称得上权臣主动选君。内战胜利后，占据帝位的元文宗图帖木儿不得不考虑其同父异母的兄长、武宗的嫡长子和世㻋，因此派人迎其兄和世㻋来继帝位。天历二年（1329）八月，文宗宴明宗于王忽察都（在今河北张北），明宗暴崩，背着弑兄罪名的文宗复于上都即位。

元文宗于至顺三年（1332）去世后，把持朝政的燕帖木儿为了继续专权，请求文宗皇后卜答失里立她的儿子古纳答剌为帝。卜答失里为了执行丈夫的遗诏，予以拒绝。由于当时元明宗和世㻋的长子妥懽帖睦尔远在广西静远，而次子懿璘质班却深得文宗宠爱，受封为王，留在文宗身边。这样，至顺三年十月，卜答失里皇后遂奉文宗遗诏拥立年仅七岁的懿璘质班登上了皇位，是为元宁宗。卜答失里作为皇太后，成了元王朝的实际统治者。但元宁宗仅在位不到两个月即去世，不久后燕帖木儿也去世。元明宗的长子妥懽贴睦尔被卜答失里从静江（今广西桂林）召回并立为帝，是为元惠宗，即元顺帝。顺帝时期的几次未遂图谋废立事件表明，臣僚从维护自身利益出发，自上而下地发动政变，废立君主，依然是承继着南坡之变以来的传统。①

综上所述，蒙元的帝位继承处在汉法嫡长子制与蒙古忽里台制交互作用之下。其中参与决策的主要是蒙古诸王、太后和蒙古、色目权臣，甚至于元文宗与顺帝在位期间，发生的几次未遂政变也是由蒙古、色目权臣发动的。至于以汉族为主的北方文学家族，基本上是没有发言权的。

北方文学家族成员卷入元代帝位继承主要是两次，第一次为忽必烈与其弟阿里不哥的争夺，第二次为元文宗与天顺帝的两都之战。

公元 1260 年，蒙哥汗卒于合州（今四川合川东）。戍守都城哈剌和林（在今蒙古国）的忽必烈幼弟阿里不哥，欲乘长兄忽必烈率军攻鄂州（今武汉武昌），谋夺汗位。令左丞相阿蓝得儿征兵漠北，燕京行省脱里赤征兵于河朔。忽必烈闻讯后，立即率军北归，于次年三月到达开平（今内蒙古正蓝旗东北闪电河北岸），召开诸王大会，即帝位。四月，阿里不哥也于和林称汗，并命刘太平、霍鲁海行省于关右，约六盘山（在今宁夏西南部与甘肃东部）守将浑都海等，自关中进兵忽必烈。忽必烈迅速做出应对，他派遣京兆等路宣抚使廉希宪赴任陕西，平定刘太平、霍鲁海及浑都海在四川的党羽密里火者、乞台不花，自己率军亲讨阿里不哥。经过半年的激战，阿里不哥败逃，于五年后归顺了忽必烈。

在这次帝位争夺战中，北方文学家族成员郝经、廉希宪、商挺等人起了重要作用。宪宗蒙哥汗刚死，郝经、廉希宪就力劝忽必烈班师，争夺帝位。②廉希宪说："殿下太祖嫡孙，先皇母弟，前征云南，克期抚定，及今南伐，率先渡江，天道可知。且殿下收召才杰，悉从人望，子惠黎庶，率土归心。今先皇奄弃万国，神器无主，愿速还京，正大位以安天下。"到达开平后，宗室诸王

---

① 参见萧功秦：《论元代皇位继承问题——对一种旧传统在新的历史条件下的蜕变过程的考察》，《元史及北方民族史研究集刊》第 7 辑。

② 参见（元）郝经：《班师议》，《陵川集》卷 32；胡多佳：《郝经三题》，《元史及北方民族史研究集刊》第 8 辑。

劝进，忽必烈谦让未允，廉希宪又以天时人事进言，他说："阿里不哥于殿下为母弟，居守朔方，专制有年，或觊望神器，事不可测，宜早定大计。"忽必烈听从了他的意见，明日即位，建元中统。①

廉希宪不仅力劝忽必烈继承汗位，他还和商挺等人积极谋划，使得忽必烈能击败阿里不哥，顺利继承汗位。《元史》卷159《商挺传》记载：

> 宪宗崩，世祖北还，道遣张文谦与（商）挺计事。挺曰："军中当严符信，以防奸诈。"文谦急追及言之。世祖大悟，骂曰："无一人为我言此，非商孟卿几败大计。"速遣使至军立约。未几，阿里不哥之使至军中，执而斩之。召挺北上至开平，挺与廉希宪密赞大计。

廉希宪、商挺不仅为忽必烈即位出谋划策，他们还率兵至六盘山征讨阿里不哥的拥护者哈剌不花。商挺提前预测出了对方必走上中下三策中的下策"重装北归，以应和林"，与廉希宪采取了相应的布置，击败了哈剌不花，随后在甘州（今甘肃张掖）东杀掉阿蓝得儿、浑都海，使得元世祖赞叹商挺为"古之良将"。廉希宪、商挺协助忽必烈征讨阿里不哥，是从有利于汉法治国的角度出发的，因为阿里不哥及其党羽阿蓝得儿等人是蒙古保守势力的代表。廉希宪、商挺因此获得了忽必烈的重用，他们两个家族也获得了较高的政治地位。

此外，马祖常、孛朮鲁翀等人还曾参与过文宗皇后选立皇帝之事。至顺三年（1332）八月，文宗崩，皇太后听政，命别不花、塔失海牙、阿儿思兰、马祖常、史显夫及孛朮鲁翀六人商论国政。孛朮鲁翀"以大位不可久虚，请嗣君即位，早正宸极，以幸天下"②。不知他指的"嗣君"为谁，实际上这里的"商论国政"仅仅是讨论而已，真正决策由谁继位的是文宗皇后（即皇太后）和权臣燕帖木儿。

如果说廉希宪等人是主动参与拥立忽必烈的行动，那么，王士熙与保定张氏则是被动地卷入元文宗与天顺帝的帝位争夺中。

---

① 《元史》卷126《廉希宪传》，第3086页。
② 《元史》卷183《孛朮鲁翀传》，第4222页。

致和元年（1328），泰定帝死后，留守大都的金枢密院事燕帖木儿和西安王阿剌忒纳失里发动政变，控制大都，遣使迎武宗次子图帖睦尔入京。九月，图帖睦尔在大都即皇帝位，改元天历。上都方面，辽王脱脱、梁王王禅、右丞相塔失铁木儿、左丞相倒剌沙、御史大夫纽泽等在上都拥立泰定帝幼子阿剌吉八即皇位，是为天顺帝。上都与大都形成两个皇帝并立的对峙局面。而辽东、关陕、川蜀等地先后起兵响应上都。两都之战发展为大规模内战。上都军与大都军在居庸关、古北口一带展开激战。上都军虽然在大都城下屡次受挫，仍声势浩大。正当上都军全力南进时，在东北的东路蒙古元帅不花帖木儿（燕帖木儿之叔）与搠只哈撒儿后王齐王月鲁不花，在十月十三日乘虚进围上都，留守倒剌沙等出降。阿剌吉八被俘。上都的支持者失去首领，相继溃散瓦解。梁王王禅及倒剌沙、纽泽等均被处死。①

两都之战使得北方多地卷入战火，有些将领烧杀抢掠，趁火打劫，比如太尉不花乘国家多事，率众剽掠。②保定张氏就遭到图帖睦尔部的杀戮。《元史》卷32《文宗纪》记载：

  紫荆关溃卒南走保定，因肆剽掠，同知路事阿里沙及故平章张珪子武昌万户景武等率民持挺击死数百人。……也先捏以军至保定，杀阿里沙等及张景武兄弟五人，并取其家赀。

关于此事，元人李国凤《济南郡公张宓神道碑》有详细的记载：

  西军猝至紫荆关，戍御之卒，不支而溃。百十为群，入保定界，肆剽劫。邑居之民众聚为城守计，得溃卒无良者，因挺毙之。时知枢密院事也先尼师大军，违城五里而驻，绐府同知及县尉与居民百余人至军，责以擅杀，尽戮之，血淋漓波道。复下令屠城，民讻讻思不靖。③

---

① 参见《元史》卷32《文宗纪》、卷138《燕帖木儿传》等；张金铣：《元两都之战及其社会影响》，《安徽大学学报》2006年第5期。
② 参见《元史》卷32《文宗纪》，第718页。
③ 《全元文》据嘉庆刻本《山左金石志》卷24收入，第58册，第753页。

也先尼，即也先捏。根据以上文献的记载，支持元文宗图帖睦尔的部队在紫荆关战败后溃散，溃卒有人在保定抢掠，张珪子景武等人奋起反抗，杀死作恶者。结果招致也先捏擅杀，景武兄弟五人被害，其全部家产被籍没，张珪女也被也先捏霸占为妾。如果不是济南世侯张荣之孙张宓冒死抗争，保定也要被也先捏屠城了。

由于也先捏为文宗乳母之子①，又做过文宗卫士，文宗出于私情，竟然百般庇护，不但未予追究，反而以张珪女归也先捏。之后御史台臣进谏："近北兵夺紫荆关，官军溃走，掠保定之民。本路官与故平章张珪子景武五人，率其民击官军死，也先捏不俟奏闻，辄擅杀官吏及珪五子。珪父祖三世为国勋臣，设使珪子有罪，珪之妻女又何罪焉！今既籍其家，又以其女妻也先捏，诚非国家待遇勋臣之意。"文宗才予以纠正。对于杀害保定张氏的元凶也先捏，尽管在御史台臣的进谏下，文宗下诏"刑部鞫之，籍其家，杖一百七，窜于南宁，命其妻归父母家"②，后来也先捏因"不忠不敬"被诛③，但对保定张氏，文宗不仅没有为其平反申冤，反而在至顺元年（1330），认为张珪议立泰定帝，追怨之，又怀疑张景武等人在两都之战中支持上都，又抄没张珪五子家资④。文宗"以所籍张珪诸子田四百顷，赐大承天护圣寺为永业"⑤。元统初，监察御史王文若奏请为张景武等人平反，顺帝不从。

保定张氏几代人为蒙元尽忠尽责，换来的却是无端杀戮。尽管张氏"第五代中，仍有张昌承袭保定管军上万户，张旭任监察御史。但是，张氏盛世已一去不复返"⑥。《新元史》中有这样一段评论："张柔平河北，经略江淮，有攻城野战之功。弘范崖山之役，功成身殒，赏不酬劳。珪謇謇匪躬，称为贤相。以三世之忠，不能庇其子孙，唏矣！景武兄弟既骈戮，又籍其家，失刑莫甚焉！

---

① 元人虞集《道园类稿》卷43《江西省参政董公神道碑》："也先乃者，文皇乳母之子也。……至保定，也先乃求张蔡国公子弟尽杀之，既而欲娶其女。"也先乃即也先捏，译音不同。
② 《元史》卷32《文宗纪》，第717、722页。
③ 参见《元史》卷33《文宗纪》，第741页。
④ 参见柯劭忞：《新元史》卷139《张珪传》。
⑤ 《元史》卷34《文宗纪》，第756页。
⑥ 萧启庆：《元代几个汉军世家的仕宦与婚姻》，氏著：《内北国而外中国：蒙元史研究》，第305页。

盖出于文宗之私憾欤。"① 保定张氏做了蒙古高层帝位争夺的牺牲品。

除了保定张氏，东平王士熙也卷入文宗与天顺帝的帝位争夺中。王士熙泰定四年（1327）官中书参政。泰定帝死后，王士熙曾经卷入了帝位争夺，并且站到了失败的天顺帝一方。因此在元文宗即位后，遭到囚禁、抄家、流放。此事史籍记载简略，《元史》卷164《王构传附王士熙传》、《元诗选·二集》均未载。据黄溍《集贤大学士荣禄大夫史公神道碑》，可知郓城（今属山东）人史惟良对王士熙极为赏识，曾荐他代替自己的职位。元文宗天历元年（1328），"时中书左丞朵朵、参知政事王士熙等，坐系枢府，罪且不测。用公言，得从远贬"②。王士熙因支持天顺帝而被文宗囚禁，几乎被杀，因为史惟良讲情，才得以免死流放。

据阮元编《广东通志》卷266《谪宦录》，文宗天历元年九月，王士熙被流放海北海南道宣慰司琼州吉阳军（今海南三亚），与侍御史济宁（今属山东）人邱世杰一同渡海，邱世杰流寓万安军（今海南万宁），次年到达。他谢绝了县尹张元杰营造的居所，在城西陋地借茅屋居住，起名"水北新居"，又在其西南修筑"江亭"以游息。"每静住一室，屡日不出中庭，郡佐人士及吏卒相接者甚加礼貌，屡为县尹陈元道所侮，优礼之，不校。郡县之政、时之利害未尝出诸口。非公事及宴请，不苟出。惟劬书酷咏为娱，恬然不见其去国之意。远近皆敬爱，得其文字，珍藏之。"居吉阳不久，王士熙迁居琼州。③ 天历二年十月，文宗曾下旨征王士熙等人于贬所，放归乡里。④ 至顺三年（1332）六月，文宗录用王士熙等人。⑤ 萨都剌有《和参政继学王先生海南还韵》说王士熙"飘零南北与东西，倦鸟投林未许栖"⑥，对王士熙的不幸遭遇深表同情。

综上所述，元代帝位继承为蒙古高层各种势力争夺的战场，几乎每次都伴

---

① 柯邵忞：《新元史》卷139《张柔传》，第597页。
② （元）黄溍：《金华黄先生文集》卷26。
③ 参见（清）阮元编：《广东通志》卷266《谪宦录》，《续修四库全书》第674册，第529页，原文误作"王仕熙"；郭翠萍：《元代东平王氏家族研究》，山东师范大学硕士学位论文，2012年。
④ 参见《元史》卷33《文宗纪》，第743页。《广东通志·谪宦录》记载，至顺三年，宁宗继位，王士熙与邱世杰一同得旨回还朝廷，被起用。为误。
⑤ 参见《元史》卷36《文宗纪》，第804页。
⑥ （元）萨都剌：《萨天锡诗集》后集。

随着政变与杀戮，少有平稳过渡。北方文学家族很少主动参与其中①，反而是在文宗与天顺帝之争中被动地卷入，深受其害。由此反映出在元代四等人制之下，即使像高昌廉氏这样新朝勋贵在元朝政治中发挥的作用也很有限，色目家族如此，包括契丹、女真在内的汉人家族又在其下。②

---

① 元代帝室成员元英宗、文宗、顺帝等人虽然能用汉语写作，但这一家族情况特殊，不同于一般文学家族。
② 南人的地位又在汉人之下，因不是本文所讨论的内容，暂且不论。可参见萧启庆：《内北国而外中国：元代的族群政策与族群关系》，氏著：《内北国而外中国：蒙元史研究》。

第十章　元代北方各民族文学家族的交往与创作

元代北方文学家族为元代文学的重要组成部分，他们的文学活动贯穿了整个蒙元王朝。我们分为前期（前四汗与元世祖）、后期（成宗到顺帝）两部分加以论述。① 北方文学家族中汉族占绝大部分，但也有畏兀儿、契丹、女真等各民族，他们之间的交往构成了元代多民族士人圈，这种多民族的文学艺术活动为元代文化的一大特点。

第一节　元代前期北方文学家族的交往与创作

自蒙古灭金，北方文学家族之间就有交游与文学创作。蒙古时期文学活动主要在耶律楚材周围、忽必烈潜邸文人之间、汉人世侯与幕僚之间，此外河汾诸老等人的诗社与赠答唱和也较为活跃。

耶律楚材被称为元诗第一人，他的《湛然居士集》是元诗史的开篇。② 早在蒙古时期，他就在征伐政事之闲，经常与人诗歌唱和。尤其是在蒙古太祖十六年冬到十七年春（1221—1222），耶律楚材与丘处机、郑景贤、王君玉等人以中亚名城寻思干（又名河中府，今乌兹别克斯坦境内撒马尔罕）组织汉语

---

① 这种分期主要是出于论述的方便，与元代历史的一般分期不同。具体论述中，因内容的连续性，偶有突破分期的情况。
② 参见杨镰：《元诗史》，第 240 页。

诗歌沙龙，描绘神奇的西域景物与山水田园。① 耶律楚材家族内部也有诗歌赠答，例如，儿子耶律铸十五岁时，他作诗相赠，铺陈祖上太祖、东丹王、文献公耶律履等人的功业德行，勉励耶律铸曰："汝方志学年，寸阴真可惜。孜孜进仁义，不可为无益。经史宜勉旃，慎毋耽博弈。深思识言行，每戒迷声色。德业时乾乾，自强当不息。幼岁侍皇储，且作春宫客。一旦冲青天，翱翔腾六翮。儒术勿疏废，祖道宜熏炙。"② 诗句充满对儿子的期望，希望他能继承祖宗之业，修德向学，不坠家族之名声。再如，耶律楚材曾赠侄儿正卿诗，诗曰："辽室东丹九叶芳，曾陪剑珮侍明昌。"说明正卿为东丹王九世孙，明昌，为金章宗年号，他曾在金章宗朝做官。"学书写尽千林叶，习射能穿百步杨"③，是说正卿文武全才。赶上金末蒙初战乱频仍，耶律楚材劝他及早归隐。

耶律楚材与同族之间的诗歌赠答更多。比如他与耶律继先有唱和赠答诗五首，包括七古三首与七律、七绝各一首。《湛然居士集》卷2《和移剌继先韵二首》其一曰："旧山盟约已愆期，一梦十年尽觉非。""渐惊白发宁辞老，未济苍生曷敢归。"④ 倾诉自己的内心苦衷，早想归隐就不能实现，尽管年华老去，自己的兼济之志尚未实现，不能辞归。耶律继先生平不详。耶律楚材还与同族耶律子春有过诗歌赠答唱和，包括七律八首，即《丁亥过沙井和耶律子春韵二首》、《寄耶律子春》与《和移剌子春见寄》五首，丁亥为金哀宗正大四年（1227），此时金朝尚未灭亡，《和耶律子春见寄》其五称耶律子春为前进士，其二曰"十年甘分作俘臣"，当作于蒙古太祖攻下金中都（今北京）十年之后，即金哀宗天兴三年（1234）金亡之后。《丁亥过沙井和耶律子春韵二首》其一曰："科登甲乙战文闱，吾子才名予独知。"⑤ 耶律楚材称子春为"吾子"，极为亲切，"科登甲乙战文闱"说明子春参加过金代的科举考试并得中进士。"巢许

---

① 参见贾秀云：《耶律楚材与西域的第一个汉语诗歌沙龙》，辽金元文学研讨会暨中国辽金文学学会第六届年会，兰州，2011年。
② （元）耶律楚材：《为子铸作诗三十韵》，诗序曰："乙未，为子铸寿作是诗以遗之，铸方年十有五也。"《湛然居士集》卷12，《四部丛刊》本。
③ （元）耶律楚材：《赠侄正卿》，《湛然居士集》卷14。
④ 移剌即耶律，杨镰《元诗史》认为，移剌"很可能是耶律楚材自己所取的汉文音译。楚材往往自称'移剌氏'"。
⑤ （元）耶律楚材：《湛然居士集》卷2。文闱，《文渊阁四库全书》本作"文闱"。

身心君易乐","行藏俯仰且随时,被褐怀珠人未知"。是说子春为人淡泊名利,才华不为人所知。《和移剌子春见寄》其三曰:"且喜朝廷先正名,林泉隐逸总公卿。群雄一遇风云会,万国咸观日月明。丹凤固应潜乱世,白麟自合出升平。伫看北阙垂温诏,前席求贤进贾生。"耶律楚材说蒙古王朝征用四方贤能,似乎规劝耶律子春能出山做官。然而,"他年归去无相弃,同到闾山旧隐居",闾山,即医巫闾山,为耶律氏的起源地与根据地[①],耶律楚材又说自己将来也要同子春一起归隐旧居,看来他对眼下的政局与自己的处境亦不满意。耶律子春的赠诗今不存,仅在耶律楚材诗歌的注释中存一佚句"老去惟耽曲蘖春"[②]。耶律楚材还给同族耶律国宝写过诗。[③]

耶律楚材与子耶律铸有多次诗歌唱和,比如耶律铸有《谨和尊大人领省雷字韵》、《谨次尊大人领省火绒诗韵》、《谨和尊大人领省沙场怀古兼四娱斋韵》。[④] 除了这些父子唱和之外,耶律铸还有步韵父亲之诗,比如《谨用尊大人领省十六夜月诗韵》、《谨用尊大人领省龙庭风雪诗韵》[⑤]、《谨次尊大人领省怀梅溪诗韵》、《谨次尊大人领省题壶春园诗韵》[⑥]。耶律铸有关父亲的诗还有《谨上尊大人领省寿》、《仰祝尊大人领省寿三首》等。[⑦]

耶律楚材去世时,耶律铸作《哭尊大人领省》,诗曰:"孤儿泪眼空血流,一夜不知浑白发。……人间天上父子情,遗愤有身终尽雪。"[⑧]他哭悼父亲去世,血泪合流。之后,耶律铸还作了《忆大人领省二首》、《忆尊大人领省二首》、《拜书尊大人领省瓮山原茔域寝园之壁》等诗回忆父亲。[⑨]

除了与父亲唱和,耶律铸还与兄弟子侄有诗歌活动,其《壬子秋日客舍纪事因寄家兄》说:"原上脊令何处所,不听游子咏南陔。"[⑩]脊令,用《诗经·小

---

① 参见刘达科:《金元耶律氏文学世家探论》,《民族文学研究》2003年第2期。
② (元)耶律楚材:《和移剌子春见寄》,《湛然居士集》卷3。
③ 参见(元)耶律楚材:《寄移剌国宝》,《湛然居士集》卷3。
④ 参见(元)耶律铸:《双溪醉隐集》卷4,《文渊阁四库全书》本。
⑤ 参见(元)耶律铸:《双溪醉隐集》卷3。
⑥ 参见(元)耶律铸:《双溪醉隐集》卷6。
⑦ 参见(元)耶律铸:《双溪醉隐集》卷2。
⑧ (元)耶律铸:《双溪醉隐集》卷2。
⑨ 参见(元)耶律铸:《双溪醉隐集》卷6。
⑩ (元)耶律铸:《双溪醉隐集》卷3。

雅·常棣》典,写兄弟情义,《南陔》为《诗经》佚诗,为孝顺父母之诗。其《结袜子》二首的写作,是"示之子侄"。①

家族文学活动除了耶律楚材与同族人员赠答唱和外,顺圣魏初父子之间也有诗歌赠答唱和。魏初《次男必复韵》曰:"心头何事最相关,一片飞云万叠山。去驿来年才得信,分司六月不知还。身归造物乘除里,意在经营惨淡间。为报金兰何侍御,别来今已鬓毛斑。"②由诗可知父子离别许久,互相惦念,魏初已经鬓发花白。魏初《青崖集》卷3《水龙吟》也是作给儿子必复的,词题曰:"余诞日,不得与儿子必复相会聚者凡六寒暑矣。今年是日,必复以诗上寿,有'勇退神仙今不远'之句,因以此曲示之。"魏初已经有六年过生日未能见到儿子,今年生日儿子能献上诗词,亲自为父亲祝寿,祝愿父亲"勇退神仙今不远",魏初向儿子讲述自己的经历与志向,词曰:

> 平生翰墨箕裘,误蒙獬豸分司早。登车揽辔,风烟万壑,连云鸟道。五载归来,中台无事。江南芳草。记钱塘门外,西湖湖上,登临处,知多少。 梦里五云楼阁,正瞻依、玉墀春好。南海阴风,越台暑瘴,不禁怀抱。白粥青虀,平心养气,万缘俱扫。便从今、收拾黄牛十角,只闲中老。

魏初仕宦遍历南北,老来只求平凡生活,休闲养老。由于是对儿子述说,因此讲得亲切随意。

除了与儿子诗词唱和,在妻子和祖母生日,魏初分别作《鹧鸪天》与《江城子》、《清平乐·祖母夫人寿》庆贺。《鹧鸪天·室人降日以此奉寄》:"几时收拾田园了,儿女团圞夜煮茶",抒发的也是全家团圆之意。《江城子·为祖母夫人八十之寿》:"儿女团圞,语笑重情亲。更看蓝衫红袖舞,歌娅姹,小诸孙。"③ 更是描绘了诸孙歌舞为祖母祝寿的幸福场景,充满天伦之乐。

忽必烈在潜邸谋划召集各方人才,实现自己的政治目标,始于乃马真后

---

① (元)耶律铸:《双溪醉隐集》卷2。
② (元)魏初:《青崖集》卷1。
③ (元)魏初:《青崖集》卷3。

三年（1244）①，之后不断扩大规模，他吸纳的文人包括董文炳、刘秉忠、张文谦、李德辉、王鹗、郝经、魏璠、姚枢、廉希宪、商挺等人②，其中不少属于北方文学家族成员。这些文人之间除了参与政治军事活动外，也有一些诗词赠答唱和③。

蒙哥汗四年到五年之间，廉希宪治理陕西，他与商挺、姚枢、来献臣、郭镐、邳大用、张君美、李庭之、陈遂等人在廉相泉园诗酒聚会。④

除了这样集中的活动之外，文人间也有赠答唱和。例如，商挺与很多人有诗词赠答，商氏曾将元初诸名公寄赠诗文编为《尺牍歌诗》一卷，家族珍藏至其孙商企翁。⑤中统二年（1261），商挺升参知政事，杨果作《太常引·送商参政西行》⑥，词曰："谁料一儒冠，直推上、淮阴将坛。"⑦将儒生商挺比作拜将的韩信。王恽也与商挺有诗文赠答，《秋涧先生大全文集》卷19《商左山副枢承屡念及作诗以答雅意》曰："四十年间凡九遇，感公翦拂使长鸣。三苍论法传余蕴，七札量能缀贱名。晓日岳祠留语别，秋风韦曲饯予行。伤心绿野堂前月，空遣留光照斗城。""四十年间凡九遇"，"七札量能缀贱名"，说明他们二人过从甚密，多有文字往来。杨奂与参政商挺关系甚密，杨奂《东游记》记载，他拜谒阙里时，商挺等人为他送行。金亡后，商挺依冠氏（今属山东）世侯赵天锡，从元好问、杨奂等人游，可见结识杨奂甚早。⑧杨奂曾作《寄商孟卿》五律与七律各一首，其五律曰："无穷惟永日，有尽是流年。白发谁能免，丹经恐妄传。会心人健否，到处冢累然，衮衮风波地，方思万里船。"⑨诗中谈到"白发"，可见作于晚年，充满着对友人身体的关切之情。

---

① 《元史》卷4《世祖纪》记载："岁甲辰，帝在潜邸，思大有为于天下，延藩府旧臣及四方文学之士，问以治道。"
② 萧启庆：《忽必烈"潜邸旧侣"考》，氏著：《内北国而外中国：蒙元史研究》。
③ 参见杜改俊：《金莲川文人集团文学创作》，《文学遗产》2008年第4期；任红敏：《金莲川藩府文人群体之文学研究》，南开大学博士学位论文，2010年。
④ 参见本书第七章第一节"高昌廉氏"。
⑤ 参见（元）苏天爵：《题商氏家藏诸公尺牍歌诗后》，《滋溪文稿》卷28。
⑥ 参见《元史》卷159《商挺传》及牛贵琥《金代文学编年史》，第839页。
⑦ 唐圭璋编：《全金元词》，第605页。
⑧ 参见《元史》卷159《商挺传》。
⑨ （元）杨奂：《还山遗稿》卷下，魏崇武等校点：《杨奂集》（与《李俊民集》、《杨弘道集》合刊），第303页。

商挺与魏初也有交往,魏初曾作《寄商左山》,诗序曰:"清明后数日,陪姚雪斋、张邻野雅集于匏瓜亭,偶得五十六字,奉呈左山相公千里一笑。"① 姚雪斋即姚枢,张邻野活动于至元年间,与王恽、商挺、姚枢、宋珍等人交游。他家藏有赵秉文为师仲安所书《御史箴》②,王恽说他"谐傲酝藉"③。匏瓜亭,在赵禹卿别墅中,亭子筑成后,多人歌咏,魏初曾作《匏瓜诗》十首④,胡祗遹也有《赵禹卿匏瓜斋诗》、《赵氏东皋八题匏瓜亭》、《题赵禹卿匏瓜斋》⑤。

姚枢与商挺有过诗歌唱和,其《送和甫道师西还》即是用商挺韵。⑥ 魏初《感皇恩·次商参政韵》为次韵商挺而作,词中"风烟春近也,平安否"、"茶社诗盟要长久"等语句⑦,都是说二人为情谊深厚的诗友。《点绛唇·次商台符韵送何侍御》,何侍御当为何继先,即何荣祖,字继先,广平(今属河北)人。至元间曾任侍御史,著有《大畜》十集、《学易记》、《载道集》、《观物外篇》等书。⑧ 这是魏初次韵商挺词送别何继先。

刘秉忠与窦默有交游,他作《大理途中寄窦侍讲先生二首》,其一曰:"昔闻名德仰高山,近识高贤未敢攀。富贵不求惊见擢,田园成趣喜归闲。一心止水常平湛,万事浮云任往还。解把阳和涵养就,不言春色满人间。"⑨ 窦默曾为翰林侍讲学士,刘秉忠称颂窦默理学修养深厚,不为功名富贵所迷。《藏春集》卷2《忆窦侍讲先生》述说对窦默的思念之情。刘秉忠与藁城董氏也有交往,曾作《赠藁城董万户》,董万户当为董文炳(1217—1278),至元三年(1266),董文炳曾代替史氏两万户为邓州光化行军万户⑩,诗曰:"老帅曾酬报国心,遗君兄弟茂如林。"老帅指的是董文炳的父亲董俊(1186—1233),任职左副元帅,在对金作战时,为蒙元捐躯,其九子功勋卓著,仕历显赫。"私

---

① (元)魏初:《青崖集》卷1。
② 参见(元)王恽:《御史箴后记》,《秋涧先生大全文集》卷38。
③ (元)王恽:《故南塘处士宋公墓志铭并序》,《秋涧先生大全文集》卷49。
④ 参见(元)魏初:《匏瓜诗序》,《青崖集》卷1。
⑤ 三诗分别见《紫山大全集》卷4、卷5、卷7。
⑥ 《全元诗》第3册第20页据国家图书馆藏石刻拓片收入姚枢《送和甫道师西还》,诗题下注:"用商子孟卿韵。"
⑦ (元)魏初:《青崖集》卷3。
⑧ 何继先生平参见《元史》卷168《何荣祖传》。
⑨ (元)刘秉忠:《藏春集》卷3,《文渊阁四库全书》本。
⑩ 参见《元史》卷156《董文炳传》。

物应官于己薄，家童代役感民深。更能设药除群病，四境谁非播德音。"① 赞扬董文炳为民请命，深得民心。史载董文炳任职藁城令时，曾"以私谷数千石与县，县得以宽民"②。他为减轻百姓负担，不惜自己获罪朝廷。

以上杨果与商挺、刘秉忠与窦默等人之间的诗歌赠答可以称得上早期的馆阁文学活动。

汉人世侯在蒙古时期独霸一方，权势很大，他们征辟了众多亡金文士，这些文士作为幕僚，与汉人世侯多有诗词赠答。

东平严氏周围的文人也很多，包括元好问、杨奂、商挺、徐世隆、张特立、王磐、李昶等人③，其中，元好问就有与严氏父子游赏之诗④，比如《约严侯泛舟》曰："诗贪胜概题难遍，酒怯清秋醉易醒"⑤，说明是一场泛舟诗酒之会。元好问作有《同严公子大用东园赏梅》，大用，即严实第三子忠嗣，该诗写元好问与严忠嗣赏梅之乐。元好问曾两次给严忠嗣写信，谈到古器与书画收藏，即《遗山先生文集》卷39《答大用万户书》二通。⑥ 严忠嗣，字大用，蒙哥汗元年（1251），任东平人匠总管；五年，改管军万户。曾参与对宋作战与平定李璮之战，中统四年（1263）罢职家居。⑦

真定史氏、顺天张氏与幕僚及依从文士的文学活动更为频繁。⑧ 藁城董氏、济南张氏等汉人世侯也与文士有诗词赠答，由于不涉及北方文学家族，此处从略。

在汉人世侯与幕僚诗词赠答之时，隐居于河汾之间的一批金源文士交往频繁，甚至组织诗社唱和，元人房祺将他们的诗作编辑成《河汾诸老诗集》八卷，因此被称为河汾诸老。河汾诸老包括麻革、张宇、陈赓、陈庾、房皞、段

---

① （元）刘秉忠：《藏春集》卷3。
② 《元史》卷156《董文炳传》，第3667页。
③ 参见晏选军：《严实父子与金元之交的东平文化》，《殷都学刊》2001年第4期；赵忠敏：《金元之际东平文人群体研究》，浙江大学硕士学位论文，2007年。
④ 严实父子与当时的文人交游较多，但这一家族基本上没有文学作品，因此算不上文学家族。
⑤ 《元好问全集》卷10，第247页。施国祁《元遗山诗集笺注》、狄宝心《元好问诗集编年校注》认为严侯为严忠嗣。
⑥ 《同严公子大用东园赏梅》，《元好问全集》卷10。施国祁《元遗山诗集笺注》、狄宝心《元好问诗集编年校注》认为大用为严忠嗣。
⑦ 严忠嗣生平参见《元史》卷148本传、《蒙兀儿史记》卷52及《宋元学案补遗》卷90等。
⑧ 参见本书第三章"河北地区文学家族"。

克己、段成己、曹之谦八位诗人，实际上他们周围还有杨弘道、刘祁、封仲坚、杨彦衡等众多文人。河汾诸老中的陈赓、陈庚兄弟之间有过诗词赠答，比如陈庚作《有怀家兄子飏》，"趋向自知违俗好，文章只合伴儿嬉"，说的是自己的处境，世事纷杂，文人的才能无处可用。"中有先人弊庐在，与君何日理茅茨"①，说明此时他们尚未返乡整理旧居。

相比陈氏兄弟，段克己、段成己兄弟之间唱和更为频繁，段克己多次为其弟寿诞作诗庆祝②，段成己也作过《寿尊兄遁庵先生》。段克己作《同封仲坚采鹭鸶藤，因而成咏，录寄家弟诚之，兼简李、卫二生》，段成己收到后次韵一首③。克己、成己都曾为张器之雄飞亭题诗④，段成己有《红梅》二首，兄克己作《红梅用诚之弟韵》，《梅花十吟》、《花木八咏》都是兄弟同作⑤。《二妙集》卷五还有成己《幽居奉藉遁庵尊兄严韵，呈隐之、润之二英弟一粲》三首，也是步其兄之韵。

河汾诸老之间多有诗歌唱和，段成己曾作《和答陈子京二首》，子京即陈庚之字，由诗题可知是陈庚先作诗赠成己。房皞与段氏兄弟有交往，《寄段诚之》曰："寥寥孔学今千载，赖有斯人可共谈"⑥，可见他把段成己视为知己，二人都是儒学传人。房皞《辛卯生朝呈郭周卿段复之》，辛卯即金哀宗正大八年（1231），复之为段克己之字，诗作倡导中庸之道，以颜回、曾参等圣贤自勉，同时也是勉励友人。⑦曹之谦作《麻信之为寿》，称颂麻革"卓荦英才块磊胸"、"酌酒数杯遗世虑，清诗千首傲侯封"。⑧陈庚与麻革交情甚好，他在《送麻信之内乡山居》诗中劝诫说："莫贪利禄招时忌，要学聱牙与世同。"麻革死后，他作诗二首悼念，其二曰："路遥未暇凭棺奠，怅望中条涕泗流。"⑨河汾诸老还有同题集咏之作，陈赓、陈庚都作有《蒲中八咏为师岩卿赋》，都是为师岩卿

---

① （元）房祺编：《河汾诸老诗集》卷4，第27页。
② 参见金人段克己《寿家弟诚之》二首。
③ 参见《二妙集》卷4、卷1。
④ 参见《二妙集》卷3、卷4。
⑤ 参见《二妙集》卷4、卷5。
⑥ （元）房祺编：《河汾诸老诗集》卷5，第33页。
⑦ 参见（元）房祺编：《河汾诸老诗集》卷5。
⑧ （元）房祺编：《河汾诸老诗集》卷8，第51页。
⑨ （元）房祺编：《河汾诸老诗集》卷4，第25页。

之图画而作。段成己也与师岩卿有交往，曾作《书师岩卿蒲中八咏图后》①，陈赓、曹之谦都作有《子猷访戴图》诗②。

河汾诸老与杨弘道也有诗歌赠答唱和。房皞《和杨叔能之字韵》，杨叔能即杨弘道，诗曰："遭乱重相见，宽心不用悲。"房皞为避难而北走，杨弘道则南逃，该句庆幸于二人能在金末动乱中活下来。"鹿门不可隐，吾道欲安之"③，为互勉之词。杨弘道死后，房皞还写诗哀悼。杨弘道曾作《送麻信之》，说他们在穰城（今河南邓州）"相对忘饥渴，高谈订是非"④。交谈十分投机。他还作诗赠房皞，诗曰："道学愈精身愈困，布衣憔悴汉江边。"⑤二人都曾逃难到南宋，此诗可能是在南方相遇而作。

陈赓与杨奂也有诗歌赠答，他的《答杨焕然二首》其一"梁苑当年记盛游，乱离南北恨迟留"，说明他们是旧相识，其二赞杨奂"扶持吾道难尤力，润色斯文老更勤"。⑥

河汾诸老多和浑源刘氏之刘祁有交往，比如麻革曾到刘氏归潜堂拜访刘祁，并作诗，诗曰："喧无车马云迎户，静有琴书月挂檐"，描绘了堂之雅静与刘祁之志趣，"遥知吟啸同云弟"⑦，以西晋二陆作比，称颂其兄弟之文才。曹之谦也作有《怀刘京叔》。⑧

为刘祁归潜堂题诗为金源文士一次规模较大的同题集咏，包括吴章、李献卿、白华、吕大鹏、元好问、麻革、性英、李微、李惟寅、薛玄、兰光庭、赵著、张纬、高鸣、刘德渊、刘肃、张仲经、张师鲁、张特立、勾龙瀛，《归潜志》卷14收录了这二十人的诗作二十五首，归潜堂成为文人的热门话题，他们在诗中热烈讨论刘祁该不该隐逸，以及能不能隐逸的问题，评价刘祁的同时实际上也是自己对出处问题的思考。

---

① 参见（元）房祺编：《河汾诸老诗集》卷3、卷4、卷7。
② 参见（元）房祺编：《河汾诸老诗集》卷3、卷8。
③ （元）房祺编：《河汾诸老诗集》卷5，第35页。
④ （元）杨弘道：《小亨集》卷3，《杨弘道集》，第424页。
⑤ （元）杨弘道：《赠希白》，《小亨集》卷5，《杨弘道集》，第451页。
⑥ （元）房祺编：《河汾诸老诗集》卷4，第26页。
⑦ （金）刘祁：《归潜志》卷14，第177页。
⑧ 参见（元）房祺编：《河汾诸老诗集》卷8。

作为蒙古时期北方文人的一次大规模同题集咏，归潜堂题诗集中反映了亡金文人对蒙古政权的态度，他们中间既有主张隐居不仕者，更有不甘寂寞，要投身新朝做一番事业者。更为复杂的是，在诗中颂扬隐逸的人，未必能坚守遗民的角色。

段氏不但兄弟之间、朋友之间多有唱和，而且还组织诗社活动，与金源文士集会唱和。诗社的地点为河津（今属山西）龙门山一带，其起始之年王庆生先生定为天兴三年（1234）间[1]，至少延续到蒙哥汗三年（1253）克己去世[2]。其成员除了段氏兄弟外，还有杨彦衡、封仲坚、张汉臣、卫行之等十余人[3]。

段氏兄弟为诗社的核心人物，他们的许多诗篇都写到诗社活动。段克己有《和家弟诚之诗社燕之作》三首，其三曰："回头四十五年非"，段克己生于金章宗承安元年（1196），四十五岁当在蒙古窝阔台汗十二年（1240），此时金亡已六年，做了遗民的段克己感叹"老无成事"。[4] 蒙古窝阔台汗十三年（1241），清明后三日，"诗社诸君宴集于封仲坚别墅，谈笑竟日，宾主乐甚"，段氏兄弟先后赋诗助兴。段成己在诗中说"天翻地覆春仍好"[5]，能在易代动乱之后诗酒欢会，确实是一件难得之事。段克己《丁未新正，与诗社诸公园亭宴集。彦衡有诗，众皆属和，一时樽酒宾席之胜，殆可乐也。余虽老，顾不可虚盛意，勉为赋此》，丁未，即蒙古贵由汗二年（1247），诗社诸人新年宴集赋诗，虽有可乐之处，但是克己诗句"秋去冬来春又催，昆明信有劫余灰"[6]，还是流露出金亡蒙兴、朝代更迭的感慨。同年立春，段成己与杨彦衡等人会饮，彦衡先作诗，成己和之。[7] 次日成己再用韵作诗寄给彦衡等人，之后成己诗兴不减，又次韵作二首。蒙古蒙哥汗三年（1253）中秋会饮，克己作诗，回忆少年时的中秋之会"一时宾客尽豪逸"，尽管金亡已十余年，他在诗中仍然慨叹"遗黎纵

---

[1] 参见王庆生《金代文学家年谱》（凤凰出版社2005年版）之段克己年谱、段成己年谱。
[2] 由于段克己卒年存在争议，郭鹏将诗社的下限定为蒙哥汗元年（1251），笔者此处认同吴晓红的考证，详其《金代河东"稷亭二段"研究》，见牛贵琥、张建伟编：《女真政权下的文学研究》。
[3] 参见郭鹏：《"稷亭二段"之诗社活动及其历史意义》，《民族文学研究》2012年第3期。
[4] 《二妙集》卷4。
[5] （金）段成己：《辛丑清明后三日，诗社诸君燕集于封仲坚别墅。谈笑竟日，宾主乐甚。然以未得吾弟数语为不足。既而遁庵兄有诗，余独未也，主人责负不已，因赋以应命云》，《二妙集》卷4。
[6] 《二妙集》卷4。
[7] 参见金人段成己《丁未立春日，与彦衡、景纯、史生饮，座中彦衡有诗，且需余和，与赋此》。

复脱刀戟，忧思离散谁与鸠"。① 这一诗社的活动还有重阳集会，以陶渊明"采菊东篱下"为韵赋诗。② 除了宴集赋诗，诗社成员还讨论诗艺，比如段克己与冯某、张汉臣讨论诗文。③

段成己也有很多诗作与诗社有关，比如《暇日意行姑射山下，奉藉遁庵先生山堂听雨韵，简诗社诸君》④，遁庵即其兄克己，该诗用其兄之韵。《余懒日甚，不作诗者二年矣。间者二三子以歌咏相乐，请题于吾兄遁庵，遂以"岁月坐成晚"命之，因事感怀，成五章，以自遣志之所之，不知其言之陋也。览者将有取焉》、《赠答诗社诸君》等。⑤

杨彦衡为诗社主要人物之一，他和段氏兄弟之间多有唱和，比如段克己《杨生彦衡袖初夏三数诗过余征和，虽勉强应命，格韵枯槁，深惭见知十首》、段成己《和杨彦衡见寄之作六首》。⑥ 彦衡丧子时，社里诸君都写诗加以宽慰。⑦

封仲坚也与段氏兄弟多有交往，他业医而爱诗，多与二段文字往来，段克己作《余侨居龙门山十有余年，封张二子日从余游，而贫又甚焉。因写所怀，兼简二子，共成一笑》，封仲坚作次韵和诗后，克己又作同韵诗四首回赠。⑧ 克己《赠答封仲坚》诗说封仲坚"酒酣胆气粗，狂言惊四座"⑨，可见其性格之豪迈狂放。封仲坚死后，克己挽词说他"素书功未卒，谁为理残编"，诗注言封仲坚曾注《素问》等书，未竟而去世。⑩ 段成己也与封仲坚过从甚密，仲坚离

---

① （金）段克己：《癸丑中秋之夕与诸君会饮山中，感时怀旧，情见乎辞》，《二妙集》卷6。
② 参见（金）段克己：《九日山园小宴，取五柳公"采菊东篱下"为韵，赋诗侑觞》，《二妙集》卷5。
③ 参见（金）段克己：《冯弟自北山来，出其旧所为诗三百余篇。虽未暇尽读，尝鼎一脔，足知余味。吾弟离群索居，无师友之益，能自道其所志，盖绝无而仅有者也。虽然，掘井九仞而不及泉，犹为弃井耳。适汉臣张君见过，论文话旧，以及吾弟之贤，因作诗，许其所能而勉其所未至，以寄之。幸时复观览以自警省，勿徒实箧笥而已》，《二妙集》卷4。
④ 《二妙集》卷6。
⑤ 参见《二妙集》卷1、卷3。
⑥ 二诗俱见《二妙集》卷5。
⑦ （金）段克己：《彦衡丧子，乡社诸君皆有诗以慰其哀，余忝交游之长，乌能无言，因赋此以赠之》，《二妙集》卷4。
⑧ 二诗俱见《二妙集》卷3。
⑨ 《二妙集》卷1。
⑩ （金）段克己：《封仲坚挽词》其二，《二妙集》卷3。

开之时，他们会饮于史氏之山斋，成己作诗相送。① 成己还作有《用韵答封张二子三首》，用《庄子》中的郢人失质比拟他们之间的关系。他们还在中秋饮酒集会，作诗赠答，"良宵方喜故人共"②，大家欢会一晚。第二天，封仲坚与卫行之又和成己之诗，成己再和四首。③ 经封仲坚介绍，段成己结识了蒲城董公，为其龙窝图题诗。④ 卫行之同样追随段氏兄弟十年，段成己说他"少负侠气……家贫困而益安"，曾在他生日写诗为赠。⑤

除了县大夫薛宝臣等少数官员外，二段龙门诗社成员都属布衣文人，还有僧道人士，比如段成己《和答木庵英粹中》⑥，是与僧人释性英赠答之作。性英，字粹中，号木庵，为金末著名诗僧。⑦

郭鹏认为，段氏兄弟"一方面继承了金朝多民族共同文化的成果，同时，又为元代多民族统一文化局面的出现做出了努力"。他们组织的遗民诗社对后世具有重要影响。⑧

除了河汾地区，金末蒙初还有一批文人在相州林虑山（在今河南林州）避乱。《元诗选》杜瑛小传云："金之将亡也，遗老儒硕皆来居相。缑山而外，若蒙城田芝，北燕刘骥，永平王磐，古郑周子维，武安胡德桂，浑源刘祁，太原高鸣、刘汉臣，燕山尚子明，林虑张允中，洛水徐世英、李仲泽，汴魏献臣、田仲德、郭谦甫，各以经术教授，互相提唱。盖彬彬乎多文学之士，亦一时之盛事也。"⑨ 这一文人群体包括了杜瑛、王磐、刘祁等重要人物，他们在此"经术教授"，传承濒临厄运的文化，也存在一些文学活动。可惜只有杜瑛、王磐

---

① （金）段成己：《仲坚将去平水，戒行之夕，饮于史氏之山斋》，《二妙集》卷4。
② （金）段成己：《中秋之夕，封生仲坚、卫生行之携酒与诗见过，各依韵以答二首》，《二妙集》卷4。
③ 参见（金）段成己：《翌日二子见和复韵以答》，《二妙集》卷4。
④ 参见（金）段成己：《蒲城董公余素不识其何如人也。一日袖横轴所谓龙窝图者，同仲坚来过，而以诗见谒。余雅不能文，诗尤非所长者。加之老病日久，纵不避拙恶，亦安能为他人雕肝肾邪？渠请益坚，余重违其意，且念其勤，姑因所见以叙之云尔》，《二妙集》卷1。
⑤ （金）段成己：《卫生行之少负侠气，与余兄弟相遇于艰难之际。自抑惘惘，常若不及。迨今十五年矣。家贫而益安，岂果有所学乎？不然何其舍彼而取此也？生正月十六日诞弥日也，因赋诗以赠，为一笑乐，且以坚其志云》，《二妙集》卷4。
⑥ 《二妙集》卷3。
⑦ 性英生平见《归潜志》卷9、卷14及《金诗纪事》卷12等。
⑧ 郭鹏：《"稷亭二段"之诗社活动及其历史意义》，《民族文学研究》2012年第3期。
⑨ 《元诗选·三集》，第41页。

的少量诗作保存下来①，多为游览写景之作，因资料缺乏，元初相州的文学活动不能详论。

忽必烈至元年间，北方文学家族成员参与的文学活动更为频繁，尤其是大都馆阁文人之间的文学活动。

大都天庆寺释普仁主持的雪堂雅集就是其中具有代表性的一次。这次雅集参与的文士有二十七人，作品共计五十篇，包括序跋五篇、真赞十七篇、诗歌二十八篇。其中，属于北方文学家族的文士有商挺、董文用、王构、王恽等人。②这次雅集曾被画为图，胡祗遹题诗说："佳客实满门，亦起专酒食。性理谈天人，游戏到文字。"③可见该雅集汇集了饮酒宴会、讨论理学与吟诗作文等多重形式。叶爱欣认为，以太子真金崇儒尚士为政治背景，至元二十年（1283）、二十一年举行的雪堂雅集，标志着元代馆阁文人群体的形成。④

大都之外也有很多北方文学家族参与的文学活动。

隩州白氏重要成员白朴在元初曾与众多文人有过雅集、唱和、赠答等文学活动，他的很多词作都与这些文学活动有关。白朴与杨果、奥敦周卿等人有过雅集，他的《木兰花慢》（记罗浮仙子）即为雅集时所作。杨果（1197—1271），字正卿，号西庵，祁州蒲阴（今河北安国）人。金哀宗正大元年（1224）登进士第，担任过蒲城、陕县县令。金亡后，史天泽聘为参议，历仕北京宣抚使、参知政事、怀孟路总管。⑤杨果工文章，长于词曲，有《西庵集》，已佚，有诗、词、散曲作品存世。奥敦周卿即奥敦希鲁，字周卿，号竹庵，女真人，居淄州（今山东淄川）。其先世仕金，父奥敦保和降元后，由万户迁至德兴府元帅。周卿历官怀孟路总管府判官、河北河南道提刑按察司金事、侍御史等。⑥《全元散曲》存其小令二首，套数一套。据白朴词序，至元六年（1269），白朴与时任怀孟路总管的杨果、任府判的奥敦周卿一起在覃怀（今河南沁阳）北赏梅，奥

---

① 杜瑛诗作见《元诗选·三集》，王磐诗作见《元诗选·二集》。
② 参见（元）姚燧：《跋雪堂雅集后》，《牧庵集》卷31。
③ （元）胡祗遹：《题雪堂和尚雅集图》，《紫山大全集》卷2。
④ 参见叶爱欣：《"雪堂雅集"与元初馆阁诗人文学活动考》，《平顶山学院学报》2006年第6期。
⑤ 杨果生平见《元史》卷164及《元朝名臣事略》卷10等。
⑥ 奥敦周卿生平见孙楷第《元曲家考略》甲集及余来明《元曲家奥屯周卿生平补考》（《民族文学研究》2008年第4期）。

敦周卿先作,他与杨果作和韵词,可惜杨果与奥敦周卿的词作已经佚失。白朴的另一首《木兰花慢》(望丹东沁北),为这次雅集中代友人宋子治所作。① 奥敦周卿与南北文人都有交游,邯郸(今属河北)人张之翰曾作赠诗,说他"共传笔正如心正,独爱诗声似政声"②,政绩与文学都很突出。周卿提刑巡历绩溪(今属安徽)时,当地人汪梦斗曾与他诗歌赠答。③

白朴《满江红·过了重阳》是和王彦文、王利用、秦仲等人在金陵饮酒而作。王彦文生平不详。王利用,字国宾,号山木,通州潞县(今北京通州)人。出生于北方世家,为辽赠中书令、太原郡公王籍之七世孙,高祖以下皆仕金。利用中统初令监铸百司印,历太府内藏官、山东经历司详议官、北京奥鲁同知、安肃等州知州、监察御史、翰林待制、河东等道提刑按察副使、安西兴元两路总管、太子宾客等职。④ 秦仲(1243—1293),字山甫,号歌竹山人,洛阳人。从杨奂学,至元十一年(1274)曾往南宋迎接郝经返北。后除承直郎、建康路总管府判官。其叔秦长卿因弹劾阿合马被害,秦仲辞官。至元二十五年(1288)为官广德县(今属安徽),三十年(1293)为昭州知州。⑤

白朴的《水调歌头·疏云黯雾树》是与王博文、韩君美、霍肃等人游览西晋周处读书台、古鹿苑寺而作。王博文(1223—1288),字子勉,号西溪,东鲁人,徙彰德路(今河南安阳),至元十八年(1281)累官燕南按察使,历礼部尚书、大名路总管,二十三年迁南台御史中丞。⑥ 王博文与白朴同为元好问弟子,曾为白朴《天籁集》作序。韩君美,郯城(在今山东临沂)人,当时任侍御。⑦ 霍肃,字清甫,号恕斋,广平(今属河北)人。至元十五年(1278)累迁镇江路治中,改杭州路,二十四年(1287)为南台治书侍御史,升浙西廉

---

① 参见叶德均:《白朴年谱》;徐凌云校注:《天籁集编年校注》,第23、25页。
② (元)张之翰:《赠奥屯金事周卿》,《西岩集》卷7。
③ 参见(元)汪梦斗:《奥屯周卿提刑去年巡历绩溪,回日有诗留别,今依韵和呈》,《北游集》卷上。
④ 王利用生平参见《元史》卷170本传等。
⑤ 秦仲生平参见虞集《知昭州秦公神道碑》(《道园学古录》卷14)及《元史》卷168《秦长卿传》等。
⑥ 王博文生平参见张铉《至正金陵新志》卷6下《官守志》及李贤等撰《明一统志》卷28《彰德府》等。
⑦ 参见(元)王恽:《远风台记》、《韩氏遵海堂后记》,《秋涧先生大全文集》卷37。

访副使。① 王博文、韩君美、霍肃②等人之间的雅集不止与白朴这一次，同年冬在金陵李昂寓所聚会③。

白朴的《满江红》作于金陵（今江苏南京），时间大约在至元十七年到十八年之间（1280—1281）。《水调歌头》也是至元二十三年（1286）冬作于金陵。白朴至元二十六年（1289）在建康曾作《水龙吟·绣衣揽辔西行》④，送别张大经御史，用其九日韵，同时寄给姻亲卢挚。张大经可能为大都人，卢挚为涿州人。这些词虽然作于南方，但参加者王利用、秦仲、王博文、韩遵晦、霍肃、卢挚等均为北方人，可见北方文人包括文学家族成员之间的文学活动，自平定南宋后已经延伸到南方。

第二节　元代后期北方文学家族的交往与创作

元代后期北方文学家族的交往更为频繁，创作更为繁荣。这些文学活动以馆阁唱和最为突出。

元仁宗、英宗到泰定帝，为馆阁唱和较为兴盛的时期。东平王士熙"与袁伯长、马伯庸、虞伯生、揭曼硕、宋诚夫辈唱和馆阁，雕章丽句，脍炙人口。如杜、王、岑、贾之在唐，杨、刘、钱、李之在宋。论者以为有元盛世之音也"⑤。延祐末年，王士熙与马祖常鉴裁当世之人⑥，他们的诗文创作与品评具有极大的号召力。杨镰先生认为，"元代的台阁诗人真正产生影响，就是在这一时期"⑦。

宋诚夫即宋本，出自北方文学家族大都宋氏，为宋褧之兄。袁伯长为袁

---

① 霍肃生平参见胡祗遹《霍金事世德碑铭》（《紫山大全集》卷15）及张铉《至正金陵新志》卷6下《官守志》等。
② 白朴与王博文等人此次文人雅集的考证，详见幺书仪：《〈白朴年谱〉补正》，《文史》第十七辑，后收入氏著：《元人杂剧与元代社会》，北京大学出版社1997年版。
③ 参见（元）张之翰：《沁园春·四海交亲》词序，《西岩集》卷12。
④ 参见叶凌均：《白朴年谱》，徐凌云校注：《天籁集编年校注》，第139页。
⑤ 《元诗选·二集》王士熙小传，第537页。
⑥ 参见（元）宋褧：《张才子传》，《燕石集》卷15。
⑦ 杨镰：《元诗史》，第294页。

桷，马伯庸即马祖常，二人都与王士熙有过诗歌赠答唱和。伯生为虞集之字，揭曼硕即揭傒斯（1274—1344），字曼硕，号贞文，龙兴富州（今江西丰城）人。延祐初年因程钜夫、卢挚之荐，授翰林国史院编修官，迁应奉翰林文字，国子助教。天历初，官奎章阁授经郎，参与修撰《经世大典》。元统初迁翰林待制，历仕集贤学士、翰林侍讲学士阶中奉大夫等职，修辽、金、宋三史，为总裁官。著有《揭文安公全集》十四卷。[①] 揭傒斯子揭汯在至正年间以诗文知名。富州揭氏称得上南方文学家族。

马祖常与王士熙、虞集、袁桷、宋褧等人经常组织雅集唱和，尤其是与王士熙经常诗歌赠答唱和，比如马祖常《度居庸关次继学韵》、《昌平道中次继学韵》、《次韵继学三首》、《和继学郎中送友归越中》、《鹦鹉联句同王继学赋》等[②]，继学为王士熙的字，《次韵继学三首》其一自注曰："时上京"，其二"鸡塞西宁外，龙沙北极边"[③]，为边塞景象，说明是在随皇帝在上京时作。王士熙的《奉题袁伯长开平百首诗后》、《送虞伯生祭祠还蜀用袁待制韵》、《和马伯庸寄袁学士》等诗[④]，同样是与虞集、袁桷、马祖常等人的唱和之作。

马祖常还和王士熙有过《竹枝词》、《柳枝词》唱和。王士熙《竹枝词十首》与马祖常《和王左司竹枝词十首》韵脚相同，应为同时之作。马祖常《和王左司竹枝词十首》其一曰："翠华宴镐承恩多，羽林似飞尽沙陀。从臣乞赐官法酒，千石银瓮来滦河。"[⑤] 诗中提到的"滦河"，毗邻上都，诗作当作于上都。《竹枝词》，本为古代巴蜀民歌，由唐人刘禹锡将其变为文人的诗体。由于体裁短小精练，生动活泼，深受元代各民族诗人的喜爱。元代最著名的《竹枝词》当属杨维桢倡导的"西湖竹枝词"，仅仅编入《西湖竹枝集》的，就有120人的同题作品。[⑥] 王士熙与马祖常的《竹枝词》当为杨维桢等人的先导。

---

① 揭傒斯生平见欧阳玄撰墓志铭（《圭斋文集》卷10）、黄溍撰神道碑（《金华黄先生文集》卷26）及《元史》卷181本传等。
② 参见（明）刘昌编：《中州名贤文表》卷15；（元）马祖常：《石田先生文集》卷1、卷2、卷3、卷5。
③ （元）马祖常：《石田先生文集》卷2。
④ 王士熙诗俱见《元诗选·二集》。
⑤ （元）马祖常：《石田先生文集》卷5。
⑥ 参见杨镰：《元诗史》第十章"同题集咏"，第641页。

《竹枝词》既因其题目的不同而风格迥异，也受到写作地点的影响。作于大都的《竹枝词》，与唐人刘禹锡歌咏巴蜀、杨维桢等人描绘西湖的作品完全不同，为这一来自南方的诗歌体裁注入了北方特有的风味。例如，王士熙《竹枝词十首》其五写道："山前马阵烂如云，九夏如秋不是春。昨夜玄冥剪飞雪，云州山里尽堆银。"万马奔腾、漫天飞雪，正是北方草原特有的景象。马祖常所作也有"塞垣"、"橐驼"、"狩猎"等词语，充满着北方的景色和风俗，他们将《竹枝词》的婉约秀丽变为苍茫豪迈。① 王士熙作《上都柳枝词七首》，本为十首，是题于上都省壁的，马祖常《石田先生文集》卷 5 有《和王左司柳枝词十首》，两组作品韵脚相同，不过王诗散佚三首。从王士熙诗题看，也是同作于上都。甚至于王士熙去世以后，至正十三年（1353）扈从顺帝至上都的群臣还追次他的《柳枝词》。②

马祖常与袁桷也有诗歌唱和③，他们三人之间经常举行各种形式的诗歌活动，比如马祖常《集袁王二学士诗为首二句祖常足成之》，首句"石城月落鸦西堞"为袁桷诗句，次句"秋浦天清雁拂檐"为王士熙诗句，后二句"春送乱红浮酒面，山飘空翠湿书签"为马祖常续作④。这种特殊的联句可见他们三人不同寻常的情谊。马祖常与王士熙、袁桷等人的联句还有很多，比如马祖常《都城南有道者居名松鹤堂，暇日同东平王继学为避暑之游，因作松鹤联句》、《伯长内翰与继学内翰联句赋画松诗，清壮伟丽，备体诸家。祖常实不能及后尘也，仍作诗美之焉》等。⑤

马祖常与大都宋氏兄弟也交往，马祖常作《送宋诚夫太监祠海上诸神》，诚夫为宋本的字，文宗天历二年（1329），宋本拜艺文监太监兼检校书籍事，到南方祀海神天妃。⑥ 马祖常还作过《送宋显夫南归》、《次韵宋显夫》、《次

---

① 邱江宁《奎章阁文人群体与元代中期文学研究》将马祖常作《竹枝词》概括为"北人作南风"。
② 参见（元）吴当：《王继学柳枝词十首书于省壁。至正十有三年，扈跸滦阳，左司诸公同追次其韵》，《学言稿》卷 6，《文渊阁四库全书》本。
③ 参见（元）马祖常：《和袁伯长待制送虞伯生博士祠祭岳镇江河后土二首》，《石田先生文集》卷 3。
④ （元）马祖常：《石田先生文集》卷 4。
⑤ 参见（元）马祖常：《石田先生文集》卷 5、卷 2。
⑥ 参见（明）刘昌编：《中州名贤文表》卷 15；（元）宋褧：《故集贤直学士大中大夫经筵官兼国子祭酒宋公行状》，《燕石集》卷 15。

韵进士宋显夫海岸春行》等诗①,显夫为宋褧的字,《送宋显夫南归》说马祖常在琵琶沟北认识宋褧时,宋褧才二十余岁,希望他南游不要留恋而久留不归。马祖常在淮南建石田山房,请宋褧依韵作诗,诗曰:"畦稻收新粒,岩花艳故枝","淮流纡大带,楚岫作修眉"。②该山房地理位置优越,环境优美,宋褧比之为王维、杜牧之居所。

除了宋氏兄弟,马祖常和汤阴许有壬也有诗歌赠答,比如《石田先生文集》卷2《陪可用中议祠星于天宝宫》。

王士熙、马祖常等人唱和之作中最具特色的一类诗为上京纪行诗,这类诗是最能体现元代文学特点的诗歌题材之一。上京即上都,在金朝时属桓州,元世祖忽必烈在此营建城郭,名为上都。每年四月到九月,元朝皇帝都要到此巡幸,朝臣扈从。以塞上草原开平地区建立的上京为歌咏内容,是元诗乃至整个中国诗史上一个非常独特的现象。③李军先生指出,上京纪行诗的内容包括歌颂皇元统一与微言讽谏,描绘皇室的娱乐活动,包括宴飨与游猎,描绘上京习俗与风光。其审美特征既有宫词细腻的长处,又有边塞诗意境的雄浑苍莽。邱江宁《元代上京纪行诗论》认为,上京纪行诗描绘前往上京路上的新奇景物,叙述上京充满异域风情的风土人俗,抒发异地乡愁之感。

上京纪行诗的作者包括南北各族文人,邱江宁曾根据《四库全书》中的元人诗文集,统计了写过上京纪行诗的诗人,其中属于北方文学家族成员的有郝经、张弘范、王恽、魏初、姚燧、马祖常、王士熙、宋褧、许有壬等人。④

根据陈高华、史卫民两位先生的《元代大都上都研究》对两都交通线的考证,可知居庸关、鸡鸣山、野狐岭等都是大都与上都之间驿路的重要地点。郝经《鸡鸣山行》:"一峰奇秀高插空,万马踏碎青芙蓉。桑乾黑浪落绝壁,霜净天澄更觉雄。穷边绝徼谁曾顾,千古行人少诗句。浑如定武看嘉山,绝胜齐州华不注。"即便是成长于北方的郝经,面对鸡鸣山险峻的地势和空寂的环境,

---

① 参见《石田先生文集》卷3、《元音》卷3。
② (元)宋褧:《马伯庸淮南别业号石田山房指韵求诗仍依次用》,《燕石集》卷5。
③ 参见李军:《论元代的上京纪行诗》,《民族文学研究》2005年第2期;邱江宁:《元代上京纪行诗论》,《文学评论》2011年第2期。
④ 参见邱江宁:《奎章阁文人群体与元代中期文学研究》,人民出版社2013年版,第345—347页。

也不禁感叹。《北岭行》这样描写野狐岭:"中原南北限两岭,野狐高出大庾顶。举头冠日尾插坤,横亘一脊缭绝境。五台南望如培塿,下视九州在深井。上有太古老死冰,沙埋土食光炯炯。盘磴滑硬草无根,枯石摩天堕生矿。南人上来不敢前,扑面欲倒风色猛。坡陀白骨与山齐,惨淡万里杀气冷。"①山岭高险、寒风刺骨,甚至有皑皑白骨和茫茫杀气,使人望而却步。

到了开平,又是另一番景象。《开平新宫五十韵》曰:"蹴踏千年雪,骁腾万里驹。长城冲忽断,弱水饮先枯。肃杀威灵盛,驱除运会俱。寰区尘顛洞,天地血模糊。地尽诸蕃外,兵穷两海隅。九州皆瓦砾,万国一榛芜。"郝经铺陈蒙古军队的所向披靡,表达的却是希望减少杀伐、重致太平的理想。接着他赞美蒙古在开平新建的都城:"畿甸临中国,河山拥奥区。燕云雄地势,辽碣壮天衢。峻岭蟠沙碛,重门限扼狐。侵淫冠带近,参错土风殊。翠拥和龙柳,黄飞盛乐榆。岐山鸣鷟鸑,冀野牧骐骤。风入松杉劲,霜涵水草腴。穹庐罢迁徙,区脱省勤劬。"②开平地势险要,物产与中原不同,定都将会改变蒙古族迁徙不定的生活方式,进一步向中原传统王朝靠拢。郝经认为应该效仿尧和禹的节俭,重用儒生,实行仁政,使天下百姓重获安定。

王恽《开平晚归》在被受翰林之职的喜悦中,难掩浓浓的思乡之情。③他在榆林遇到董承旨扈从北回,听到今秋皇帝在上都西北七百里外的甘不剌川打猎,作了六首七绝,其三:"千里阴山骑四周,休夸西伯渭滨游。今年较猎饶常岁,一色天狼四十头。"其五:"今年大狝殪林秋,青咒黄羊以万筹。"青咒黄羊上万,不免夸大其词,但猎取四十头狼的成果也使诗人赞叹。其六:"渴饮马酮饥食肉,西风低草看牛羊"④,更体现出草原的广阔和蒙古族的豪迈。王恽的上京纪行诗还有《新店看山望京楼》、《游龙门杂诗一十首》等。⑤

除了上都的自然风光外,蒙古族的礼仪习俗也是文人着重描写的一个方面,其中,引人注意的是诈马宴。韩儒林先生认为,"诈马"一词来源于波斯

---

① (元)郝经:《陵川集》卷10。
② (元)郝经:《陵川集》卷14。
③ 参见(元)王恽:《开平晚归》,《秋涧先生大全文集》卷15。
④ (元)王恽:《甘不剌川在上都西北七百里外,董侯承旨扈从北回,遇于榆林,酒间因及今秋大狝之盛。书六绝以纪其事》,《秋涧先生大全文集》卷32。
⑤ 王氏二诗请参见《秋涧先生大全文集》卷24、卷29。

第十章　元代北方各民族文学家族的交往与创作

语,是衣服的意思,"质孙"指的是颜色,二者本指同一件东西。"质孙宴最重要的一点就是预宴者必须穿戴御赐的质孙服,且以衣服的华丽相炫耀。"① 据李军先生的研究,诈马的意思为装饰华丽漂亮的马。诈马宴又称为质孙(只孙)宴,是蒙元时期重要的宴飨大会,其内容包括宴饮、歌舞、杂技、竞技、游戏。② 不论做何解释,诈马宴无疑极具蒙古民族特色。众多文人都有描写诈马宴的诗文,比如郑泳《诈马赋》、迺贤《失剌斡耳朵观诈马宴奉次贡泰甫授经先生韵》等。③ 宋褧《燕石集》卷9有《诈马宴》,诗题下注"上京作",诗曰:"宝马珠衣乐事深,只宜晴景不宜阴。西僧解禁连朝雨,清晓传宣趣赐金。"穿着高贵的王公贵族与打扮华丽的高头大马,需要在阳光明媚之日交相辉映。因此,当西方的僧侣能停止连日阴雨时,大喜的皇帝赏赐僧人黄金。

许有壬有关上京的诗更多,包括《上京十咏》、《和闲闲宗师至上京韵二首》、《和谢敬德学士入关至上都杂诗十二首》等④,《上京十咏》歌咏马酒、秋羊、黄羊、黄鼠等极具地方特色的事物。许有壬不仅描写上京的风光名物,还写到北方民族特有的习俗,《陪右大夫太平王祭先太师石像,像琢白石,在滦都西北七十里地,曰旭泥白。负重台,架小室,贮之,祭以酒湩,注口彻,则以肥𦢊周身涂之,从祖俗也。因裁鄙语,用纪异观》,该诗诗题就叙述了蒙古族的祭祀习俗,即诗中描绘的"巨杯注口衣从湿,肥𦢊涂身色愈鲜"⑤。滦都,又名滦京,即上京,以临滦水得名。

大都宋氏兄弟也写有上京纪行诗。宋本作有《上京杂诗》,还作有《滦河吟》,诗曰:

> 滦河上游狭,涓涓仅如带。偏岭下横渡,复绕行都外。颇闻会众潦,既远势滂沛。虽为禹贡道,独与东海会。乃知能自致,天壤无广大。⑥

---

① 韩儒林:《元代诈马宴新探》,《元史及北方民族史研究集刊》第4辑,1980年,第4页。
② 参见李军:《诈马考》,《历史研究》2005年第5期。
③ 参见郑尔垣等编《义门郑氏奕叶文集》卷2及迺贤《金台集》卷2。
④ 分别见元人许有壬《至正集》卷13、卷16、卷18。
⑤ (元)许有壬:《至正集》卷16。
⑥ 《元诗选·二集》,第500页。

诗中的"行都"指上都，上都、滦河，对于在南方长大的宋本来说，有种陌生的感觉，甚至还有几分神秘。除了气候风光不同于中原、江南，蒙古皇帝临幸上京时的仪式也给汉族诗人留下深刻印象，宋褧《闻驾幸开平不获瞻仰怅然有作》自注曰："驾出则驼上鸣鼓，谓之骆驼鼓。花园在都城之北，驾北上每驻跸焉。"宋褧《纪行述怀》（扈从上京之行）描绘了北地奇异的气候与景色，诗曰："陪扈滦京魄未曾，马瘖儿病苦凌兢。龙门湍息山陉雪，偏岭风凄石濑冰。倏忽雨旸天叵测，迂疏道路事难凭。侍臣争笑冯唐老，不向明时献技能。"①

与上京纪行诗相联系的还有宫词，杨镰先生认为，在元代，"几乎全部馆阁诗人、有一定影响的文臣，都是'上京纪行诗''宫词'的作者"。这与元代宽松的政治氛围有关，"宫廷贵戚以至皇室，根本不在乎人们在宫词之中写些什么，所以'宫词'流行，并备受关注"。②

元代为李宫人题咏属于宫词创作中的知名事件。揭傒斯《李宫人琵琶引》序曰："鄠县亢主簿言，有李宫人者，善琵琶。至元十九年（1282）以良家子入宫得幸，上比之昭君。至大中入事兴圣宫。比以足疾，乃得赐归侍母，给内俸如故。因亢且乞诗于余。遂作《李宫人琵琶引》。"③由此可知，李宫人因善弹琵琶而入宫，历世祖、成宗、武宗三朝，后得赐归。她的传奇经历吸引了很多文人歌咏，除了揭傒斯之外，袁桷也写过《李宫人琵琶行》。④王士熙曾作七绝《李宫人琵琶引九首》，写李宫人在宫中的生活，以及自己的感受。比如其一曰："琼花春岛百花香，太液池边夜色凉。一曲六幺天上谱，君王曾进紫霞觞。"李宫人曾以美妙的乐曲取悦君王，如今"似说春风梦一场"。⑤

马祖常、王士熙等人除了诗歌唱和，还在一起探讨文章写法。马祖常中进士后，授应奉翰林文字、承事郎、同知制诰兼国史院编修官，他"日与会稽袁公桷、东平王公士熙以文章相淬砺"⑥。马祖常说，延祐初年，他参加进士

---

① （元）宋褧：《燕石集》卷6、卷7。
② 杨镰：《元诗史》，第649、651页。
③ （元）揭傒斯：《揭文安公全集》卷2，《四部丛刊》本。
④ 参见（元）袁桷：《清容居士集》卷8。
⑤ 《元诗选·二集》，第553页。
⑥ （元）苏天爵：《元故资德大夫御史中丞赠摅忠宣宪协正功臣魏郡马文贞公墓志铭》，《滋溪文稿》卷9，第140页。

考试，其文章得到元明善的指点，说他的古文质实过之，乏于藻丽。十余年来，他坚持不懈，常与王士熙、虞集、许有壬、贡奎等人讨论文章，仍然认为质实为难。①

元代文臣的馆阁唱和经常在朝堂中的试院与国子学里举行。北方文学家族成员宋本、马祖常、孛朮鲁翀、许有壬等人都担任过科举考试官，他们写过与试院有关的诗作，也曾在试院诗歌唱和。

马祖常于文宗天历元年（1328）两知贡举，一为读卷官，所取进士，时称得人。②他曾作《贡院忆继学治书》，诗曰："棘闱粉署隔重墙，校艺分官属正郎。五夜风帘烧蜡烛，九天冰树剂龙香。周旋接武尚书履，供帐留窗御史床。胪唱阁门春色曙，侍臣应奏庆云章。"③王士熙和韵作，误用光字，马祖常再和二首，王士熙重和后，马祖常又和一首。贡奎也次韵作诗，马祖常再和一首。④贡奎为宣城人，其家族在元代出了贡奎、贡师泰、贡性之等重要诗人，为南方文学家族的代表。⑤马祖常在试院所作的诗歌还有《试院杂题十首》、《锁院独坐书事口号七首》、《贡院次曹子真尚书韵四首》等。⑥

孛朮鲁翀与胡助曾在试院唱和。胡助（1278—1355），字履信，一字古愚，自号纯白老人，婺州东阳人（今属浙江）。始举茂才，为建康路儒学学录，历美化书院山长、温州路儒学教授，两度为翰林国史院编修官，三为河南山东燕南乡试考官，秩满授承事郎太常博士致仕。著有《纯白斋类稿》三十卷，有《四库全书》本。⑦《纯白斋类稿》卷8有《试院和主文鲁子翚金院韵二首》，胡助诗称孛朮鲁翀为金院，则当任职金太常礼仪院事，泰定四年（1327），他与胡助都是科举考官⑧，并在试院诗歌唱和。胡助诗其一曰："兴贤求治万方怀，

---

① 参见（元）马祖常：《杨玄翁文稿序》，《石田先生文集》卷9。
② 参见《元史》卷143《马祖常传》。
③ （元）马祖常：《石田先生文集》卷3。
④ 参见（元）马祖常：《治书宠和误用光字仍再次韵二首》、《治书再和复次韵》、《贡仲章待制宠和次韵》，《石田先生文集》卷3。
⑤ 参见张建伟、陶金红：《论宣城贡氏的家族传统》，《淮北师范大学学报》2012年第5期；翟朋：《元代宣城贡氏文学家族研究》，南开大学博士学位论文，2014年。
⑥ 《试院杂题十首》见《石田先生文集》卷3，《锁院独坐书事口号七首》等诗见卷4。
⑦ 胡助生平见其《纯白先生自传》、《元诗选·三集》小传等。
⑧ 此事元人苏天爵《孛朮鲁公神道碑铭》、《元史》本传均失载。

千羽敷文舞两阶。宗伯率先司主试,史官例得预堂差。天香缥缈来深院,烛影朦胧坐小斋。却忆少年勤夜读,山窗月上落松钗。"诗从朝廷举行科举求贤说起,由考试想到自己年少时的苦读,胡助和孛朮鲁翀年龄相仿,年少时元朝尚未开科,不知其中蕴含的感情是遗憾,还是庆幸。

宋褧与苏天爵曾在上都试院进行诗歌唱和,宋褧《和苏伯修应奉上都试院夜坐韵》曰:

> 八月帘帷试夜寒,诸公文酒度更阑。然藜共喜临天禄,分芋何劳问懒残。谁许桂枝平地折,莫将花样近来看。主司不是冬烘者,解送宜胜十政官。①

上都处于寒带,八月的夜间已有寒意,作为考官,宋褧秉持严肃认真的态度,为朝廷选拔人才。

许有壬在试院作过《监试上都次杨廷镇韵》、《试院感旧呈廷镇修撰柳道传博士二考官》、《早起观诸公考卷》、《三场试罢小雨》、《主试辽省次提举马苍山韵》、《监试上都次柳道传途中韵二首》等诗。②《监试上都次杨廷镇韵》曰:"但期得真才,持用拯黎庶。风俗回雍熙,帑庾日丰裕。"③希望科举考试能够选拔出真正的人才,使得国家富庶,黎民安康。

国子学也是北方文学家族成员举行文学活动之所。比如虞集、孛朮鲁翀、陈旅等人的很多诗文都是在国子学写作的。今以孛朮鲁翀为例。元文宗至顺年间,孛朮鲁翀官集贤直学士兼国子祭酒,陈旅为国子生。至顺三年(1332),孛朮鲁翀曾为国子学的师生,尤其是居无定所的学官筑室做舍,陈旅作《国子监营缮官舍记》。元统元年(1333),孛朮鲁翀子远来京师看望父亲,陈旅为之作《果育亭记》。孛朮鲁翀作味经堂以教子,陈旅为之作《味经堂赋》。④

王士熙、马祖常、虞集、袁桷等人的馆阁唱和得到朝野众多诗人的瞩目。

---

① (元)宋褧:《燕石集》卷6。
② 参见元人许有壬《至正集》卷4、卷13、卷15。
③ (元)许有壬:《至正集》卷4。
④ 三文俱见元人陈旅《安雅堂集》卷7。

袁桷"为文辞，奥雅奇严，日与虞公集、马公祖常、王公士熙作为古文，论议迭相师友，间为歌诗倡酬，遂以文章名海内。士咸以为师法，文体为之一变"①。无论是在试院，还是国子学，元代馆阁诗人的创作风格与吟咏主题对山林民间产生过巨大深远的影响。②

在朝堂之外，北方文学家族成员也多有文学集会。宋本、宋褧兄弟曾在文宗至顺元年（1330）中秋，与谢敬德修撰、达兼善典签会饮于周子嘉在京城的如舟亭，以险韵依次作诗，宋褧得赏字，作诗十二韵。③同年重阳节，他们再次集会于如舟亭，分韵赋诗。④据许有壬《如舟亭燕饮诗后序》，周子嘉为汝南（今属河南）人，曾任湖广省掾。当时分韵写诗者共九人，包括当时未能参加后来追而补之者欧阳玄。许有壬对这两次雅集很是欣羡，他说："士大夫良时择胜治具，合朋旧，叙契阔，劳勤苦，涤滞虑，信可乐也。"⑤

宋褧还作有《风流子》词，据词序，元顺帝至元四年（1338）七月二十二日，苏伯修侍郎生子，求仿效宋褧诸子取名，遂命之曰乘云。⑥后作词以记此事，在乘云满月汤饼会上呈献给席上诸公。苏伯修即苏天爵，当时任职礼部侍郎。苏天爵（1294—1352），字伯修，真定（今河北正定）人。出生于诗礼世家，父志道，曾任岭北行中书省左右司郎中，在和林救荒，有惠政。苏天爵由国子学生公试而入仕途。初任大都路蓟州判官，泰定元年（1324），改任翰林国史院典籍官，升任应奉翰林文字。至顺元年，预修《武宗实录》。二年，升修撰，又擢任江南行台监察御史。元顺帝时，历任监察御史、翰林待制、中书右司郎事、御史台都事、礼部侍郎、淮东道肃政廉访使、吏部尚书、参议中书省事、湖广行省参知政事、江浙行省参知政事等职。天爵著述丰富，著有《滋溪文稿》三十卷，编撰《国朝名臣事略》十五卷、《国朝文类》七十卷等。生

---

① （元）苏天爵：《元故翰林侍讲学士知制诰同修国史赠江浙行中书省参知政事袁文清公墓志铭》，《滋溪文稿》卷9，第137页。
② 参见邱江宁：《奎章阁文人与元代文坛》，《文学评论》2009年第1期。
③ 参见（元）宋褧：《中秋陪谢敬德修撰、达兼善典签、诚夫兄学士会饮周子嘉如舟亭，交命险韵十二，依次诗，得赏字》，《燕石集》卷2。
④ 参见（元）宋褧：《九日再会饮如舟亭分韵得异字约赋廿句》，《燕石集》卷3。
⑤ （元）许有壬：《至正集》卷32。
⑥ "乘"，《全金元词》作"来"。

平见《元史》卷183本传、《宋元学案》卷91等。苏天爵与宋褧为同岁，又为相交多年的老友，因此请宋褧为其子取名，宋褧作词祝贺。宋褧还为苏天爵的滋溪草堂题诗，诗曰："滋溪溪水清如玉，堂中藏书高似屋。缃缥装潢芸叶馥，远过李侯三万轴。上世遗安重教督，有美令孙克佩服。移书庋几置书腹，用之经济且启沃。尊经缵史雅志笃，屈宋衙官骚则仆。堂前山水秀且绿，堂中之书兹不辱。"① 说滋溪草堂山清水秀，苏天爵藏书丰富，可见其家族重视教育，定能通经明史，长于文才。

北方文学家族成员之间的酬唱赠答并不限于大都，在京城之外也有很多文学活动。

元成宗大德九年（1305）前后②，姚燧、卢挚"按治之暇，辄率郡士大夫携酒殽歌妓出游敬亭、华阳诸山"③，后来王士熙与县尹朱子中在宣城酬唱，并写成诗卷。

许有壬与孛术鲁翀等在太原等地多有诗歌唱和。孛术鲁翀延祐二年（1315）为河东道廉访司经历，后转陕西行台御史。据《元史》卷86《百官志》河东山西道廉访司，冀宁路（治所在今山西太原）置司。许有壬此时刚刚及第，为同知辽州事，辽州属平阳路，辖辽山、榆社、和顺三县（今属山西），正在河东山西道廉访司治下。许有壬还作有《中秋偕鲁子翚御史饮佥宪张允谦宅张以中字为韵征诗赋二首》其一"他年佳话独河东"④，表明作于孛术鲁翀任河东山西道廉访司时期。诗中提到的佥宪张允谦，也是孛术鲁翀的诗友，孛术鲁翀游晋祠时作《晋祠游咏三首》，其第三首为《奉酬张签宪韵》，即是此人，张允谦的具体情况不详。许有壬的六言诗《赠歌者文林燕用鲁子翚韵》、《题爱莲图用卷中鲁子翚韵二首》⑤，都是孛术鲁翀所作在前，许有壬用其韵而作。许有壬还作《送鲁子翚赴西台御史》，颂扬孛术鲁翀的学术文章，称他作陕西行

---

① （元）宋褧：《苏伯修右司滋溪书堂》，《燕石集》卷3。
② 贡师泰《跋王宪使朱县尹唱和诗卷》记载为他七八岁时之事，贡师泰出生于大德二年（1298），七八岁时当为大德九年（1305）前后。
③ （元）贡师泰：《跋王宪使朱县尹唱和诗卷》，《玩斋集》卷8。
④ （元）许有壬：《至正集》卷17。
⑤ 参见元人许有壬《至正集》卷23、卷29。

台御史,"支倾坚柱石,药病富苓参"①。

许有壬与宋褧也有诗词赠答。宋褧《春从天上来》,词序曰:"至元六年庚辰元日立春,将为山南佥宪,按部至应城县,作此词奉寄许可用大参、陈景议宪副。"②至元六年(1340),宋褧将作山南江北道肃政廉访司佥宪(治所在今湖北荆州),至应城县(今属湖北),寄给许可用与陈景议,述说自己离京的孤寂情怀。许可用即许有壬,可用为字,当时官拜中书参政。

元代中后期北方文学家族内部的文学活动以汤阴许氏圭塘唱和最为典型,除此之外,宋本兄弟之间也有诗词赠答。宋本调往江湘为官时,作诗留别,宋褧次韵作诗。③宋褧在乐亭县(今属河北)时,宋本寄来七绝五首,宋褧次韵奉答。④宋褧《次韵诚夫兄丽正门外晚归》也是与兄长宋本同作。宋褧在江南时,曾作《水调歌头》,寄给在京城史馆校雠先朝实录的兄长,倾诉离别之苦,劝慰对方保重身体。⑤宋褧《秋浦夜泊忆诚夫兵曹兄》也是怀念兄长所作。宋本被委派代祀海神时,宋褧作诗送别《送诚夫大监兄代祀海神》。⑥

雍古部人马氏家族也有诗歌赠答,马祖常作《寄六弟元德宰束鹿》,诗曰:"我长守田庐,汝幼侍亲右。"马元德作为幼子,长期侍奉在父亲身边。"教汝读诗书,夙夜猎文囿。"父亲教他学习汉文化典籍,元德读书勤奋。祖常告诫六弟要谨遵父亲的教诲,严守礼法,为官爱护百姓:"憔悴伤民恫,恚忿两莫斗。"⑦马祖常还作诗寄给儿子武子。⑧

元代中后期文学活动举行得更为频繁,参与的人数更多,范围更广。北方文学家族成员与南方文人之间的文学活动更为频繁,这些南方文人有些同样属文学家族,比如虞集、贡奎、袁桷、柳贯等人。来自于南北方各地的文人包括汉族、蒙古、色目各族、契丹、女真等多个民族,他们共同构建了元代特有的

---

① (元)许有壬:《至正集》卷14。
② (元)宋褧:《燕石集》卷10。
③ 参见(元)宋褧:《诚夫兄由兵部员外调选江湘次留别诗韵送之》,《燕石集》卷6。
④ 参见(元)宋褧:《诚夫兄寄都下杂诗五首次韵奉答》,《燕石集》卷8。
⑤ 此诗请参见《燕石集》卷6、卷10。
⑥ 二诗并见《燕石集》卷6。
⑦ (元)马祖常:《石田先生文集》卷1。
⑧ 参见(元)马祖常:《寄示男武子》,《石田先生文集》卷4。

多族士人圈。

第三节　北方文学家族与多族士人圈

元代为蒙古族统治下的多民族王朝，蒙古色目人，以及列入汉人的契丹、女真等族出现了众多著名人物。清人王士禛在其《池北偶谈》卷7"元人"条说："元名臣文士，如移剌楚材，东丹王突欲孙也；廉希宪、贯云石，畏兀儿人也；赵世延、马祖常，雍古部人也；孛朮鲁翀，女直人也；迺贤，葛逻禄人也；萨都剌，色目人也；郝天挺，朵鲁别族也；余阙，唐兀氏人也；颜宗道，哈喇鲁氏人也；瞻思，大食国人也；辛文房，西域人也。事功，节义，文章，彬彬极盛，虽齐、鲁、吴、越衣冠士胄，何以过之？"[①]王士禛所举都为元代华化的蒙古、色目，以及契丹、女真族人士[②]，他们在政治、文学等方面成就斐然。即以文学而论，元代拥有历史上民族成分最为复杂的文人群体，除汉族外，还有蒙古、畏兀儿、克烈、塔塔儿、西夏、唐兀等数十个民族，甚至有来自拂林（大秦）、天竺（印度）的诗人[③]，列入汉人的契丹、女真等族实际上也属北方民族。

这些各民族文人之间文化活动频繁，形式多样，包括赠答唱和、雅集聚会、同题集咏、书画欣赏与题跋、游赏赋诗等。

元代早期的多民族文学活动可以追溯到蒙古太祖十六年冬到十七年春（1221—1222），耶律楚材与丘处机、郑景贤、王君玉等人在中亚名城寻思干的诗歌活动，描绘神奇的西域景物与山水田园。[④]

随着蒙元统一北方，多民族士人的雅集更为频繁，北方文学家族成员魏初、耶律铸、白朴、王恽、耶律希逸等人多次参加各类文学活动。

---

① （清）王士禛撰，靳斯仁点校：《池北偶谈》，中华书局1982年版，第165页。
② 移剌楚材，即耶律楚材。关于郝天挺的族属问题存在争议，萧启庆先生认为，郝天挺为汉人，非蒙古人及色目人，见其《元代蒙古人的汉学》之附录。
③ 参见杨镰：《元代蒙古色目双语诗人新探》，《民族文学研究》2004年第2期。
④ 参见贾秀云：《耶律楚材与西域的第一个汉语诗歌沙龙》，辽金元文学研讨会暨中国辽金文学学会第六届年会。

魏初与楚材子耶律铸有交往,曾作《满江红·为双溪丞相寿》,词曰:

> 借问中朝,谁得似、相公勋旧。记前日、风云惨淡,雷霆奔走。万里野烟空绿树,旌旗莫卷熊罴吼。便挺身、飞出虎狼群,人能否。元自有,谈天口。初不负,经纶手。更诗书万卷,文章星斗。乐圣衔杯应暂耳,不妨桐院闲清昼。愿寿杯、青与北山松,俱长久。①

词句称颂耶律铸的功劳,在蒙元朝政紊乱之时,力挽狂澜,坚持汉法治国。同时他还饱读诗书,长于诗文,最后祝愿耶律铸长寿。

元世祖至元六年(1269),白朴与杨果、女真人奥敦周卿一起在覃怀北赏梅作词。② 王恽与忽治中英甫、扎忽觯人等在至元年间也举行过雅集。据王恽《醉江月》词序,至元十一年(1274),王恽与忽治中英甫、刘老哥等人在平阳府(今山西临汾)赏花饮宴,作词纪事。③ 同时期王恽与忽治中英甫宴饮时,忽治中英甫向他索词,他作《点绛唇》。④ 王恽还曾作诗留别忽治中英甫。⑤ 至元二十三年(1286),王恽与扎忽觯等人宴饮,扎忽觯亲自弹琵琶助兴,王恽次日作《水龙吟》相谢。⑥ 词曰:"相逢一醉金荷,气豪长恨欢娱少。貂蝉贵待,内家声伎,琵琶最好。铁拨鹍丝,划然中有,繁音急调。笑黄云出塞,青衫拭泪,恩怨事,君休道。"王恽极力描绘扎忽觯的豪气与琵琶音乐之美妙。

据王恽《秋涧先生大全文集》卷46《忽治中名字说》,忽治中英甫为西域人,虽不明具体族属,当为色目人。扎忽觯亦为非汉族。但他们与王恽等人诗酒宴集,已经以汉族文人士大夫的生活方式与审美情趣为追求了。

张之翰、王博文、霍肃、耶律希逸、李昂等人也举行过雅集。张之翰《沁

---

① (元)魏初:《青崖集》卷3。
② 参见徐凌云校注:《天籁集编年校注》,第23页及本章第一节"元代前期北方文学家族的交往与创作"。
③ 参见(元)王恽:《秋涧先生大全文集》卷74。
④ 参见(元)王恽:《点绛唇序》,《秋涧先生大全文集》卷77。
⑤ 参见(元)王恽:《留别忽治中英甫》,《秋涧先生大全文集》卷16。
⑥ 参见(元)王恽:《水龙吟》其十四词序,《秋涧先生大全文集》卷74;彭曙蓉:《论民/汉文化与民/汉士人关系在元词题序中的反映》,《民族文学研究》2013年第3期。

园春序》记载,至元二十三年(1286)冬,他北归时在金陵告别行台幕诸公。"适西溪、柳溪拜中丞,遵晦擢侍御,颐轩、恕斋授治书。越二十有五日,会饮颐轩寓第。时风雨间作,以助清兴。西溪草书风雨会饮之句,柳溪复出燕脂井阑之制,遵晦、恕斋道古今之事,颐轩歌乐府之章,某虽不才,亦尝浮钟举白,鼓噪其旁,一谈一笑,不觉竟醉。窃尝谓人生同僚为难,同僚相知为难,相知久敬为尤难。今欢会若此,可谓一台盛事,因作沁园春歌之。"词曰:

> 四海交亲,别离尽多,会合最难。见西溪老子,情怀乐易,柳溪公子,风度高闲。铁石心肠,风霜面目,更著中朝霍与韩。知音者,有颐轩侍御,收拾清欢。不才自顾何颜。也置在诸公酬酢间。似兼葭倚依,琼林玉树,萧蒿隐映,春蕙秋兰。南北乌台,当时年少,双鬓而今半欲斑。明朝去,向德星多处,遥望钟山。①

张之翰词序中提到的西溪为王博文,柳溪为契丹人耶律希逸,遵晦即韩遵晦,颐轩为李昂,恕斋为霍肃,词序曰:"尝谓人生同僚为难,同僚相知为难,相知久敬为尤难。"可见文人们之间对诗酒聚会的珍惜。这次雅集的参加者耶律柳溪出自辽金元文学世家东丹王耶律氏,其他文人均为汉族,其内容涵盖了宴饮、谈论、诗词、书法等,诸人各自展示自己的才能与性情,已经与元末玉山雅集等极为相似了。

文学家族的私家园林也是各族文人雅集重要举行地点。元代最有代表性者为高昌廉氏在大都的寓所廉园与万柳堂,这里的雅集持续时间长,在当时及后世都享有很高的知名度。②

元代中后期,与北方文学家族有关的多族士人雅集聚会越来越频繁,形式也多种多样,包括同题集咏、游览唱和等。

杨镰先生曾这样论述同题集咏,他说:"元诗的一个特点是:社会人群因赋咏同一个题目,而纳入一个共同的文化圈。"元代诗坛的同题集咏题目广泛,

---

① (元)张之翰:《西岩集》卷12。
② 参见本书第七章第一节"高昌廉氏"。

著名的有：咏梅，咏百花，题跋法书绘画，送别友人，官员赴任、离任，赠答友人，集会，咏史，咏物诗，宫词，上京纪行诗，西湖《竹枝词》，佛郎贡马，月氏王头饮器，题咏岳飞墓与岳庙，咏郑氏义门，咏余姚海堤，静安八咏，白燕诗，咏地方风物……①

元代中期为李节妇题诗作文，就是当时闻名之事。②据揭傒斯《李节妇传》，李节妇姓冯氏，名淑安，字静君，大名人。山东廉访使冯时之孙，湖州录事冯汝弼之女，山阴令东平李如忠之继室。李如忠去世时继室冯氏才二十二岁，她抚养教育二子成人，迁夫丧返葬。冯氏成为当时闻名的节妇，礼部尚书孛朮鲁翀与中书参知政事王士熙、侍御史马祖常、翰林学士吴澄、集贤学士袁桷、奎章阁侍书学士虞集、国子司业李端、太常博士柳贯等人争为文章颂扬李节妇。③此次同题为文的参与者吴澄、袁桷、虞集、柳贯为南方文学家族重要成员，孛朮鲁翀、王士熙、马祖常分属北方不同民族的文学家族。王士熙《李节妇冯静君赞》今存④，孛朮鲁翀等人所作散佚。

为国子司业保定李公作挽诗同样规模浩大，包括馆阁文人二十四人，其中属于北方文学家族成员的有姚燧、张珪等人。他们作诗赞赏李公的道德文章，嗟叹其未能尽展才华而殁。这些挽诗编为一卷，翰林承旨张幼度作序，虞集为文书其后。⑤

元末文人的同题集咏更为普遍，尤其突出的是书画欣赏与题跋，其中著名的有耕渔轩题诗、《长江伟观图》题诗等文学活动。为董泰初《长江伟观图》题诗的文人众多，包括蒙古逊都思氏笃烈图，汉族人叶颙、郝天凤、杨贤德、陶定理、沈懋等人。后编为《伟观集》一卷，收录元末文人题《长江伟观图》诗三十余首。

为西夏后裔濮阳兀崇喜（杨崇喜）家族题咏也是当时涉及面相当广泛的事件，《述善集》所收当时文坛名人的题诗与文近八十篇，包括张翥、曾坚、

---

① 杨镰：《元诗史》第十章，第624页。
② 揭傒斯称孛朮鲁翀为礼部尚书，可知《李节妇传》作于顺帝即位的元统元年（1333），此时孛朮鲁翀官礼部尚书。
③ 参见（元）揭傒斯：《文安集·补遗》，《文渊阁四库全书》本。
④ 《全元文》据《涵芬楼古今文钞》卷91收入，第22册，第162页。
⑤ 参见（元）虞集：《题故国子司业李公挽诗后》，《道园类稿》卷32。

张以宁、潘迪等南北各地文人。①

书画欣赏与题跋也是北方文学家族成员经常参加的活动之一。题跋王羲之《思想帖》就是一次多民族文人参与的文化盛事。明人郁逢庆《续书画题跋记》卷1"王右军《思想帖》"条记载：

> 大德二年二月二十三日，霍肃清臣、周密公谨、郭天锡佑之、张伯淳师道、廉希贡端甫、马昫德昌、乔篑成仲山、杨肯堂子构、李衎仲宾、王芝子庆、赵孟頫子昂、邓文原善之集鲜于伯机池上，佑之出右军思想帖真迹，有龙跳天门、虎卧凤阁之势，观者无不咨嗟，叹赏神物之难遇也。孟頫书。②

大德二年（1298）这次在鲜于枢家欣赏王羲之《思想帖》的活动，汇聚了南北各地的文士霍肃清臣、周密公谨、郭天锡佑之、张伯淳师道、廉希贡端甫、马昫德昌、乔篑成仲山、杨肯堂子构、李衎仲宾、王芝子庆、赵孟頫子昂、邓文原善之、鲜于伯机。

这些人除了杨肯堂生平不详外，多属于南北知名文人。南方文人有五人。赵孟頫（1254—1322），字子昂，湖州（今属浙江）人，属赵宋宗室。他是南方文学家族吴兴赵氏之代表人物，为书画名家，诗歌成就很高，有《松雪斋集》十卷、外集一卷、续集一卷。③邓文原（1259—1328），字善之，祖籍绵州（今属四川），迁居钱塘（今浙江杭州），今存《巴西集》。④周密（1232—1298），字公谨，号草窗，湖州人。由南宋入元，居钱塘。著述丰富，今存《武林旧事》十卷、《齐东野语》二十卷等。⑤张伯淳（1243—1303），字师道，

---

① 参见杨镰：《元人总集研究示例》，《元代文献与文化研究》第一辑。
② （明）郁逢庆：《续书画题跋记》卷1，《文渊阁四库全书》本。又见于《清河书画舫》卷2下、《珊瑚网》卷1、《庚子消夏记》卷1及《式古堂书画汇考》卷6等。
③ 赵孟頫生平见欧阳玄《元翰林学士承旨荣禄大夫知制诰兼修国史赠江浙等处行中书省平章政事魏国赵文敏公神道碑》（《圭斋集》卷9）及《元史》卷172本传等。
④ 邓文原生平见吴澄《元故中奉大夫岭北湖南道肃政廉访使邓公神道碑》（《吴文正集》卷64）及《元史》卷172本传等。
⑤ 周密生平见万斯同《宋季忠义录》卷14及《宋元学案》卷97等。

嘉兴崇德（今浙江桐乡）人。南宋进士，入元仕。有《养蒙文集》十卷。① 王芝，字子庆，号井西，钱塘人，以收藏书画闻名于世。②

属于北方的文人有七人。鲜于伯机名枢（1256—1301），伯机为字，自号困学民，蓟州渔阳人。善诗词曲赋，工行书及画，还长于鉴定法书、名画与古器物。著有《困学斋集》《困学斋杂录》。③ 霍肃，字清甫，清臣可能为清甫之误，号恕斋，广平（今属河北）人。④ 郭天锡，字佑之，号北山，大同（今属山西）人。至元二十三年至二十九年（1286—1292）任镇江路判官。⑤ 马昫（1244—1316），又作马煦，字德昌，自号观复道人，磁州滏阳（今河北磁县）人。以户部尚书致仕。⑥ 乔篑成，字达之，号仲山，大都（今北京）人，官吏部郎中、饶州路总管。⑦ 李衎（1245—1320），字仲宾，号息斋，宛平（今属北京）人。官至集贤大学士。以善画竹石出名，著有《竹谱详录》七卷。⑧ 廉希贡为高昌廉氏家族成员，属畏兀儿人。

品鉴书画为汉族文人传统的风雅韵事，这次品鉴欣赏王羲之书法作品，荟萃了南北各族人士，可谓盛况空前。不同民族、不同地域间的文化交流，加深了南北文化的交流，促进了北方蒙古色目民族的华化。

北方文学家族成员参与的书画题跋鉴赏活动为数不少。比如，姚燧曾赠梅渊泉诗，诗曰："渊澄如止水，泉活有余波。梅到清香处，君应风味多。"济阴商琦据此作画，并请许有壬作诗，有壬在诗中称赞商琦画技独步天下，如今配上姚燧之诗，"姚诗商画真二奇"⑨，诗画相得益彰。除了此首，许有壬为商琦的画作题诗还有四篇，包括《题商德符为梅渊泉画清江图》、《题商德符为韩伯顺

---

① 张伯淳生平见《元史》卷178本传等。
② 王芝生平见戴表元《剡源文集》卷13《送王子庆序》及鲜于枢《困学斋杂录》等。
③ 鲜于枢生平见《元诗选·初集》小传等。
④ 霍肃生平见胡祗遹《霍金事世德碑铭》（《紫山大全集》卷15）及张铉《至正金陵新志》卷6下《官守志》等。
⑤ 郭天锡生平见《（至顺）镇江志》卷15等。
⑥ 马昫生平见虞集《户部尚书马公墓碑》（《道园学古录》卷15）等。
⑦ 乔篑成生平见程钜夫《送乔达之守东平序》（《雪楼集》卷14），王士点、商企翁撰《秘书监志》卷10及陶宗仪《南村辍耕录》卷24等。
⑧ 李衎生平见苏天爵《故集贤大学士光禄大夫李文简公神道碑》（《滋溪文稿》卷10）等。
⑨ （元）许有壬：《牧庵姚先生赠相师梅渊泉诗："渊澄如止水，泉活有余波。梅到清香处，君应风味多。"商德符既为画，且求予诗云》，《至正集》卷7。

画山水图》、《玉关临商德符山水》、《商德符枯木双石图二首》。[①]雍古人马祖常也曾作《题商德符山水图》,诗曰:"曹南山君画山水,幅绢咫尺千万里。古木樛枝障雾雨,苍石断裂蹲虎兕。路幽应有仙人室,楼阁恍惚云气入。翰墨黯黯绝丹碧,芙蓉峰高观海日。"[②]马祖常描绘了商琦所画山水的景色,称赞其画使人飘飘然有仙气。

至治三年(1323),鲁国大长公主汇集朝廷群臣到大都南城的天庆寺宴会,观赏她收藏的书画,并请诸人作诗文题跋,张珪与魏必复名列其中。[③]魏必复今存诗五首,其中四首为题画诗,《题周曾秋塘图》就是为鲁国大长公主所藏画作所题。[④]朱德润所藏的《睢阳五老图》曾陆续延请翰林、集贤诸文臣品题,姚燧、马祖常等人都曾留下墨迹。[⑤]

为黄庭坚《松风阁诗卷》题字的元人更多,包括魏必复、李泂、张珪、王约、孛术鲁翀、冯子振、陈颢、陈庭实、李源道、袁桷、邓文原、柳赞、赵岩等人,其中魏必复、张珪、孛术鲁翀均属北方文学家族成员。如此大规模的书法题跋活动反映出元代不同民族、不同地域的人士之间文学艺术活动的兴盛。

多族文人雅集还表现为游览唱和。蒙古文学家族逊都思氏与汉族人士有诗歌活动,月鲁不花仅存的十三首诗歌中,与四明(今浙江宁波)见心禅师有关的就有八首,其中《四明定水寺天香室见心禅师居之弟彦诚御史为索诗勉赋一首》,是应其弟笃烈图所请而作。《谢见心上人》诗序提到,至正二十五年(1365)八月,他访问见心禅师,禅师出示欧阳玄、虞集等人诗作,月鲁不花叹赏久之。月鲁不花曾派人送商琦山水画,为见心禅师祝寿,还曾与禅师同宿大慈山,一起和金左丞的墙壁题诗。[⑥]

至元元年(1335)冬十二月,时任江浙行省参政的孛术鲁翀与郡守张渊

---

① 分别见元人许有壬《至正集》卷7、卷9、卷23、卷24。
② (元)马祖常:《石田先生文集》卷2。
③ 参见元人袁桷《鲁国大长公主图画记》(《清容居士集》卷45)及明人郁逢庆《续书画题跋记》卷4。
④ 《全元诗》据明人汪砢玉《珊瑚网》卷27收入此诗,第28册,第135页。
⑤ 参见邱江宁:《奎章阁文人群体与元代中期文学研究》,第236页。
⑥ 参见《元诗选·三集》所收月鲁不花《余尝遣仆奉商学士山水图一幅为见心禅师寿,又尝与师同宿大慈山,和金左丞壁间所题诗韵,而师有"白河影落千峰晓,碧海寒生万壑秋"之句,故末章及之》。

仲、柯九思等，一起游览天平山。天平山位于苏州城西，为吴中名胜，有范仲淹的祠堂，他们谒范魏公之像，临白云之泉，孛朮鲁翀各赋诗七言四韵，柯九思等属而和之。参加者张渊仲，即张宓，渊仲为字，张荣之孙，张邦宪之子，济南历城（今属山东）人。出身汉人世侯之家，年幼时就以质子身份入侍皇太子海山（即武宗），赐名蒙古台。武宗即位（1307 年）后，授尚沐奉御。历任彰德、保定、真定、平江诸路总管，后至元二年（1336）入为吏部尚书，迁岭北参政。至正三年（1341）为山东宣慰使。① 柯九思（1290—1343），字敬仲，号丹丘生、五云阁吏，台州仙居（今属浙江）人，柯谦子。文宗时为典瑞院都事，奎章阁学士院参书、文林郎。文宗去世后流寓江南。② 孛朮鲁翀家族占籍河南邓州，张渊仲出身于北方汉人世侯，柯九思则是南方文学家族成员，此行荟萃了各地人士。同游者有绍兴路儒学教授范文英、平江路总管府判官杨思明、推官王廷秀、经历王正、知事巴图彦实、儒学教授蒋进之，还包括僧道人士，玄明通道虚一先生赵嗣祺与住持白云寺沙门净标等人。③ 巴图彦实不知族属，从其名字可知为蒙古色目人。

由此可见，元代中后期，与北方文学家族有关的多族文人雅集聚会更为常见，不同地域与种族的文人共同组成了元代特有的多族士人圈。

就以女真人孛朮鲁翀为例，他曾求学于虞汲、李友端、萧克翁、萧𣂏、同恕等师长，还向姚燧、元明善学过古文。孛朮鲁翀担任过国子司业等职，并两次知贡举，培养了陈旅、窦伯辉、贡师泰、贺据德、张蔚、王睿、宋褧等人，这些门生遍及南北，还包括蒙古人乐九成。他们形成一个师生网络，在文化传承方面，尤其是对儒学的传承发展起了重要作用。④ 由元初的汉族士人为师，蒙古、色目人为生，发展到蒙古、色目人为师，汉族士人为生，反映出汉文化传播的发展。⑤ 孛朮鲁翀虽然被归为汉人，实际上与汉化的蒙古、色目人相同。

孛朮鲁翀家族与崇仁（今属江西）虞氏的关系就非常紧密。虞集父汲，出

---

① 张宓生平见李国凤《谥宣懿张公神道碑铭》及《蒙兀儿史记》卷 52 等。
② 柯九思生平见《元史》卷 35《文宗纪》及《元诗选·三集》小传等。
③ 参见（明）钱榖编：《吴都文粹续集》卷 19 柯九思《游天平山记》，《文渊阁四库全书》本。
④ 参见拙作《孛朮鲁翀师长与门生考——兼论孛朮鲁翀与元代的文化传承》，《元史及民族与边疆研究集刊》第 33 辑。
⑤ 参见萧启庆：《元代多族士人网络中的师生关系》，《历史研究》2005 年第 1 期。

身名门,为宋丞相允文五世孙。本为隆州仁寿(今属四川)人,宋亡后侨居临川崇仁,为孛朮鲁翀的启蒙教师。虞集(1272—1348),字伯生,世称邵庵先生。① 孛朮鲁翀与虞集交往较多,他们为同僚兼诗友。孛朮鲁翀与虞集泰定初同为国子司业,虞集对孛朮鲁翀的学问极为敬佩②,他作《鲁子翚金院画像赞》,称赞孛朮鲁翀的经学与用世③。除了学问切磋,孛朮鲁翀与虞集还多有诗歌唱和,至顺元年(1330)孛朮鲁翀为汉中道廉访使,虞集作《送鲁子翚廉使之汉中》。他还有《送人回湘用鲁子翚金院韵》④,孛朮鲁翀至顺初金太禧宗禋院事兼祗承神御殿事,诗当作于此时。虞集《道园学古录》卷30有《次韵答鲁子翚参政四首》,元统二年(1334),孛朮鲁翀拜江浙行省参知政事,诗当作于该年之后。可惜孛朮鲁翀的原作都已不存。这种交往延续到下一代,孛朮鲁翀命儿子孛朮鲁远从虞集游。泰定二年(1325)秋,孛朮鲁远自京师往河南行省看望作行省左右司郎中的父亲,虞集曾作《送鲁远序》。

孛朮鲁翀与张养浩、曹伯启、柳贯、范梈、李孝光、朱晞颜等人唱和赠答,其中张养浩、曹伯启等人为北方文人,柳贯、范梈等人为南方文人。

孛朮鲁翀与张养浩多有诗歌唱和。张养浩《归田类稿》卷21有《和子翚学士见寄韵十首》,为七言律诗,孛朮鲁翀原诗不存。张养浩去世后,其子张引与引之岳父吴肃持其《归田类稿》来征序。孛朮鲁翀于后至元元年(1335)作《张文忠公归田类稿序》,文中称赞张养浩为政尽忠国事,"行直道"、"务用仁术",为文豪宕妥帖。婺州浦江人柳贯(1270—1342)也和孛朮鲁翀相识,柳贯泰定元年为太常博士,此时孛朮鲁翀为国子司业,二人当在此时相识。柳贯《待制集》卷6有《中秋待月不见却怀鲁子翚学士时留城》。范梈也曾向孛朮鲁翀赠诗,由"忆子旅江外"、"一别十年流",可知他们为旧相识,已经离

---

① 虞集生平见赵汸撰行状(《东山存稿》卷6)、欧阳玄撰神道碑(《圭斋集》卷9)及《元史》卷181本传等。
② 虞集《送鲁远序》(《道园学古录》卷6)曰:"昔予与公并于成均也,日进诸生于一堂之上而诲之,更互倡和,以发明圣经贤传之指归,不极于至当不止也。当是时,岂惟学者有所启发,虽以区区之不敏,亦得其退过进不及之助焉。"
③ 《道园学古录》卷4《鲁子翚金院画像赞》曰:"笃信圣贤之要,力求经传之遗。屹乎山岳之峙,粲乎日星之垂。端居兮忧世之侃侃,致用兮俨然而有思。繄岂弟之君子,庶人文兮在兹。"
④ 参见虞集《道园学古录》卷2、《道园遗稿》卷3。

别十年了。"文义相剖析,宴歌亦循环"①,他们当年在一起谈论诗文、欢宴歌舞,志趣相投。孛朮鲁翀还与李孝光、朱晞颜有交往,李孝光有《采莲曲二首为鲁子翚作》②,朱晞颜《瓢泉吟稿》卷2有《呈鲁子翚学士》,向孛朮鲁翀述说自己沉抑下僚、漂泊异乡的感受。

孛朮鲁翀与众多师长、门生、诗友,形成多族士人网络。他通过师生关系、同僚、科举、诗歌唱和、书画品题、游宴等各种形式,参与了不同民族间的文化活动。③

元代为多民族社会,不同民族士人间的交流既导致蒙古、色目民族的华化④,同时蒙古色目文化对汉族也有影响⑤。萧启庆先生认为,蒙古、色目人与汉族士大夫阶层形成多族士人圈,各族间共同的群体意识已经超越了种族的藩篱。⑥萧先生所指的多族士人圈主要指蒙古、色目与汉族三大族群。契丹、女真等民族在元代被官方划为"汉人",萧先生把契丹、女真也视为汉族。实际上,元代的契丹、女真等族的情况较为复杂,有的如耶律楚材家族在金代早已汉化,成为文学世家,有些家族还保留着民族传统,以武功与政事显名于世。⑦这两种民族中的有些家族与蒙古色目家族类似。因此,多族士人圈的蒙古、色目与汉族三大族群应该把契丹、女真族也列入。这种荟萃众多民族的文化活动是元代特有的,对于民族间的文化交流具有积极的意义,同时,也是中华民族形成过程中必不可少的内容。

---

① (元)范梈:《贻孛述鲁编修》,《范德机诗集》卷1。
② 《元诗选·二集》,上册,第576页。《文渊阁四库全书》本李孝光《五峰集》卷2所录诗歌相同,题目作"采莲曲"。
③ 孛朮鲁翀游览吴中天平山,随行的就有知事巴图彦实,虽不明确切族属,但肯定是属于蒙古、色目人。
④ 参见萧启庆《元代蒙古人的汉学》(《内北国而外中国:蒙元史研究》)及陈垣《元西域人华化考》等。
⑤ 参见李治安:《元代汉人受蒙古文化影响考述》,《历史研究》2009年第1期。
⑥ 萧启庆:《元代多族士人圈的形成初探》,氏著:《内北国而外中国:蒙元史研究》,第479页。
⑦ 比如女真人完颜拿柱家族、夹谷常哥家族等。

结　语

由于地域的广博、政治与社会的特殊、作家身份的复杂等原因，元代文学呈现出不同于唐宋与明清文学的特点。北方文学家族的面貌是与元代社会的特质密切相关的，通过对北方文学家族的研究，我们对元代社会的一些特质加深了认识，也易于把握到元代文学的特点。

一、元代北方文学家族与地域文化

古代家族与地域有着密不可分的关系，地域文化对文学家族的家学家风有着重要的影响，元代文学家族也不例外。耶律氏、河北汉人世侯、陵川郝氏、猗氏陈氏、东平王氏等家族尤其突出。

耶律氏文学家族与漆水——燕蓟文化圈关系密切。漆水即辽金时大凌河之别名，在今天的医巫闾地区，元代属辽阳行省。医巫闾既是耶律氏的族望，也是家族的起源地与根据地。医巫闾为朝廷祭祀的北镇，有农业和渔业，民俗淳朴。[①]在金代产生了李氏、张氏、王氏、高氏等文化世家，与唐文化一脉相承，而与宋文化存在一定的偏离。这种文化递承模式和发展趋向决定了耶律氏家族文学的个性特征与美学内涵。燕蓟在金元时期为北方民族文化与汉文化相互碰撞、融会的地区。金末元初曾出现过以赵著、吕鲲为领袖的燕蓟诗派，这

[①]（元）李齐《御香碑》："医无闾在辽海上，以《礼经》考之，实幽州之镇，我国家根本系焉。"（元）朱德润《闾山耕隐图序》曰："幽州之山镇曰医巫闾，山之下曰凌江，江之西曰古义州，俗厚而淳，民义而让……土肥而多稼，水香而便渔。"

一诗派取法唐代卢仝、李贺的诗风，耶律铸深受影响。①

不只是少数民族家族，汉族家族同样深受地域文化的影响。河北地处平原，极易受到北方游牧民族的冲击，自古为北方各民族冲突与融合之地。长期的战争考验使得该地居民好勇尚斗，悲歌慷慨。《隋书》卷29《地理志》说冀州"俗重气侠，好结朋党，其相赴死生，亦出于仁义"。《宋史》卷86《地理志》也认为河北路"人性质厚少文，多专经术，大率气勇尚义，号为强枝。土平而近边，习尚战斗"。在蒙古灭金过程中，涌现出大小众多汉人世侯，河北地区的真定史氏与保定张氏就极富代表性。保定张柔是金朝将领，真定史氏则为地方豪强，他们降蒙后，由于英勇善战，忠心耿耿，为蒙古政权灭金伐宋立下赫赫功勋，成为元朝新贵。尽管两个家族都出过一些文人，但其家族传统总体倾向于尚武，成为河北地域文化影响下的典型家族。②

元代北方不同地区的文化存在很大差别，文学家族的家学家风深受地域文化的影响，呈现出不同的特点，例如陵川郝氏、猗氏陈氏、河北汉人世侯、东平王公渊家族等。家族的迁徙会引起家族传统的改变，这一点在姚枢家族、隩州白氏身上表现明显。随着元朝一统天下，北方文人的南下汇合了南北文化，北方文学家族随之有了南方文化的烙印，白朴与宋褧兄弟就是典型代表。北方文学家族的迁徙促进了南北文化的融合。

二、家族史视域下的元代北方文学家族

作为唐宋到明清家族发展史上的转折期，元代家族具有重要的意义。放到历史的长河中看，元代家族的发展，比北宋有所退步。唐代累世为相的家族有十一个，而且子孙相继，宋代也有一门相继为宰执的现象，但是，"两宋'宰执'的任命完全取决于皇帝本人，而这种任命绝不可能考虑到某个家族的姓氏

---

① 参见刘达科：《金元耶律氏文学世家探论》，《民族文学研究》2003年第2期。
② 当然，家族对地域文化的建构也有影响，比如汉人世侯对元初真定、东平等地的文化起到至关重要的作用。

和门第，更不会特别考虑或照顾到某个家族的政治利益"①。和唐代相比，宋代帝王对宰执人选的选择与更换更加随意，也更为频繁，每个家族的兴衰成败完全取决于族内成员前赴后继的奋斗和努力。②因此，宋代望族往往数世之后便告萧条。"正因为缺少世袭式的制度保护，宋代文学家族乃至整个宋代家族又常表现出起落迅速、盛衰无常的特点。"③相较唐宋而言，元代在这方面存在倒退，蒙古四杰博尔忽、木华黎、博尔术和赤老温形成的四大家族成为蒙古帝国最显赫的封建主，他们承继王爵，世袭武职与怯薛长，享有食邑，在仕进方面占尽优势。④尤其是木华黎家族几代为相，木华黎四世孙安童年仅十六即担任侍卫长⑤，位在百官之上。至元二年（1265），拜光禄大夫、中书右丞相⑥，这一年刚刚二十一岁。安童之孙拜住世袭宿卫长，同样升迁迅速。延祐二年（1315），拜资善大夫、太常礼仪院使。英宗即位，拜中书左丞相。至治二年（1322），进右丞相、监修国史。英宗想要封爵三公，拜住恳辞，于是英宗不置左相，独任以政。⑦其他色目、汉人勋贵之家同样历代簪缨，在仕宦方面享有特权。比如藁城董氏，由于和忽必烈关系紧密，终元一代，家族成员担任宿卫者十五人，任官者多达五十一人，而且官位崇高，官至正一品到从三品者占一半以上，仕宦持久，达到六代，在汉族家族中首屈一指。⑧

具体到文学家族，我们还可以做横向比较。与南方文学家族相比，北方文学家族无论是数量，还是文学成就都不及。元代江浙行省⑨有湖州牟氏（牟巘、牟应龙）、赵氏（赵孟頫、赵雍）、昆山顾氏（顾瑛、顾晋、顾元臣）、东阳李氏（李裕、李贯道）、绩溪舒氏（舒迪、舒远、舒逊）等十七个文学家族，仅仅宣城一地，就有贡氏（贡奎、贡师泰、贡性之）、汪氏（汪泽民、汪用敬）、

---

① 张兴武：《两宋望族与文学》，人民文学出版社2010年版，第81页。
② 参见张兴武：《两宋望族与文学》第一章"唐宋'望族'之转型"。
③ 张剑：《宋代家族与文学研究》，第29页。
④ 萧启庆：《元代四大蒙古家族》，氏著：《内北国而外中国：蒙元史研究》。
⑤ 安童生于乃马真后四年（1245），中统初（1260）担任宿卫长，为十六岁，《元史》本传记载为十三岁，误。
⑥ 参见《元史》卷126《安童传》。
⑦ 参见《元史》卷28《英宗纪》、卷136《拜住传》。
⑧ 萧启庆：《元代几个汉军世家的仕宦与婚姻》，氏著：《内北国而外中国：蒙元史研究》。
⑨ 元代江浙行省包括今天江苏南部、浙江及安徽、江西部分地区，顾世宝的统计未将福建列入。

张氏（张师愚、张师鲁）、王氏（王圭、王璋）四个文学家族。① 鄱阳同样有很多文学家族，比如叶氏（叶懋、叶兰）、吴氏（吴存、吴用臧、吴用晦）、周氏（周应极、周伯琦）、徐氏（徐瑞、徐孜）、刘氏（刘炳、刘煜）。②

元代北方文学家族远远不及南方的情况，是延续着宋代的趋势，根据王毅《宋代文学家庭》一书的统计，在宋代文学家庭的省份分布中，居于前三位的为浙江、江西、福建，而北方的河南、山东、河北、山西、陕西、甘肃六省文学家庭的总和为八十四个，不及浙江一省之八十八个。张剑等著《宋代家族与文学》对文学家族地域分布的统计，同样是江西、浙江为多，这些地区在宋代文化教育极为发达，也是文学发达之地。③ 在北宋有占籍可考的2913名诗人中，福建、浙江、江苏、江西名列前茅，而山西、陕西都被挤出了前十名。④ 元代南北文学家族的差异反映出这一趋势在不断加强。

然而，从民族融合方面看，元代北方文学家族具有特殊的价值，新兴的蒙古、色目家族，为历史提供了新鲜血液，共同形成中华民族。具体到文学，蒙古、色目文学家族，作为文坛的新面孔，为元代文坛带来了活力，丰富了元代文坛的组成。

三、北方文学家族与元代政治及文化

北方文学家族在元代政治上作用大，忽必烈潜邸文人、汉人世侯，为蒙元王朝汉法派的中坚力量。为了维护汉法，文学家族成员在政治上备受打击，商挺父子、廉希宪、马祖常、孛朮鲁翀等付出了贬官甚至牢狱之苦的代价。这一点为南方文学家族所不及，顾世宝曾统计二十七个南方文学家族中的成员六十八人，除去两位女性成员和八位蒙古色目家族成员外，其余五十八人中仕

---

① 参见顾世宝：《元代江南文学家族研究》，中国社会科学院研究生院博士学位论文，2011年。
② 参见张建伟、武吉安：《地域文化与鄱阳叶氏》，《上饶师范学院学报》2013年第1期。
③ 参见张剑等：《宋代家族与文学》第一章"宋代的文学家族与家族文学"，第27页。
④ 参见张剑等人根据王祥《北宋诗人的地理分布及其文学史意义分析》（《文学遗产》2006年第6期）所做的分析，《宋代家族与文学》第三章"两宋地域文化中的文学家族与家族文学"，第64页。

宦至高位者比例并不高，仕至上品者仅占17.2%，大部分的南人文士，或者不仕，或者终于学官之职。①

正因为北方文学家族在仕宦方面占有一定优势，因此，他们在元代政治方面发挥了很大作用。家族成员多为汉法派大臣，终元一代，与蒙古保守势力进行了不懈的斗争。直到元末，元初的几位大臣还为人怀念。覃怀人商庠家藏姚文献公、王文忠公、许文正公、商文定公遗像②，王磐、姚枢、许衡、商挺四人都是元初汉法派的重臣，为元代政治、文化、理学建设做出了重要贡献。

因为与元代政治关系密切，北方文学家族的命运与元朝的命运休戚相关。他们中的很多家族是伴随着蒙元的勃兴而崛起的，如北庭廉氏、贯氏，真定史氏、姚枢家族等，有些家族也随着元朝的灭亡而衰落，甚至覆灭，比如东平王公渊家族、洛阳姚氏、耶律楚材、孛朮鲁翀等家族。

除了政治方面，北方文学家族对元代的文化事业也有贡献，他们参与修撰了很多典籍。

至元十年（1273），姚枢与史天泽编定元朝的法律条文《新格》，得到了世祖的肯定。③天历二年（1329），元文宗建立奎章阁学士院④，"其职能包括向皇帝进讲儒家经典和汉文史籍，教育贵族子孙和年轻怯薛成员，收集、校正和编辑书籍，对皇室所藏绘画和书法作品进行鉴定和分类"⑤。在奎章阁任职的人员几乎囊括了当时各民族的儒学与文学人士，包括虞集、许有壬、揭傒斯、宋本、欧阳玄、赵世延、苏天爵、泰不华等人，其中许有壬、宋本、巎巎等均属北方文学家族成员。奎章阁虽然历时不长，但是对元代文化的发展与文学的走向产生了很大影响。⑥

奎章阁学士编撰最为重要的典籍就是规模庞大的《经世大典》，这部典籍的编撰汇集了很多学识渊博、文才横溢之士。《元史》卷181《虞集传》记载：

---

① 参见顾世宝：《元代江南文学家族研究》，第16—17页。
② 参见（元）苏天爵：《四先生画像记》，《滋溪文稿》卷2。
③ 《元史》卷126《安童传》记载：世祖谕安童及伯颜等人曰："近史天泽、姚枢纂定《新格》，朕已亲览，皆可行之典，汝等亦当一一留心参考，岂无一二可增减者。"
④ 参见《元史》卷35《文宗纪》。
⑤ 参见《剑桥中国辽西夏金元史》，第560页。
⑥ 参见邱江宁：《奎章阁文人与元代文坛》，《文学评论》2009年第1期。

"有旨采辑本朝典故，仿唐、宋会要，修《经世大典》，命（虞）集与中书平章政事赵世延，同任总裁。集言：'礼部尚书马祖常，多闻旧章，国子司业杨宗瑞，素有历象地理记问度数之学，可共领典。翰林修撰谢端、应奉苏天爵、太常李好文、国子助教陈旅、前詹事院照磨宋褧、通事舍人王士点，俱有见闻，可助撰录。庶几是书早成。'"赵世延、马祖常均为雍古部家族，他们和宋褧、王士点等人都属于北方文学家族。宋褧之兄宋本也曾参与修撰，至顺年间，他进奎章阁学士院任供奉学士、亚中大夫，纂述了《经世大典》的夏官政典若干卷，被称为"编摩致密，事备辞严"①。

北方文学家族成员还参与了各类史书的修撰，包括元代各朝实录与辽、宋、金三史。

至元三十一年（1294）六月，成宗命翰林国史院修《世祖实录》②，北方文学家族成员王构、姚燧、申屠致远等人参与纂修。王构修史的才能得到了很高评价，"瓠山曩居内翰，兼史职，史笔无妄书"③。

宋本至治元年（1321）中进士后，授翰林修撰承务郎同知制诰兼国史院编修官，预修《仁庙实录》，辞直而不俚。④ 宋褧元统初年迁翰林修撰，曾参与撰修《天历实录》。⑤ 他至正初年迁国子司业，奉敕修辽金宋史，他"分纂《宋高宗纪》及《选举志》"⑥。高昌廉惠山海牙曾预修英宗、仁宗《实录》及辽、金、宋三史。⑦

北方文学家族还是元代理学的重要传播者。陵川郝氏、猗氏陈氏将金代理学延续到蒙元时期，尤其是北方关学余脉。赵复北上开启了元代理学的新纪元，但他的得救与北上是由姚枢促成的。姚枢与侄儿姚燧、姚燉为理学中坚人物。

---

① 参见（元）宋褧：《故集贤直学士大中大夫经筵官兼国子祭酒宋公行状》，《燕石集》卷15。
② 参见《元史》卷18《成宗纪》。
③ 参见（元）刘敏中：《书邵知事饯行诗卷后》，《中庵集》卷10。
④ 参见（元）宋褧：《故集贤直学士大中大夫经筵官兼国子祭酒宋公行状》，《燕石集》卷15。
⑤ 参见元人苏天爵《元故翰林直学士赠国子祭酒范阳郡侯谥文清宋公墓志铭并序》。
⑥ （元）苏天爵：《元故翰林直学士赠国子祭酒范阳郡侯谥文清宋公墓志铭并序》，《滋溪文稿》卷13，第206页。
⑦ 参见《元史》卷145《廉惠山海牙传》。

北方文学家族成员积极向帝王与帝室成员传播儒学。廉希宪、商挺、姚枢等人多次对忽必烈宣传儒学治国。姚枢和窦默还教授太子真金《孝经》。①仁宗身边的儒臣更多，属于北方文学家族成员的有姚燧、商琦、贯云石等人。

自元朝开经筵，北方文学家族中有很多人担任过经筵讲官，向帝王讲述儒学，尽管经筵对元代政治的影响有限②，但还是有助于儒学在蒙古高层中的传播。泰定元年（1324）开经筵，保定张珪首当劝讲。后来他以疾告归，泰定帝仍然坚持张珪侍经筵，朝有大政就来咨询。③张珪还推荐王结入经筵。④宋裹也担任过经筵讲官，他"讲说明白，屡承恩赐，搢绅以为荣"⑤。女真人字术鲁翀在泰定帝致和元年（1328）升奉训大夫，同曹元用、虞集、马祖常等人并兼经筵官。⑥

北方文学家族传承儒学不只限于经筵，他们通过师生网络扩大了儒学的影响。

高昌廉氏自廉希宪起，家族崇尚儒学，廉希宪自称"受孔子戒"，被元世祖称为"廉孟子"，他尊崇儒士，与姚枢、许衡等人论学讲道。在他的影响下，家族成员普遍崇儒向学，他的第六子廉惇为熊朋来、萧斆弟子。⑦

在儒学传承这方面，女真人字术鲁翀极为典型。他主要是通过中央官学——国子学授徒的。元英宗至治二年（1322），字术鲁翀官左司都事，与中书平章政事廉恂、参议中书事张养浩一起监督管理国子学。⑧泰定元年字术鲁翀为国子司业，他"教人不倦，发明经旨，援引训说，累数百言，极于至当而后已。学者恐不卒得闻，故经公指授者多知名"⑨。元文宗至顺年间为集贤直学

---

① 《元史》卷115《裕宗传》："少从姚枢、窦默受《孝经》，及终卷，世祖大悦，设食飨枢等。"
② 参见张帆：《元代经筵述论》，《元史论丛》第五辑。
③ 参见（元）虞集：《淮阳献武王庙堂之碑》，《道园学古录》卷14。
④ 参见（元）苏天爵：《元故资政大夫中书左丞知经筵王公行状》，《滋溪文稿》卷23。
⑤ （元）苏天爵：《元故翰林直学士赠国子祭酒范阳郡侯谥文清宋公墓志铭并序》，《滋溪文稿》卷13，第206页。
⑥ 参见（元）苏天爵：《元故中奉大夫江浙行中书省参知政事追封南阳郡公谥文靖字术鲁公神道碑铭并序》，《滋溪文稿》卷8；《元史》卷30《泰定帝纪》。
⑦ 参见本书第七章第一节"高昌廉氏"。
⑧ 《元史》卷28《英宗纪》记载，英宗至治二年（1322），三月中书省臣上言："国学废弛，请令中书平章政事廉恂、参议中书张养浩、都事字术鲁董之。"
⑨ （元）苏天爵：《元故中奉大夫江浙行中书省参知政事追封南阳郡公谥文靖字术鲁公神道碑铭并序》，《滋溪文稿》卷8，第123页。

士兼国子祭酒。陈旅、窦伯辉、贡师泰、贺据德、乐九成、张蔚都是在国子学从他学习。[1]

李㠭鲁翀学习与教授的内容既包括儒学，也包括文学。虞汲为李㠭鲁翀的启蒙老师，李㠭鲁翀跟从李友端所习为诗赋，他去江西求学于萧克翁，学习的内容应当是经史子集等各个方面。李㠭鲁翀在萧斛处学习"经学务本之道"，主要是程朱理学，向同恕求教的也是理学。他跟从姚燧与元明善学习的是古文。李㠭鲁翀的师长遍及南北，各有所长，他可谓转益多师，博采众长。李㠭鲁翀"为学一本于性命道德，而记问宏博，异言僻语，无不淹贯"[2]。他在国子学教授学生的内容主要是以儒学为主的传统文化。[3]

四、北方文学家族与元代文学

具体到元代文学，北方文学家族的贡献主要表现在以下几个方面。

首先，北方文学家族成员为元代多族士人圈的主体，促进了多民族文化交流与文学创作。其中影响最大的是高昌廉氏主持的廉园唱和，在廉希宪、廉右丞、廉野云等人的组织下，廉园的诗歌沙龙荟萃了南北各族文人，成为享誉天下的盛会。廉希宪侄儿廉惠山海牙与贡师泰、答禄与权等人的玄沙香岩寺雅集，成为各民族文人充分展示个性与才学的舞台。[4]

元代的多民族士人雅集不分地域、种族，甚至身份地位，完全是尽情表现自我，才情与个性充分表达的舞台，体现了文人的独立品格。[5]文人雅集源远流长，但元代之前的雅集多为官员之间的诗词唱和，元代是个关键的转折期，

---

[1] 参见拙作《李㠭鲁翀师长与门生考——兼论李㠭鲁翀与元代文化传承》，《元史及民族与边疆研究集刊》第33辑。
[2] 《元史》卷183《李㠭鲁翀传》，第4222页。
[3] 虞集《送鲁远序》(《道园学古录》卷6)："昔予与公（引注：李㠭鲁翀）并于成均也，日进诸生于一堂之上而诲之，更互唱和，以发明圣经贤传之指归，不极于至当不止也。当是时，岂惟学者有所启发，虽以区区之不敏，亦得其退过进不及之助焉。"
[4] 参见本书第七章第一节"高昌廉氏"。
[5] 参见牛贵琥：《玉山雅集与文人独立品格的形成》。

北方文学家族成员成为雅集的重要参与者,具有不可替代的作用。发展至清代,文人雅集更为兴盛,尤其是江南地区①,文化家族成为主体,但其规模主要局限于地域性,民族也仅限于汉族,逐步成为地方性的诗歌盛会②。

其次,北方文学家族参与了域外交流,并在创作中有所体现。元代不仅域内民族众多,与域外的交流也极为频繁。通过出使等活动,北方文学家族与高丽、安南等国的文人用汉语写诗,进行赠答唱和。

耶律楚材家族与高丽使臣有过多次文化交流。早在蒙古蒙哥汗时期,耶律楚材就参与了蒙元对高丽关系的决策,他促使蒙古由征伐变为和平相处,即保持宗主国与藩属国的关系。楚材曾与高丽出使蒙古的使者有过交往,他在蒙古汗廷见到的高丽使者为池义深,作《和高丽使三首》,其一曰:"神武有为元不杀,宽仁常愧数兴戎。仁绥武震诚无敌,重译来王四海同。"③神武,指的是太祖成吉思汗,其谥号为"法天启运圣武皇帝",在太祖十一年、十三年,他曾派兵征讨高丽。窝阔台汗三年(1231),命撒礼塔为主帅再攻高丽。耶律楚材此诗传递给高丽国王一个信息,蒙古已经改变了对高丽的战争政策,"武震"已经被"仁绥"所代替,要求高丽称藩内附。到太宗十一年(1239),蒙古与高丽终于成为藩属关系。高丽李奎报致耶律楚材的两封书信反映了耶律楚材倡导的仁政绥靖政策在其间所起的作用。④

耶律楚材之子耶律铸同样与高丽使臣有过诗歌唱和,他作有《春日席上次高丽国使新安公诗韵二首》。⑤耶律铸还写过《早春宴上次高丽入国使诗韵》,诗曰:"白玉堂前一树梅,为谁零落为谁开。人生颜色不长好,且尽生前有限杯。"⑥劝使臣珍惜大好时光,多饮几杯。从诗题可知,这些诗都是高丽使臣先作,耶律铸次其韵而作。

---

① 罗时进根据周振鹤《释江南》(《中华文史论丛》第49辑),把江南界定为环太湖地区,即吴文化地区,包括明清苏、松、常、镇、嘉、湖七府一州,其经济、文化中心在苏州。参见其《在地域和家族视野中展开清代江南文学研究》(《苏州教育学院学报》2010年第3期)。
② 参见罗时进:《清代江南文化家族雅集与文学创作》,《文学遗产》2009年第2期。
③ (元)耶律楚材:《湛然居士集》卷7。
④ 参见邱瑞中:《耶律楚材与蒙元对高丽政策》,《中国传统文化与元代文献国际学术研讨会会议论文集》,中华书局2009年版。
⑤ 参见(元)耶律铸:《双溪醉隐集》卷6。
⑥ (元)耶律铸:《双溪醉隐集》卷5。

除了耶律楚材家族,北方文学家族其他成员也与高丽君臣有过交游。姚燧曾赠高丽沈阳王父子诗文。① 高丽人李齐贤(1287—1367)在皇庆元年(1312),以文学陪臣随高丽国王王璋入大都,与姚燧、阎复、赵孟𫖯、虞集等人交游,增进了他的学识。② 高丽人李穀(1298—1351),字中甫,考中顺帝元统元年(1333)进士,为翰林检阅官。著有《稼亭集》二十一卷,末卷附元人欧阳玄、谢端、余阙、黄溍、宋本、宋褧、王士点、郭嘉、苏天爵、贡师泰等二十多人的诗文。③ 这些参与域外文化交流的人很多为北方文学家族成员,他们与域外文士有诗歌赠答,进行文学切磋。宋褧《题稼亭》曰:"敦本崇礼教,有年可立致。负耒非无心,乘桴或有志。"④ 称赞李穀崇尚礼教,其以归隐耕种标榜自己隐含深意。东平王士点在题诗中说李穀"束发读经史,入仕习华言",李穀的学习与仕宦经历与元朝文士极为类似。王士点称赞他"播种效古书,闲田日以垦。鸣珂趋省府,从容敢忘本"⑤,对李穀以"稼亭"名集的寓意深有体会。郭嘉也作有《送李中父使征东行省》。⑥

除了为《稼亭集》题诗,宋褧在李穀被命使本国宣谕勉励学校时,曾赠七律一首,诗曰:"盖苏文后少武事,渍沟楼下有书声。贡士来经鸭绿远,登科去被牙绯荣。中朝分命新诏使,东人争讶旧儒生。德音宣布声教广,遣子入学同趋京。"⑦ 宋褧称赞来自鸭绿江的李穀高中进士,此次衣锦还乡,定能德音广布,使得更多高丽学子投奔元朝。

宋褧与高丽文人多有交往,其《燕石集》卷2《送高丽进士李仁复东分题得箕子庙》曰:"列封出异代,主教开东陲。道义三仁称,德泽万世思。遗像俨珪衮,巍宫肃筵彝。濒临帧沟溇,奔走高句骊。宇宙相终穷,肸蠁无已时。"

---

① 参见《元史》卷174《姚燧传》。
② 参见《钦定日下旧闻考》卷156引《东国史略》。
③ 参见邱瑞中:《高丽末年三十家文集提要(上)》,《元代文献与文化研究》第一辑,第53页。
④ 《全元诗》据李穀《稼亭集》(《韩国文集中的蒙元史料》影印)附《稼亭杂录》收录,第37册,第321页。
⑤ (元)王士点:《题稼亭》,《全元诗》据李穀《稼亭集》附《稼亭杂录》收录,第23册,第78页。
⑥ 《全元诗》据李穀《稼亭集》附《稼亭杂录》收入,第35册,第343页。
⑦ (元)宋褧:《高丽人李穀字中甫,元统元年登乙科,为翰林检阅官。明年,被命使本国,宣谕勉励学校制书,其行也,赠之以诗》,《燕石集》卷7。

颂扬由"三仁"之一的箕子所开创的高丽王朝绵延不绝，之后转到李仁复："之子诵经籍，宾兴膺爵縻。龙光粲冠裳，鹿鸣奏歌诗。睠此承帝恩，实由文化施。"称赞李仁复深通经籍，高中进士。

不只是高丽王室与士人，来元朝访问交流的还有高丽僧人。高丽僧式上人，号无外，他在元朝居留期间，结识了不少文人。至正元年（1341），无外云游到江浙时，与黄溍、张雨等人相会，黄溍作七律一首。① 无外到京城后，以黄溍诗卷出示吴师道，吴师道同样次韵一首。② 有好事者绘为《文会图》，宋褧题诗，次黄溍诗韵，诗曰："文章释老谁争雄，昔人三语将无同。巳公茅屋见新句，匡庐莲社追遗风。名胜绝怜留翰墨，笑谈莫谓变虚空。鸡林到日传相诧，杖锦归来未是穷。"③ 宋褧认为，由于有共同爱好的文艺，不论是僧人还是道士，都没有什么区别，大家看重的是谈论与诗文书画，无外的这次经历定会在他归国后成为一段佳话而流传。这是不同民族、不同地域、不同宗教信仰的文人之间的交流，他们之间的纽带就是中国博大而包容性强的文化。

无外归国时，很多文人为其作诗，包括宋褧、许有壬、傅与砺等人。④ 宋褧《送高句骊僧式上人东归二首（号无外）》其一曰："师从东国来，却返东国去。能操无外心，何不中国住。"⑤ 宋褧以无外的法号打趣，抒发自己的不舍之情。许有壬赠无外七律一首，诗曰："墨儒名行吾能别，内外有无师自知。万里归来仍是客，众缘消尽未忘诗。雪泥留迹鸿飞远，云海连天鹤度迟。莫使鸡林专纸贵，好将新句寄京师。"⑥ 诗以无外的法号写起，说他虽为僧人，而爱好

---

① 元人黄溍《文献集》卷2有《至大庚戌正月二十一日，予与儒公禅师谒松瀑真人于龙翔上方，翰林邓先生适至，予为赋诗四韵，诸老皆属和焉。后三十一年，是为至元辛巳正月二十三日，过伯雨尊师之贞居，无式公、刘君衍卿不期而集，辄追用前韵，以纪一时之高会云》，根据诗题，该诗为黄溍追用自己在武宗至大三年（1310）与邓文原等人所作诗之韵。
② 参见（元）吴师道：《至大庚戌黄君晋卿客杭，与邓善之翰林、黄松瀑尊师、儒鲁山上人会集赋诗。今至正辛巳，晋卿提举儒学与张伯雨尊师、高丽式上人会，再和前诗。上人至京，以卷相示，因写往年所和，重赋一章》，《礼部集》卷8。元人陈旅也有《次韵黄晋卿与张伯雨道士高丽式上人会于杭州开元宫》，《安雅堂集》卷2。
③ （元）宋褧：《高丽僧式上人游两浙江会提学黄晋卿句曲外史茅山张伯雨好事者绘为文会图》，《燕石集》卷7。
④ 参见（元）傅与砺：《送无外式上人还高丽》，《傅与砺诗集》卷7，《文渊阁四库全书》本。
⑤ （元）宋褧：《送高句骊僧式上人东归二首（号无外）》，《燕石集》卷5。
⑥ （元）许有壬：《高丽僧无外扣马求诗口占授之》，《至正集》卷16。

诗歌，希望他归国后能将诗作寄来交流切磋。

北方文学家族成员还与安南国人员频繁交往。宋本、宋褧兄弟都曾馆伴安南使者。宋本至治元年（1321）中进士后，授翰林修撰、承务郎、同知制诰兼国史院编修官，次年冬，安南国遣陪臣赖辅主等人朝贡回，宋本曾充馆伴陪同。①宋褧泰定元年（1324）擢第后，为秘书监校书郎，安南使者朝贡而归，选他充馆伴使，即将分别时，使者以金为赆，宋褧没有接受。②汤阴许有壬曾与安南国王步韵赋诗，《琳宫词次安南王韵十首》其五曰："通明殿晓侍熏炉，还驾扶摇返故都。风景便宜收拾去，莫教沧海有遗珠。"③许有壬知道安南王即将返回，他没有一味挽留，而是劝他饱览中原风景，莫要留下遗憾。

北方文学家族成员文学创作中有很多内容涉及安南。整个元代，安南与元朝一直有着密切的联系，出使安南成为当时政坛的大事，不但使者撰写了大量安南纪行诗，送行的文士也有很多诗作。④至元十八年（1281），柴椿出使安南时，东平王构有《送柴椿使安南》。藁城董文用曾作《送李两山二绝》、《送萧郎中方崖奉使安南》。⑤姚燧有《送梁贡父尚书使安南诗并引》、《满江红·送李景山使交趾》⑥，这些安南送行诗词普遍坚持元朝官方立场，预祝使者完成外交使命，令安南称臣纳贡。

由于元代和域外接触与交流极为广泛而频繁，元代歌咏域外风物的诗篇并不少见。舒頔有诗《骆驼鸡行》，描绘出自域外国度的贡物——非洲特有的珍奇动物鸵鸟。这种鸟长相奇特，"铁冠凫啄颈连翠，豕身鸡项足无距"。诗人不禁提出疑问："以鸡耶不能鸣而司晨，以禽耶何文采羽毛之可取。"⑦除了鸵鸟，非洲的另外一种动物斑马也进入了诗人的视野，元人称作"花驴"。曹伯启有七言绝句《海夷贡花驴过兰溪书所见》四首，其三"天地精英及海隅，兽毛文

---

① 参见（元）宋褧：《故集贤直学士大中大夫经筵官兼国子祭酒宋公行状》，《燕石集》卷15。
② 参见（元）苏天爵：《元故翰林直学士赠国子祭酒范阳郡侯谥文清宋公墓志铭并序》，《滋溪文稿》卷13。
③ （元）许有壬：《至正集》卷23。
④ 参见汤开建：《元代安南诗辑校》，《元史及北方民族史研究集刊》第14辑。
⑤ 诗均见黎崱《安南志略》卷17。
⑥ 参见元人姚燧《牧庵集》卷32、卷36。
⑦ 四库本《贞素斋集》无，《全元诗》据道光本《贞素斋家藏集》卷3收入，第43册，第367页。

彩号花驴",简要描绘了斑马的特征。其二"航海梯山事可疑,眼前今日看瑰奇"。①生长中原的人只有在想象中才能接受这样新鲜的事物。杨镰先生认为,这些诗篇"将海上交通探及非洲的过程具体化,重设了人们曾认定的中国与世界大洲大洋的联系的时间表"②。

宋褧《燕石集》卷9有《过海子观浴象》,诗曰:"四蹄如柱鼻垂云,踏碎春泥乱水纹。鸂鶒鹨鸐鹆好风景,一时惊散不成群。"描绘了中原少见的大象,体态庞大的大象给他留下深刻的印象。魏初也作有《观象诗》,描写更为细致,他说:"中国传闻未尝见,一日争睹轰霹雳。巨鼻引地六七尺,左卷右舒为口役。耳项垂垂倍数牛,皮毛苍苍艾貑黑。目竖青荧镜有光,背阔隐嶙山之脊。"③人们争相观赏这一庞然大物,称大象为"轰霹雳",大象的巨鼻、大耳和阔背引发人们的关注。陈高《不系舟渔集》卷9有《题献狻猊图》,诗人眼中的这一奇兽为"西域狻猊百兽豪,照人闪闪紫金毛"。记述了来自西域的狻猊(狮子)给世人的穿越历史时空的印象。④至正年间的一件耸动朝野的大事,是海外贡天马,唤起了人们对"汗血宝马"的记忆。元人有关"天马"的诗文,能编成一部专集。

天马歌是元代同题集咏的主题之一⑤,元初的牟巘曾为《拂林天马图》题诗⑥。延祐元年(1314),炎陵(今属湖南)陈泰以《天马赋》领荐下第⑦,元代科举会试始于延祐二年,说明延祐元年湖广行省乡试以"天马"为题。庐陵人张昱《天马歌》,题下注曰:"天历间贡",诗曰:"天马来自茀郎国"⑧,可见为

---

① (元)曹伯启:《曹文贞公诗集》卷8,《文渊阁四库全书》本。
② 杨镰:《论元诗的叙事性特征》,《文学评论》2012年第2期。
③ (元)魏初:《青崖集》卷1。
④ 冯承钧认为:"中国古昔或有狮子,然绝迹者已有千百余年,断可言也。……马可波罗在忽必烈朝廷所见者,如确是狮子,则必是外国国王入贡之物,非土产也。"〔法〕沙海昂注,冯承钧译:《马可波罗行纪》,商务印书馆2012年版,第26页。
⑤ 参见杨镰:《元诗史》,第625页。
⑥ 参见(宋)牟巘:《陵阳集》卷5。
⑦ 参见(元)刘诜:《天马歌赠炎陵陈所安》(《桂隐诗集》卷2)诗题下注,《文渊阁四库全书》本。该诗的题目,《诗渊》、《乾坤清气集》卷5均作"天马歌赠甲寅进士陈所安",似陈泰以《天马赋》领乡荐,与诗意不合。
⑧ (元)张昱:《可闲老人集》卷1,《文渊阁四库全书》本。

"莃郎国"所进贡，莃郎，即拂林、佛朗①。至正二年（1342），佛朗国贡天马，成为诗坛歌咏的盛事。唐元、叶懋、揭傒斯、宋无、陆仁、秦约、杨维桢、丁鹤年等人，都曾写过天马题材的诗文。

北方文学家族成员也参与了歌咏天马的诗歌活动，许有壬作有《应制天马歌》，诗曰：

> 臣闻圣元水德在朔方，物产雄伟马最良。川原饮龁几万万，不以数计以谷量。承平云布十二闲，华山百草春风香。又闻有骏在西极，权奇倜傥钟乾刚。茂陵千金不能致，直以兵戈劳广利。当时纪述虽有歌，侈心一启何由制。吾皇慎德迈前古，不宝远物物自至。佛郎国在月窟西，八尺真龙入维絷。七逾大海四阅年，滦京今日才朝天。不烦翦拂光夺目，正色呈瑞符吾玄。凤鬣龙臆渴乌首，四蹄玉后磬其前。九重喜见远人格，一时便勅良工传。玉鞍锦鞯黄金勒，瞬息殊恩备华饰。天成异质难自藏，志在君知不在物。方今天下有道时，绝尘讵敢称其力。臣才罢驽亦自知，共服安舆无夐轶。②

诗人认为，汉武帝为求良马而劳师远征，不及元顺帝时天马自来。由遥远的"佛郎国"来元朝的上京，历经四年，七次过大海才到达。天马"凤鬣龙臆渴乌首，四蹄玉后磬其前"，一派英姿飒爽。元朝真正实现了儒家重视的远人来服的政治理想。《天马歌》反映了元朝幅员广阔，与海外交流频仍的特点，诗人借助进贡天马之事，歌咏元朝的盛世品格。丁鹤年《鹤年诗集》卷2有《题莃郎天马图》，马祖常《石田文集》卷4《骏马图》也写到天马，可见当时有不少以天马为题材的绘画。

除了天马，来自西域的葡萄酒也引起了许有壬的注意。他的《谢贺右丞寄蒲萄酒》说："几年西域蓄清醇，万里鸱夷贡紫宸。仙露甘分红玉液，天风香

---

① 关于拂林的具体地址，尚存争议。刘迎胜认为，当时欧洲被元人称为拂朗，即波斯语 Franq 的音译，是穆斯林对十字军的称谓，即"法兰克"。见氏著：《古代东西方交流中的马匹》，《光明日报》2018年1月15日第14版。

② （元）许有壬：《至正集》卷10。

透白衣尘。"称赞西域葡萄酒的甘甜醇厚。《和明初蒲萄酒韵》,将葡萄酒称之为"殊方尤物"。①

杨镰先生《论元诗的叙事性特征》指出,这些珍禽异兽"再造了元人的知识结构,开阔了元人的视野"。诗歌中的这些内容是元代特有的,北方文学家族成员也名列创作者之列。

再次,北方文学家族为西域诗与上京纪行诗的倡导者和写作者。

和唐宋等其他朝代不同,在元人心目中,西域早就不是秘境。耶律楚材、耶律铸、丘处机、尹志平等人都有自成卷帙的西域诗:"无论诗歌史或文化史,这都是前所未见的奇迹。《西域河中十咏》等篇什是纪实的经典。经耶律楚材倡导,中亚出现了华夏诗文的社区,河中府——撒马尔罕成为华夏诗坛的西极。"② 契丹族耶律楚材、耶律铸父子既是西域诗的主要作者,又是西域诗歌沙龙的组织者,起到了主导者的作用。③ 耶律铸的诗歌中多次写到西域和漠北的气候、物产和风土人情。比如北方特有的醍醐、驼蹄羹、驼鹿唇等八珍美味。④ 耶律铸对漠北的和林多有描绘,《和林春日书事》:"冻折池塘百草芽,断鸿低雪怨凝笳。晴窗一曲春风咏,开彻满山桃杏花。"⑤ 写出了和林初春的景色,尽管天气尚寒,但是满山已经开遍桃杏花。《双溪醉隐集》卷5《和林雨大雹有如鸡卵者》叙述和林的冰雹竟然大如鸡卵。《戊申己酉北中大风》曰:"冲风回白日,飞砾洒青天。富贵城西畔,珍珠河北边。阳冰元不冶,阴火更潜然。直彻龙荒外,萧条是野烟。""冲风"、"飞砾"、"野烟",这些都是漠北特有的景象。

耶律铸还描绘过金莲川,比如《金莲川》:"金莲川上水云间,营卫清沈探骑闲。镇西虎旅临青海,追北龙骧过黑山。"诗题下注曰:"驾还幸所也。"⑥ 写出了忽必烈带领蒙古军队行军迅速、气势逼人。再如《金莲川甸》:"金莲花甸

---

① (元)许有壬:《至正集》卷20。
② 杨镰:《论元诗的叙事性特征》,《文学评论》2012年第2期。
③ 参见贾秀云:《耶律楚材与西域的第一个汉语诗歌沙龙》。
④ 参见《双溪醉隐集》卷6《行帐八珍诗》。
⑤ (元)耶律铸:《双溪醉隐集》卷5。
⑥ (元)耶律铸:《双溪醉隐集》卷3、卷2。

涌金河，流绕金沙漾锦波。何意盛时游宴地，抗戈来俯视龙涡。"自注："和林西百余里，有金莲花甸。金河界其中，东汇为龙涡。阴崖千尺，松石謇叠，俯拥龙涡，环绕平野，是仆平时往来渔猎游息之地也。"因为长期居留塞外，对这里的景色充满感情，这与中原乃至江南人士的感受不大相同。

耶律铸很多诗篇对西域的描绘是结合战争来写的，《雪岭》、《阳关》、《阴河》等诗，简洁地叙述了蒙古军队的一系列胜仗，《雪岭》曰："抑扬霆电决雌雄，霆激狂锋电扫空。如席片飞何处雪，扑林声振海天风。"①

北方文学家族成员较早写作上京纪行诗的为张弘范，他作有《送驾至上都》。②宋本、马祖常、王士熙、许有壬等人都写过上京纪行诗。

宋本有《上京杂诗》七绝组诗，今存十七首，其三曰："穹庐画毡绕周遭，五月燕语天窗高。草尽泉枯营帐去，来年何处定新巢。"写出了草原的高远广阔和游牧部族迁徙不定的生活习俗。其五曰："平原细草绿迢迢，十脚穹庐二丈高。羊角风来忽掀去，干霄直上似盘雕。"渲染了草原风势之猛。其四："种出碛中新粟卖，晨炊顿顿饭连沙。"表明此地农业之发展，然而，在猛烈的风沙之下，每顿饭里都和着沙子。其十六："鹰房晚奏驾鹅过，清晓銮舆出禁廷。三百海青千骑马，一时随扈向凉陉。"写出了元朝皇帝出行打猎的盛大场面，体现出蒙古族的特色。其十七："金脊殿洒马乳酒，铁幡竿送羊头神。"充满了北方民族的习俗风貌。③

许有壬写的上京纪行诗更为丰富，他曾作《和闲闲宗师至上京韵二首》，闲闲宗师名吴全节（1269—1346），字成季，号闲闲，饶州安仁（今属江西）人。至治二年（1322），接替张留孙为玄教大宗师。④作为道教首领，吴全节影响极大，与文人士大夫多有交往。许有壬诗其一曰："建瓴天下奠皇都，圣祖神功旷世无。滦水清浮金阙动，蹛林晴射锦云铺。"其二曰："夷夏襟喉控两都，两都形势汉唐无。……香殿昼闲云气合，琼楼天迥月轮孤。"两首诗都是

---

① （元）耶律铸：《双溪醉隐集》卷5。
② 《全元诗》据《诗渊》第4375页收入，第9册，第198页。
③ 《全元诗》据《永乐大典》卷7702收入，第31册，第97—98页。元人欧阳玄《圭斋文集》卷4《渔家傲南词》有"高昌家赛羊头福"，陈高华《元代新疆和中原汉族地区的经济、文化交流》（氏著：《元朝史事证证》，第330页）认为，在十月十三日以羊头作祭，或系畏兀儿人本民族原始宗教的残余。
④ 吴全节生平见《元史》卷203《释老传》。

歌颂蒙元国力的强盛，赞颂了上京特殊的地势与恢宏的宫殿。

许有壬的另一组七律组诗对上京有更全面的描绘。《和谢敬德学士入关至上都杂诗十二首》其四曰："逐兔弓良不用蹄，种荞坡峻马能犁。土山无树远如近，沙路有风高又低。"该诗写上京的土山没有树木生长，沙路高低不平，其农业别具特点，坡地用马犁田。其九曰："雁落长空迹篆沙，鸣嘎惊起一行斜。小车细马醉时路，丰草甘泉到处家。已解皮囊倾马湩，更挝银铫试龙茶。玉脂响泣炰羊熟，鼻观风香野韭花。"描绘遍地的草野与水泉，长空的大雁排开飞行，如同沙土上写的篆字。上京的景色与中原不同，饮食也有差异，用皮囊装的马乳酒，带毛烧烤的羊肉，给许有壬留下了深刻印象。除了上京的地理环境与生活习俗，许有壬还描写了上京的宫廷宴会。该诗其五："庖羞水陆八珍聚，琛贡梯航万国通。"写到上京的宴会食物丰盛，都是各国各地进贡的珍馐。其八："圣德如天万汇新，远柔穷漠会宗亲。锦鞲掣绁苍鹰健，玉辂鸣銮白象驯。"铺陈了元朝诸王来会的盛大场景，其中还有进贡的供打猎用的苍鹰和供乘坐的白象。①

最后，北方文学家族不仅写作传统诗词，更对元代的新兴文体元曲卓有贡献。

北方文学家族不少是由金代延续发展而来，例如猗氏陈氏、陵川郝氏、陕州白氏、稷山段氏、济阴商氏、东平王公渊家族，他们成为金元文学之间的纽带。在金亡蒙兴之际，延续了文学的发展，使得元代文学拥有一个较高的起点。

除了创作传统文学样式诗文词，北方文学家族还是新兴文体——元曲的最早创作者。虞集认为："一代之兴，必有一代之绝艺足称于后世者。汉之文章，唐之律诗，宋之道学，国朝之今乐府，亦开于气数音律之盛。其所谓杂剧者，虽曰本于梨园之戏，中间多以古史编成，包含讽谏，无中生有，有深意焉。是亦不失为美刺之一端也。"②元代盛行的散曲与杂剧，在当时难登大雅之堂，作为元代诗坛的领袖，虞集对其赞赏有加，与汉代的文章、唐代的律诗、

---

① （元）许有壬：《至正集》卷16、卷18。
② （元）孔克齐：《至正直记》卷3"虞邵庵论"条，第96页。

宋代的理学相提并论，可见其见解之深邃。

济阴商氏（商挺与其叔父商衢）、真定史氏（史天泽、史樟父子）、渔阳鲜于氏（鲜于枢、鲜于必仁父子）、大都费氏（费君祥、费唐臣父子）、洛阳姚氏（姚燧与其侄儿姚守中），都是长于元曲创作的家族，元好问、刘秉忠、魏初、白朴、张弘范等人也属北方文学家族成员。色目人不忽木、贯云石等人带着自己特有的民族特色加入了散曲的创作队伍。总之，北方文学家族促进了金元各体文学的发展。

从更广阔的背景上说，金代后期作家的创作已经有了一定的俗化倾向，他们推崇自然与平易的风格，采用俗语入诗文，"认识到了曲的价值甚至加入到俗文学的写作队伍中去"①。散曲这种文学体裁与金元时期北方少数民族入据中原有着很大的关系，明人王世贞在《曲藻》中说："曲者，词之变。自金元入主中国，所用胡乐，嘈杂凄紧，缓急之间，词不能按，乃更为新声以媚之。"② 王世贞从音乐的角度明确说明散曲的产生是为了适应金元少数民族的乐曲。因此，无论是重视俗文学的观念，还是散曲的写作，都是金元时期北方文化的产物。

真定史氏、保定张氏、白朴家族等迁居南方，其后裔成为南方人，甚至仍然作为文学家族出现在历史舞台。有的家族具有很强的适应能力，在明朝通过科举，延续着家族的仕宦传统，比如汤阴许氏之后裔，真定史氏之一支。

元代北方文学家族在历史上起着重要的承上启下的作用，一方面，有些家族为宋金旧族的延续与发展，更多的是新兴家族，尤其是蒙古、色目家族。这些蒙古、色目各族，以及列入汉人的契丹、女真等民族，其家族在长期与汉族混居与通婚过程中，逐渐融入中华民族。蒙古人聂镛，高昌三大家族廉氏、贯氏、偰氏以及鲁明善家族③，雍古部赵世延、马祖常，回回丁鹤年，蒲林金元素等人④，因为起了汉姓，其后裔已经和汉族融为一体，无法区分。明朝初年，由于蒙古、色目人受忌讳，很多家族改姓，女真族孛术鲁翀的后裔改姓鲁，其家

---

① 牛贵琥：《金代文学编年史·前言》，第27页。
② 中国戏曲研究院编：《中国古典戏曲论著集成》第4册，第25页。
③ 鲁明善生平参见杨镰：《鲁明善事迹勾沉》，《新疆大学学报》1985年第3期。
④ 参见杨镰：《元代蒙古色目双语诗人新探》，《民族文学研究》2004年第2期。

族一直延续到清代。马祖常后裔一直生活在潢川县回回营，其二十八代孙马启荷还有新编的《家谱》。① 虽然大多数蒙古、色目、契丹、女真等民族的后裔不甚明了，但是他们融入汉族，一起创造中华民族的物质文明与精神文明这一点是毫无疑问的。

---

① 参见杨镰：《寻找马祖常与雍古人进出历史的遗迹》，《文史知识》2007 年第 11 期。

参考文献

一、古籍

（元）脱脱等撰：《金史》，中华书局 1975 年版
（明）宋濂等撰：《元史》，中华书局 1976 年版
（元）苏天爵编：《元朝名臣事略》，《文渊阁四库全书》本
（元）王士点、商企翁：《秘书监志》，《文渊阁四库全书》本
王颋点校：《元统元年进士录》（与《庙学典礼》、《元婚礼贡举考》合刊），浙江古籍出版社 1992 年版
（明）《（成化）山西通志》，李裕民等点校，中华书局 1998 年版
（清）《（光绪）山西通志》，中华书局 1990 年版
（元）张铉：《至正金陵新志》，《宋元方志丛刊》本
（元）熊梦祥：《析津志辑佚》，北京古籍出版社 1983 年版
〔越〕黎崱：《安南志略》（与清大汕《海外纪事》合刊），中华书局 2000 年版
〔法〕沙海昂注，冯承钧译：《马可波罗行纪》，商务印书馆 2012 年版
（清）赵翼著，王树民校证：《廿二史劄记校证》（订补本），中华书局 1984 年版
（元）钟嗣成：《录鬼簿》（外四种），上海古籍出版社 1978 年版
（元）夏庭芝：《青楼集》，《中国古典戏曲论著集成》第 2 册，中国戏剧出版社 1959 年版
（清）钱大昕：《元史氏族表》，《嘉定钱大昕全集》，江苏古籍出版社 1997

年版

（清）胡聘之编：《山右石刻丛编》，《续修四库全书》本

（清）黄宗羲原著，全祖望补修：《宋元学案》，中华书局 1986 年版

（清）冯云濠、王梓材编著：《宋元学案补遗》，《丛书集成续编》本

（金）元好问：《续夷坚志》（与《湖海新闻夷坚续志》合刊），人民文学出版社 2006 年版

（金）刘祁：《归潜志》，中华书局 1983 年版

（元）王恽：《玉堂嘉话》（与杨瑀：《山居新语》合刊），中华书局 2006 年版

（元）孔克齐：《至正直记》，上海古籍出版社 1987 年版

（元）陶宗仪：《南村辍耕录》，中华书局 2008 年版

（明）叶子奇：《草木子》，中华书局 1959 年版

（元）陶宗仪：《书史会要》，《文渊阁四库全书》本

（金）元好问著，姚奠中主编，李正民增订：《元好问全集》（增订本），山西古籍出版社 2004 年版

（元）郝经：《陵川集》，《文渊阁四库全书》本

魏崇武等校点：《杨弘道集·李俊民集·杨奂集》，吉林文史出版社 2010 年版

（元）张弘范：《淮阳集》，《文渊阁四库全书》本

（元）王恽：《秋涧先生大全文集》，《四部丛刊》本

（元）苏天爵著，陈高华、孟繁清点校：《滋溪文稿》，中华书局 1997 年版

（元）魏初：《青崖集》，《文渊阁四库全书》本

（元）刘秉忠：《藏春诗集》，《文渊阁四库全书》本

王文才校注：《白朴戏曲集校注》，人民文学出版社 1984 年版

徐凌云校注：《天籁集编年校注》，安徽大学出版社 2005 年版

（元）刘因：《静修先生文集》，《四部丛刊》本

（元）许衡著，王成儒点校：《许衡集》，东方出版社 2007 年版

（元）胡祗遹：《紫山大全集》，《文渊阁四库全书》本

（元）李庭：《寓庵集》，《元人文集珍本丛刊》本

（元）程钜夫：《雪楼集》，张文澍校点：《程钜夫集》，吉林文史出版社

2009年版

（元）姚燧撰：《牧庵集》，查洪德编校：《姚燧集》，人民文学出版社2011年版

（元）虞集：《雍虞先生道园类稿》，《元人文集珍本丛刊》影印明初覆刊元刻本

（元）虞集：《道园学古录》，《四部丛刊》本

（元）杨载：《杨仲弘集》，《文渊阁四库全书》本

（元）黄溍：《金华黄先生文集》，《四部丛刊》本

（元）同恕：《榘庵集》，《文渊阁四库全书》本

（元）马祖常：《石田文集》，《元人文集珍本丛刊》本

（元）余阙：《青阳集》，《文渊阁四库全书》本

（元）袁桷：《清容居士集》，李军等校点：《袁桷集》，吉林文史出版社2010年版

（元）欧阳玄撰，魏崇武、刘建立校点：《欧阳玄集》，吉林文史出版社2009年版

（元）宋褧：《燕石集》，《北京图书馆古籍珍本丛刊》本

（元）许有壬：《至正集》，《元人文集珍本丛刊》本

（金）元好问编：《中州集》，中华书局1959年版

（元）房祺编：《河汾诸老诗集》，中华书局1958年版

（元）段辅辑：《二妙集》，《文渊阁四库全书》本

（元）苏天爵编：《国朝文类》，《四部丛刊》本

（元）周南瑞编：《天下同文集》，《文渊阁四库全书》本

（元）释来复编：《澹游集》，《续修四库全书》本

（清）顾嗣立编：《元诗选·初集》，中华书局1987年版

（清）顾嗣立编：《元诗选·二集》，中华书局1987年版

（清）顾嗣立编：《元诗选·三集》，中华书局1987年版

（清）顾嗣立、席世臣编：《元诗选·癸集》，中华书局2001年版

（清）钱熙彦编：《元诗选·补遗》，中华书局2002年版

（元）史简编：《鄱阳五家集》，《文渊阁四库全书》本

隋树森编：《全元散曲》，中华书局 1964 年版
唐圭璋编：《全金元词》，中华书局 1979 年版
王季思主编：《全元戏曲》，人民文学出版社 1999 年版
阎凤梧、康金声主编：《全辽金诗》，山西古籍出版社 1999 年版
李修生主编：《全元文》，江苏古籍出版社 1999 年以后陆续出版
焦进文、杨富学校注：《元代西夏遗民文献〈述善集〉校注》，甘肃人民出版社 2001 年版

二、研究著作

〔法〕丹纳著，傅雷译：《艺术哲学》，人民文学出版社 1963 年版
孙楷第：《元曲家考略》，上海古籍出版社 1981 年版
杨镰：《贯云石评传》，新疆人民出版社 1983 年版
余英时：《士与中国文化》，上海人民出版社 1987 年版
胡世厚：《白朴论考》，中州古籍出版社 1991 年版
邓绍基：《元代文学史》，人民文学出版社 1991 年版
张晶：《辽金元诗歌史论》，吉林教育出版社 1995 年版
钟陵：《金元词纪事会评》，黄山书社 1995 年版
郭英德：《元杂剧与元代社会》，北京师范大学出版社 1996 年版
史卫民：《元代社会生活史》，中国社会科学出版社 1996 年版
黄仕忠：《中国戏曲史研究》，中山大学出版社 1997 年版
吴松弟：《中国移民史》第四卷，福建人民出版社 1997 年版
程民生：《宋代地域文化》，河南大学出版社 1997 年版
〔德〕傅海波、〔英〕崔瑞德编：《剑桥中国辽西夏金元史》，中国社会科学出版社 1998 年版
杨镰：《元西域诗人群体研究》，新疆人民出版社 1998 年版
杨栋：《中国散曲史研究》，高等教育出版社 1998 年版
赵维江：《金元词论稿》，中国社会科学出版社 2000 年版

陈寅恪：《隋唐制度渊源略论稿》，生活·读书·新知三联书店2001年版
查洪德、李军：《元代文学文献学》，中国社会科学出版社2002年版
丁放：《金元词学研究》，中国社会科学出版社2002年版
李修生：《元杂剧史》，凤凰出版社2002年版
杨镰：《元诗史》，人民文学出版社2003年版
高人雄：《古代少数民族诗词曲家研究》，民族出版社2003年版
赵义山：《元散曲通论》，上海古籍出版社2004年版
刘明今：《辽金元文学史案》，上海古籍出版社2004年版
查洪德：《理学背景下的元代文论与诗文》，中华书局2005年版
杨镰：《元代文学编年史》，山西教育出版社2005年版
云峰：《元代蒙汉文学关系研究》，民族出版社2005年版
徐永明：《元代至明初婺州作家群体研究》，中国社会科学出版社2005年版
王庆生：《金代文学家年谱》，凤凰出版社2005年版
邬国义、吴修艺编校：《刘师培史学论著选集》，上海古籍出版社2006年版
刘静、刘磊：《金元词研究史稿》，齐鲁书社2006年版
萧启庆：《内北国而外中国：蒙元史研究》，中华书局2007年版
杨义：《重绘中国文学地图通释》，当代中国出版社2007年版
牛海蓉：《元初宋金遗民词人研究》，中国社会科学出版社2007年版
符海朝：《元代汉人世侯群体研究》，河北大学出版社2007年版
李昌集：《中国古代曲学史》，华东师范大学出版社2007年版
田同旭：《元杂剧通论》，山西教育出版社2007年版
刘影：《皇权旁的山西——集权政治与地域文化》，新星出版社2007年版
刘达科：《辽金元诗文史料述要》，中华书局2007年版
陈垣：《元西域人华化考》，上海古籍出版社2008年版
王树林：《金元诗文与文献研究》，中华书局2008年版
张剑等：《宋代家族与文学研究》，中国社会科学出版社2009年版
张沛之：《元代色目人家族及其文化倾向研究》，天津古籍出版社2009年版

罗时进：《地域·家族·文学——清代江南诗文研究》，上海古籍出版社 2010 年版

张兴武：《两宋望族与文学》，人民文学出版社 2010 年版

陈高华、史卫民：《元代大都上都研究》，中国人民大学出版社 2010 年版

陶然：《金元词学研究》，上海古籍出版社 2010 年版

牛贵琥：《金代文学编年史》，安徽大学出版社 2011 年版

牛贵琥、张建伟主编：《女真政权下的文学研究》，三晋出版社 2011 年版

傅秋爽：《北京元代文学》，知识产权出版社 2012 年版

幺书仪：《元代文人心态》，人民文学出版社 2013 年版

胡传志：《宋金文学的交融与演进》，北京大学出版社 2013 年版

云峰：《民族文化交融与元代诗歌研究》，内蒙古大学出版社 2013 年版

邱江宁：《奎章阁文人群体与元代中期文学研究》，人民出版社 2013 年版

牛贵琥：《玉山雅集与文人独立品格之形成》，人民出版社 2014 年版

三、研究论文

萧功秦：《论元代皇位继承问题——对一种旧传统在新的历史条件下的蜕变过程的考察》，《元史及北方民族史研究集刊》第 7 辑，1983 年

〔日〕安部健夫（遗作），孙耀译：《东平、真定等处的学风》，《晋阳学刊》1986 年第 2 期

门岿：《元代蒙古族及色目诗人考辨》，《文学遗产》1988 年第 5 期

李炳海：《金、元之际的东平文坛》，《东岳论丛》1989 年第 6 期

余大钧：《论屠寄〈蒙兀儿史记〉》，《元史论丛》第三辑，中华书局 1986 年版

王水照：《北宋洛阳文人集团与地域环境的关系》，《文学遗产》1994 年第 3 期

孟繁峰、孙待林：《张柔墓调查记》，《文物春秋》1996 年第 3 期

王会民、张春长：《石家庄市后太保元代史氏墓群发掘简报》，《文物》

1996年第9期

陈高华：《大蒙古国时期的东平严氏》，《元史论丛》第六辑，中国社会科学出版社1997年版

张晶：《论少数民族诗人在元代中后期诗风丕变中的作用》，《民族文学研究》1997年第1期

查洪德：《郝经的学术与文艺》，《文学遗产》1997年第6期

吴海涛：《从元代贺氏家族的兴盛看两种文化之间的中介角色》，《元史论丛》第七辑，江西教育出版社1999年版

王梅堂：《元代内迁畏吾儿族世家——廉氏家族考述》，《元史论丛》第七辑，江西教育出版社1999年版

姚奠中：《关于元好问研究的两个问题》，李正民、董国炎主编：《辽金元文学研究》，文化艺术出版社1999年版

赵维江：《隐士的隐衷——论白朴词隐逸倾向的文化心理成因》，《暨南学报》1999年第4期

萧启庆：《元朝科举与江南士大夫之延续》，《元史论丛》第七辑，江西教育出版社1999年版

魏崇武：《金代理学发展初探》，《历史研究》2000年第3期

晏选军：《严实父子与金元之交的东平文化》，《殷都学刊》2001年第4期

胡世厚：《白朴与〈白氏宗谱〉》，《文学遗产》2002年第5期

刘达科：《金元耶律氏文学世家探论》，《民族文学研究》2003年第2期

李真瑜：《文学世家：一种特殊的文学家群体》，《文艺研究》2003年第6期

杨义、汤晓青：《北方民族文化与中国古代文学》，《社会科学战线》2003年第3期

杨镰：《元代文学的终结——最后的大都文坛》，《文学遗产》2004年第6期

萧启庆：《元代多族士人网络中的师生关系》，《历史研究》2005年第1期

赵维江：《北方地域文化与辽金元文学》，《文史哲》2005年第1期

李军：《论元代的上京纪行诗》，《民族文学研究》2005年第2期

杨义：《重绘中国文学地图与中国文学的民族学、地理学问题》，《文学评论》2005 年第 3 期

刘扬忠：《论金代文学中所表现的"中国"意识和华夏正统观念》，《吉林大学社会科学学报》2005 年第 5 期

晏选军：《金元之际的汉人世侯与文人》，《中南大学学报》2007 年第 1 期

李治安：《华夷正统观念的演进与元初汉文人仕蒙》，《学术月刊》2007 年第 4 期

魏崇武：《论蒙元初期的正统论》，《史学史研究》2007 年第 3 期

郭万金：《元代文化生态平议》，《民族文学研究》2008 年第 1 期

杜改俊：《金莲川文人集团文学创作》，《文学遗产》2008 年第 4 期

张大新：《传统人格范式失衡境遇下的悲怨与风流——白朴的心路历程与其剧作的泛人文内涵》，《文学评论》2008 年第 6 期

邱江宁：《奎章阁文人与元代文坛》，《文学评论》2009 年第 1 期

罗时进：《关于文学家族学建构的思考》，《江海学刊》2009 年第 3 期

李治安：《元代汉人受蒙古文化影响考述》，《历史研究》2009 年第 1 期

杨镰：《元代江浙双语文学家族研究》，《江苏大学学报》2009 年第 3 期

赵忠敏：《论金元之际东平文人的词赋之学》，《北京理工大学学报》2009 年第 5 期

钱穆：《略论魏晋南北朝学术文化与当时门第之关系》，《中国学术思想史论丛》（三），生活·读书·新知三联书店 2009 年版

查洪德：《以传奇为传记——姚燧散文读札》，《文学遗产》2011 年第 1 期

邱江宁：《元代上京纪行诗论》，《文学评论》2011 年第 2 期

杨镰：《论元诗的叙事性特征》，《文学评论》2012 年第 2 期

郭磊：《元太宗丁酉、戊戌科举选试辨析》，《晋中学院学报》2013 年第 2 期

牛贵琥：《元好问生父、叔父考》，《文献》2013 年第 5 期

刘晓：《元朝的家庭、家族与社会》，中国社会科学院研究生院博士学位论文，1998 年

杜成慧：《金元时期浑源刘氏家族研究》，中央民族大学博士学位论文，

2005 年

王万志：《金代区域文化研究》，吉林大学博士学位论文，2009 年

郭翠萍：《元代东平王氏家族研究》，山东师范大学硕士学位论文，2012 年

兰婷：《金代教育研究》，吉林大学博士学位论文，2008 年

任红敏：《金莲川藩府文人群体之文学研究》，南开大学博士学位论文，2010 年

顾世宝：《元代江南文学家族研究》，中国社会科学院研究生院博士学位论文，2011 年

崔媛：《真定史氏与元初文学》，山西大学硕士学位论文，2012 年

侯计先：《保定张氏与元初文学》，山西大学硕士学位论文，2012 年

后 记

我以前学习魏晋南北朝文学，《元代北方文学家族研究》是我进入元代文学研究领域的第一本书。起初我定的研究对象是"元代的文学家族"，中国社会科学院文学所的杨镰先生让我把研究区域限定在北方，并于2010年获得教育部人文社会科学研究青年基金项目（编号：10YJC751116）。杨老师不断给予我指导与鼓励，在参加他的《全元诗》、《全元词》等项目的过程中，我逐步熟悉了元代文献。从内容上说，书中涉及的西域文学家族廉氏与贯氏正是杨老师所开创的研究领域。遗憾的是他看不到这本书的出版了。我想，对杨老师最好的缅怀，是把他开创的元代文献整理与文学研究的事业继承下去，并发扬光大。

我的硕士导师牛贵琥先生一直指导着我的学业，不论从教学还是科研方面，我的每一点进步都和先生的教导有关。牛老师不仅指导我完成项目，还为本书撰写了序言加以鼓励。尽管我离先生的期待还有距离，但是我愿意不断努力。我的博士导师邓小军先生也关心着我的成长，并对文稿提出修改意见。山西省社会科学院杨晓国研究员、北京师范大学魏崇武教授对本书做了中肯的评价。山西大学郭万金教授对本书的出版提供了帮助，商务印书馆编辑付出了辛勤的劳动，这些都是铭刻在心的。《民族文学研究》、《元史及民族与边疆研究集刊》、《宋史研究论丛》、《中央民族大学学报》、《晋阳学刊》、《河北师范大学学报》、《古籍研究》、《元代文献与文化研究》、《民族教育研究》、《辽宁工程技术大学学报》、《陕西理工学院学报》、《天中学刊》等杂志刊登了本书的部分成果，对这些期刊的编辑的支持与帮助深表谢意。

除了文学家族，我目前感兴趣的领域还有元代诗歌总集、域外文化交流、科举与文学、文学地理、多族士人圈，等等。由于最近投身教育事业，延缓了研究的进度，但是也减弱了自己的急功近利之心。希望自己能够静下心来，踏实地前行。